Kunst-Reiseführer in der Reihe

D1667868

Zur schnellen Orientierung – die wichtigsten Orte und Sehenswürdigkeiten auf einen Blick:

(Auszug aus dem ausführlichen Ortsregister)

In der vorderen Umschlagklappe: Karte der Insel Gotland

In der hinteren Umschlagklappe: Karte der gotländischen Landkirchen

Ulrich Quack

Gotland

Die größte Insel der Ostsee

Eine schwedische Provinz von besonderem Reiz –
Kultur, Geschichte, Landschaft

DuMont Buchverlag Köln

Umschlagvorderseite: Visby, Domkirche St. Maria
Umschlagklappe vorn: Silte, Erzengel Michael als ›Seelenwäger‹
Umschlagrückseite: Landkirche von Bunge in Nordgotland
Frontispiz Seite 2: Bildstein von etwa 400–600 n. Chr., eingemauert in die Landkirche von Bro

CIP-Titelaufnahme der Deutschen Bibliothek

Quack, Ulrich:
Gotland: die größte Insel der Ostsee; eine schwedische Provinz
von besonderem Reiz; Kultur, Geschichte, Landschaft /
Ulrich Quack. – Köln: DuMont, 1991
   (DuMont-Dokumente: DuMont-Kunst-Reiseführer)
   ISBN 3-7701-2415-4

© 1991 DuMont Buchverlag, Köln
Alle Rechte vorbehalten
Satz, Druck und buchbinderische Verarbeitung: Boss-Druck, Kleve

Printed in Germany   ISBN 3-7701-2415-4

Inhalt

Meinen Eltern

Vorwort

Verhältnismäßig spät erst ist Gotland vom internationalen Tourismus entdeckt worden, trotz der unzähligen Sehenswürdigkeiten aller Epochen und trotz der Popularität der Ostseeinsel für die Schweden. Und noch immer bewegt sich die jährliche Zahl der ausländischen Gäste in vergleichsweise geringen Größenordnungen, daß der oft strapazierte Begriff vom ›Geheimtip‹ bis heute zutrifft. Dabei kann Gotland nicht nur mit einer Kulturlandschaft aufwarten, die im Norden einzigartig und selbst im gesamteuropäischen Maßstab nicht gewöhnlich ist, sondern zudem auch mit einem manchmal herben, manchmal lieblichen Landschaftsprofil, das den Urlaubswert des Reisezieles steigert und mit seiner vielseitigen Flora einen zusätzlichen Anziehungspunkt bildet. Klimatisch bevorzugt, lockt die Insel besonders außerhalb der schwedischen Touristensaison, wenn man die Orchideenblüte im Frühjahr oder den warmen Spätsommer mit seinen nun leeren Stränden geruhsam genießen kann.

Dieser Kunst-Reiseführer möchte bei den Vorbereitungen einer Gotlandreise nützlicher Ratgeber sein und eine Einführung in die gotländische Kulturgeschichte geben. Für den Inselaufenthalt selbst will das Buch mit praktischen Hinweisen zur Seite stehen und Routen vorschlagen, auf denen der Besucher die schönsten und wichtigsten Sehenswürdigkeiten erleben kann. Nach Abschluß der Reise soll das Buch schließlich helfen, Erinnerungen wachzuhalten und erlebte Eindrücke zu vertiefen.

Ohne vielfältige Unterstützung wäre es mir sicher nicht möglich gewesen, den vorliegenden Kunst-Reiseführer in dieser Form zu vollenden. Mein Dank gilt deshalb Frau Beata Koch-Emmery vom Schwedischen Touristik-Amt Hamburg für die großzügig gewährte Unterstützung; den Karawane-Studienreisen in Ludwigsburg, die mir mehrfach zu Gotland-Aufenthalten verhalfen; Frau Eva-Maria Joeressen für ihre ständige konzeptionelle Mitarbeit; Herrn Klaus Keßner für Hinweise während einer Gotlandreise; Frau Daniela Siebert für die technische Hilfe bei Abfassung des Manuskripts sowie allen anderen, die zum Gelingen dieses Buches beigetragen haben.

Kunstgeschichtliche und andere Fachbegriffe, die im Text erscheinen, werden auf den Seiten 264–267 erläutert.
Der Stadtplan von Visby befindet sich auf Seite 121 und die Übersichtskarte ›Gotland in vier Etappen‹ auf Seite 169.

Historischer Überblick

Eine Insel entsteht

Wie die Nachbarinsel Öland besteht Gotland aus Sedimenten, deren Strukturen von Südwesten nach Nordosten gerichtet sind und sich aus Kalk-, Mergel- und Sandstein zusammensetzen. Insgesamt sind die Inseln das Produkt der 40 Millionen Jahre während Silurzeit, d. h., daß ihre Naturgeschichte vor etwa 400 Millionen Jahren begann. Damals lag die ›Skandinavien‹ tragende Erdplatte in der Nähe des Äquators unter einem flachen, warmen Meer, in dem abgestorbene Korallen und andere maritime Organismen zusammen mit Sand und Salz mächtige Ablagerungsschichten bilden konnten. Während diese Entstehungsgeschichte für die Vielzahl an Fossilien verantwortlich ist, die interessierte Laien genauso wie Geologen und Paläonthologen nach Gotland führt und wegen der guten Fundlage den erdgeschichtlichen Begriff des ›Gotlandium‹ geprägt hat, sind Aussehen und Struktur der Insel weit mehr jedoch durch die der letzten Eiszeit folgenden Periode bestimmt worden.

»Gotland fand zuerst ein Mann, der Tjelvar hieß. Damals war Gotland so verzaubert, daß es an den Tagen versank und in den Nächten oben war. Aber dieser Mann brachte zuerst Feuer auf das Land, und danach versank es nie mehr.« So beginnt die ›Gutasaga‹, eine wahrscheinlich um 1220 verfaßte Handschrift, die einer Sammlung gotländischer Gesetze angefügt ist und die uns noch in anderen Zusammenhängen interessieren wird. Die »verzauberte Insel« aber, wie sie der Mythos für die Frühgeschichte annimmt, findet ihre Entsprechung in den Erkenntnissen der Geologen. Tatsächlich hat es in der postglazialen Epoche mehrfach Hebungen und Senkungen gegeben, deren einzelne Strandwälle an vielen Stellen (u. a. in Visby) gut zu sehen sind. Besonders die ›Raukar‹, bizarre Kalksteininformationen, die wie überdimensionierte Pilze oder Säulen wirken (Farbabb. 37) und durch die Erosionstätigkeit der Wellen entstanden sind, markieren augenfällig das Niveau der jeweiligen Meeresspiegel. Und die Tatsache, daß sich unter der heutigen Wasseroberfläche Raukar befinden, beweist, daß die Landfläche einmal größer gewesen sein muß. Der Grund dafür liegt in der jeweils veränderten Gestalt der Ostsee. Durch die kilometerdicke Last der Eiszeiten wurde ganz Skandinavien tief nach unten gedrückt. In dem Maße, in dem das Eis abschmolz, hob sich der Subkontinent; ein Prozeß übrigens, der bis heute andauert.

Vor ungefähr 12 000 Jahren begann das Inlandeis über Gotland abzuschmelzen, wobei die Insel etwa 100 m unter der Oberfläche der **Baltischen Eissee** gelegen haben dürfte. Diese Vorgängerin der Ostsee speiste sich aus dem Schmelzwasser der zurückweichenden Gletscher, war also ein Süßwassersee. Ein Jahrtausend später konnten aufgrund der Landhebung die ersten Spitzen des späteren Gotland aus dem Wasser auftauchen. Der Baltischen Eissee folgte vor

*Versteinerte Korallen und andere
Fossilien aus dem Gotlandium*

ca. 10 000 Jahren das sogenannte **Yoldia-Meer,** das durch eine Verbindung mit der Nordsee Salzwasser enthielt. Als diese Verbindung abriß, nahm die süßwasserhaltige **Ancylussee** (1000–5000 v. Chr.), so benannt nach einer Schnecke, dessen Platz ein. Zu diesem Zeitpunkt war Gotland ein Archipel kleinerer Inseln und Schären, den längst schon die ersten Pflanzen und Tiere erobert hatten. Eine Salzwasserschnecke gab dem **Litorina-Meer** seinen Namen, das vor etwa 7000 Jahren mit dem Durchbruch zur Nordsee entstanden war. Damals war das Klima bedeutend wärmer als heute, und das immer mehr zusammenwachsende Gotland bedeckten dichte Laubwälder. In der Endphase der Ancylussee scheint Gotland zum erstenmal von Menschen erreicht worden zu sein. Da die Landhebung aber auch zu diesem Zeitpunkt immer wieder vom steigenden Wasserniveau unterbrochen und also von einer scheinbaren Landsenkung abgelöst wurde, müssen die ersten Menschen den Prozeß, wahrscheinlich als bedrohliches Phänomen, miterlebt und erlitten haben. Es ist möglich, daß die Entstehungssage von der »verzauberten Insel« dem kollektiven Gedächtnis dieser Menschen entstammt.

Die ersten Menschen

Wann genau zum erstenmal Menschen den Archipel der frühen gotländischen Inseln erreicht haben, wissen wir nicht. Allgemein wird angenommen, daß dies vor etwa 9000 Jahren geschehen ist. Da es keine Landverbindung gab, müssen die Steinzeitleute auf Einbäumen hierhin gekommen sein, was zumindest für ihren Mut und nautische Geschicklichkeit spricht. Aus der ersten Phase sind nur wenige Gegenstände aus Knochen oder Flintstein aufgefunden worden; die Menschen wohnten in Grotten, wahrscheinlich auch in Zelten und Hütten aus organischen Stoffen. Mit dem Anwachsen der steinzeitlichen Population zur Zeit des Klimamaximums ging eine Verfeinerung der kulturellen Techniken einher, wie erhaltene Steinäxte beweisen. Die Siedlungen, nun mit nachgewiesenen Gräberfeldern, lagen z. T. immer noch an der Küste

Raukar bei Lickershamn, etwa 200 m von der heutigen Uferlinie entfernt

(d. h. wegen der Landhebung heute etwas landeinwärts) oder im Inland an Bächen und Seen. Besonders reichhaltige Funde in der Grotte ›Stora Förvar‹ auf der Insel Stora Karlsö werfen ein detaillierteres Licht auf die Lebensumstände des Mesolithikums. Die Beutetiere der damaligen Fischer und Jäger waren Seehunde und Meeresvögel, aber auch Elche, Hirsche und Wildschweine. In der Grotte konnten Feuerstellen und sogar Bettgestelle aus Leichkrautgewächsen festgestellt werden. Die Tatsache, daß zwei der Skelettfunde Verletzungen aufwiesen, die das Knochenmark freigelegt haben werden, lassen die Vermutung zu, daß zumindest zeit- und teilweise die steinzeitlichen Gotländer einem (rituellen?) Kannibalismus nachgingen. Da diese und andere Grotten über einen längeren Zeitraum hinweg, manchmal bis zur Eisenzeit, bewohnt waren, konnte die mehrere Meter dicke Kulturschicht eine schrittweise gesellschaftliche Umstrukturierung dokumentieren. Die zunächst schmucklose Keramik erscheint zunehmend dekorativer und zeigt Übereinstimmungen mit Funden auf den Åland-Inseln und im Baltikum. Kleiner werdende Tierzähne deuten auf eine Domestikation von Hund (Wolf) und Wildschwein hin. Importwaren aus Flintstein (Äxte) beweisen Handelsbeziehungen zu Dänemark und Südschweden.

Die entstehende neolithische Gesellschaft hat sich vor etwa 4000 Jahren etabliert. Anders als in anderen Teilen Südskandinaviens ist deren Megalithkultur allerdings nicht oder nur in bescheidenen Formen nach Gotland gelangt. Auf der anderen Seite wurde bereits in dieser Zeit mit ausgedehnten Handelsfahrten über die Ostsee der Grundstein für die kulturelle Blüte der nachfolgenden Epoche, der Bronzezeit, gelegt.

Gotlands erste Blütezeit

Eine starke soziale Differenzierung der gotländischen Bevölkerung war schon im Neolithikum durch die Überlagerung der nordeuropäischen Fischer- und Jägerkultur durch die südskandinavische Bauernkultur eingetreten. Das reiche Bauerntum, das gegen 1800 v. Chr. bereits indoeuropäische Charakterzüge trägt, blieb jedoch nicht auf die heimische Scholle beschränkt, sondern betrieb daneben Fernhandel, der es sehr früh in einen regen Kontakt mit den anderen Völkern des Ostseeraumes treten ließ. Diesen seefahrenden Bauernhändlern ist es zu verdanken, daß um 1500 v. Chr. Gotland aus der Steinzeit in die neue Epoche der Bronzezeit überführt wurde. Es ist erstaunlich, wie schnell es dem Norden allgemein gelang, die aus dem Süden kommenden Bronzetechniken zu adaptieren, zu verfeinern und in eine eigene kulturelle Produktion einfließen zu lassen. Ab 1300 v. Chr. z. B. ist die nordische Technik des Bronzegusses in der Lage, Produkte herzustellen, die an Qualität den südländischen überlegen sind und bis nach Ägypten exportiert werden.

Gotland ist zu diesem Zeitpunkt bereits die zentral gelegene und deswegen Kultureinflüsse vermittelnde oder auch initiierende Handelsmacht. Da es damals und noch viele Jahrhunderte später unmöglich war, die Ostsee ohne Zwischenstation zu überbrücken, profitierte die Insel – ähnlich wie Kreta im östlichen Mittelmeer – in hohem Maße von ihrer geographischen Lage. Als Fernhändler müssen die bäuerlichen Gotländer allerdings auch beträchtlichen Mut, Initiative und gute nautische Fähigkeiten besessen haben. Während uns die genaue politische Struktur und die Organisationsformen der Insel unbekannt sind, erlauben die erhaltenen Bodendenkmäler und archäologische Ausgrabungen jedoch Rückschlüsse. Die riesigen **Grabmonumente** wurden für Kleinkönige (Fürsten, Häuptlinge) errichtet und weisen einerseits auf eine starke soziale Gliederung mit einer mächtigen Führungsschicht und andererseits auf die Organisationsfähigkeit von Arbeitsleistungen hin, die nur von vielen Menschen gleichzeitig über einen längeren Zeitraum hinweg erbracht worden sein können. Kulturell war das Gotland der Bronzezeit eingebunden in das allgemein sehr hohe Niveau Südskandinaviens, wie Übereinstimmungen in Felszeichnungen und Grabtypen sowie Funde von Schmuck, Waffen und Geräten beweisen. Die Dimensionen und die Dichte der Grabdenkmäler aber machen deutlich, daß die Insel innerhalb des genannten Raumes eine ganz besondere Rolle spielte, genauso wie die Tatsache, daß bestimmte Bestattungsformen (und damit auch religiöse Vorstellungen) hier ihren Ausgang nahmen. Die erste Blütezeit wird hauptsächlich durch die Gräber dokumentiert, die zwar nicht so zahlreich wie die der Eisenzeit und niemals in größeren Gräberfeldern zusammengefaßt sind, als Einzelobjekte aber an Monumentalität die aller nachfolgenden Epochen übertreffen. Als Steinhügel oder sogenannte ›Schiffssetzungen‹ (s. S. 40 f.) sind sie kaum zu verfehlende, markante Zeichen der ehemaligen Macht bronzezeitlicher Fürsten.

Demgegenüber ist die Zahl der erhaltenen **Felszeichnungen** bescheiden. Im Vergleich zur imponierenden Fülle sogenannter ›Hällristningar‹ im südwestschwedischen Bohuslän, aber auch in Småland, Blekinge, Südnorwegen und auf Bornholm, scheint diese für die nordische Bronzezeit so charakteristische Kunstform auf Gotland deutlich unterrepräsentiert. Der Grund dafür dürfte aber eher in den unterschiedlichen Voraussetzungen des Bodenmaterials liegen,

Bronzezeitliche Schiffssetzung
Thjelvars Grab

wo dem dauerhaften festländischen Granit hier der viel verwitterungsanfälligere Kalkstein gegenübersteht. Die wenigen aufgefundenen Beispiele, besonders in *Hägvide* bei Lärbro, sind denen des Festlandes allerdings ähnlich und bestehen aus abstrakten magischen Zeichen, Schalengruben, Schiffs- und Figurendarstellungen sowie Abbildungen von Fußsohlen. Sie sind Ausdruck einer komplexen religiösen Welt, in der der *Sonne* (dem Kreis, der Ewigkeit) und dem *Schiff* als heiligen Symbolen besondere Bedeutung zukommt. Die Felszeichnungen dürfen insgesamt als Anrufung höherer Mächte interpretiert werden, die Einmeißelung von Fußsohlen vielleicht als Zeichen der Anwesenheit eines (ansonsten nicht weiter darstellbaren) Gottes. In den Schalengruben können sich Opfergaben, z. B. Samen oder Körner befunden haben. Die reichhaltigeren Felszeichnungen von Bohuslän enthalten auch Figuren mit übergroßem Phallus, die nicht nur auf einen Fruchtbarkeitskult hindeuten, sondern mit Attributen wie Hammer und Speer zusammen mit der Schlange Prototypen des späteren nordischen Pantheon (Thor, Odin, Midgårdschlange) sein dürften.

Die Sonne, die auf den Felszeichnungen oft als Scheibenkreuz erscheint, muß als lebensspendende und -erhaltende Kraft im Zentrum der religiösen Anbetung gestanden haben. Eine in *Eskelhem* aufgefundene bronzene Scheibe (Historisches Museum Stockholm) wird vielleicht Bestandteil eines Prozessionswagens ähnlich dem berühmten Sonnenwagen von Trundholm (Nationalmuseum Kopenhagen) gewesen und in einer prächtigen Zeremonie über die Felder gezogen worden sein. Eventuell gehen auch die Trojaburgen (s. S. 45 ff.) auf den bronzezeitlichen Sonnenkult zurück.

Gegen 500 v. Chr. neigt sich die tausendjährige Epoche der Bronzezeit ihrem Ende zu. Während aber sonst im Norden dieses Ende, verursacht und begleitet von Klimaverschlechterungen und einschneidenden sozialen Veränderungen, zu einem recht schnellen kulturellen Niedergang führte, konnte sich die alte Herrenschicht und das von ihr geprägte gesellschaftliche Gefüge auf Gotland noch bis zum Anfang des 3. Jh. v. Chr. halten. Der neue Werkstoff Eisen, der der nachfolgenden Epoche seinen Namen gab, wurde nur zögernd und lange Zeit nur als

Fertigprodukt importiert. Es spricht für den hohen Stand der bronzezeitlichen Kultur der Insel, daß man trotz radikal veränderter klimatischer und wirtschaftlicher Bedingungen offensichtlich noch über genügend kulturelle und ökonomische Reserven verfügte, das unvermeidliche Ende der glanzvollen Epoche länger als anderswo hinauszögern zu können.

Die Eisenzeit

Der übliche Terminus ›Eisenzeit‹ kann für die Jahrhunderte zwischen 500 v. Chr. und 800 n. Chr. angewendet werden, ohne allerdings eine einheitliche Kultur oder eine geradlinige historische Entwicklung zu meinen. Deswegen hat sich die zusätzliche Unterteilung in ›vorrömische Eisenzeit‹ (500–0), ›römische Eisenzeit‹ bzw. ›Kaiserzeit‹ (0–500), ›Völkerwanderungszeit‹ (400–600) und ›Vendelzeit‹ (600–800) eingebürgert, die der Phasenabfolge von Niedergang und Aufschwung Rechnung trägt.

Die **vorrömische Eisenzeit** konnte zunächst noch die bronzezeitlichen Strukturen bewahren, bis schließlich auch auf Gotland gegen 300 v. Chr. der kulturelle Niedergang und die Zerstörung des Sozialgefüges einsetzten. Die Klimaverschlechterung mit ihren strengeren Wintern, reichlicheren Niederschlägen und, daraus folgend, einer Vernässung der Böden, wird die Lebensbedingungen der bäuerlichen Gemeinschaft empfindlich beeinträchtigt haben. In den frostreichen Wintern war es nicht mehr möglich, das Vieh im Freien zu halten, und eine ganz neue Form der landwirtschaftlichen Organisation mit Ställen, Scheunen und Wohngebäuden mußte entstehen. Die bronzezeitliche Wohnstruktur mit ihren isolierten großen Gehöften, zu denen jeweils oft ein eigener Hafen gehört hatte, wich dorfähnlichen Siedlungen – offensichtlich konnten also die erschwerten Bedingungen nur in einem Zusammenarbeiten und -rücken der Bevölkerung gemeistert werden. Nun war auch für die großen Fürsten kein Platz mehr: die Notgemeinschaft nivellierte zwangsläufig die sozialen Unterschiede im Leben, aber auch nach dem Tod. An die Stelle monumentaler Häuptlingsgräber traten Friedhöfe mit gleichartigen Grabtypen.

Mit Beginn der Eisenzeit war die Personalunion von Bauer und Händler zu gleichen Teilen betroffen. Der Schaden, den die Klimaverschlechterung der Landwirtschaft zufügte, wurde potenziert durch eine weitgehende Beeinträchtigung des Handelsnetzes, von dem Gotland so lange profitiert hatte. Auslöser waren wohl die politischen und wirtschaftlichen Verschiebungen, die die keltische Eroberung großer Teile Europas ausgelöst hatte. Der zwar hinausgezögerte, dann aber doch eintretende Verfall ist auf Gotland von einem solch auffälligen Rückgang des Fundmaterials belegt, daß sich der Begriff der ›Fundlosen Zeit‹ *(fyndlösa tiden)* eingebürgert hat.

Noch vor der Zeitenwende konnte sich das Land aber von den Rückschlägen erholen, in den Jahrhunderten nach Christi Geburt schließlich fast wieder an die vergangene Macht anschließen. Die Pax Romana bescherte den gotländischen Fernhändlern im Süden eine politisch stabile und wirtschaftlich reiche Klientel, vor allem in den Rheinprovinzen und in Gallien. Durch sie kam eine Unmenge römischer Kulturgüter und neue künstlerische Ideen in den Ostseeraum. 70% aller Denare, die insgesamt in skandinavischer Erde gefunden wurden, stammen aus Gotland! Über die Provinzen hinaus werden Gotländer jedoch auch mit Kaufleuten in Rom oder Konstantinopel direkt verhandelt haben. Aus der **römischen Eisenzeit** datiert auch der Großteil der frühgeschichtlichen Bodendenkmäler, im wesentlichen Gräber und Hausfundamente.

Ein eigenes Problem betrifft die ethnische Zugehörigkeit der Bewohner – die Frage etwa, ob Gotland der Ursprungsort der **Goten** sei. Da vor der Zeit, als die Goten an der Weichsel siedelten (also dem 2. Jh.), keine Emigration großen Stils im Fundmaterial der Insel zu belegen ist, mußte die alte Theorie, Gotland sei die Urheimat *aller* Goten, fallengelassen werden. Nach Ansicht von H. Wolfram u. a. könnte allerdings der Stammkern der Goten, eine kleine und archäologisch nicht nachweisbare Gruppe unter der Führung eines Königs, sehr wohl aus Gotland eingewandert sein, während sich der eigentliche Stamm unter Einbeziehung aller möglichen Elemente erst später gebildet habe. Sprachwissenschaftlich gesichert scheint nach D. Hofmann eine enge Verwandtschaft zwischen Goten und ›Gutar‹ (= Gotländern) zu sein, so daß ›Gotland‹ tatsächlich ›Land der Goten‹ meint (und nicht etwa, wie manchmal zu lesen, ›gutes Land‹, ›Quellenland‹, ›Land der Jungen‹ o. ä.). Eines von mehreren aussagekräftigen Indizien ist z. B. die Tatsache, daß das erwachsene Schaf auf Gutnisch genau wie auf Gotisch ›lamb‹ heißt (im Gegensatz zum nordgermanischen ›får‹), da die Schafzucht ein

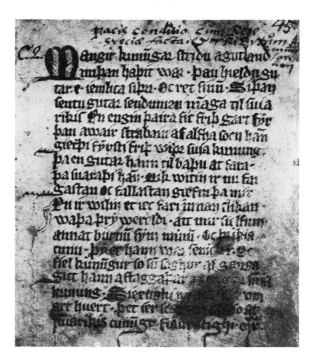

Einzige erhaltene Handschrift der Gutasaga in altgutnischer Sprache, 14. Jh. Königliche Bibliothek, Stockholm

15

elementarer Bereich der Landwirtschaft war und ist. Liest man schließlich im ersten Kapitel der Gutasaga vom Auszug eines Teils der Bevölkerung, wird man unwillkürlich an die Abwanderung der Goten in den Süden erinnert:

»... das Land vermochte sie nicht alle zu ernähren. Da losten sie aus dem Lande fort jeden dritten Menschen, so daß sie alles haben und mit sich fortnehmen sollten, was sie oberhalb der Erde besaßen. Danach wollten sie ungern fortgehen, sondern gingen zur Thorsburg und ließen sich dort nieder. Dann wollte das Land sie nicht dulden, sondern sie vertrieben sie von dort. Dann zogen sie fort zur Insel Fårö und ließen sich dort nieder. Dort konnten sie sich nicht ernähren, sondern fuhren zu einer Insel bei Estland, die Dagö heißt, und ließen sich dort nieder und bauten eine Burg, die heute noch zu sehen ist. Dort konnten sie sich auch nicht ernähren, sondern zogen einen Fluß hinauf, der Düna heißt, und hinauf durch Rußland. So weit zogen sie, daß sie nach Griechenland kamen.«

Wenn es im weiteren Verlauf der Geschichte heißt, daß man in Griechenland »noch heute« etwas von der gotländischen Sprache habe, dann könnte dies eine Bekanntschaft der gotländischen Händlerbauern mit den Krimgoten bedeuten. M. Giertz u. a. weisen in dem Zusammenhang auf die vielen sprachlichen Parallelen zwischen dem Gotländischen des 19. Jh. und dem auf der Krim gesprochenen Gotisch hin, das 1554 aufgezeichnet wurde.

In der **Völkerwanderungszeit** muß die ausgezeichnete wirtschaftliche Lage, in der sich Gotland durch die wieder aufblühende Landwirtschaft und einen ausgedehnten Fernhandel befand, aus einem noch nicht ganz geklärten Grund in katastrophale Zustände umgeschlagen sein. Im 6. Jh. wurden nachweislich mehrere der gotländischen Siedlungen plötzlich verwüstet und blieben z. T. bis heute Ödland. Viele der uns bekannten Reichtümer, die sich das Land in der römischen Eisenzeit erworben hatte, entstammen offenbar überhastet vergrabenen Fun-

Eisenzeitlicher Bildstein von Havor mit der sogenannten ›Ewigkeitsschleife‹, 400–600 n. Chr.

den – auch dies das Zeichen einer plötzlichen Katastrophe. Dazu kommen Spuren von Bränden und Kämpfen, die einige Hausgründe aufweisen. Während der Grund für eine Invasion fremder Krieger auf der Hand liegt – die vor Wohlstand strotzende Insel mußte in den unruhigen Zeiten der nordischen Völkerwanderung Überfälle geradezu provoziert haben –, ist die Herkunft der Invasoren nicht genau zu bestimmen. Erstaunlich ist jedoch die Tatsache, daß die ›Erfindung‹ der Bildsteine genau in die Völkerwanderungszeit fällt.

Vom kurzzeitigen Niedergang jedenfalls konnte sich das Land relativ schnell wieder erholen. An den Entwicklungsstufen der Bildsteine ist ablesbar, wie neues Gedankengut am Ende der Epoche Einzug hält, wie neue religiöse Ideen in den Vordergrund treten und wie nicht zuletzt ein neuer Schiffstyp die kommende Zeit ankündigt: die Wikingerzeit.

Die Wikingerzeit

Für alle skandinavischen Länder war die Wikingerzeit eine eminent wichtige Periode, an deren Anfang sie sich in einer ungeheuren Kraftentladung brutal in den abendländischen Horizont hineinkatapultierten und zu deren Ende sie als selbständige Königreiche integrativer Bestandteil eben dieses Abendlandes geworden waren. Das Gemetzel der Wikinger im Jahre 793 im Kloster Lindisfarne markierte dabei den Beginn einer Phase, die die Nordmänner als wagemutige und skrupellose Seeräuber zeigte, die ihre Beutezüge mit Brandschatzungen und Plünderungen nicht nur gegen die Britische Insel richteten, sondern die Flußläufe von Rhein, Schelde, Maas, Loire und Seine hinauf sowie an der atlantischen und schließlich auch mediterranen Küste entlang ausweiteten. Während zu Anfang des 9. Jh. die nordische Expansion also hauptsächlich den Charakter der Seeräuberei trug, der die betroffenen Angelsachsen, Friesen, Franken und die südeuropäischen Völker nichts entgegenzusetzen wußten, wäre eine Reduzierung der Wikingerzeit auf dieses blutige Erscheinungsbild (wie es seit der zeitgenössischen Geschichtsschreibung üblich ist) ungerechtfertigt und könnte die objektiven Taten der Wikinger nicht angemessen würdigen. Erinnert sei nur an deren enorme seefahrerischen Expeditionen und nautischen Leistungen, die eine Erschließung und Besiedlung des gesamten nordatlantischen Raumes bis hin zur kanadischen Gegenküste mit sich brachte; erinnert sei auch an die kulturellen Impulse, die der Norden damals empfing oder selbst in die abendländische Kunst einbrachte, erinnert sei schließlich an die staatengründende Wirksamkeit, die etliche Reiche und Bauernrepubliken in Britannien, Irland, der Normandie (und von da aus unter anderen Voraussetzungen in Süditalien und England) oder auf den Färöern, Island, Grönland usw. hervorbrachte.

Über das Interesse an den spektakulären Wikingerfahrten über den Atlantik wurden manchmal die nicht minder bewundernswerten Leistungen im Osten vergessen, bei denen wiederum Gotland eine tragende Rolle zukam. In den 250 Jahren wikingischer Geschichte wurde um die Ostsee und im russischen Raum das wichtige Handelsnetz aufgebaut, das Europa an die Seidenstraße anband, es vor dem Einsetzen der Kreuzzüge mit arabischen und fernöstlichen Luxuswaren versorgte und das schließlich die Hanse beerben konnte. Die Waräger, schwedische

Münzfund aus Stora Velinge. Visby, Gotlands Fornsal

Wikinger also, schafften es nicht nur, sich das innerrussische Flußsystem zu unterwerfen und dabei in Novgorod und Kiew spätere Keimzellen des russischen Reiches zu gründen, sondern auch durch ihre Handelskontakte mit Konstantinopel, Bagdad und Damaskus den Westen an den Osten anzuschließen. Die Distribution der Waren erfolgte an Orten wie Kaupang am Oslofjord, Haithabu an der Schleimündung, Birka im Mälarsee oder eben Gotland, dessen zentrale Lage natürlich in der Wikingerzeit genauso genutzt wurde wie vorher.

Obwohl gotländische Namen in den zeitgenössischen Quellen nur sporadisch auftauchen und wir die Insel weder bei spektakulären Eroberungszügen noch bei wichtigen Vertragsab-schlüssen repräsentiert sehen, wirft die Vielzahl der arabischen, oströmischen, angelsächsischen oder fränkischen Münzen (insgesamt rund 100 000), die zusammen mit Silberbarren, Kauf-mannswaagen, Schmuck und Geräten in etwa 700 Schätzen aufgefunden wurden, doch ein bezeichnendes Licht auf Gotlands Rolle als Handelsmacht. Die Summe des gotländischen Fund-materials aus der Wikingerzeit übersteigt sogar die eines jeden anderen Gebietes im Norden! Weitere Relikte der Epoche haben sich in der Kunst (z.B. heidnisch-magischer Symbole an den Landkirchen) erhalten wie auch in bronzenen Schiffswimpeln, die später Kirchturmspitzen zierten *(Källunge)*.

Daß die Insel wieder einmal zum Kristallisationspunkt und zur Drehscheibe des internatio-nalen Handelsverkehrs wurde und damit an die Blüte der Bronze- und der römischen Eisenzeit anschloß, wird gerade in dieser kriegerischen Ära äußere Feinde magisch angezogen haben. Deshalb erschien es den Gotländern ratsam, mit den mächtigen Svear ein Schutzbündnis zu schließen. Zum erstenmal in der Geschichte ging dadurch die Ostseeinsel mit Schweden eine lockere Union ein, ohne freilich ihre Selbständigkeit zu verlieren. Das Bündnis bedeutete in einer unruhigen Zeit die beste aller möglichen Lösungen: von einem starken Partner geschützt, bezahlte sie für diesen Schutz nur mit einem freiwilligen Tribut, während die politische, legislative und ökonomische Souveränität auf der Insel verblieb. Der Nachdruck, den die Gotländer beim Vertragsschluß auf ihre Eigenständigkeit legten, beweist, daß man den Akt nicht als Unterwerfung, sondern selbstbewußt als Partnerschaft zweier gleichberechtigter Parteien verstand.

Die bedeutendsten Häfen waren in dieser Zeit Västergarn im Westen und Akergarn an der Ostküste, nördlich des heutigen Slite. Obwohl Visby damals als Ort und Kultstätte schon bestanden hatte, erfolgte der rasante Aufstieg dieses Gemeinwesens zur beherrschenden Stadt der Ostsee erst später. Das Ende der Wikingerzeit, gleichbedeutend mit dem Eintritt ins frühe Mittelalter, brachte zwar Veränderungen mit sich, insbesondere im geistig-religiösen Bereich und in der Verschiebung der Handelskonzentration, nicht aber eine Zäsur wie in der vorrömischen Eisenzeit. Im Gegenteil: die glänzende wirtschaftliche Lage, die sich Gotland in den voraufgegangenen Jahrhunderten erwerben konnte, wurde noch ausgebaut und führte geradewegs zur letzten Blütezeit der Insel.

Christentum und Handel

Noch in die eigentliche Wikingerzeit fällt der bedeutungsvolle Schritt, durch den, zunächst noch zögernd, das Christentum auf Gotland Fuß faßt. Einen maßgeblichen Anteil an der Missionierung der Gotländer schreibt die Gutasaga dem Norwegerkönig Olav II. Haraldsson (= der Heilige) zu, der im Jahre 1029 die Insel besucht haben soll. Andererseits kann als sicher gelten, daß erste Christen bereits in den Jahrzehnten vor Olavs kurzem Aufenthalt auf Gotland lebten. So heißt es auch in der Gutasaga, daß die erste Bekanntschaft mit der neuen Religion von gotländischen Händlern im Ausland gemacht wurde. Und obwohl es Konflikte zwischen den Anhängern Odins und denen des Christengottes auf der Insel gegeben haben wird, sind wirkliche Religionskämpfe genausowenig überliefert wie eine blutige Zwangschristianisierung in der Art Olavs des Heiligen oder Karls des Großen. Der Grund dafür mag in der pragmatischen Einstellung der ›Fahrensmänner‹, also der Bauernhändler *(farmannabönder)* gelegen haben, die wohl sehr schnell merkten, daß sie als Christen bessere Chancen hatten – immerhin gab es in Europa ja das Verbot des Papstes, mit Heiden Handel zu treiben! Und so kann das Gotland der Jahrtausendwende als eine geschäftstüchtige Gemeinschaft charakterisiert werden, deren geistige Substanz (ähnlich wie auf Island) aus einer ambivalenten heidnisch-christlichen Sphäre gebildet wurde, in der sich nur allmählich die neuen Ideen durchsetzten, ohne daß die heidnische Tradition deshalb rigoros abgelehnt worden wäre. Gerade in der künstlerischen Ausschmückung der christlichen Gotteshäuser wurde noch lange Zeit das Erbe der nordischen Mythologie dargestellt und mit den neuen Inhalten verwoben.

Wenn also das Christentum hauptsächlich durch Handelskontakte die Bauernrepublik erreichte, dann war gleichzeitig Gotland bei der Christianisierung genauso unterschiedlichen Einflüssen ausgesetzt, wie es auch unterschiedliche Wirtschaftsbeziehungen mit dem Westen, Osten und Süden pflegte. Für das ausgehende 10. Jh. bedeutete das eine Konfrontation mit vollkommen heterogenen Gedanken, nämlich denen der römisch-katholischen, der russisch-byzantinischen und der irisch-keltischen Kirche! Auch dies hat sich, neben dem germanisch-heidnischen Erbe, sowohl in der Architektur und künstlerischen Gestaltung der Gotteshäuser als auch im christlichen Ritus niedergeschlagen. Vor allem der traditionell intensive Handelsverkehr nach Rußland (und durch Rußland nach Konstantinopel) kann dabei in seiner Bedeutung gar nicht hoch genug eingeschätzt werden.

Schon im 11. Jh. hatten die gotländischen Kauffahrer in Novgorod den *Gutagård* (= Hof der Gotländer) gegründet, der als Stützpunkt für den Transithandel nach und aus Rußland von entscheidender Bedeutung war. Gleichzeitig kann dem Gutagård Modellcharakter für die späteren hanseatischen Kontore zugesprochen werden. Den seefahrenden Bauernhändlern gelang es also, fast den gesamten Ost-West-Handel an sich zu ziehen und dabei natürlich enorme Reichtümer anzuhäufen. Die prächtigen, palastartigen mittelalterlichen Bauernhöfe, von denen einige noch erhalten sind, dokumentieren genauso wie die mehr als 90 Landkirchen diesen Reichtum und eine damit verbundene selbstbewußte, fast selbstherrliche geistige Haltung.

Um an den schwunghaften Geschäften zu partizipieren und andererseits die Verteilung der Waren (Felle, Pelze, Fisch, Bernstein, Gewürze, Teer, arabische und oströmische Luxusgüter) zu den mitteleuropäischen Märkten effizienter zu gestalten, schlossen sich bald deutsche Kaufleute zu einer Gesellschaft der ›Gotlandfahrer‹ zusammen und bauten den Ort Visby zum Zentrum ihrer Aktivitäten aus. Damit wurde ein bedeutender Schritt zur Entstehung der Hanse getan, allerdings auch ein verhängnisvoller, wenn man den weiteren Verlauf der gotländischen Geschichte betrachtet. Durch die norddeutschen, rheinländischen und westfälischen Geschäftsleute (von denen sich viele bald in Visby seßhaft machten) sahen sich die bäuerlichen Fahrensmänner nämlich nicht nur einer immer stärker werdenden Konkurrenz ausgesetzt, sondern das mehr und mehr in den Vordergrund tretende und wenigstens zur Hälfte deutsch geprägte Visby wurde dadurch von der historischen Entwicklung des Landes abgekoppelt (deswegen soll auch der Geschichte Visbys ein eigenes Kapitel eingeräumt werden!). Aus Konkurrenz wurde gegenseitiges Mißtrauen, und der entstehende Dualismus von Stadt und Land entlud sich mehr als einmal in heftigen Fehden und Bürgerkriegen. Von deutscher Seite aus wurde die Gesellschaft der Gotlandfahrer durch Heinrich den Löwen protegiert, der nicht nur 1161 im Vertrag von Artlenburg die Gleichstellung gotländischer und deutscher Kaufleute garantierte und beide mit Privilegien ausstattete, sondern mit der Neugründung der Stadt Lübeck im Jahre 1143 den späteren Abstieg Visbys vorprogrammiert hatte.

Vorläufig jedoch profitierten Bauern und Städter zunächst noch gleichermaßen von der wirtschaftlichen Hochkonjunktur. Auf dem Land lebten die erfolgreichen Kauffahrer in streng patriarchalisch aufgebauten Sippenverbänden ohne König oder feudale Abhängigkeitsstrukturen. Ihr Gesetz, das *Gutalag,* regelte die Selbstbestimmung und wurde von den freien Bauern auf dem Inselparlament, dem ›Gutnalthing‹, beschlossen oder revidiert. Die richterliche Gewalt war erblich und lag in den Händen der reichsten und angesehensten Sippenvorstände. Diese *Domare* (= Richter) bestimmten auch das politische Leben in ihrer jeweiligen Gemeinde und leiteten das regionale Thing. Als Patriarchen, Bauern, Seefahrer und Händler waren die freien Gotländer vollkommen autonom, d.h. sie konnten über Sklaven und in Abhängigkeit geratene

Klein- oder Pachtbauern frei verfügen, konnten mit ausländischen Mächten Verträge schließen, konnten Strafen verhängen oder Kirchen errichten lassen. Nur das *Gutnalthing* und das schriftlich fixierte *Gutalag* war ihnen übergeordnet. Diese vaterrechtlich orientierte Struktur, die ähnlich auch auf Island existierte und noch bis in das späte Mittelalter weiter wirkte, bedeutete nun freilich nicht, daß das Land geistig oder organisatorisch wie ein Flickenteppich aus selbständigen oder gar konkurrierenden Gemeinden ohne inneren Zusammenhalt auftrat. Es besteht kein Zweifel, daß sich die Gotländer insgesamt als eine Nation empfanden und größere (politische und wirtschaftliche) Aktivitäten miteinander abstimmten. Nach der Christianisierung benutzten die Fahrensmänner z. B. ein einheitliches Siegel, das noch heute als gotländisches Wappen in Gebrauch ist: das Christuslamm mit der Siegesfahne. Und das starke Auftreten der Bauern in den sich abzeichnenden Auseinandersetzungen mit Visby sind nur vorstellbar durch ein genau geplantes, gemeinsames Vorgehen aller gotländischen freien Bauern.

Siegel der gotländischen Fahrensmänner, 1280

Wie stark deren Gemeinschaft war, zeigt der Verlauf des Bürgerkrieges von 1288, als sich unter dem Bauernführer Peder Harding der aufgestaute Haß gegen die deutsch-schwedische Konkurrenz Visbys in blutigen Attacken entlud. Zwar wurde auch das Land verheert, und die Städter konnten mehrere Schlachten für sich entscheiden, aber allein die Tatsache, daß es damals in Visby zu beträchtlichen Schäden und Zerstörungen kam, beweist die Schlagkraft des Bauernheeres. Immerhin hatte sich die Handelsmetropole bereits vorher mit einer mächtigen Wehrmauer zu schützen versucht. Auch das Eingreifen des schwedischen Königs Ladulås, dem weder an einem Ausbluten seiner tributpflichtigen Landbevölkerung noch an einer Zerstörung des Visbyer Handelsnetzes gelegen war, brachte keine eindeutige Entscheidung. In der Folge des Krieges gelang es den Bauern noch mehr als einmal, mit Fehden und Überfällen die Substanz der Stadt ernsthaft zu gefährden.

Auch in der Wahl seiner Bundesgenossen zeigte sich das Land nach 1288 als selbstbewußte und eigenständige Macht. Traditionell mußte ja die Insel an den Sveakönig Tribut zahlen und ihm, seit der zweiten Hälfte des 12. Jh., auch Heerfolge leisten. Dazu hatte Gotland sieben Schiffe zu stellen bzw. für den Fall der Nichterfüllung eine sogenannte *Ledungssteuer*

(Ledung = Heerfolge zur See) als Ersatz zu entrichten. Im Jahre 1313 versuchte König Birger Magnusson eine Erhöhung der allgemeinen sowie der Ledungssteuer durchzusetzen und kam, was es vorher noch nie gegeben hatte, zur Eintreibung des Tributs persönlich auf die Insel. Die Gotländer zogen daraufhin mit einem Aufgebot gegen den König, besiegten dessen Heer auf dem Röcklinge-Hügel bei Lärbro und nahmen Birger Magnusson gefangen. Dem schwedischen Regentschaftsrat blieb nichts anderes übrig, als die Steuererhöhung zurückzunehmen und die Zahlungen auf dem Stand von 1285 zu bekräftigen. Auf diese Art und Weise mit der alten Schutzmacht zerstritten, sah sich das *Gutnaltthing* nun auch nach neuen Partnern um, wußte man doch die mächtige Hanse hinter der Konkurrentin Visby. Als Gegengewicht bemühte man sich um Kontakte mit dem Deutschen Ritterorden, der die Möglichkeit einer Einflußnahme im Herzen der Ostsee natürlich gerne wahrnahm.

Es besteht kein Zweifel, daß der Dualismus von Stadt und Land auf die Dauer beiden Parteien Schaden zufügen mußte. Dem widerspricht nicht, daß sich bereits seit dem 13. Jh. ein ständig zunehmender Prozentsatz des bäuerlichen Handels auf den Binnenmarkt bezog, was heißen soll, daß man den wachsenden Problemen mit den überseeischen Hansestädten durch einen Verkauf der Überschüsse an die verhaßten Visbyer Kaufleute Rechnung trug. Denn auch am Paradoxon profitabler Wirtschaftsbeziehungen zwischen an und für sich verfeindeten Mächten (offensichtlich ein Thema dauernder Aktualität) gingen die Auseinandersetzungen natürlich nicht spurlos vorüber. Vor diesem Hintergrund kann der Bürgerkrieg von 1288 als die Scheidelinie zwischen Aufstieg und Niedergang im Mittelalter, also als Anfang vom Ende bezeichnet werden. Als Vorbote des tiefen Sturzes in die Bedeutungslosigkeit kam 1349/50 der Schwarze Tod auf die Insel, dem etwa ein Drittel der Bevölkerung zum Opfer fiel. Vom hohen Blutzoll und dem damit verbundenen Rückgang der Handelsaktivität hatte sich das Land noch nicht erholt, als 1361 der dänische König Valdemar Atterdag aufbrach, um Gotland zu erobern und einen Schlußstrich unter die glanzvolle Geschichte der Bauernrepublik zu ziehen. Der Widerspruch von Stadt und Land hat, wie wir sehen werden, diesen Heerzug zwar nicht ermöglicht, aber doch auf verhängnisvolle Weise begünstigt.

Visby – Regina Maris

Im historischen Überblick verlangt die gotländische Hauptstadt ein eigenes Kapitel, da sie des deutschen Übergewichtes wegen nicht nur ein vollkommen anderes Gepräge bekam, sondern auch von der allgemein-historischen Entwicklung des Landes abgekoppelt wurde. Mit anderen Worten: Im Mittelalter war Gotland nicht Visby und Visby nicht Gotland – beide stellten gegeneinander gerichtete Mächte dar!

Der alte heidnische Kultplatz (›vi‹ = Heiligtum), der schon zur Wikingerzeit von seinem Hafen profitiert hatte, erlebte ab dem 12. Jh. einen ungeheuren Aufschwung, der die Stadt bald zur *Regina Maris*, zur Königin der Ostsee, werden ließ. Hier siedelten sich deutsche Kaufleute an, die bald eine feste Gemeinschaft *(Universitas)* bildeten. Die »Kaufleute, die Gotland um des Handels willen besuchen« (universitas mercatorum terram Gotlandie gracia mercandi applican-

Siegel der deutschen Universitas, 1280

tium), erkannten schnell den Standortvorteil Visbys, und neben den deutschen Gotlandfahrern, die das Siegel SIGILL(UM) THEVTONICO(RUM) GVTLA(N)DIA(M) FREQVENTAN-TIVM benutzen, etablierte sich die Gemeinde jener, die nun für immer in Visby blieben. Diese führten das Siegel SIGILLVM THEVTONICO(RUM) IN GOTLANDIA MANENCIVM. Im Gegensatz zum gotländischen Siegeslamm stellten beide Siegel innerhalb des rundlaufenden Textes den Lilienbaum dar. So bescheiden die allerersten Aktivitäten dieser deutschen Gemeinde auch gewesen sein mögen – fest steht, daß sich erstens die *Universitas* in atemberaubender Geschwindigkeit konsolidierte und so fest zusammenwuchs, daß sie die beherrschende wirtschaftliche Macht auf der Insel stellte, und zweitens, daß in ihr die Keimzelle der Hanse gesehen werden muß und damit ein bedeutendes Kapitel der nordeuropäischen Geschichte hier seinen Anfang nahm.

Dem *Artlenburger Privileg von 1161,* mit dem Heinrich der Löwe aufgekommene Streitigkeiten zwischen den deutschen und gotländischen Fernhändlern schlichten konnte, mag dabei Modellcharakter für den Umgang zwischen nationalen Wirtschaftsgruppen und der Schaffung von Stabilität und Rechtssicherheit zukommen. In Visby wurde dadurch eine Phase ungehemmter Prosperität, enormer Bautätigkeit und ausgreifender wirtschaftsdiplomatischer Aktivität eingeläutet, die im 13. und frühen 14. Jh. in der eigentlichen Blütezeit der Stadt kulminierte. Zu dieser Zeit hatten die deutschen Kaufleute schon die richterlichen Schlüsselfunktionen Visbys besetzt. Bereits bei der Gründung Rigas im Jahr 1201 waren ebenfalls von dieser Gemeinde wichtige Impulse ausgegangen. Das Stadtrecht jener Zeit war genauso zweisprachig abgefaßt wie die Stadträte im Proporz den beiden ›Zungen‹ entstammten: es gab sowohl einen gotländischen als auch einen deutschen Bürgermeister, dementsprechend zwei Vögte und zweimal 18 Senatoren. Das Visbyer Wasserrecht schließlich, das in weiten Teilen Nordeuropas galt und auf flämische und lübische Einflüsse zurückzuführen ist, war ganz in niederdeutscher Sprache verfaßt (»Waterrecht, dat de Kooplüde und de Schippers gemaket hebben to Wisby«).

Der diplomatische Status der Stadt hatte dabei übrigens genauso ambivalenten Charakter wie deren Bevölkerung. Einerseits nämlich verstand man sich als deutscher Vorposten in der

Ostsee, der – besonders nach der Erhebung Lübecks zur freien Reichsstadt im Jahre 1226 – immer häufiger im Auftrag und im Namen der Hanse bzw. Lübecks sprach und agierte. So z. B. 1280 bei der Ratifizierung des Städtebündnisses Visby – Riga – Lübeck, das die Zementierung des Status quo im Ostseeraum bezweckte, oder 1292, als die *Universitas* der deutschen Kaufleute von Visby als offizielle hanseatische Delegation in Novgorod auftrat. Andererseits war ja die Insel Gotland (und damit auch Visby) schon seit erdenklichen Zeiten mit dem Sveareich assoziiert, und im geistlichen Bereich zeigte sich der schwedische Bischof von Linköping für die Ostseeinsel zuständig. Der schwedische König hatte sich seinerseits bereit erklärt, das Visbyer Stadtrecht zu garantieren und 1252 umfangreiche Zoll- und Steuerprivilegien erteilt. Diese Konstellation war so lange unproblematisch, als Schweden und Lübeck gleiche oder ähnliche Interessen verfolgten. Die Expansion Dänemarks z. B. bedrohte sowohl die hanseatische Wirtschaftspolitik als auch den schwedischen Nationalstaat. Andererseits kollidierten deutsche und schwedische Interessen hinsichtlich der gotländischen Landbevölkerung. Für die *Universitas* waren die einheimischen Bauernhändler, obwohl sie zunehmend auch mit ihnen Geschäfte machte, immer noch eine aktive Konkurrenz, deren Gefährlichkeit in dem Maß zunahm, in dem auch deren Neid auf den Reichtum Visbys wuchs. Für den schwedischen König waren die Gotländer aber schutzbefohlen und vor allem tributfähig, was ihn dazu zwang, sich im abzeichnenden Konflikt neutral zu verhalten und schlichtend einzugreifen.

Die Bürger begannen, sich auf schwierigere Zeiten vorzubereiten und sich zu schützen. Da der Seehandel mit dem Erfolg Visbys gleichbedeutend war, galten die ersten Verteidigungsbauwerke dem alten Hansa-Hafen, dessen Gelände heute wegen der Versandung und Landhebung der Park *Almedalen* bedeckt (Farbabb. 11). Von der nördlichen Befestigung des Pulverturms *(Kruttornet)* aus umgaben die Städter in der Mitte des 13. Jh. Visby mit einem starken Mauerring – weniger also gegen äußere Feinde wie z. B. die Dänen, als vielmehr gegen die Landbevölkerung. 1288/89 eskalierte dann der schwelende Konflikt zu einem offenen Bürgerkrieg, der ein gotländisches Bauernaufgebot gegen Visby und Visbyer Bürger gegen Roma und andere Orte des Landes führte. König Ladulås von Schweden versuchte zu vermitteln und diktierte einen Frieden, der von der Stadt eine förmliche Unterwerfung unter die schwedische Krone sowie die Zahlungen von Schadensersatz verlangte. Obwohl in den Annalen der Franziskaner vom Sieg Visbys die Rede ist, brachte vor diesem Hintergrund der Bürgerkrieg also keine Entscheidung oder gar einen Ausgleich zwischen den konkurrierenden gotländischen Handelsmächten. Im Gegenteil: der tiefe Riß, der zwischen Stadt und Land aufgebrochen war, wurde durch die Erfahrung des Krieges und der gegenseitigen brutalen Übergriffe eher verstärkt und sollte 1361, unter anderen Voraussetzungen, noch einmal evident werden. In Visby jedenfalls reagierte man auf die Ereignisse mit einer Intensivierung des Verteidigungsbaus: die *Stadtmauer* (Farbabb. 5) wurde erhöht und auf ihre heutige Länge von 3,6 km erweitert, schließlich mit Toren, Bastionen und Satteltürmen fast uneinnehmbar gemacht. – Auch in den nachfolgenden Jahrzehnten kann von Frieden keine Rede sein. Das Land, das sich nun auch mit dem schwedischen König wegen der Tributzahlungen anlegte, suchte sich einen neuen starken Partner und fand ihn im Deutschen Ritterorden. Visby selbst vertraute weiterhin auf die Hilfe der Hanse.

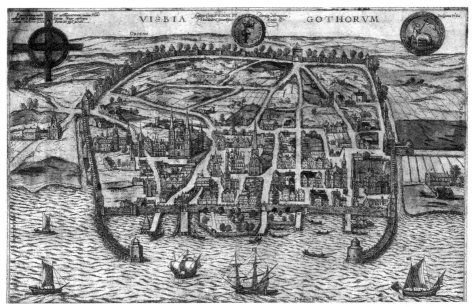

›Visbia Gothorum‹, erster bekannter Stadtplan, erschienen im Atlas von G. Braun und F. Hogenberg ›Civitates orbis terrarum‹ (1575–94). Da der Zeichner nie auf Gotland war, ist kaum ein Gebäude richtig wiedergegeben

Zu diesem Zeitpunkt allerdings·hatte sich die lübeckische Diplomatie insgeheim wohl schon innerlich von Visby abgewandt. Lübeck und andere Hansestädte enthoben es 1293 seiner angestammten Rolle als Berufungsinstanz für Novgorod, die nun auf die Handelsstadt an der Trave selbst überging. Fünf Jahre später wurde von den wendischen Städten – sicher mit Einverständnis Lübecks – das Visbyer Siegel der Gotlandfahrer für ungültig erklärt, und in der Folge verließen etliche deutsche Familien die Stadt, die nun einer ungewissen Zukunft entgegenging. All dies macht deutlich, daß die gotländische Metropole den Zenit ihrer Macht überschritten hatte. Ihr Weg von der Keimzelle der Hanse zu deren Partner und Vorposten endete in einer Rivalität zur neuen Königin der Ostsee, zu Lübeck, das zunächst noch nicht den offenen Bruch mit seiner Vorgängerin wagen konnte, aber versuchte, ihr mit subtilen Mitteln den Rang abzulaufen. Trotz verheerender Brände in den Jahren 1311 und 1314 und trotz der Fehden und Nadelstiche der gotländischen Bauernkonkurrenz besaß Visby dennoch so viel an ökonomischer und politischer Substanz, daß die Wachablösung nicht abrupt, sondern nur ganz allmählich vonstatten ging. Selbst nach dem Heerzug Valdemar Atterdags im Jahre 1361 spielte die Stadt noch eine bedeutende Rolle, insbesondere im Handel mit Livland. Erst 164 Jahre später holte Lübeck, nun selbst schon im Niedergang begriffen, zum letzten Schlag aus und beendete mit der Invasion und der Zerstörung Visbys im Jahre 1525 definitiv dessen Karriere.

Valdemar Atterdags Heerzug

Die Jahrzehnte vor 1361 waren bereits durch wirtschaftlichen Niedergang und hohe Verluste der Bevölkerung gekennzeichnet. Schuld daran hatte der ständig virulente Konflikt zwischen Stadt und Land, weit mehr jedoch die Pest, die 1349/50 auf der Insel grassierte und ein Drittel der Menschen hinwegraffte. Seltsam genug strebten gerade in dieser Zeit Kunst und Architektur neuen, großartigen Ideen zu, die teilweise auch realisiert werden konnten.

Die gesamte historische Entwicklung wurde jedoch im Sommer des Jahres 1361 schlagartig unterbrochen, als der dänische König Valdemar IV., genannt Atterdag (= ›noch ein Tag‹), mit etwa 70 Schiffen und knapp 3000 Soldaten an der gotländischen Westküste landete. Valdemar (1340–75), Vater der späteren Unionskönigin Margarete, war eine der kämpferischsten Gestalten auf dem dänischen Thron, der in ständige Kriege mit der Hanse und dem Königreich Schweden verwickelt war. 1360 war es ihm gelungen, die südschwedischen Provinzen Schonen, Halland und Blekinge wieder unter seine Herrschaft zu bringen, wodurch die Dänen den Zugang zur Ostsee kontrollierten. In dieser Situation fiel der Blick des Königs auf Gotland, das ihm auch die Gelegenheit bot, einen Ersatz für die verlorengegangenen Gebiete Estland und Livland zu bekommen. Viele Versionen von Volksballaden und Sagen wissen zu berichten, auf welche Art und Weise Valdemar zu seinem Heerzug angeregt wurde und welche Intrigen dabei im Lande selbst gesponnen wurden. Sicher war es nicht nur machtpolitisches Kalkül, sondern auch der sagenhafte Reichtum Gotlands, der seine Eroberungspläne auf die Insel richtete – nicht umsonst hieß es im Volkslied über die mittelalterliche Insel:

Guld väga de Gutar på lispundsvåg

Och spela med ädlaste stenar.

Svinen äta ur silfverträg

Och hustrurna spinna på guld-tenar.

(Die Gotländer wiegen das Gold auf der Lispfundwaage / Und spielen mit edelsten Steinen. / Die Schweine fressen aus Silbertrögen / Und die Hausfrauen spinnen auf goldenen Spindeln.)

Fest steht jedenfalls, daß der Heerzug von 1361 sorgfältig vorbereitet war und mit äußerster Konsequenz und Brutalität durchgeführt wurde. Am 24. Juli konnten Valdemars Soldaten das gotländische Bauernheer bei Mästerby vernichtend schlagen. Drei Tage später wurde das letzte Aufgebot der Bauernrepublik vor den Mauern der Stadt Visby niedergemetzelt, zum großen Teil aus Jugendlichen, Frauen und Greisen bestehend. Die grauenhaften Funde aus den Massengräbern am Valdemarskreuz (Abb. 26) zeigen, daß hier weniger von einer Schlacht, als vielmehr von einem Abschlachten die Rede sein konnte. Die hochgerüstete Stadt hatte den verzweifelten Bauern ihre Tore nicht geöffnet, sondern nahm das blutige Schauspiel ungerührt in Kauf – zu sehr hatten sich inzwischen Stadt und Land voneinander entfernt, als daß nach 1288 und den vielen anschließenden Fehden noch Solidarität zu erwarten gewesen wäre! Visby versuchte, durch eine bedingungslose Kapitulation halbwegs ungeschoren davonzukommen, was auch gelang. Zwar plünderte Valdemars Soldateska gründlich die Stadt und erbeutete dabei unermeßliche Schätze, das deutsch-gotländische Gemeinwesen als solches wurde dadurch aber nicht in seiner Existenz gefährdet und ist bereits 1370 wieder in führender Position im Osthandel zu sehen. Valdemar hatte vor seinem Abzug sogar noch die alten Privilegien bestätigt. Das Land jedoch, ausgeblutet und in seiner Substanz vernichtet, mußte durch diesen Heerzug die schlimmste Niederlage seiner Geschichte hinnehmen. Als die Dänen schließlich nach weiteren Mord- und Raubzügen über die Insel das Land verließen (natürlich nicht ohne überall dänische Vögte einzusetzen), war Gotland am Ende seiner Kraft, und die Überlebenden der Katastrophe konnten niemals wieder an die glanzvollen Zeiten der Gemeinschaft der Fahrensmänner anschließen.

Einen Hinweis auf die Konsequenz des Jahres 1361 geben die Landkirchen, wo mit dem Katastrophenjahr die gesamte Bautätigkeit aufhört. Begonnene Projekte wurden allenfalls überhastet zu Ende geführt, provisorische Mauern gezogen, unvollendete Skulpturengruppen willkürlich in einen Bau eingefügt – aber eine neue Kirche ist im Mittelalter auf dem Land nicht mehr errichtet worden. Vorbei auch die Zeiten, in denen das Kunsthandwerk blühte und die Gotland die internationalen kulturellen Standards erschlossen. Alles, was nach 1361 kam, mag in seiner bäuerlichen Naivität charmant oder auch überzeugend wirken, ist jedoch allenfalls von provinzieller Qualität.

Valdemar Atterdag brandschatzt Visby 1361, Gemälde (Detail) von C. E. Hellqvist (1882). Gotlands Fornsal

Natürlich war nicht alles Leben auf dem Land vernichtet, und natürlich begannen nach einer gewissen Zeit wieder zaghafte Versuche, mit der Genesung der Landwirtschaft auch die Fernfahrten wieder aufzunehmen. Inzwischen hatten aber auch Verschiebungen der Handelsrouten und technisch-maritime Innovationen den geostrategischen Vorteil der Ostseeinsel untergraben. Die Koggen konnten nun größere Strecken über die offene See zurücklegen und mußten nicht mehr notwendigerweise auf Gotland Zwischenstation einlegen. Die überseeischen Besitzungen der Bauernhändler gingen verloren, und dem gut funktionierenden Wirtschaftssystem der Hanse hatten sie nichts mehr entgegenzusetzen. Und der Binnenmarkt, also Geschäfte mit Visbyer Kaufleuten, wurde mit der abnehmenden Aktivität der Hauptstadt zusehends unattraktiv. Entscheidend aber ist, daß durch die dänische Eroberung Gotland als mehr oder weniger eigenständige Macht zu existieren aufgehört hatte und allenfalls als Spielball fremder Herren von Interesse war. Von nun an bestimmten zunächst die Dänen, dann andere Nationen über das gotländische Schicksal. Das Land war dem politischen, wirtschaftlichen und kulturellen Verfall preisgegeben, oder lyrischer ausgedrückt: es fiel in einen Dornröschenschlaf, aus dem es nur sporadisch (und fast nie aus eigenem Antrieb) aufgeweckt werden konnte.

Valdemar Atterdag hat übrigens die Eroberung der Insel außer vielen Legenden und einem weiteren Kriegserfolg nur wenig eingebracht. Die Schiffe, die das Beutegut nach Dänemark überführen sollten, gerieten wahrscheinlich in der Nähe der Karlsinseln in einen Sturm. Mit ihnen versank ein Großteil der geraubten Kunstschätze, des Silbers und des Goldes, das im Mittelalter für Gotland und Visby sprichwörtlich gewesen war! Außerdem hatte Valdemar durch die Brandschatzung Visbys die Hanse herausgefordert, die ihn wenige Jahre danach besiegte.

Der Verfall

Nach dem Abzug der Truppen Valdemar Atterdags blieb dem Land kaum Zeit, sich von den Verwüstungen und hohen Opfern an Menschenleben zu erholen. Dänische Vögte preßten die Insel aus, die de jure noch zum schwedischen Reich gehörte, und als neue Gefahr tauchten die sogenannten **Vitalienbrüder** am Horizont auf. Diese Seeräuber aus Mecklenburg, die in den dänisch-schwedischen Auseinandersetzungen den gegen Königin Margarete aufgestellten König Albrecht unterstützten, meist aber auf eigene Rechnung operierten und für den gesamten Ost- und Nordseeraum zu einer Gefahr wurden, ließen sich zwischen 1394–98 auf Gotland nieder und benutzten die Insel als Basis für ihre Piraterie. Daß sie damit alle herausforderten, die an stabilen Verhältnissen und ungestörtem Handel interessiert waren, ist durch das Schicksal Klaus Störtebekers bekannt. Neben der Hanse machte es sich der Deutsche Ritterorden zur Aufgabe, gegen die Seeräuber vorzugehen, und landete mit einem Invasionsheer 1398 an der gotländischen Küste. Welche Macht die Vitalienbrüder damals darstellten und wie ernst deren Gefahr auf der Marienburg genommen wurde, beweist die Tatsache, daß die Zahl der Schiffe, Soldaten und Geschütze auf Ordensseite die Stärke von Valdemar Atterdags Truppen noch überstieg! Gegen diese Übermacht hatten die Piraten keine Chance.

Nach ihrer Vertreibung übernahm der **Deutsche Orden** für zehn Jahre, bis 1408 also, Gotland als Protektorat und trat damit die Rechtsnachfolge des schwedischen Königs als tributpflichtige Schutzmacht an. Angesichts dieser kurzen Zeit muß das Wirken des Ordens durchaus positiv gewertet werden, da man nicht nur auf Naturalabgaben der Bevölkerung verzichtete, die Steuern allgemein niedrig hielt und sie zur Unterstützung der brachliegenden Landwirtschaft verwendete, sondern auch ernsthaft versuchte, Visby und das Land wieder miteinander auszusöhnen. Auf Drängen des Ordens erschienen nun erstmalig städtische Senatoren auf dem *Gutnalthing*, und die ehemals verfeindeten Parteien fanden schließlich in einem allgemeinen gotländischen Landtag zusammen. Künstlerisch hat der Deutsche Orden seine Spuren u. a. in der Kirche von Bunge hinterlassen, wo aus seinem Umfeld stammende Kalkmalereien erhalten sind. Mit dem Tod des Großmeisters Konrad von Jungingen und einer Umbesinnung der skandinavischen Ordenspolitik fand das deutsche Intermezzo 1408 seinen Abschluß. Mit den Vertretern Königin Margaretes einigte man sich, gegen eine Ablösesumme und eine Garantieerklärung zugunsten der gotländischen Rechte das Land an Dänemark abzutreten.

Die drei skandinavischen Königreiche waren in der Kalmarer Union von 1397 zusammen mit ihren Provinzen Finnland und Island zum größten Flächenstaat Europas zusammengeschweißt worden, von dessen riesigem Gebiet die Ostseeinsel nun also einen kleinen Teil ausmachte. Die

Die Festung Visborg vor der Zerstörung durch die Dänen, 1679

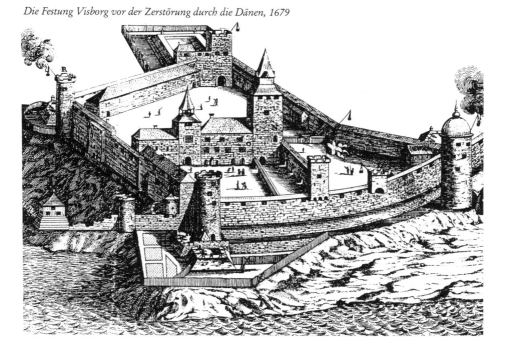

mögliche Bedeutung der Union konnte sich allerdings durch die immer wieder aufflackernden dänisch-schwedischen Animositäten niemals voll entfalten. Schon Margaretes Nachfolger, ihr Neffe Erich von Pommern, hatte es schwer, sich als Unionskönig durchzusetzen und wurde, freilich verursacht durch seine selbstherrliche und autokratische Amtsführung, nacheinander aus allen Reichen vertrieben. Als letztes Rückzugsgebiet war ihm das zentral gelegene Gotland gerade recht, mußte er sich doch nun, da ihm die Einkünfte aus der Unionskasse fehlten, nach anderen Ertragsmöglichkeiten umsehen. Das Vorbild der Vitalienbrüder vor Augen, errichtete **Erich von Pommern** 1408–49 auf Gotland ein despotisches Regime, dessen finanzielle Basis die Piraterie war. Eine Verteidigungsanlage des Deutschen Ordens am südlichen Rand von Visby wurde unter seiner Herrschaft zur Zwingburg ausgebaut. Die ›Visborg‹ (Farbabb. 13) war Gotlands letztes großes Bauprojekt des Mittelalters und als solches nur durch enorme finanzielle Belastungen der Bevölkerung und einen immensen Arbeitseinsatz zu realisieren. Zu diesem Zweck preßte der Seeräuberkönig nicht nur kräftig Geldmittel aus den ohnehin schon ausgebluteten Gotländern, sondern zwang sie auch zu Fronarbeiten am Schloßbau und zu bedeutenden Naturallieferungen.

1449 schließlich rief die ruinierte Insel den Deutschen Orden um Hilfe gegen den Tyrannen an, zu der sich die Marienburg aber nicht mehr in der Lage sah. Im gleichen Jahr griffen nun auch die Schweden unter Karl Knutsson ein und belagerten Erich von Pommern in seiner Burg. Dessen Flucht auf einem dänischen Schiff nach Pommern (wo er zehn Jahre später starb) befreite endlich Gotland vom verhaßten Lehnsherren, brachte dem Land aber keine Selbständigkeit. Das **Dänemark** König Christians war stark genug, sich gegen schwedische Eroberungsversuche zu wehren. Für lange Zeit (bis 1645) sollten nun Gotland und Visby dänisch bleiben und dänischen Baronen zu Reichtum und Ansehen verhelfen. Vor allem Ivar Axelsson Tott (1464–87), danach der dänische König Hans und im 16. Jh. schließlich Baron Henrik Rosenkrantz konnten als unumschränkte Herren auf der Visborg residieren, was eine persönliche Bereicherung aus den Steuereinkünften der Insel natürlich mit einschloß.

In den Sog umwälzender Veränderungen in Skandinavien geriet Gotland in den 20er Jahren des 16. Jh. Das dänische Übergewicht in der Union und das Massaker an schwedischen Adligen (›Stockholmer Blutbad‹ im November 1520) hatte die Gegenreaktion der Schweden provoziert, die unter Gustav Vasa begannen, sich zu einem souveränen Nationalstaat zu formieren. Daß man sich dabei auch an die uralten Beziehungen der Sveakönige mit Gotland erinnerte, lag auf der Hand, und 1524 stellte Gustav Vasa ein Invasionsheer für die ›Rückeroberung‹ der Insel auf. Obwohl von der Hanse unterstützt, verlief der Kriegszug für die Schweden unglücklich, da sie zwar die Insel, nicht aber die befestigte Hauptstadt einnehmen konnten und sich schließlich unverrichteter Dinge wieder zurückziehen mußten.

Ein Jahr später nahm Lübeck die Sache selbst in die Hand und richtete seinen Angriff sofort gegen Visby. Die zur Invasion entsandte Flotte landete im November des Jahres 1525 nördlich der Hauptstadt, anschließend zerschossen die Lübecker einen Abschnitt der Wehrmauer und brannten in den nächsten Tagen große Teile der ehemaligen Ostseekönigin nieder. Die ›Lübeckerbresche‹ (Abb. 28) unterhalb des nördlichen Stadttores dokumentiert heute noch jenes Geschehen, das für Visby ähnlich furchtbare Konsequenzen hatte wie Valdemar Atterdags Heerzug für das Land. Kirchen und Klöster gingen damals in Flammen auf und stehen bis heute als Ruinen da. Mit ihnen wurden die Dokumente des Stadtarchivs und andere unermeßliche Schätze vernichtet. Zwar galt der lübische Angriff den Dänen (und war insofern erfolglos, als deren Bollwerk, die Visborg, wieder nicht genommen werden konnte), getroffen aber wurde eine Stadt, die formal immerhin noch Mitglied der Hanse war und viele deutsche Einwohner besaß. Auch dies gehört zu den traurigen Paradoxa innerhalb der gotländischen Geschichte! Und daß bei der Plünderung Bauern tatkräftige ›Hilfe‹ leisteten, kann als Indiz dafür gewertet werden, daß der Gegensatz zwischen Stadt und Land oder wenigstens die Erinnerung an 1288 und 1361 immer noch nachwirkten.

So schrecklich der Angriff Lübecks für Visby auch war, an der politischen Großwetterlage änderte sich dadurch nichts. Unversehrt behauptete sich nach dem Abzug der Norddeutschen die dänische Herrschaft, deren Repräsentant Henrik Rosenkrantz sich nun für die Durchführung der **Reformation** stark machte. Trotz des schnellen Wechsels der weltlichen Herren (Deutsche, Mecklenburger, Dänen und Schweden) war die Kirche im Mittelalter immer dem Bistum von Linköping unterstellt. Im Jahre 1527 besuchte der letzte katholische Bischof das in Ruinen liegende Visby. Bilderstürme oder andere religiöse Ausschreitungen gab es nicht, die Reformation hatte aber zur Folge, daß nicht einmal der Versuch unternommen wurde, die von den Lübeckern zerstörten Kirchen wiederaufzubauen. Einzig die Marienkirche, das alte Gotteshaus der deutschen *Universitas,* wurde instand gesetzt und dient seit 1572 dem lutherischen Bischof als Domkirche (Umschlagvorderseite).

Sechs Jahre vorher mußte Visby eine der größten Seefahrtskatastrophen der Ostsee erleben, als 1566 eine dänisch-lübische Flotte in einem plötzlichen Sturm vor der Stadt unterging. Etwa 6000 Menschen, darunter auch Lübecks Bürgermeister Bartholomäus Tinnapfel, verloren dabei ihr Leben. Ungeachtet dessen bestand natürlich die dänische Lehnsherrschaft weiter und wurde im Frieden von Stettin (1570) gegenüber allen schwedischen Ansprüchen nochmals ausdrücklich bestätigt. Es waren dann auch weniger gotländische als vielmehr europäische Ereignisse, die erst ein Jahrhundert später zu einem Ende der dänischen Besatzungszeit führten. Im Vorfeld des Dreißigjährigen Krieges konnte sich das schwedische Reich unter Gustav II. Adolf als Weltmacht etablieren. Dänemark, obwohl ebenfalls zum protestantischen Lager gehörend, hatte damit seine ehemals beherrschende Rolle im *Mare Balticum* ausgespielt und mußte eine Provinz nach der anderen an den Erzfeind abgeben. Im **Frieden von Brömsebro** verzichtete Dänemark 1645 »für immer« auf jene Insel, die es als Faustpfand in der Zeit des Verfalls so lange kontrollieren konnte.

Das schwedische Gotland

Es ist ein Irrtum anzunehmen, daß die Schweden im gotländischen Bewußtsein der frühen Neuzeit als eng verwandte Macht oder gar als Befreier vom dänischen Joch angesehen bzw. willkommen waren. Die weit zurückreichenden Beziehungen zum Sveareich waren ein Schutzbündnis gewesen, das nichts mit einem Zugehörigkeitsgefühl zu tun gehabt hatte. In politischer, wirtschaftlicher und kultureller (also auch sprachlicher) Hinsicht bildete die Ostseeinsel ein eigenständiges Gemeinwesen. Deshalb bedeutete der Frieden von Brömsebro zunächst nichts anderes als die Ablösung einer Besatzungsmacht durch die nächste. Und eine wie auch immer geartete Sympathie für die Schweden konnte so lange nicht entstehen, wie die Insel als persönlicher Besitz im absolutistischen Sinn vom Kronprinzen Carl Gustav (1652–54) oder der landesflüchtigen Königin Christina (1654–58) ausgebeutet wurde. Auch die mit Privilegien ausgestatteten Stockholmer Unternehmer, die ab 1649 eine Eisenindustrie in Lummelunda aufzubauen versuchten, wurden von den Gotländern als ungeliebte Ausländer eher ertragen als begrüßt. Die hohe Steuerlast und die als Kolonialisierungsversuche empfundene merkantilistische Tätigkeit sorgten denn auch dafür, daß man den Dänen, die 1676 wieder vor Gotland auftauchten, nicht unbedingt feindlich gegenüberstand. Diese konnten für drei Jahre unter ihrem legendären Kriegshelden Nils Juel Gotland noch einmal zurückerobern, um dann im Frieden von Lund 1679 endgültig auf das Land zu verzichten. Ihre Festung Visborg sprengten sie beim Abzug in die Luft und zerstörten damit nicht nur das Symbol jahrhundertelanger Fremdherrschaft, sondern mit der gewaltigen Explosion gleich noch Teile der Hauptstadt Visby mit. Danach war wieder Ruhe, und unter schwedischer Herrschaft trat die fast bedeutungslos gewordene Insel ihren Weg in eine wirtschaftlich etwas bessere Zukunft an. Als Exportartikel wurden Teer, Kalk und Holz verschifft, wobei anders als früher der Kalk zunehmend auf Gotland selbst gebrannt und das Holz in Sägemühlen zugeschnitten wurde. Während am Ende der dänischen Zeit die ehemals mächtige Händlerinsel kein Schiff mehr ihr eigen nennen konnte, wurde nun allmählich wieder eine eigene Handelsflotte aufgebaut und 1694 die Visbyer Kaufmannsgilde gegründet. Mit der zwar bescheidenen, aber spürbaren wirtschaftlichen Gesundung wurden auch die Beziehungen zu Lübeck wieder intensiviert, und zum zweitenmal zog es viele norddeutsche Kaufleute nach Visby, wo sie sich zum Teil niederließen.

Der Anfang des 18. Jh. war geprägt von den Machtverschiebungen im Nordosten Europas, wo der alte dänisch-schwedische Konflikt durch die Expansion Rußlands abgelöst wurde. Der Nordische Krieg, in dem das schwedische Reich unter Karl XII. versuchte, den Vorstoß Peters des Großen einzudämmen, blieb nicht ohne Auswirkungen auf Gotland. Zweimal, in den Jahren 1715 und 1717, griffen die Kriegshandlungen auf die gotländische Ostküste über, wo sechs russische Kriegsschiffe anlandeten und bis zu 1500 Soldaten plündernd die Insel überfielen. Ruhmvoll oder gar kriegsentscheidend waren diese Episoden für keine Partei: die gotländischen Bauern zeigten sich an einer Gegenwehr nicht sonderlich interessiert, und die Russen erschossen einen Bauern und zwei alte Frauen, begnügten sich ansonsten aber damit, Vieh und Hausgerät zu stehlen und etwa 20 Geiseln zu entführen ...

Nach dem russisch-schwedischen Friedensschluß von 1721 ging man nun auf der Insel daran, die hoffnungslos veralteten Strukturen den modernen Zeiten anzupassen. Schwedische Gouverneure *(landshövdingar)* wie J.D. Grönhagen ließen das Land vermessen, bauten die Infrastruktur aus und machten sich um die Einführung neuer Agrartechniken verdient. Da das mittelalterliche Visby weder ihrer Auffassung von einer zentral gelegenen Residenzstadt noch der allgemeinen Anschauung von Modernität entsprach, wurde das Gelände des nach der Reformation säkularisierten Zisterzienserklosters in Roma zum Kristallisationspunkt der neuen Zeit umge-

Naive Glasmalereien aus der schwedischen Zeit. Gotlands Fornsal

baut. Ein anderer Gouverneur, der deutschstämmige Freiherr Carl Otto von Segebaden, der 1763–87 *landshövding* auf Gotland war, ließ das heutige Netz der Landstraßen anlegen und sie mit Meilensteinen ausstatten (Abb. 13). Einige dieser Monumente mit dem Monogramm König Gustav III. sind noch erhalten und zeugen von der ungeheuren Energie des Gouverneurs, dem es im übrigen auch gelang, die Kartoffel auf Gotland heimisch zu machen. Weniger die Landwirtschaft, als vielmehr die ungewöhnliche und reichhaltige Botanik der Insel interessierte Carl von Linné, dessen Besuch von 1741 zur ersten naturkundlichen Beschreibung Gotlands führte.

Kein Zweifel: die zweite Hälfte des 18. Jh. war eine Zeit der wirtschaftlichen Gesundung und der Umstrukturierung, die der Insel natürlich nicht mehr die Glanzperioden der Vergangenheit zurückbringen konnte, ihr aber nach dem absoluten Tiefpunkt zu einer Art Mittelweg mit bescheidenem Wohlergehen verhalf. Niemals zuvor wurde dabei das Aussehen Gotlands so verändert wie jetzt: Um mehr Ackerland zu gewinnen, drainagierte man die flachen Seen und trocknete die Moore aus, was nicht ohne Auswirkungen auf den Wasserhaushalt bleiben konnte (ursprünglich bestand mehr als ein Zwölftel der Insel aus Feuchtgebieten!). Damit einher ging ein extensiver Kahlschlag des Laubwaldes, der einmal den Bestand von u. a. 250 000 Eichen gehabt hatte. Das Holz wanderte in die Kalköfen oder Sägemühlen oder wurde für den Häuser- und Schiffsbau genutzt. Die Handelsflotte, zu Beginn der schwedischen Zeit nur aus drei Schiffen bestehend, umfaßte 1785 bereits 60 Schiffe mit einer Gesamtkapazität von 2068 t Last – viele davon waren von einheimischen Reedern auf der Insel selbst hergestellt worden. 10% der Bevölkerung lebten von der Schiffahrt, sei es als Seeleute oder sei es als Werftbesitzer. Prächtige Bürgerhäuser dokumentierten den wirtschaftlichen Aufschwung, von dem die ›Kalkbarone‹ genauso profitierten wie Großbauern, Waldbesitzer, Kaufleute und Reeder.

Die Emsigkeit wurde zu Beginn des 19. Jh. nur kurz unterbrochen, als im Zusammenhang mit den Napoleonischen Kriegen wieder einmal eine russische Flotte vor der Küste auftauchte. Unter Konteradmiral Bodisco fiel 1808 Gotland für insgesamt 23 Tage an das zaristische Reich. Als schwedische Kriegsschiffe zum Entsatz heraneilten, zogen es die in Slite und Visby stationierten Russen jedoch vor, ihre Expedition abzubrechen. Diese ebenso kurze wie unblutige Eroberung war die letzte in der Geschichte des Landes.

33

Zur Mitte des Jahrhunderts tangierte der Krimkrieg indirekt den Norden der Insel, obwohl sich Schweden in diesem Konflikt als neutral bezeichnet hatte. Der Sund zwischen Fårö und Gotland wurde 1854 von der französisch-britischen Flotte als Operationsbasis gegen Rußland genutzt, ohne daß Schweden widersprochen hätte. Die Quittung für dieses nicht gerade ›neutrale‹ Verhalten kam in Form der Cholera, die, von britischen und französischen Schiffen eingeschleppt, viele Todesopfer forderte.

In der zweiten Hälfte des 19. Jh. wurden vermehrt Anstrengungen zur Verbesserung der Infrastruktur unternommen. Kernstück dabei war die Eisenbahn, deren erste Strecke (Visby–Hemse) man 1878 einweihte. Sie hatte in den knapp 100 Jahren ihres Bestehens nicht nur für den insularen Personen- und Warenverkehr große Bedeutung, sondern auch für den beginnenden Tourismus. Inzwischen präsentierte sich nämlich die verschlafene Insel schwedischen und ausländischen Besuchern als idealisiertes Kleinod, das mit seiner Ruinenromantik und seinen historischen Baudenkmälern im Norden zu Recht als einzigartig gelten konnte. Bereits 1810 waren die Visbyer Ruinen unter Denkmalschutz gestellt und somit ein Kapital für die Zukunft erhalten worden. Vier Jahre später bedeutete die Gründung der ›Gesellschaft der badenden Freunde‹ (*De Badande Wännerna;* D. B. W.) einen wichtigen Schritt für die Heimatforschung und Denkmalpflege. Zur Popularität des Reisezieles trugen noch im 19. Jh. die vielen romantischen Schilderungen und Gedichte, Stiche und Ölbilder mit Visbyer Motiven sowie jene Künstlerkolonie bei, die Prinzessin Eugénie (einzige Tochter Oscars I.) ab 1861 an ihrem Sommerwohnsitz Fridhem (Farbabb. 19) um sich scharte. Konsequenterweise wurde dann 1896 in Visby der Gotländische Touristenverein gegründet und damit die Weichen für den prosperierendsten Erwerbszweig des 20. Jh. gestellt. Die Jahrhundertwende zeigte also ein Gotland im Umbruch, dessen wirtschaftliche Lage zwar nicht berauschend, aber stabil war, und in dessen Dornröschenschlaf bildungshungrige Besucher auf der Suche nach den Relikten einer glanzvollen Vergangenheit einbrachen.

Das 20. Jahrhundert

Die großen nationalen und globalen Krisen in der ersten Hälfte des 20. Jh. warfen ihren Schatten natürlich auch auf Gotland, allerdings ohne hier zu einer Situation zu führen, die sich von der in anderen Teilen des Königreiches unterschieden hätte. In beiden Weltkriegen war Schweden neutral, was nicht ausschloß, daß man 1914–18 mit den Mittelmächten und 1939–45 mit Hitlerdeutschland gute Geschäfte machte. Am 2. Juli des Jahres 1915 kam die Ostseeinsel in die internationalen Schlagzeilen, als der deutsche Minenkreuzer ›Albatross‹ vor Katthamarsvik von russischen Kreuzern beschossen wurde. Da dies in neutralen Gewässern geschah, sorgte die sogenannte ›Albatross-Affäre‹ für Aufsehen und diplomatischen Wirbel. Vom Geschehen des Zweiten Weltkrieges wurde Gotland ebenfalls nicht oder nur am Rande tangiert. 1944 führte die Torpedierung des gotländischen Fährschiffes ›Hansa‹ durch ein deutsches oder sowjetisches U-Boot zur sogenannten ›Hansa-Katastrophe‹ mit etlichen Todesopfern. Mehrere Gräber auf dem Friedhof von Lärbro berichten von KZ-Gefangenen, die nach der

Befreiung zur Ersten Hilfe hierhin gebracht wurden und kurz darauf starben. Und von weitreichender Bedeutung war auch die britische Versenkung von Giftgas aus den Beständen der Wehrmacht im Gotlandgraben. Die rostenden Behälter, die nicht gehoben werden können, stellen (wie übrigens auch bei Bornholm) eine tickende Zeitbombe für Fischer und Badegäste dar.

Die Nähe zum Baltikum ist auch von sicherheitspolitischem Belang. Das große Exerzierfeld im Süden von Visby beweist, daß dies schon unter Oskar I. nicht anders gesehen wurde. Die bekannte schwedische ›bewaffnete Neutralität‹, die nicht erst seit dem Zweiten Weltkrieg verfolgt wird und dem Land eine starke und moderne Armee gebracht hat, mußte in den Zeiten unruhiger weltpolitischer Konstellationen auf Gotland erst recht Rücksicht nehmen. Gerade der neuralgische Ostseeraum verlangte von der zentral gelegenen Insel eine überproportionale Bewaffnung. Dies war aus schwedischer Sicht um so dringlicher, als die genaue Grenzziehung in der Ostsee zwischen dem Königreich und der Sowjetunion lange Zeit umstritten (und wegen vermuteter Ölfelder auch von ökonomischer Brisanz) war. Als östlichster Landesteil Schwedens verfügt denn auch Gotland über mehrere Militäranlagen, von denen der Tourist zumeist abgeschirmt wird. Der Zutritt zum radargespickten Nordteil ist für Ausländer prinzipiell untersagt und nur innerhalb einer schwedisch geführten Gruppe möglich. Beeinträchtigungen des reinen Urlaubsvergnügens können jedoch durch die häufig stattfindenden Manöver und Schießübungen sowie durch den Lärm von Militärflugzeugen entstehen. Es ist denkbar (und wäre wünschenswert), daß die Veränderungen in Osteuropa und die dadurch mögliche Auflösung der Militärblöcke auch auf der Ostseeinsel eine ›Entspannung‹ der Situation mit sich bringt. Ansonsten ist es auf Gotland ruhig – zu ruhig für ein modernes Gemeinwesen, das seiner Bevölkerung eine Lebensgrundlage bieten will!

Die Insel, die im Gegensatz zu Öland eine eigene Provinz *(län)* darstellt, begleitete den Weg Schwedens in die industrielle und, ab den 60er Jahren, in die postindustrielle Gesellschaft mit einem gewissen Abstand. Als strukturschwaches Gebiet, dessen wirtschaftliche Basis nach wie vor die Land- und Forstwirtschaft (in bescheidenerem Maße auch die Fischerei) ist, konnte Gotland mit der allgemein-schwedischen Entwicklung nicht mithalten. Dies hatte demographische Auswirkungen durch die Abwanderung von Arbeitskräften in die expandierenden Stadtregionen von Stockholm, Göteborg und Malmö. Die guten Verkehrsverbindungen mit Fähren und (seit 1933) regulären Flügen zum Festland sorgten nicht nur dafür, daß Touristen bequem die ›Sonneninsel‹ erreichen können, sondern auch für einen ständigen Aderlaß der Bevölkerung, der durch die relativ höhere Geburtenfreudigkeit der Insulaner nicht ausgeglichen werden konnte. Zwischen 1950 und 1960 ging die Gesamtbevölkerung von ca. 60 000 auf ca. 54 000 zurück, was die stärkste Verminderung in einer schwedischen Provinz bedeutete. Der negative Trend konnte inzwischen gestoppt werden. 1989 hatte Gotland wieder 56 383 Einwohner (davon 20 889 in der Hauptstadt Visby), was aber angesichts einer Bodenfläche von 3140 qkm nur ein schwach besiedeltes Gebiet ausmacht. Im Vergleich zu mediterranen Inseln scheint die Insel geradezu entvölkert (z. B. Mallorca: 3640 qkm, 400 000 E.; Rhodos: 1400 qkm, 80 000 E.; Malta: 246 qkm, 320 000 E.). Viel schlimmer allerdings ist eine ungünstige Entwicklung der Einkommen, die im Vergleich zum Landesdurchschnitt deutlich niedriger liegen.

Dieses Mißverhältnis wird sich fortsetzen, wenn die momentane rigorose Beschneidung landwirtschaftlicher Subventionen weiterhin schwedische Politik bleiben wird, und wenn es nicht gelingt, die Ansätze zur Industrialisierung auszubauen. Denn die Zuckerfabrik in Roma, der hypermoderne Cementa-Konzern in Slite, die mittelständische Lebensmittelindustrie (Arla) und elektroindustrielle Betriebe in Visby (AB Ericsson) allein können den Bedarf an dauerhaften und zukunftsorientierten Arbeitsplätzen nicht abdecken. Auch die Erdölförderung, die seit 1974 im Norden der Insel mittels einiger Pumpen betrieben wird, ist dazu genausowenig in der Lage wie die Windkraftanlagen, die seit 1983 im Süden gebaut wurden. Positiv sind Anstrengungen, durch die infrastrukturelle Erschließung (u. a. Verbesserungen der Kommunikationstechnologie durch Glasfaserkabel zum Festland) neue Unternehmen anzusiedeln, sowie den Ausbildungsstand der hiesigen Arbeitskräfte durch die gotländische Hochschule *(Utvecklingscentrum Gotland*, UCG) zu heben, die eng mit der Stockholmer Universität zusammenarbeitet.

Es ist klar, daß die rasante Entwicklung des Tourismus in diesem Zusammenhang zwar einen ökonomisch beachtlichen Faktor darstellt, aber nur in den Sommermonaten interessant sein kann. Dafür werden saisonal Kräfte eingestellt, die oft vom Festland kommen. Trotzdem bleibt vom lukrativen Geschäft auch für viele gotländische Familien noch genug übrig. Ereignisse wie die seit 1929 durchgeführten ›Ruinenfestspiele‹ oder die ›Mittelalterwoche‹ ziehen neben dem guten Wetter (statistisch mehr als 2000 Sonnenscheinstunden) und den vorzüglichen Stränden Jahr für Jahr mehr Besucher an. Einen wichtigen Anteil daran hat auch der Kulturtourismus, der von jenen Schätzen profitiert, die dieses Buch beschreibt. Etwa 350 000 Besucher kamen insgesamt im Jahre 1989. Von Massentourismus kann zwar angesichts der Inselgröße selbst bei dieser Zahl noch keine Rede sein, aber damit scheint ein vorläufiger Höhepunkt erreicht zu sein. Frappierend ist der geringe Anteil der ausländischen Gäste. Nur 40 000 der für 1989 genannten Zahl stammten nicht aus Schweden. Davon stellten die Deutschen mit 40% die Mehrheit, gefolgt von Finnen (22%), Norwegern (13%) und Dänen (12%). Aber auch hier ist ein größer werdendes Interesse festzustellen und die Einführung einer Direktflugverbindung Hamburg – Visby im Jahre 1989 sicherlich kein Zufall. Vorbei sind also die Zeiten, als die 83 Teilnehmer der ›Hansischen Wisbyfahrt‹ im Jahre 1882 noch als exotische Gäste bestaunt und mit großem Pomp empfangen wurden.

Außerhalb der Saison verwandelt sich die Insel wieder zu jenem friedlichen Bauernland, in dem die Zeit still zu stehen scheint. Der alten Bedeutung und der glanzvollen Geschichte ist man sich auf Gotland bewußt, und viele der Insulaner betätigen sich als Heimatforscher oder pflegen das Brauchtum. Mehr als früher gibt es Bestrebungen, Relikte der gutnischen Sprache zu bewahren oder sie zu lernen. Auch dies ist ein Indiz dafür, daß sich die Gotländer nicht ohne weiteres mit dem Rest des Königreichs identifizieren. Jemand, der auf die Fähre nach Oscarshamn oder Nynäshamn geht, bleibt nicht im Lande, sondern fährt immer noch »nach Schweden« ...

Zeittafel

ca. 10 000 v. Chr.	Die letzten Reste der Eiszeit schmelzen ab. Gotland ist ganz oder überwiegend von Wasser bedeckt
ca. 8000 v. Chr.	Gotland erscheint als Archipel kleiner Inselchen in der Ancylus-See
ca. 7000 v. Chr.	Die ersten steinzeitlichen Sammler, Jäger und Fischer erreichen die gotländischen Inseln
ca. 2000 v. Chr.	Die mesolithische Kultur ist inzwischen von der neolithischen abgelöst bzw. überlagert worden. Gotländische Bauern treiben bereits Fernhandel und errichten Grabanlagen
1500–500 v. Chr.	Die Bronzezeit bringt der inzwischen zusammengewachsenen Insel eine erste Blüte. Eine Gesellschaft bäuerlicher Fernhändler ehrt die verstorbenen Häuptlinge mit mächtigen Grabhügeln, Schiffs- oder anderen Steinsetzungen
500 v. Chr.– 500 n. Chr.	Die Eisenzeit bedeutet zunächst unverminderten Wohlstand, später dann einschneidende soziale Veränderungen aufgrund von Klimawechsel und Völkerwanderung. Eventueller Auszug der Goten von der Insel. In dieser Zeit aber auch Entwicklung der monumentalen Bildstein-Kunst
800–1050	In der Wikingerzeit knüpft Gotland an die bronze- und eisenzeitliche Blüte an. Ausgedehnte Handelsfahrten bis nach Rußland, Bagdad und Konstantinopel führen zu erheblichem Wohlstand und machen aus der Insel eines der wichtigsten Handelszentren Europas
9. Jh.	Gotland untersteht dem Schutz der festländischen Svea-Könige und ist steuerpflichtig, behält aber einen autonomen Status mit eigenen Gesetzen
1029	Der norwegische König Olav Haraldsson (= der Heilige) besucht Gotland und festigt die Rolle des Christentums; als St. Olof wird er Schutzheiliger der Insel
1161	Der Vertrag von Artlenburg regelt die Handelsrechte deutscher und gotländischer Kaufleute
1164	Das Zisterzienserkloster Roma wird begründet, das sich bald zum größten Grundbesitzer der Insel entwickelt
1225	Der Bischof von Linköping weiht die Kirche der deutschen Kaufleute, St. Maria in Visby, ein
1288	Die Konkurrenz um Handelsmärkte führt zum Widerspruch zwischen der Stadt Visby und dem Land, der schließlich zum offenen Bürgerkrieg eskaliert. Der schwedische König Magnus Ladulås vermittelt im Konflikt und diktiert den Frieden zum Vorteil der Krone. Die Stadtmauer von Visby wird anschließend erweitert und verstärkt
1313	Ein gotländisches Aufgebot besiegt das Heer des schwedischen Königs Birger Magnusson bei Lärbro
1349/50	Etwa ein Drittel der gotländischen Bevölkerung erliegen der Pest
1361	Der Feldzug der Dänen unter Valdemar IV. (›Atterdag‹) führt zur Verheerung des Landes und zur Plünderung Visbys. Die mittelalterliche Blütezeit wird damit jäh unterbrochen, Gotland versinkt in politischer und kultureller Provinzialität

1394	Die Fetalienbrüder (Vitalienbrüder) erobern die Insel und machen sie zum Zentrum der Seeräuberei
1398	Der Deutsche Orden kann unter Konrad von Jungingen die Fetalienbrüder vertreiben und ein zehnjähriges Protektorat errichten
1408	Der Deutsche Orden übergibt Gotland den Dänen
1411	Die Visborg-Festung wird angelegt
1437–49	Erich von Pommern betreibt von Gotland aus Piraterie
1449–1645	Die Insel untersteht als Lehnsgebiet dem dänischen König oder selbständigen dänischen Feudalherren
1524	Gustav Vasas Versuch der Eroberung wird von den Dänen zurückgeschlagen
1525	Lübeck startet eine Invasion, bei der in Visby die Stadtmauer beschädigt, etliche Kirchen zerstört und Kunstschätze geraubt werden, aber die Festung Visborg nicht eingenommen wird
1530	Unter dem dänischen Landesherr Rosenkrantz wird die Reformation eingeführt
1566	Ein Unwetter führt vor Visby zu einer der größten Seefahrtskatastrophen der Ostsee, bei der etwa 6000 Menschen umkommen
1645	Im Frieden von Brömsebro wird Gotland mit anderen ehemaligen dänischen Provinzen vom schwedischen Reich übernommen
1676	Dänische Wiedereroberung der Insel unter Nils Juel
1679	Im Frieden von Lund kommt Gotland endgültig zu Schweden; bei ihrem Abzug sprengen die Dänen die Visborg-Festung in die Luft
1715/17	Zweimalige Plünderung der gotländischen Ostküste durch russische Soldaten im Zusammenhang mit dem Nordischen Krieg
1741	Carl von Linné besucht und beschreibt die Insel
1808	Nach einer russischen Invasion gehört Gotland für 23 Tage dem Zarenreich an
1810	Aufgrund einer königlichen Verordnung werden die Ruinen von Visby unter Denkmalschutz gestellt
1853–56	Während des Krimkrieges wird Nordgotland zur Operationsbasis einer britisch-französischen Flotte
1878	Zwischen Visby und Hemse wird Gotlands erste Eisenbahnstrecke eingeweiht
1896	Der Gotländische Touristenverein wird gegründet
1915	Die Versenkung des deutschen Minenbootes ›Albatross‹ durch russische Seestreitkräfte innerhalb gotländischer Gewässer führt zur diplomatischen ›Albatross-Affäre‹
1933	Erste ständige Flugverbindung zwischen Gotland und Stockholm
1944	In der sogenannten Hansa-Katastrophe wird ein gotländisches Fährschiff durch ein deutsches oder russisches U-Boot versenkt
1946–50	Gemeinsame skandinavische Ausgrabungen legen das eisenzeitliche Dorf Vallhagar frei
1974	Erste Ölfunde im Norden der Insel
1990	Auf Gotland leben 56 000 Menschen, davon 21 000 in der Hauptstadt Visby. Die Gesamtzahl der schwedischen und ausländischen Besucher beträgt heute rund 350 000.

Baudenkmäler und Kunstschätze

Prähistorische Grabmonumente:
Steinhügelgräber und Schiffssetzungen

Der größte Teil der vorgeschichtlichen Bodendenkmäler Gotlands, etwa 25 000 Einzelobjekte, besteht aus Einzelgräbern oder Gräberfeldern. Aber nicht nur die Vielzahl dieser Relikte ist beeindruckend, sondern genauso deren Monumentalität und ihr z. T. vorzüglicher Erhaltungszustand. Hier kommt dem Historiker wie dem Archäologen, dem Experten wie dem Laien entgegen, daß vieles allein deswegen gerettet wurde, weil es keine nachträgliche Überbauung oder Versuche der Abtragung gegeben hat. Die meisten der Monumente können deswegen in situ besucht werden; oft an leicht zugänglichen und gut beschilderten Stellen im Landesinneren oder an der Küste, teilweise allerdings auch versteckt und nur mit einer guten Karte zu erreichen. Die wichtigsten Funde, die man bei den (wenigen) Untersuchungen gemacht hat, sind in das Fornsal-Museum in Visby gebracht worden (Saal 2), wo es neben den originalen Exponaten auch eine großangelegte Übersicht der prähistorischen Grabformen gibt.

Während aus dem Mesolithikum (ca. 8000–3000 v. Chr.) und dem Neolithikum (ca. 3000–1500 v. Chr.) nicht soviel erhalten ist, wie es die sonstige Fundlage in Südskandinavien vielleicht hätte erwarten lassen können, sind die bronzezeitlichen Denkmäler auf der Insel überreich vertreten. Die **Steinhügelgräber**, die in der älteren Bronzezeit (1500–1000 v. Chr.) für Häuptlinge oder Kleinkönige bzw. deren Familien angelegt worden sind, gehören überhaupt zu den monumentalsten Überresten der Vergangenheit und dominieren immer noch als markante Punkte das Landschaftsbild. Wer z. B. vor oder auf dem fast 8 m hohen und an der Basis gut 45 m im Diameter messenden ›künstlichen Berg‹ von *Uggårde Rojr* (bei Ronehamn) steht, muß einfach beeindruckt sein von der Massivität dieses jahrtausendealten steinernen Zeugnisses. Die Anlage, deren Fußrand aus etwas größeren Steinblöcken gebildet ist, liegt inmitten einer ebenen Heidefläche, auf der in der unmittelbaren Umgebung sechs weitere riesige Steinhügelgräber auftauchen. Das Alter der Anlagen und die spätere Landhebung eingerechnet, müssen sich diese mächtigen Bauwerke früher einmal direkt am Ufer befunden haben, wo das Baumaterial am Geröllstrand ausreichend zur Verfügung lag. Die Grabform nennt man auf schwedisch ›*Röse*‹ oder ›*Storröse*‹, gotländisch ›*Rojr*‹. Sie zeichnet sich dadurch aus, daß über einem meist kreisrunden Grundriß unbehauene Feldsteine zu einem mächtigen Hügel aufgetürmt worden sind. Oben ist oft ein Krater zu sehen (in solchen Fällen spricht man von einer ›Kraterröse‹), der durch das Zusammenstürzen einer im Inneren befindlichen Grabkiste oder eines anderen Raumes zu erklären ist.

Etwa 400 (!) solcher Grabhügel gibt es auf Gotland, von denen mehrere einen Durchmesser von mehr als 30 m und eine Höhe von mehr als 3 m haben. Ganz in der Nähe von Uggård Rojr und seinen sechs ›Satelliten‹ befindet sich z. B. die Röse *Leisturojr,* die immerhin noch 4 m hoch ist und 40 m im Diameter hat; davon wiederum 200 m entfernt liegt eine weitere Röse von 35 m Höhe und einem Durchmesser von 45 m! Von ähnlichen Dimensionen sind u. a.: *Angatyrs Rojr* bei Grötlingbo (3 m hoch, Diameter 30 m), *Digerrojr* bei Garda (5 m hoch, Diameter 35 m), *Ullviar* bei Eskelhem (4 m hoch, Diameter 35 m), *Lauphargi* auf Stora Karlsö (4 m hoch, Diameter 25 m), *Bro Stajnkalm* bei Bro (3,5 m hoch, Diameter 38 m; Abb. 4) und die Röse auf der *Lajkarhajd* bei Lärbro (3 m hoch, Diameter 30 m).

Als Einzelmonumente und in ihrer Gesamtheit zeugen die genannten und viele andere solcher Denkmäler vom Reichtum und der gesellschaftlichen Macht der bronzezeitlichen Fürsten, denn zum Bau der Anlagen bedurfte es schließlich einer großen Arbeitsleistung und einer dementsprechenden Organisationsfähigkeit. Eine Röse war aber offensichtlich mehr als nur eine mehr oder weniger grandiose Aufschüttung über einer Steinkiste – das haben archäologische Ausgrabungen nachgewiesen. Über die z.T. komplizierten Bauabschnitte und die mehrfache Nutzung berichtet z. B. die totale Freilegung einer solchen Grabanlage, die man in *Kauparve* bei Lärbro (3 m hoch, Diameter 23 m) durchgeführt hat: am ältesten war eine Art innerer Turm, der aus einer ca. 3 m hohen, sehr sorgfältig zusammengefügten Trockenmauer bestand. Für seinen Bau wird man eventuell auf eine Holzkonstruktion zur Abstützung zurückgegriffen haben. In ihm befand sich eine Steinkiste, die Skelettreste enthielt und als Grabbeigabe eine bronzene Spiralnadel. Mit anderen Worten: wenigstens einige, wenn nicht alle der ursprünglichen Steinhügelgräber waren zunächst turm- oder kuppelförmige Bauten, entfernt vergleichbar vielleicht den sardischen Nuraghen oder den schottischen Brochs. In einem zweiten Schritt durchbrach man später die Turmmauer von Kauparve und stellte im Inneren einen weiteren Sarkophag auf. Gleichzeitig zog man um den Bau einen Kreis mit einer starken Trockenmauer und füllte die Zwischenräume mit losem Gestein auf. Das Grab bekam dadurch eine zylindrische, flache Form. Erst zuletzt wurde die Anlage mit Steinmassen bis zur heutigen charakteristischen Form überwölbt. Wahrscheinlich wurden auch dabei wieder Bestattungen durchgeführt, und ein jungbronzezeitliches, niedriges Hügelgrab unmittelbar neben der Röse fungierte vielleicht als Bestandteil dieses letzten Schrittes. Darin wurden Bronzefragmente und verbrannte Knochen aus der Zeit zwischen 1000–300 v. Chr. aufgefunden. Insgesamt also war die Anlage während der gesamten Bronzezeit, über ein Jahrtausend hinweg, als Grabanlage und kultischer Platz von Bedeutung.

Das dem Volumen nach größte Hügelgrab der Insel hat gegenüber den genannten Rösen merkwürdigerweise ein abweichendes Aussehen. Der Hügel von *Bjärs* bei Norrlanda (auf dem Weg zu den Trullhalsar) weist 6 m Höhe und einen Diameter von 55 m auf, ist aber völlig mit Erde bedeckt. Diese auf Gotland singuläre Form hat er z. B. mit den Königshügeln von Alt-Uppsala gemeinsam und könnte deshalb aus einer ähnlichen Epoche (Vendelzeit) stammen, wahrscheinlicher ist allerdings trotzdem die altbronzezeitliche Herkunft des Monumentes.

Genauso beeindruckend, fast auffälliger noch, künden die rund 350 **Schiffssetzungen** von einer anderen Art des bronzezeitlichen Fürstengrabes. Natürlich muß hier die Form als Aus-

*Bronzezeitliche Schiffs-
setzung von Djauvik*

druck eines veränderten geistigen Hintergrundes gesehen werden. Denn es besteht ja ein nicht unerheblicher Unterschied zwischen der Körperbestattung in einer Grabkammer unter einem Hügel, sozusagen im ›Bauch der Erde‹, und dem Fortgleiten mit einem Totenschiff, zumal mit diesem die Urnenbestattung (Leichenbrand) aufkommt. Auch zeitlich differieren die Grabmonumente, denn die Schiffssetzungen werden allesamt in die jüngere Bronzezeit (1000–300 v. Chr.) datiert. Wenn die Ergebnisse von Kauparve (s. o.) stimmen, müssen allerdings – merkwürdig genug – beide Grabformen wenigstens zeitweilig nebeneinander bestanden haben. Ein Zwischenglied können jene ovalen Steinkonstruktionen gewesen sein, auf die man manchmal an der Südseite der Rösen stößt und die als Opferkisten gedeutet worden sind. Eines jedenfalls steht fest: das Schiff, das hier den toten Fürsten ins Jenseits bringt, ist zum vornehmsten heiligen Symbol der jüngeren Bronzezeit geworden. Bei allen seefahrenden Völkern aller Kulturen und Zeiten hatte das Boot (Floß, Kanu, Schiff) eine über die materielle und kommunikative Seite hinausgehende religiöse Bedeutung. Ob Ägypter oder Griechen, Minoër oder Römer, Polynesier oder Inkas – immer konnte der Abstand zwischen irdischer und göttlicher Sphäre mit einem magischen Boot überbrückt werden, kam man in das Totenreich nur über einen Wasserweg! Seit erdenklichen Zeiten also ist das Schiff als Todessymbol im Bewußtsein. Daneben aber – und beide Dinge ergänzen sich – wurde das Schiff oft auch als Vagina-Symbol gesehen. Es ist kein Zufall, daß sich die Gläubigen der ›Mutter Kirche‹ in einem ›Schiff‹ versammeln! Tod und Fruchtbarkeit, Wegfahren und Wiedergeburt – beides verkörpert das Schiff.

Für die Gotländer, bedingt durch ihren außerordentlich reichen Seehandel, muß gegenüber den anderen Ostseevölkern das Schiff eine noch größere Bedeutung gehabt haben – sowohl

41

im materiellen als auch im religiösen Sinn. Traditionell hatten sie ja die besten nautischen Fähig-keiten und Fertigkeiten, denn als Insulaner konnten sie nie unter Land fahren, sondern mußten immer über die offene See, also ohne Sichtkontakt zur nächsten Küste, navigieren. Stets sind deswegen die Gotländer die Lotsen im Ostseeraum gewesen. Die Schiffe der damaligen Zeit bestanden aus Holzgestellen, die zwei miteinander verbundene ›Kufen‹ aufwiesen und des-wegen Schlitten ähnlich sahen. Ansonsten waren sie mit Fellen und Häuten bespannt und wur-den gepaddelt – wie z. T. heute noch bei Eskimovölkern. Boote dieser Bauweise sind nur selten im archäologischen Material aufgetaucht, aber der Moorfund eines Bootes von ca. 400 v. Chr., der 1925 im dänischen *Hjortspring* gemacht wurde, brachte ziemlich eindeutige Hinweise.

Rekonstruktionszeichnung des Kanus von Hjortspring (Dänemark)

Dieses Boot war 13 m lang und wurde von 20 Mann (10 an jeder Seite) gepaddelt. Trotzdem wer-den die mächtigen Steinblöcke einer Schiffssetzung wohl nicht die Umrißlinien eines tatsäch-lichen Schiffes gebildet haben, auf dem der Fürst verbrannt wurde – dazu sind einige einfach zu groß! Wahrscheinlich legte man den Toten auf ein Holzgestell (innerhalb oder außerhalb der Schiffssetzung), verbrannte ihn zusammen mit Grabbeigaben und bestattete die sterblichen Überreste in einer Urne. Aber auch das ist spekulativ; welcher Ritus nun genau mit den Schiffs-setzungen verknüpft wurde, kann von der Forschung heute nicht mehr geklärt werden. Es scheint festzustehen, daß auf Gotland diese Grabform erfunden wurde und sich sehr schnell bis ins Baltikum und nach Schweden, bis nach Öland, Bornholm und nach Schonen verbreitete. Dort und nicht im Ursprungsland selbst erreicht sie dann auch ihre monumentalste Steigerung: die mehr als 60 m lange Schiffssetzung von *Ales stenar,* die nahe beim schonischen Kåseberga über der Steilküste thront.

Zum Ende der Bronzezeit mußten die Steinschiffe schließlich steinernen Kisten für Ganz-körperbestattungen weichen, die aber ebenfalls schiffsförmig sind. Ganz wurde die Vorstel-lung von der mythischen Überfahrt ins Jenseits wohl nie aufgegeben, denn in der jüngeren Eisenzeit taucht das Boot (das nun nicht mehr gepaddelt, sondern gerudert wird) als heiliges Zeichen an den Bildsteinen wieder auf. Und in der Wikingerzeit dominiert es als Segelschiff dann nicht nur die Bildsteine des jüngeren Typus', sondern wird als ›richtige Schiffssetzung‹ sogar wieder deutlicher Bestandteil von Friedhöfen – wie z. B. *Lindholm Høje* bei Ålborg im Norden Jütlands ...

Gotland ist nicht nur der wahrscheinliche Ursprungsort der Grabform, sondern hat selbst auch die meisten bronzezeitlichen Beispiele aufzuweisen. Neben den vielen, z. T. recht kleinen und nicht immer leicht zu erreichenden Steinschiffen, sind die folgenden Fundstellen (aufge-zählt von Norden nach Süden) hinsichtlich ihrer Lage und Größe von besonderer Bedeutung.

Domarlunden (= Richterhain) bei Lärbro. Hier liegen auf dem östlichen von zwei prä-historischen Stätten fünf kleine Schiffe *neben*einander, Reling an Reling. Ihre Umrißlinie wird dabei von bis zu 1,30 hohen Feldsteinen gebildet. Untersuchungen aus dem Jahre 1916 haben in den Schiffen Steinkisten mit Skelettresten zutage gefördert, außerdem bronzene Grabbeigaben, die in die Zeit von 1000–300 v. Chr. datiert werden konnten. Dies ist insofern erstaunlich, als sonst in Schiffssetzungen allein die Brandbestattung angenommen wurde. Auf dem gleichen Feld gibt es übrigens noch eine weitere Schiffssetzung, und nicht weit davon entfernt wurden bei *Hägvide* einige der wenigen bronzezeitlichen Felsritzungen *(hällristningar)* Gotlands entdeckt, unter denen 23 Schiffsdarstellungen die (kultische) Bedeutung des Transportmittels unterstreichen.

    Thjelvars Grab (Abb. 1) bei Boge, in Ost-West-Orientierung an einem kleinen Weg mitten im Wald gelegen, ist vielleicht die bekannteste Schiffssetzung, da sie mit dem sagenhaften Urvater der Gotländer in Zusammenhang gebracht wurde. Tatsächlich ist sie auch eine der schönsten Anlagen, trotz ihrer eher bescheidenen Dimensionen (16 m lang, 4 m maximale Breite). Das Schiff wurde 1938 untersucht und ›restauriert‹. Im östlichen Teil fand man eine (leider geplünderte) Steinkiste mit Spuren von Leichenbrand und Keramik.

    Zwischen der Kirche von Tofta und dem Fischerdorf **Gnisvärd** an der Westküste liegen in einem herrlichen Waldstück gleich drei Schiffssetzungen, von denen die dem Fahrweg nächstgelegene gleichzeitig die mächtigste der Insel ist (Farbabb. 3). Mit 45 m Länge, bis zu 7 m Breite und 1,30 hohen Stevensteinen dürfte das Grab die Größenverhältnisse der tatsächlichen bronzezeitlichen Boote weit übertreffen! Nur wenige Meter entfernt kann man ein schlechter erhaltenes, 37 m langes Steinschiff sehen. Die dritte Schiffssetzung ist sehr stark zerstört und inzwischen im Walddickicht kaum noch auszumachen. Neben diesen Gräbern weist das Gelände aber auch andere prähistorische Monumente auf.

    Bei **Rannarve**, 2 km von der Küstenstraße in Klintehamn entfernt, segeln vier Steinschiffe von jeweils 9 m Länge und 4 m Breite in einer geraden Linie mit bewundernswerter Symmetrie, wobei der Hintersteven des einen mit dem Vordersteven des nächsten Bootes identisch ist (Abb. 3). Innerhalb der Reling war der Bootskörper mit schweren Steinen aufgefüllt. Darunter wurden bei Untersuchungen Urnen gefunden. In der Nähe sieht man weitere Schiffssetzungen, Rösen und andere Bodendenkmäler.

    Die schönste aller Schiffssetzung ist wohl die von **Gannarve** (Abb. 2) bei Fröjel: der Blick geht hier über Felder und Pferdeweiden weit hinaus auf das Meer und die Karlsinseln. Das Grab selbst (29 m lang und 4,5 m breit) ist das Resultat einer umfassenden Restaurierung bzw. Rekonstruktion. Tatsächlich waren vor 1959 nur die Stevensteine sichtbar und damit die Länge angegeben. Aufgrund der Bodenfärbung konnten jedoch Anzahl, Größe und Stellung der dazwischenliegenden Steine erschlossen werden.

    Ebenfalls gegenüber den Karlsinseln, oberhalb des Fischerdorfes von **Djauvik** (bei Fröjel), ist eine 1946 wiederhergestellte, elegante Schiffssetzung zu sehen. Mit ihren Maßen (15 m lang, 5,5 m breit) erinnert sie an Thjelvars Grab an der Ostküste.

    Auf gleicher Höhe wie Djauvik, nur auf der östlichen Inselseite, weist das Gräberfeld **Gålrum** bei Alskog wieder kleinere, zu einer Gruppe zusammengefügte Steinschiffe auf. Im Gegensatz zum geringen Umfang der sieben Boote steht die auffällige Größe ihrer einzelnen Begrenzungssteine.

Die oben bereits genannten **Gräberfelder** gehören meist zu eisenzeitlichen Siedlungen und umfassen eine lange Zeit der kontinuierlichen Nutzung. Bronzezeitliche Steinhügelgräber oder Schiffssetzungen wurden dabei wie selbstverständlich eingeschlossen, aber auch in der Wikingerzeit können noch Bildsteine oder sogar christliche Runensteine hinzugekommen sein. Ein Besuch der Gräberfelder lohnt sich also immer, besonders bei einer großen Variationsbreite der Grabformen und langen Dauer der Nutzung. In **Gålrum** bei Alskog z. B. sind mächtige Rösen und eine ganze Flotte von Schiffssetzungen aus der Bronzezeit versammelt, daneben eisenzeitliche Gräber und sogar ein (1924 hierhin versetzter) Bildstein. Das Gräberfeld von **Ire** bei Hellvi weist nicht weniger als 600 sichtbare Gräber auf, die meisten davon als runde Steinhügel. Gleiches gilt für **Lilla Bjärs** bei Stenkyrka, mit über 1000 sichtbaren Denkmälern eins der größten Gräberfelder Gotlands. Nicht von dieser Größe, aber von einer sonst seltenen Geschlossenheit liegen die **Trullhalsar** (= Zauberhügel; Trollhügel) im Wald bei Hammars (Farbabb. 32). Hier sind ungefähr 350 Gräber aus der Vendelzeit (= ausgehende Eisenzeit) nachgewiesen, einige davon wurden restauriert. In der wildromantischen Umgebung eines lichtdurchfluteten Waldstücks, im Spätsommer von blühender Heide überwuchert, ist das Gräberfeld das wohl schönste der Insel. Die flachen Steinhügel erheben sich über kreisförmigem Grundriß und sind z. T. von einer Trockenmauer eingefaßt. Hier hat man auch viele skulptierte Schlußsteine gefunden, sogenannte ›Sonnensteine‹ *(solklot),* die mit konzentrischen Krei-

›Sonnenstein‹ *(solklot) eines eisenzeitlichen Grabes*

sen oder dem Scheibenkreuz geschmückt sind. Das Symbol des Sonnenkultes (oder Mondkultes?) ist womöglich schon in der äußeren, kreisrunden Gestalt der Gräber selbst enthalten. Den Namen erhielt das Gelände durch die Nachgeborenen, denen es offensichtlich nicht ganz geheuer erschien und die sich vor Geistern, Trollen und anderen Spukgestalten fürchteten.

In die jüngere Eisenzeit werden jene merkwürdigen Denkmäler datiert, die vom üblichen Schema erheblich abweichen und als Gräber herausragender Persönlichkeiten gedeutet werden können. Nach ihrer Form ist dieser Typus **Radkreuzgrab** genannt worden, wobei das einfache Rad- oder Scheibenkreuz, mit flachen Steinen ausgelegt, nur die Grundgestalt darstellt, die in vielen Variationen abgewandelt werden kann. Seine kunstreichste Steigerung erfährt das Radkreuzgrab in der (beschädigten) Anlage von **Duckarve** bei Linde, deren zwei Grabkisten zwar ausgeplündert wurden, aber noch soviel Material enthielten, daß sie eine Datierung zuließen. Das Monument besteht aus einem Kreis von 25 m Durchmesser, dessen äußerer Rand mit Splittern aus Kalkstein gebildet wird. Von ihm aus gehen speichenförmige, in Y-Form gespaltene Steinsetzungen zum Zentrum. Dort erhob sich über einem Fußrand aus Sandstein ein sehr flacher Kalksteinhügel über den Grabkisten. Eine ganz ähnliche Anlage lag im Grabfeld von

Lilla Bjärs bei **Stenkyrka,** wo sie so beschädigt wurde, daß man sich zu einer Verlegung und Rekonstruktion entschloß. Heute ist die Anlage, deren Durchmesser 17 m betragt, direkt neben der Asphaltstraße westlich der Kirche von Stenkyrka zu sehen (Abb. 6).

Auf dem Gräberfeld von Trullhalsar und anderswo gibt es zudem Steinsetzungen, die man auch aus anderen Gegenden Skandinaviens kennt und die **Domarringe** (= Richterringe) genannt werden. Die gotländischen Domarringe bestehen aus 6 bis 9 großen Steinen (sonst sind in Schweden 10–15 Steine üblich), die einen Kreis oder eine polygonale Fläche mit einem Durchmesser von maximal 16 m markieren. Der Name deutet daraufhin, daß sie bei den örtlichen Things, deren Vorsitz ja in Händen der *Domare* lag, eine Rolle spielten – sei es als Kult-, Richt- oder einfach nur Versammlungsstätte. Ihr Ursprung dürfte aber weiter zurückreichen, vielleicht bis in die Bronzezeit. In Theorien über die astronomischen Fähigkeiten der vorgeschichtlichen Gotländer spielen auch die Domarringe eine Rolle und werden in Verbindung zu Schleifrillen, Schiffssetzungen u. a. gesetzt ...

Trojaburgen

Die sogenannten **Trojaburgen,** deren Ausbreitung im wesentlichen auf Skandinavien beschränkt ist, gehören zu jenen mysteriösen Steinsetzungen, deren Alter und Funktion unklar und die in der Literatur oft Gegenstand von Spekulationen sind. Auf alle Fälle darf eine Trojaburg nicht mit ›Irrgarten‹, wie manchmal zu lesen ist, gleichgesetzt werden; es handelt sich vielmehr um ein Labyrinth im eigentlichen Sinn, in dem es nur einen Weg gibt und auf dem man zwangsläufig zum Zentrum geführt wird. H. Kern stellt als Formprinzip eines solchen Weges heraus, daß er kreuzungsfrei ist (also keine Wahlmöglichkeit bietet), immer wieder pendelnd die Richtung ändert, in einem Maximum an Umweg den ganzen Innenraum ausfüllt, den Besucher wiederholt am erstrebten Zentrum vorbeileitet und zwangsläufig zum Zentrum führt bzw. wieder aus diesem heraus. Die ältesten Labyrinthe dieser Art sind für das minoische Kreta des zweiten, möglicherweise schon des dritten vorchristlichen Jahrtausends angenommen worden. Von hier aus kann die Labyrinth-Figur entweder ihren Weg in andere Teile Europas, nach Indien und Java, vielleicht auch nach Amerika genommen haben, oder dort selbständig entstanden sein. Die (bei aller Abweichung im Detail sich insgesamt immer ähnelnden) Formen sind als gemauerte Gänge, als Bodenmosaiken, als Fresken, als Pflanzungen, Vasenbilder, Ritzzeichnungen usw. überliefert. Wir finden sie in romanischen Kirchen (u. a. Lucca) genau wie in gotischen Kathedralen (u. a. Amiens), an megalithischen Grabmonumenten und auf kretischen Münzen, als Knochenritzung oder Steinsetzung nördlich des Polarkreises.

Die genaue Bedeutung ist nicht geklärt. Die Tatsache, daß man im Labyrinth von der Außenwelt abgeschnitten ist und sich isoliert in ein kompliziertes Gebilde gestellt sieht, mag auf eine Verkörperung des Initiationsvorganges hindeuten. Gleichzeitig kann das Hineingehen in das Labyrinth (Mutter Erde?) den Tod, das Herauskommen dementsprechend die Wiedergeburt symbolisieren. Es wird kein Zufall sein, daß viele Labyrinthdarstellungen in der Nähe von Gräbern gefunden wurden. Andererseits scheint gerade bei den Trojaburgen des Nordens die

Vorstellung einer ›heiligen Hochzeit‹ zwischen Erdgöttin und Himmelsgott mitgewirkt zu haben. Denn der ›Jungfrudans‹, bei dem in der Mitte der Steinsetzung ein Mädchen auf einen oder mehrere Freier gewartet haben könnte, wird in vielen Geschichten mit einer Trojaburg verknüpft. Die tänzerische Bewegung überhaupt, die in Bahnen gelenkt werden mußte, kann allgemein als Ursprung der Labyrinthe angesehen werden – auch Theseus soll ja nach seinem Sieg über den Minotauros auf Delos die Windungen des kretischen Labyrinths nachgeahmt haben. So wurde wohl zuerst durch den Tanz ein religiöser Gehalt dargestellt, später dann steckte man für den komplizierten Tanz Bahnen ab, schuf Arenen oder zog Mauern.

Eine weitere Deutungsmöglichkeit der nordischen Trojaburgen sind kosmologische Aspekte, wie etwa der Lauf der Sonne. Dieser Interpretation wurde in der Literatur unterstützend hinzugefügt, daß z. B. die Trojaburg von Visby (Abb. 7) ihren Eingang gegen Westen habe und sie deswegen die Sonne beim Untergang ›einfangen‹ könne. Der Theorie der ›Sonnenfalle‹ entspräche eine lokale Geschichte, nach der in einer benachbarten Höhle eine Jungfrau von Räubern gefangengehalten wurde und sich ihre Freilassung nur erkaufen konnte, indem sie innerhalb von 365 Tagen (= also einem Jahr; nach einer anderen Version innerhalb eines Tages) die Steine kunstvoll aufrichtete. Ob aber der Himmelsweg der Sonne vom Frühjahr bis zum Winter (bzw. vom Morgen bis zum Abend) durch die Windungen dargestellt werden kann, scheint unwahrscheinlich. Denn der Wegverlauf einer Trojaburg kennt keine stetige Zu- und anschließende Abnahme, sondern wird ja gerade durch die Pendelbewegung charakterisiert. Außerdem ist eine Westrichtung der Eingänge weder in Skandinavien allgemein noch auf Gotland im besonderen feststellbar.

Nach H. Kern gibt es in Schweden rund 300, in Norwegen etwa 20, in Finnland etwa 140 und an der Ostsee- und Weißmeerküste der UdSSR rund 60 solcher Trojaburgen; sogar auf Island soll es drei gegeben haben. In Dänemark erinnern wahrscheinlich die vielen Orte mit Namen ›Trælleborg‹ oder ›Trøjborg‹ an ehemalige Steinsetzungen. Der Name übrigens wurde bisher genausowenig überzeugend erklärt wie das Alter der Anlagen. Merkwürdig immerhin, daß ein Labyrinth bereits in der etruskischen Vasendarstellung von Tragiatella (7./6. Jh. v. Chr.) als ›Truja‹ bezeichnet wurde, daß ein mittelalterliches tänzelndes Schlangeziehen in Schwaben ›Troje‹ genannt wurde und daß die Rasenlabyrinthe Englands den gleichen Namen (›troy town‹) tragen. Die Vorstellung, daß der Begriff als Anspielung auf die Stadt Troja entstand, wurde zwar mehrfach geäußert, kann aber die lange und volkstümliche Tradition der Trojaburgen in Skandinavien nicht hinreichend erklären. Ernst Krause deutet den Namen als nordisch für ›Tanzburg‹ oder ›Kreisburg‹. Der Durchmesser der Anlagen kann von 5 bis über 20 m variieren, und auch die Zahl ihrer Umgänge ist uneinheitlich.

Interessant bleibt, daß die nordischen Labyrinthe trotz ihres offenkundig heidnischen Ursprungs die Einführung des Christentums überlebt haben und später auch an Kirchen nicht nur dargestellt, sondern nachweislich auch in deren unmittelbarer Nähe angelegt wurden. Ein Verlust der ursprünglichen Funktion ist dabei anzunehmen. Ein Hinweis auf eine weiter zurückliegende Entstehungszeit ergibt sich immer dann, wenn die Trojaburgen in der Nähe eisen- oder bronzezeitlicher Gräber oder an alten Kultplätzen aufgefunden wurden. Verschiedentlich ist sogar das Neolithikum als Datierungshintergrund genannt worden. Tatsache aber bleibt, daß es keine Möglichkeit gibt, die Setzung als solche zeitlich zu bestimmen. Aufgrund schriftlicher oder mündlicher Quellen oder anderer Faktoren – z. B. ein Terrain, das sich im Zuge der postglazialen Landhebung erst relativ spät über Meeresniveau erhob – konnte in den meisten Fällen jedoch eine Datierung in die Prähistorie eindeutig als falsch bewiesen werden. J. Kraft, der etwa 40 Trojaburgen auf Gotland identifizierte, meint sogar, daß die *meisten* dieser Steinsetzungen innerhalb der letzten 150 Jahre angelegt worden seien. Volksschullehrer hätten, von den wirklich alten Anlagen angeregt, mit ihren Schülern die Setzung als Konzentrationsaufgabe oder zu Demonstrationszwecken durchgeführt. Deswegen sei die Nähe zu einer Schule untrügliches Zeichen für ein junges Alter des Labyrinths. Aber auch er glaubt, daß beispielsweise die Trojaburgen von Visby, Fröjel oder Ottes (bei Sundre) auf vorchristliche Zeit zurückgehen. Es wird kein Zufall sein, daß sich gerade in Visby (= heiliger Ort) und Fröjel (Freyas al = Freyas Heiligtum) alte heidnische Kultplätze befunden haben.

Die gotländischen Trojaburgen sind also keine singuläre Erscheinung. Dies tut der Faszination natürlich keinen Abbruch, zumal wir auf der Insel auf außerordentlich gut erhaltene und große Exemplare stoßen, die außerdem ohne größere Schwierigkeiten aufgesucht und bewundert werden können. Die wichtigsten sind im folgenden aufgezählt:

Visby, *Trojaborgsgatan,* unterhalb des Galgenberges gelegen, 11gängig, ca. 18 m Durchmesser, Eingang im Nordwesten. Weg insgesamt ca. 650 m lang (Abb. 7).

Fröjel, 1974 restaurierte Steinsetzung auf dem Kirchhof, 11gängig, Eingang im Süden, Durchmesser gut 9 m.

Ottes, Gemeinde Sundre in Südgotland, stark beschädigt, 12gängig, ca. 28 m Durchmesser, Eingang im Westen, in der Nähe prähistorische Gräber.

Petarve, zwischen Garde und Alskog, Steinsetzung ›Majbacken‹, 7gängig, Eingang im Nordosten, Durchmesser maximal 14 m, in der Nähe prähistorische Gräber.

Ytterholmen, eine kleine Insel in der Nähe von Slite, Durchmesser ca. 7 m; Eingang im Westen, Höhe ü. d. M. 4 m (= Entstehungsalter nicht vor 600 n. Chr.).

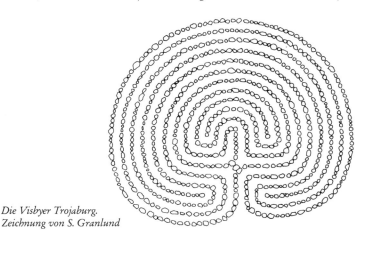

Die Visbyer Trojaburg.
Zeichnung von S. Granlund

Neben den Labyrinthen auf freiem Feld finden wir Darstellungen von ihnen an Kirchenwänden oder an Gegenständen des Alltagslebens:
Visby, *Gotlands Fornsal,* hölzernes Mangelbrett von knapp 60 cm Länge, im vorderen Teil Ritzzeichnung einer Trojaburg mit 11 Gängen, von ca. 1800.
Kirche von **Hablingbo,** Turmkammer, stark verblaßte Kalkmalerei von ca. 1 m Durchmesser, in einem der Gänge eine rot gezeichnete, schematische Figur (Mädchen?). Im gleichen Raum eine unfarbige, in den Kalk geritzte Zeichnung einer Trojaburg.
Kirchen von **Lye** und **Ganthem,** jeweils Turmkammer, Ritzungen einer Trojaburg im Putz.

Als Steinsetzungen findet man weitere Trojaburgen in unterschiedlicher Größe und in unterschiedlichem Erhaltungszustand in (von Norden nach Süden):
Holmuddens fyr, im Osten von Fårö, 50 m vom Leuchtturm; **Fårö,** an der Schule des Inselhauptortes; **Hallshuks fyr,** 130 m westlich vom Leuchtturm; **Bunge,** unweit des Kulturhistorischen Museums; **Othem,** unweit der Kirche, westlich der Schule; **Hejnum,** an der Schule in Graute; **Hörsne,** etwa 600 m südlich der Kirche, bei Dibjärs; **Norrlanda,** etwa 300 m südöstlich der Kirche; **Tofta,** am südlichen Ende des Strandes, Richtung Västergarn; **Sanda,** an der Straße 500 m südlich der Kirche; **Ardre,** etwa 100 m nördlich der Kirche, jenseits der Schule; **Alskog,** im Wald 350 m nordöstlich der Kirche; **Folhammar,** am Raukfeld nördlich von Ljugarn; **Nisseviken,** bei den Ferienhäusern nahe des Strandes.

Schleifrinnen

Wenige gotländische Bodendenkmäler haben in jüngerer Zeit solche erbitterten und kontroversen Diskussionen hervorgerufen wie die sogenannten Schleifrinnen (schwed. *slipskåror*). Dabei handelt es sich um gewöhnlich 70 bis 110 cm lange, 7–10 cm breite und 1–7 cm tiefe Rillen im Gestein, die offensichtlich mit größter Sorgfalt ausgearbeitet und anschließend poliert worden sind. Das Material besteht sowohl aus dem üblichen Kalkstein als auch aus einer auffallend großen Zahl von Granitblöcken. Inzwischen sind weit über 3000 dieser Schleifrinnen, über ganz Gotland verteilt, aufgefunden worden. Viele von ihnen sind dicht nebeneinander im Gestein angebracht und befinden sich oft in der Nähe von Gewässern, so etwa an der Opferquelle von Bro oder bei einer weiteren Quelle nördlich von Lärbro. In mehreren Fällen ist ihr heutiger Standort eindeutig sekundär, und zwar meist an Kirchhofsmauern (z. B. Ekeby, Bro, Garde u. a.). Ihr Profil ist immer von einer gerundeten Form – sowohl im Quer- als auch im Längsschnitt, d. h. daß sie in der Mitte am tiefsten sind und zu den Längsenden flach auslaufen. Daß sie also wie ein kleines Segment einer großen Kreislinie wirken, hat zu den Spekulationen über ihre Entstehung nicht unwesentlich beigetragen. Zwar wurden die Schleifrinnen schon im 17. Jh. erwähnt, gaben aber weder damals noch später Grund zu tiefergehenden Erörterungen. Es war noch nicht einmal klar, ob man sie für natürlichen oder künstlichen Ursprung halten sollte. Gegen Ende des 19. Jh. kam allerdings die Theorie auf, daß Wikinger für die Rinnen in den Steinen verantwortlich waren, indem sie hier ihre Schwerter schliffen – eine Theorie, die dem romantisch-verklärten Vergangenheitsverständnis der Gotländer natürlich entgegenkommen mußte und die deshalb fast als Dogma installiert wurde.

Gegen den ›Glauben an die Schwertschleifsteine‹ zogen ab der Mitte des 20. Jh. dann einige Forscher mit eigenen, z. T. phantastischen Theorien zu Felde. K. E. Gannholm z. B. veröffentlichte ab den 70er Jahren als Ergebnisse einer ›archäoastronomischen‹ Forschung seine Auffassung über die Entstehung und den kultischem Hintergrund der Schleifrinnen. Unterstützt von den Berechnungen eines Astronomen aus Uppsala kommt er zu dem Schluß, daß die Rinnen z. B. nach dem Aufgang des Vollmondes am Tage vor der Wintersonnenwende (oder nach anderen astronomischen Phänomenen) ausgerichtet und in chronologischer Reihenfolge eingeschliffen worden sind. Konsequent zurückdatiert müssen die ersten Schleifrinnen demnach bereits in der Steinzeit (z. B. am 19. März 3152 v. Chr.) begonnen und, freilich mit Unterbrechungen, über einen sehr langen Zeitraum hinweg immer wieder mit neuen Rinnen komplettiert worden sein – bis zur Schwelle der christlichen Zeit! Auch Domarringe und Schiffssetzungen (s. o.) waren nach Gannholm in das astronomische System einbezogen und fungierten neben ihrer Bedeutung als Kult- und Grabplätze auch als riesige, flächendeckende Kalender.

Durch Schwertschleiferei jedenfalls sind die Rillen nur schwerlich zustande gekommen. Wahrscheinlicher ist, daß man die Rinnen mit einem runden Gegenstand (eventuell eingespannt in eine Art Rad oder Pendel) in mühevoller Arbeit in das z. T. sehr harte Gestein einschliff und daß der Schleifvorgang selbst von kultischer Bedeutung war. Der genaue Hintergrund dieses Kultes wird, wie die Theorie eines ›gotländischen Stonehenge‹ und die Frage nach eventuellen astronomischen Hintergründen, wohl nie ganz zu klären sein, genausowenig aber auch das Alter.

Schleifrinnengruppen unterschiedlicher Fundorte (K. E. Gannholm)

49

Daß Entstehung und Funktion der Schleifrillen vorerst ungeklärt bleiben müssen – dieses Schicksal teilen sie mit ähnlichen Phänomenen wie etwa den bronzezeitlichen maltesischen Schleifspuren –, sollte niemanden davon abhalten, sich die umstrittenen Markierungen selbst anzuschauen. Neben den gut sichtbar vor Kirchen und Kirchhofsmauern plazierten Steinen lohnen natürlich die Beispiele mit besonders vielen Rillen einen Besuch. Auf der Straße zur Torsburg etwa sind hinter dem Hof *Hajdeby* die 26 dicht nebeneinanderliegenden Schleifrinnen leicht zugänglich. In *Hugreifs*, ca. 600 m südöstlich der Kirche von Gammelgarn, ist mit 32 Schleifrinnen die größte derartige Ansammlung zu bewundern. Aber auch in oder bei *Levide, Burgsvik* und *Hörsne* gibt es schöne und viele Exemplare zu sehen.

Fliehburgen

Zu den beeindruckendsten prähistorischen Denkmälern Skandinaviens zählen die vorzeitlichen Burgen *(fornborgar)*, von denen es allein in Schweden etwa 1000 gibt und die man als »größere, durch Steinmauern, Erdwälle oder natürliche Hindernisse abgegrenzte Festungen« definiert. Rund hundert dieser Anlagen sind auf Gotland anzutreffen, darunter die größte Fliehburg des Nordens überhaupt, die *Thorsburg (torsburgen; s. S. 210; Farbabb. 2)*. Sie vertritt zusammen mit 30 anderen Bodendenkmälern den Typus der **Höhenburgen** *(klintborgar)*. Diese befinden sich auf Plateaus und nutzen deren Steilwände als natürliche Barriere aus. Neben der hochgelegenen Topographie hat eine Trockenmauer aus Kalk- oder Sandstein in Verbindung mit dem Klippenrand die Verteidigungsmöglichkeit verbessert. Trotz zahlreicher neuerer Untersuchungen bleibt vieles an diesen Fliehburgen rätselhaft. Vorschläge zu ihrer Datierung gingen bisher von jener Katastrophe aus, die zur Vernichtung vieler eisenzeitlicher Dörfer (s. S. 16) im 6. Jh. geführt hat. Danach sollen unbekannte Stämme, vom gotländischen Reichtum angezogen und durch die Wirren der nordischen Völkerwanderung heimatlos geworden, die Ostseeinsel überfallen und verheert haben. Zum Schutz vor deren Überfällen habe die Bevölkerung die Fliehburgen errichtet und sich darin verschanzt. Wer aber waren diese Feinde und woher kamen sie? Wieviele Individuen müssen auf Gotland gelebt haben, angesichts der etwa hundert Burgen, von denen allein schon die Thorsburg zehntausende Menschen aufnehmen konnte? Waren Festungen dieser Anzahl und dieser Dimensionen überhaupt zu verteidigen? Und mit welchem Arbeitseinsatz und welchen Organisationsformen schließlich konnten sie in welcher Zeit erbaut werden?

Archäologische Ausgrabungen haben ergeben, daß die untersuchten Fliehburgen tatsächlich in dieser Epoche benutzt wurden und daß sich in ihnen, genau wie in den Siedlungen, erbitterte Kämpfe abgespielt haben. Auf einigen Bildsteinen (z. B. *Hunninge II*, Abb. 8, im Fornsal-Museum) sind solche Szenen dargestellt, auf denen sich bewaffnete Verteidiger innerhalb eines umfriedeten Bezirks mit Häusern und Vieh (also einer Fliehburg) gegen angreifende Krieger zur Wehr setzen. Allerdings, auch das ist ein Ergebnis der jüngeren Forschung, waren die Anlagen in der Vendelzeit schon einige Jahrhunderte alt und z. T. bereits erheblich umgebaut. Denn schon um die Zeitenwende muß es erste Wehrbauten gegeben haben, und deren Benutzung endete nicht mit der Wikingerzeit, sondern erstreckte sich bis ins Mittelalter!

Interessant ist, daß einige Fliehburgen zu anderen in unmittelbarer funktionaler Beziehung standen. Zentraler Verteidigungspunkt im Bereich der Ostküste war z. B. die schon erwähnte *Thorsburg*, mit der u. a. die *Grogarnsburg (Grogarnsborgen)*, auf einer 30 m hohen Halbinsel gelegen, ›zusammenarbeitete‹. Diese muß eine strategisch unverzichtbare Bastion bei der Küstenverteidigung gewesen sein und war zur Seeseite durch unbezwingbare Steilwände geschützt, zur Landseite durch ein Wallsystem mit Palisaden. Archäologische Ausgrabungen haben nicht viel, aber immerhin doch eine Pfeilspitze aus der Vendelzeit u. a. zu Tage fördern können. Zwischen dem Grogarnsberg und der Insel *Östergarnsholm* befand sich in der Eisenzeit ein vorzüglicher Hafen, vermutlich der Hauptstützpunkt des frühgeschichtlichen Schiffsverkehrs zur östlichen Gegenküste (Bucht von Riga). Auch auf Östergarnsholm sind Reste einer Fliehburg erhalten, so daß sich ein gestaffeltes, aufeinander abgestimmtes Verteidigungssystem zum Schutz des Hafens und der Bevölkerung ergibt: vom Osten nach Westen, wahrscheinlich durch Feuerzeichen in Kommunikation zueinander stehend, lagen in einer Reihe Östergarn – Grogarn – Thorsburg. Auch die Burg von *Herrgårdsklint* reiht sich in dieses System ein; sie ist nicht weit von der Thorsburg entfernt und nutzt ebenfalls ein Kalksteinplateau, dessen nördliches Ende mit einer zwei Meter hohen Trockenmauer abgetrennt wurde. Die Mauer hat hier nur einen einzigen, zudem besonders gesicherten Eingang, und innerhalb der Mauer wurden bisher fünf eisenzeitliche Hausfundamente gefunden.

Eine aufgrund von Funden halbwegs gesicherte Datierung erhielt man auch beim *Styrmansberg* (= Steuermannsberg) in Fröjel an der Westküste, der auf einem Hügel südöstlich der Kirche liegt. Diese ›Burg‹ wird von einem halbkreisförmigen, ca. 3 m breiten Wall umgeben. Die andere Seite der etwa 100 m großen Anlage ist durch einen Berghang geschützt. Ganz in der Nähe des einzigen Durchlasses hat man Steinhügelgräber gefunden, deren Untersuchung eine Datierung in die ältere Eisenzeit ergab. Zwei der Gräber liegen in einem Hausfundament, das wiederum durch eine Mauer mit dem Wall verbunden ist. In dieser Ansammlung von Bodendenkmälern scheinen die Gräber am jüngsten und die Burg am ältesten zu sein, d. h. sie ist vermutlich *vor* der Zeitenwende entstanden. Auch ›*Kopungs Schloß*‹ bei Ardre, der *Lindeberg* bei Linde und viele andere Anlagen benutzten als Höhenburgen den natürlichen Schutz der Kalksteinplateaus, die sich über das ansonsten flache Gelände erheben.

Die andere Variante stellen die **Tiefenburgen** *(flatmarksborgar)* dar, von denen es etwa 60 gibt (daneben bleibt die Zuordnung von etwa zehn weiteren Anlagen unsicher). Festungen dieser Art sind in der Ebene, oft in der Nähe von Mooren oder Seen angelegt worden und besaßen offenbar umfangreiche Systeme von Erdwällen, Steinmauern, Palisadenzäunen und Wallgräben. Bis zu vier konzentrische Wälle mit dazwischenliegenden Gräben sind nachgewiesen worden. Fraglich ist jedoch, ob die Verteidigung gegen Feinde die alleinige Funktion gewesen ist. Denkbar wäre z. B. auch, daß sie Versammlungsstätten für bestimmte Handwerker oder Kaufleute (Marktplätze) waren, vielleicht aber auch nichts anderes als Tiergehege. Ebenfalls vorstellbar ist eine kultisch-religiöse Zweckzuweisung, beispielsweise als Friedhof oder Heiliger Hain, oder eine politisch-administrative als Thingplatz.

Die Ausgrabungen bei der Tiefenburg von *Havor* bei Hablingbo im Südteil der Insel haben diese Fragen nicht lösen können, trotzdem aber erstaunliche Ergebnisse an den Tag gebracht. Demnach wurde die Havor-Burg (Durchmesser 55 m) in Etappen gebaut, über mehrere Jahrhunderte benutzt und immer wieder stark verändert. Nach C-14-Analysen von Keramikfunden muß die erste Anlage in die Zeit *vor* Christi Geburt datiert werden. In der Nähe liegen ausgedehnte Gräberfelder, die von dem Jahrhundert v. Chr. bis zum Ausgang der Wikingerzeit genutzt wurden, und einige imponierende eisenzeitliche Hausfundamente. Die stets sichtbare Erhebung nannte der Volksmund übrigens den ›Richterring‹ *(domarringen)*, was auf die letzte Funktion schließen läßt. An der Innenseite des Walls wurde 1961 außerdem ein bedeutender Schatz gefunden, ein Bronzegefäß mit u. a. vier Weinkellen, einem Weinsieb, zwei Bronzeglocken und einem prächtigen Goldring. Dieser könnte vielleicht eine nordische (oder slawische?) Arbeit sein, während die anderen Gegenstände im ersten Jh. n. Chr. in römischen Gebieten gefertigt wurden.

Ein gutes Beispiel einer sekundären Anwendung mit entsprechendem Funktionswandel ist die Kirchenruine von *Elinghem* in Nordgotland. Sie ist umgeben von einer kreisrunden Kirchhofsmauer, die auf den Wallfundamenten einer Tiefenburg erbaut ist. Fraglich bleibt nur, ob man das Gotteshaus mitten in eine alte Verteidigungsanlage gesetzt hat, um von deren Schutz zu profitieren, oder ob zu diesem Zeitpunkt die ›Burg‹ bereits längst eine heidnische Kultstätte geworden war und man mit dem Kirchenbau also die Kontinuität eines heiligen Platzes bewahrte. Auch vorgeschichtliche Burgen in *Sojvide* in Sjonhem und *Väte* (sog. *Binge Schloß*) sind vom Typ der Tiefenburg, haben einen etwa 100 m großen Durchmesser und sind mit weiteren Wällen, z. T. auch Gräben verbunden.

Bei den Mutmaßungen über Sinn und Zweck der Fliehburgen ist neben den genannten Interpretationen auch die ›Zwingburgen-Theorie‹ aufgeworfen worden. Demnach sollen hier, den Rittern im Feudalsystem vergleichbar, mächtige Häuptlinge militärische Befestigungen unterhalten haben, um die ansässige Bevölkerung zu Fronarbeit und Abgaben zu zwingen. Ähnliches wurde übrigens auch von den kreisrunden Wikingerburgen in Dänemark behauptet. Wenn überhaupt, kann eine solche Deutung jedoch nur die kleineren Tiefenburgen meinen, nicht aber die Thorsburg und andere Anlagen, die nur über einen erheblichen Zeitraum hinweg und unter Mithilfe breiter Teile der Bevölkerung entstanden sein können.

Gleiches gilt auch für das sogenannte ›Bulverk‹, einer ganz eigenen und ungewöhnlichen Form der Fliehburg mitten im *Tingstäde Träsk*, einem der größten Seen Gotlands. Am Anfang des 20. Jh. hat man hier im Schlamm die Überreste einer im Mittelalter zerstörten, merkwürdigen ›Seefestung‹ entdeckt. Die Gesamtanlage bildete ein Quadrat mit einer Seitenlänge von 170 m, in einer Ecke gab es einen Durchlaß zu einer offenen, ebenfalls quadratischen Fläche im Innern, die als Hafen genutzt werden konnte. Die Konstruktion bestand aus jeweils 7 m breiten Holzkisten, die mit einem starken hölzernen Fußboden überdeckt waren. Dieser wiederum trug einige Blockhäuser. Insgesamt wird die Anlage einige tausend Menschen beherbergt haben können. Nach unten waren die tragenden Kisten mit groben Holzpfählen (Durchmesser z. T. über 50 cm) im Seeboden verankert. Zusammen mit einem komplizierten System von zusätzlichen Palisaden sind es weit über zehntausend mächtige Holzstäbe, die dort im flachen Wasser das *Bulverk* getragen und geschützt haben. Das genaue Alter ist nicht bekannt, die bisher gemachten C-14-Analysen verweisen aber in die späte Wikingerzeit (11. Jh.). Dazu würden auch die aufgefundenen Reste eines Wikingerschiffes passen. Das untersuchte Holz kann aber natürlich aus Reparaturarbeiten stammen (auch die Land-Fliehburgen waren ja im Frühmittelalter noch in Gebrauch), so daß die Entstehung des *Bulverks* durchaus in die gleiche Zeit wie die der Thorsburg oder anderer prähistorischer Festungen fallen könnte. Von der ehemaligen Fliehburg ist heutzutage kaum noch etwas sichtbar – es sei denn, man schließt sich einer der archäologischen Tauchexpeditionen an, die erstmalig 1990 durchgeführt wurden. Sonst können nur bei ganz ruhiger See oder im Winter durch die klare Eisdecke die Holzreste im flachen Wasser gesehen werden. Im Visbyer Fornsal-Museum ist die Anlage allerdings als Modell dargestellt.

Eisenzeitliche Wohnanlagen

Wie die Hütten der Steinzeit, die Einzelhöfe der Bronzezeit oder die Wohnstätten der frühen Eisenzeit ausgesehen haben, wissen wir nicht. Ihnen gemeinsam war wohl das vergängliche Material, aus dem sie gebaut waren. Kurz nach der Zeitenwende aber begann man auf Gotland, Häuser auf Steinfundamenten zu errichten. Deren z. T. riesige Ausmaße – bis zu 10 m breit und 60 m lang – sind früher fälschlich als ›*Kämpgravar*‹ (= Riesengräber) gedeutet worden. Bis heute hat man fast 1800 solcher Fundamente aufgedeckt oder nachgewiesen; auch dies ist eine im Verhältnis zur Bodenfläche und im Vergleich zu anderen skandinavischen Kulturprovinzen einmalige Zahl. Einige wenige Häuser oder Dörfer hat man genauer untersucht, teilweise schon im 19. und in der ersten Hälfte des 20. Jh., wobei sogar Rekonstruktionsversuche unternommen wurden (s. u.). Vor allem aber das große archäologische Projekt bei *Vallhagar,* 1946–50 unter Leitung von Mårten Stenberger und Teilnehmern aus allen skandinavischen Ländern durchgeführt, brachte die wichtigsten Ergebnisse und Korrekturen zur bisherigen Forschung.

Vallhagar ist mit 24 Fundamenten der größte derartige Komplex und kann korrekt als ›eisenzeitliches Dorf‹ bezeichnet werden. Verschiedene Häuser mit unterschiedlichen Grundrissen sind zu Gruppen von jeweils 4–6 Gebäuden zusammengefaßt, den Hofanlagen des damaligen Dorfes. Neben privaten Wohnhäusern, Ställen, Scheunen usw. gab es offensichtlich auch gemeinsamen Besitz, der von allen genutzt werden konnte. Daneben gehörten Brunnen, Backhäuser, Schmiedewerkstätten u. ä. zur Dorfanlage. Die Häuser selbst wurden durch niedrige, ca. 1–1,5 m hohe Schalenmauern aus Feldsteinen gebildet, die mit Schutt gefüllt waren. Auf diesen Mauern lag das Dach auf, das mit *Ag,* dem gotländischen Schilfgras, oder mit Torf- oder Grassoden gedeckt sein konnte. Das langgestreckte Haus, das wahrscheinlich neben Menschen auch Vieh beherbergte, besaß keine Fenster und nur einen Rauchabzug. Darunter lag die Feuerstelle genau in der Mitte. Im unbefestigten Boden sind bei den Untersuchungen nicht nur die Pfostenlöcher der Rundbalken nachgewiesen worden, die von innen den hohen Dachstuhl abstützten, sondern auch Abfälle und verlorengegangene Dinge, die in den Grund hineingetreten worden waren. Aus diesen Funden und vergrabenen Schätzen wissen wir, daß die eisenzeitlichen Gotländer über einen Lebensstandard verfügten, der in auffälligem Kontrast zur Primitivität ihrer Wohnstätten stand. Münzen aus Byzanz oder Rom, textile Kostbarkeiten neben Schmuck, Gold und Bronzefibeln – all das ist gefunden worden! Durch den angesammelten Abfall können wir aber auch einen Teil des Alltagslebens rekonstruieren. So wissen wir ungefähr, was es zu essen gab und welche Mode getragen wurde; wir wissen, daß Rinder, Ziegen, Schweine, Hühner und vor allem Schafe als Haustiere gehalten wurden, daß man Roggen, Weizen und Gerste erntete, an Webstühlen arbeitete und welche Gemeinschaftsspiele gepflegt wurden. In der näheren Umgebung der Höfe gab es immer Wasser – im damals noch umfangreichen System von Mooren, Bächen, Seen und Teichen war man geschützt, konnte Binnenfischerei betreiben und hatte bequeme Transportwege. Die Acker- und Weidegrenzen waren durch Einhegungsmauern *(vastar; stajnvastar)* markiert; vielleicht gab es auch ein gepflastertes Straßensystem zwischen den Höfen, besonders durch sumpfiges Gelände.

Dem kälter werdenden Klima begegnete man nicht nur mit einer Veränderung der bäuerlichen Wohn- und Wirtschaftsform, sondern auch durch die Schaffung der sogenannten *Laubwiesen (lövängarna*, Sing. = *löväng)*, die der Versorgung mit Viehfutter dienten. Dabei wurden Teile des bisherigen dichten Laubwaldes gerodet und ein ausgewogenes Verhältnis von Gras, Kräutern, Büschen, Obst- und anderen Bäumen geschaffen. Durch die geschickte Plazierung der Pflanzen gelang es, in unmittelbarer Nähe der Höfe eine stets schattige, parkähnliche Landschaft zu kultivieren, in der die sommerliche Sonneneinstrahlung in ihrer Wirkung eingedämmt, der spärliche Niederschlag besser aufgefangen und die dünne Humusschicht optimal genutzt werden konnte. Außerdem war die Laubwiese Brennholzlieferant für den Winter. Das recht aufwendige System der Erhaltung und Nutzung begann im Frühjahr mit dem Wegharken von übriggebliebenem Heu und Laub des letzten Herbstes. Zum Sommeranfang fand dann die Heumahd statt, und im Herbst schüttelte man Laub und Früchte von den Bäumen, um sie dem Winterfutter beizugeben. Im Winter wurde die Laubwiese, falls nötig, ausgedünnt und wieder für das neue Jahr hergerichtet. Jede Arbeit verband man mit bestimmten Festen, die von der Hof- oder Dorfgemeinschaft gemeinsam begangen wurden. Leider haben sich die Laubwiesen nur vereinzelt bis heute erhalten; immer dann sind sie sowohl Natur- als auch Kulturdenkmäler. Es ist kein Zufall, daß Laubwiesen und die ›Riesengräber‹-Fundamente sehr oft beieinander liegen: beide sind Relikte der jüngeren Eisenzeit.

Das Bild, das aufgrund dieser Überreste entsteht, könnte einer bäuerlichen Idylle nahekommen. Doch uns ist auch das Ende der Höfe überliefert – und das war in vielen Fällen schrecklich! *Vallhagar* z. B. ging in einer Katastrophe unter, die ziemlich plötzlich über das Dorf hereingebrochen sein muß. Es sind abgeschossene Pfeile und andere Waffen gefunden worden, verbrannte Häuser und Menschenleichen. Anderes deutet auf eine überstürzte Flucht der Einwohner hin: liegengelassenes Geschirr, aber auch hastig vergrabene Schätze ... Was war geschehen? Vielleicht hatten festlandschwedische Stämme, die der Reichtum Gotlands anzog, ihrer Raublust freien Lauf gelassen. Vielleicht aber machten auch durch die Völkerwanderung heimatlos gewordene Menschen marodierend die Ostsee unsicher! Oder die Zerstörungen sind Ausdruck heftiger innerer Kämpfe, verursacht möglicherweise durch eine Klimaverschlechterung und der daraus resultierenden Versorgungsnotlage und sozialen Differenzierung. Alle Vermutungen über die Hintergründe dieser Katastrophe sind jedoch nicht beweisbar.

Die Fundamente der ›Riesengräber‹ sind trotz ihrer Größe für den Laien keine überwältigenden Bodendenkmäler. Meist sind nur noch schwache Konturen im Boden sichtbar, selbst wenn die Archäologen, wie bei einem Beispiel in *Vallhagar*, die Überreste des eisenzeitlichen Hofes nicht wieder zugedeckt haben. Auch die im folgenden genannten Fundplätze, die zu den interessantesten auf der Insel zählen und für die wissenschaftliche Ausbeute besonders wichtig waren, gilt Ähnliches, wenn auch neuerdings ›Kulturpfade‹ mit aufgestellten Hinweisschildern und Erläuterungen das Ganze etwas anschaulicher machen.

In **Fallet** bei Tingstäde, ca. 1 km südlich der Landstraße Tingstäde–Lärbro, hat man acht Hausfundamente aufgedeckt, daneben ›vastar‹ und ein dazugehöriges Gräberfeld. Die Hof- oder kleine Dorfanlage, die früher zwischen Sumpf- und steilen Felswänden isoliert war, ist relativ gut erhalten und bedeckt eine Fläche von etwa 400 × 200 m.

In **Rings** bei Hejnum gibt es die Fundamente eines Hofes von vier Häusern, darunter eine größere Halle. Bei Untersuchungen im Jahre 1886 wurden Tonscherben aus dem 1.–6. Jh. gefunden. Die Anlage muß durch Brand plötzlich zerstört worden sein. In der Nähe liegt das Gräberfeld von Bjärs (s. o.).

Auf den **Visne ängar** in Alskog fand man etwa zehn Hausfundamente, die wahrscheinlich zu vier eisenzeitlichen Höfen gruppiert waren. Bei Untersuchungen in den 30er Jahren und später hat man u. a. zwei Bildsteine vom jüngeren Typus finden können. In der Nähe der Anlage gibt es Grabfelder, Schleifrinnen, aber auch Reste mittelalterlicher Höfe.

In **Solsänget** in Levide-Sproge wurden auf einem Terrain von etwa 4 ha die Fundamente von zehn Häusern gefunden, die zu drei oder vier Höfen gehörten. In der Nähe sieht man einige kleinere Gräberfelder, Überreste von Wällen und terrassierte Abschnitte, die auf alte Ackerniveaus hinweisen. Die Existenz von etwa 50 nahe beieinanderliegenden Gruben, in denen Spuren von Feuer entdeckt wurden, ist noch nicht zufriedenstellend geklärt.

In **Fjäle** in Ala befindet sich ein seit 1976 untersuchter eisenzeitlicher Hof mit einer ca. 20 ha großen Wirtschaftsfläche. Fundamente aus verschiedenen Zeitabschnitten konnten freigelegt werden; ein Haus, in dem man römische Münzen gefunden hat, wurde zu Ende des 6. Jh. zerstört oder verlassen, kurze Zeit später aber ein neues nur hundert Meter entfernt errichtet. Ein dritter Hof kann aufgrund von Münzfunden in die Mitte des 14. Jh. datiert werden. Dieses letzte Haus wird ›Fiähle Büsses Huus‹ genannt, weil hier nach einer örtlichen Erzählung der starke Bauer *Fiählebyss* gelebt haben soll. Dieser hatte einen Pfarrer erschlagen, weil der vor seinem Eintreffen den Gottesdienst begann … In der Nähe der Hausfundamente gibt es ein vorchristliches Gräberfeld, steinerne Einhegungen, Brunnen u. ä.

Daneben gibt es über die ganze Insel verstreut liegende Fundstellen aus der Eisenzeit, oft in unmittelbarer Nähe zu heutigen Bauernhöfen. Die Kontinuität kultureller Plätze betrifft also nicht nur Sakralbauten! Auch bei einigen Fliehburgen, z. B. *Herrgårdsklint*, *Havor* und *Styrmansberg* (s. o.), sind Hausfundamente vom ›Riesengräbertyp‹ gefunden worden. Der Laie, dessen Phantasie durch die spärlichen Steinreste und schwachen Bodenerhebungen bei allem

Interesse trotzdem nicht angeregt wurde, sei auf einen Besuch der *Lojstahalle* oder der Höfe von *Gervide* und *Stav* verwiesen. Hier hat man auf den ausgegrabenen Fundamenten das mögliche ursprüngliche Aussehen rekonstruiert. Dabei sind durchaus unterschiedliche Resultate erzielt worden – u. a. verursacht durch die Ergebnisse jüngerer Ausgrabungen, die z. B. die Korrektur einiger Details der 1931 errichteten **Lojstahalle** (Farbabb. 4) nahelegten. Gesichert bei dieser Rekonstruktion sind die 1930 festgestellten Dimensionen, also die Breite und Lage der Mauern, selbst die Position der hölzernen Rundpfosten und die der Feuerstelle. Fraglich bleibt u. a. das ursprüngliche Aussehen des Daches. In Lojsta hat man sich an der Form eines *lambsgift* orientiert, d. h. eine Bedeckung mit Schilfgras *(ag, lat.: cladium mariscus)* angenommen. Zweifellos hat diese Dachform eine lange Tradition, und bei dem früher noch reichhaltiger wachsenden Schilfgras (von dem es übrigens fünf unterschiedliche Arten gibt) ist mit Sicherheit anzunehmen, daß die gotländischen Eisenzeitler darauf auch zurückgegriffen haben. Das *Agdach* hat den Vorteil, daß es eine sehr steile Konstruktion ermöglicht, außerdem ist es stark wasserabweisend und läßt die Feuchtigkeit nicht in den Innenraum. Andererseits kann die in Lojsta vorgeschlagene Dachlösung von unten leicht zu faulen anfangen. Wahrscheinlicher ist also, daß es nicht bis auf den Boden reiche.

Bei **Gervide** in Sjonhem hat man sozusagen den Gegenvorschlag unterbreitet. Hier ist auf einem umfangreichen prähistorischen Gelände mit eisenzeitlichen Äckern, ›vastar‹, einer Fliehburg und Gräberfeldern über zwei Fundamenten ein Stall und ein Wohnhaus rekonstruiert worden. Während der Stall mit Agdach wieder an ein Lambsgift erinnert, ist das Wohnhaus mit Torf gedeckt. Das schwerere Material machte dabei eine geringere Dachhöhe notwendig. Daneben unterscheidet sich der Hof von der Lojstahalle durch eine kleine zusätzliche Öffnung im Giebel sowie durch einen zweiten Ausgang, während der innere Aufbau im wesentlichen identisch ist. Noch in der Wikingerzeit waren im ganzen Norden Häuser dieses Typs üblich gewesen, sie sind sogar auf Island und den Färöern wegen ihrer guten Wärmeisolierung vereinzelt bis in die Gegenwart gebaut worden.

Im **Stavgard** bei Burs wurde ebenfalls ein Rekonstruktionsvorschlag in die Tat umgesetzt. Schon seit einiger Zeit waren dort die prähistorischen Bodendenkmäler bekannt, u. a. das mit 60 m längste eisenzeitliche Hausfundament der Insel. Deswegen schien das Gelände besonders geeignet, um darauf eine Art experimentelle Werkstatt für Schüler und Lehrer einzurichten. Dazu gehörte nicht nur der Wiederaufbau einiger Wohn- und Wirtschaftsgebäude, sondern auch die Rekonstruktion ›eisenzeitlicher Lebensumstände‹ – wie Kleidung, Essenszubereitung und Handwerk. Auch Tiere, die noch am ehesten in die Zeit zu passen scheinen (Langhornrinder, gotländische Schafe, halbwilde Schweine, Inselpferde usw.), sind Teil der Anlage. Gleiches trifft auf Gervide ebenfalls zu, und beide Höfe sollen dementsprechend kulturtouristisch genutzt werden – einschließlich nachgestellter ›eisenzeitlicher Abendessen mit Lamm am Spieß und Met‹. Inzwischen steht aber das Stavgard-Projekt vor erheblichen finanziellen Problemen.

Noch einmal: der Eindruck von Ärmlichkeit oder sogar Primitivität, der bei einer Besichtigung der eisenzeitlichen Fundamente oder beim Besuch der rekonstruierten Häuser entstehen könnte, täuscht. Die Bewohner dieser Wohnungen waren weitgereiste, welterfahrene Bauernhändler, die vielleicht Rom, Byzanz oder Trier mit eigenen Augen gesehen haben. Es waren die gleichen Menschen, die die Bildsteinkunst zur ersten Blüte gebracht, Friedhöfe wie Trullhalsar angelegt und kostbare Schätze besessen haben. Vielleicht waren sie, wie ihre wikingischen oder mittelalterlichen Nachfahren, auch nach der neuesten Mode gekleidet … Wahrscheinlicher jedenfalls hat auch der Burgunderkönig der Nibelungensage in einer solchen 60 m langen Halle vom ›Typ Lojsta‹ residiert als inmitten der romanischen Architektur von Worms!

Bildsteine

Nichts kann die einzigartige kulturelle Stellung Gotlands besser verdeutlichen als die Bildsteine aus Kalk- oder Sandstein, die von der Völkerwanderung bis zur christlichen Zeit, über mindestens sieben Jahrhunderte hinweg, auf Gräbern und an Wegrändern aufgestellt worden sind. Zwar nicht ohne Vorbilder, in ihrer Formensprache aber unverwechselbar und im Norden einzigartig, spannen die Bildsteine einen Bogen von der Vorgeschichte zum Mittelalter, vom Heidentum zum Christentum.

Daß es in Skandinavien eigentlich nur die Ostseeinsel ist, auf der die kulturelle Leistung der Bildsteine vollbracht wurde, mag u. a. auch am Material liegen. Im Gegensatz zum harten Granit oder Gneis der anderen Provinzen konnte auf Gotland problemlos Kalk- und Sandstein gebrochen werden (allein auf der Nachbarinsel Öland wäre die Möglichkeit zu einer parallelen Entwicklung ähnlich günstig gewesen). Jedenfalls scheint Gotland, das ja mehrere singuläre Kulturleistungen erbringen konnte, auch hinsichtlich der Bildsteinproduktion eine vollkommen selbständige Rolle im Norden zu spielen. Wieviele Exemplare es einmal gegeben hat, bleibt Spekulation. Genauso ungewiß ist, welchem konkreten Zweck diese gedient haben. Ein Zusammenhang mit dem Totenkult ist jedenfalls nicht von der Hand zu weisen: etliche Bildsteine haben einen direkten Bezug zu Gräberfeldern oder Einzelgräbern. Andere wiederum sind an bevorzugten Plätzen und Gabelungen entlang der Fahrwege aufgestellt worden. Vielleicht sollten sie als Gedenksteine an Tote erinnern, die in der Ferne ums Leben gekommen waren. Sicher ist hingegen, daß die Flachreliefs der Steine zusätzlich bunt bemalt waren, denn es haben sich verschiedentlich zumindest rote und schwarze Farbspuren erhalten. Mit Ausnahme der Steinkisten-Bildsteine (s. u.) waren die Exemplare aller Typen nur einseitig mit Darstellungen geschmückt, hatten also eine Schauseite.

Nach der Bestandsaufnahme von E. Nylén und J. P. Lamm konnten bis 1979 knapp 400 Einzelstücke registriert werden, zwischen 1979 und 1984 etwa 40 weitere, die aber nur fragmentarisch erhalten sind und bei Kirchenrestaurierungen aufgefunden wurden. Nur wenige Steine sind, vielleicht aufgrund eines Aberglaubens, niemals angerührt worden und stehen heute noch am alten Platz, so die ›Steinfrauen von Bro‹ oder der 3,70 m hohe Stein von Änge bei Buttle (Abb. 10). Diese sind aber im Lauf der Zeit ›blind‹ geworden, d. h., daß ihr Bildschmuck vollkommen verwittert ist. Aus konservatorischen Gründen hat man deshalb die schönsten Exemplare ins Museum gebracht, und zwar auf Gotland in das Visbyer Fornsal-Museum *(Gotlands Fornsal)* und in das Bunge-Museum *(Kulturhistoriska Museet)*. Auf dem

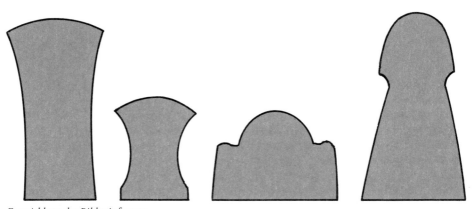

Entwicklung der Bildsteinformen
älteste Gruppe 400–600   zweite Gruppe 500–700   dritte Gruppe 500–700   jüngere Gruppe 700–1100

schwedischen Festland ist es das *Statens Historiska Museet* in *Stockholm,* das sich (nicht immer mit Einverständnis der Gotländer) die schönsten Stücke reserviert hat.

Zur **ältesten Gruppe** gehören jene Steine, die die Forschung mit dem Begriff der ›*Axtform*‹ belegte und zwischen 400 und 600 n. Chr. ansiedelte (s. Frontispiz S. 2). Verblüffend ist, daß offenbar plötzlich und ohne tastende oder experimentelle Vorläufer diese Bildsteinkunst in vollendeter Blüte stand. Vielleicht kam sie ja tatsächlich durch eine individuelle Künstlergestalt, einen Südländer etwa oder doch jemanden, der die südlichen Vorbilder an Ort und Stelle studiert hatte, nach Gotland. Solche Vorbilder können jene Grabsteine gewesen sein, die es zu der Zeit in Spanien, im Römischen Reich, aber auch im Frankenland gegeben hat und deren Ornamentik (z.B. Wirbelräder) auffällig mit der gotländischen übereinstimmt. Ob nun Importware oder durch einen wandernden Handwerker gefertigt – fest steht, daß schon die ersten Beispiele eine außerordentliche Treffsicherheit sowohl im abstrakten Dekor als auch in der figürlichen Darstellung zeigen.

Wie sehen nun diese frühen Bildsteine aus, welchen Symbolgehalt tragen sie? Ganz offensichtlich ist eines der vornehmsten Zeichen der *Kreis* gewesen, da er nicht nur mehrfach auf fast jedem Bildstein dieser Gruppe auftaucht, sondern dazu noch im wichtigsten Feld, nämlich unterhalb des oberen Kreisbogens, wo der Stein also am breitesten ist. Dieser Kreis kann mit Schleifen, Rosetten oder Spiralen in Segmente unterteilt sein, er kann ein sogenanntes Wirbelrad tragen und er kann von ›Strahlen‹, ›Hörnern‹ oder ›Schlangen‹ umringt sein. Es liegt nahe, hinter dem Kreis die Sonne zu vermuten, deren mächtiger Ball über das Firmament rollt (Wirbelrad) und Leben spendet. Daß die Sonne in der nordischen Bronzezeit eine wichtige religiöse Rolle gespielt hat, ist angesichts der archäologischen Fundlage (u.a. Sonnenwagen von Trundholm) ein schwer zu widerlegender Topos. Offenbar behielt aber, dies wäre ein religionsgeschichtliches Ergebnis der Bildsteinforschung, der Sonnenkult in einer jahrtausendelangen Kontinuität bis zur Vendelzeit seine magische Anziehungskraft, wofür ja auch die

Schlußsteine auf eisenzeitlichen Gräbern sprechen (s. o.). Die in vier Felder unterteilte Scheibe mag die Himmelsrichtungen oder die Jahreszeiten symbolisieren, sonst aber kann der Kreis zusätzlich zur ›Sonnen-Gottheit‹ auch die Ewigkeit bedeuten.

Der Stein von *Havor* ist ein gutes Beispiel (wie alle hier aufgeführten Steine im Fornsal-Museum) für die genannte Bilderwelt: In seinem Zentrum befindet sich der große Kreis, an dessen Außenrand ein kleiner strahlenförmiger Kranz (Sonnenstrahlen?), im Inneren sieht man vier Felder (Jahreszeiten?), die durch einen kunstvollen Knoten ohne Anfang und Ende (Ewigkeit?) gebildet werden. Diese ›Ewigkeitsschleife‹ ist übrigens im gesamten Norden als Piktogramm für Sehenswürdigkeit übernommen worden. Besonders schön sind am genannten Stein von Havor auch die Randornamente, die wellenförmig das Zentralmotiv umgeben. Man fühlt sich hier – sicher nicht zufällig! – an eine Reihung von *Drachen*köpfen im Profil erinnert. Eindeutiger zu identifizierende Tiere umstehen das zentrale Wirbelrad auf dem Bildstein von *Väskinde,* fast wie Evangelistensymbole an einem mittelalterlichen Scheibenkreuz. Die merkwürdigste Tierdarstellung aber ist wohl die (leider nur fragmentarisch erhaltene) des Steines von *Austers,* die einen riesigen Wurm mit weit aufgerissenen Augen und bedrohlich geöffnetem Rachen zeigt. Wie ein urzeitlicher Tausendfüßler legt er sich um die mittlere Scheibe, während vor ihm eine fein gezeichnete menschliche Figur (fliehend oder angreifend?) zu sehen ist. Diese ergreifende Szene wurde unterschiedlich interpretiert: einmal als Urerfahrung der Menschheit, die sich der entfesselten Natur gegenübergestellt sieht, zum andern als Kampf des Thor gegen die Midgårdschlange, schließlich sogar als Illustration aus der Nibelungensage. Im letztgenannten Fall wäre es die mit Abstand früheste Darstellung von Siegfrieds Drachenkampf überhaupt. Der Wurm, die Schlange, ist auch ein wichtiges Motiv auf dem Stein von *Smiss* in *När.* Als Schlingbandornament mit dreifachem Kopf taucht es ebenso auf wie in dem darunterliegenden Feld, in dem eine ›Schlangenhexe‹ zwei dieser Tiere in den Händen hält. Die Szene ist schwer zu deuten, wird aber mit Sicherheit einen magisch-religiösen Hintergrund haben.

Eisenzeitlicher Bildstein von
Hangvar Austers, 8. Jh. Visby,
Gotlands Fornsal

Bildstein von Smiss mit Darstellung der sogenannten Schlangenhexe, 7. Jh.

Der größte Bildstein dieser Phase ist mit einer Höhe von 3,30 m der von *Sanda*, der neben Kreis und Wurm zwei weitere heilige Zeichen trägt: Baum und Schiff. Der (Lebens-)*Baum* ist ein uraltes Fruchtbarkeitssymbol, das steingeworden als Menhir, Säule oder eben auch Bildstein in Erscheinung treten kann (s. o.). Während Baumdarstellungen sonst selten sind, ist das *Schiff* – wie bei allen seefahrenden Völkern – auch auf Gotland in Religion und Mythologie eingegangen und wurde als steinernes Monument (s. o.) zu einem neuen Grabtypus ausgebildet. Interessant ist bei dem genannten Beispiel, wie die edel gezeichneten Ruderer nicht nur das Schiff, sondern auch ein darauf aufgestelltes Gerüst mit kleinen Kreissymbolen vorwärtsbewegen. Hier könnte es sich um die ›letzte Reise‹ eines Verstorbenen handeln, die mit dem Schiff und in einer Art ›Totenhaus‹ ins Jenseits führt. Über die mythologisch-religiösen Deutungsmöglichkeiten hinaus ist dabei von kulturhistorischem Interesse, wie an den Schiffsdarstellungen auf den Bildsteinen eine wichtige Erfindung der nordischen Seefahrt abgelesen werden kann: die Entwicklung vom Ruderschiff der älteren Bildsteine über die ersten angedeuteten Segel bis hin zum voll aufgetakelten Wikingerschiff.

Zur **zweiten Gruppe** der Bildsteine zählt man die sogenannten ›Zwergsteine‹, die ab dem 6. Jh. zunächst noch parallel den älteren Steintyp begleiten, ab etwa 600 n. Chr. diesen aber endgültig abgelöst haben. Es handelt sich hier um kleine und (im Gegensatz zu anderen) oft beidseitig behauene Steine, die ausschließlich auf Gräberfeldern gestanden haben. Sie ähneln in der Form der älteren Gruppe, sind aber gedrungener und im geschwungenen Profil stärker konturiert. Eine gewisse Nachlässigkeit in der Hautechnik ist ihnen eigen, andererseits aber auch eine Ausweitung des Zeichenrepertoires. Neben einem Tier mit Geweih (Hirsch?), einem waagerechten ›Blitzsymbol‹ und einem an eine Gans erinnernden Vogel tauchen jetzt zum erstenmal im Norden Segeldarstellungen auf, zunächst noch in einer stark abstrahierenden, fast primitiven Form. Es ist jedoch nicht von der Hand zu weisen, daß hier jener bedeutsame

Schritt festgehalten wurde, ohne den die Wikingerfahrten unmöglich gewesen wären und der geradewegs in die nordische Expansionszeit mündete.

Zeitgleich mit der zweiten Bildsteingruppe entstand auch eine **dritte Gruppe,** die allerdings nicht als aufrecht stehende Einzelmonumente, sondern als Steinkistenumschließung Verwendung fand. Da sie aber in Hautechnik und Motiven alle Charakteristika der ›normalen‹ Bildsteine aufweist, wegen ihrer besser erhaltenen Farbspuren sogar Hinweise auf deren Kolorierung geben kann, sei sie der Vollständigkeit halber erwähnt. Im Gegensatz zur vorgenannten Gruppe, die gegen 700 n. Chr. dem jüngsten Typus zu weichen beginnt, sind die *Steinkisten-Bildsteine* etwa sechs Jahrhunderte, von 500–1100, Bestandteile von Grabumschließungen. Ihre Form unterscheidet sich von der aller anderen durch ihren breiten Sockel mit nur kleiner abschließender Kuppe. Der in diese Gruppe gehörende Stein von *Ire* trägt jene interessante Darstellung, auf der zwei Männer beim Öffnen eines hölzernen Sarkophages (?) zu sehen sind. Die zentrale Gestalt in der Mitte ist verschiedentlich als der Auferstandene interpretiert worden, was angesichts der Datierung (600–800) aber unwahrscheinlich scheint. Die merkwürdige Tracht der beiden Männer ist von geradezu modernem Schnitt und erinnert eher an einen Nadelstreifenanzug als an wikingische Kleidung!

Die **jüngere Gruppe** der Bildsteine, die man in die Zeit von etwa 700 bis 1100 datieren kann, setzt sich in Form und Inhalt klar von den vorangegangenen Typen ab. Eine neue, aggressivere Epoche war angebrochen, die Wikingerzeit mit ihren Überfällen, wagemutigen See- und Handelsfahrten, Kämpfen in fremden Ländern und Staatengründungen, und der verschlagene Götterfürst Odin lud die gefallenen Krieger zum Festmahl in Walhall ein. Die Steine, die dieses neue Zeitalter und Inhalte dessen geistigen Lebens darstellen, sind allesamt sehr hoch und zeichnen sich durch ihre charakteristische Phallus-Form aus (die manchmal verschämt als ›Champignon‹ oder ›Schlüsselloch‹ bezeichnet wird). Ähnlich den älteren Steinen rahmt oft eine verschlungene Bandornamentik das Mittelfeld ein, das allerdings nun mit ganz anderen Szenen gefüllt ist. Der obere Teil bleibt der Ort des Göttlichen. Nur erscheinen hier anstatt abstrakter Symbole (Sonnen- oder Wirbelrad) konkrete Figuren, sehr häufig z. B. ein Reiter mit Lanze, auf einem (manchmal achtbeinigen) Roß sitzend. Bei dem Pferd handelt es sich eindeutig um *Sleipnir,* das aus der Edda bekannte schnellste Tier der Welt, ein Kind Lokis

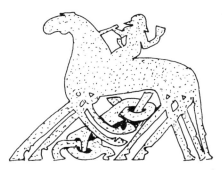

Wikingische Darstellung von Sleipnir, mit Odin als Reiter (?)

und einer Stute und Eigentum Odins. Es liegt nahe, dementsprechend den Reiter selbst als Odin/Wotan, den ›Allvater der Götter‹ zu deuten. Dazu würde das Attribut der Lanze, verschiedentlich auch die die Szene begleitenden Vögel (Raben?) usw. passen. Es ist allerdings auch möglich, daß in einem solchen Bild der Tote, dem zu Ehren der Stein hergestellt und aufgerichtet wurde, von Sleipnir abgeholt und nach Walhall gebracht wird. Die Frauengestalt mit Trinkhorn, die ihn empfängt, kann als Walküre gedeutet werden.

Auch sonst begegnet einem in den jüngeren Bildsteinen nordische Mythologie und Motive der Heldensagen. Wir sehen Völund (Wieland) den Schmied und Gunnar in der Löwengrube, wir entdecken den kämpfenden Thor und seinen Vater Odin beim Raub des Dichtermet. Und neben den kriegerischen Szenen gibt es auch Details, die Rückschlüsse auf den ausgeübten Kult zulassen. So wissen wir z. B. aus den Berichten des Adam von Bremen, daß man am Heidentempel in Uppsala neben Tier- auch Menschenopfer *(blot)* dargebracht haben soll, in der Regel Hängeopfer, so wie in der nordischen Legende auch Odin selbst durch Hängen zu Weisheit kam. Die Gutasaga beschreibt, daß es ähnliches auf Gotland gegeben haben muß, und zwar kleinere Opfer im Sippenverband und auf den lokalen Things, Menschenopfer auf dem *Gutnalthing.* Auf dem Stein von Lärbro *(Hamars I),* der nun Schmuckstück des Freilichtmuseums von Bunge ist (Farbabb. 1), wird ein solches Hängeopfer dargestellt und damit der Beweis für die Richtigkeit der literarischen Angaben erbracht. Auf dem gleichen Stein fällt übrigens, wie bei anderen, ein merkwürdiges Symbol auf, die sogenannte Drei-Triangelform, drei ineinanderverschlungene Dreiecke. Der religiöse Gehalt bleibt dunkel und wird manchmal mit Odin selbst oder dem dreispitzigen, steinernen Herzen des Riesen *Hrungnir* in Verbindung gebracht, von dem uns Snorri in seiner Edda erzählt. Meines Erachtens ist eine weitere Interpretation, nämlich die der göttlichen Dreieinigkeit möglich. Denn auch im Tempel von Uppsala sollen drei Götter – Odin, Thor und Freyr – zusammen angebetet worden sein, so als ob die nordgermanische Religion dem ausgreifenden Christentum gegenüber eine eigene mächtige Trinität postulieren wollte!

Neben diesen aufschlußreichen und wichtigen Szenen am Bildsteinkopf tritt aber immer mehr das *Segelschiff* in den Vordergrund, bis es die gesamte Komposition bestimmt. Es handelt sich dabei nicht mehr um das kultische Ruderboot der frühen Steine, auch nicht um das stark abstrahierte Segelboot der zweiten Gruppe, sondern um das mächtige Signum der wikingischen Welt. Hintergrund des Reichtums, Begründerin der Macht, Todessymbol und Gegenstand der Träume – all das war für den nordischen Krieger dieses Segelschiff, das schnellste und schönste nicht nur seiner Zeit. Die Schiffsdarstellungen auf den gotländischen Bildsteinen sind die ersten und authentischsten, eher entstanden als das gleiche Motiv in den angelsächsischen Buchmalereien, eher auch als der berühmte Teppich von Bayeux und natürlich lange bevor man originale Teile aus den südnorwegischen Grabhügeln oder dem schlammigen Grund des dänischen Roskildefjordes barg. Schon vorher kannten wir durch die Bildsteine also z. B. die Segel der Wikingerschiffe, wußten, daß diese fast quadratische Rahsegel und rautenförmig gemustert waren. Aus diesen Bildern hat man geschlossen, daß dazu in einer Art von Flecht- oder Nähtechnik einzelne Bahnen zusammengefügt und vielleicht unterschiedlich eingefärbt wurden. Noch etliche andere Details hat die Wissenschaft auf den Darstellungen untersuchen und

Christlicher Bildstein mit Runeninschrift, Visby, Gotlands Fornsal

daraus Rückschlüsse ziehen können (etwa, daß es Steuerruder für Linkshänder gegeben haben muß, wie die wikingischen Waffen, Helme und Schilde aussahen, welche Kleidung [Pumphosen!] oder Frisuren modisch waren, und viele Dinge mehr).

Eine noch so lückenlose Auflistung der Bildinhalte könnte zudem eines ganz gewiß nicht leisten: ihren Aussagewert zu erläutern. Alles spricht zwar dafür, daß die Bildsteine der Verherrlichung von Verstorbenen dienten, wie diese im einzelnen aber aussah und wer die Toten waren, das werden wir wohl nie erfahren.

Um aber bei den Schiffen zu bleiben: es waren solche Fahrzeuge der Wikingerzeit, die nicht nur Menschen und Waren, sondern auch Ideen transportierten. Mit ihnen kam das Christentum auf die Insel. Schließlich muß Sleipnir, mag er nun einen toten Krieger oder Odin getragen haben, aus dem Bildprogramm reiten und einem anderen Symbol Platz machen: dem Kreuz. Es ist jedoch frappierend, wie lange noch die männlich-wikingische Bildsteinform existierte, um mit Runeninschriften und christlichen Symbolen als Denkmal in veränderter Zeit zu fungieren, wie lange noch vorchristliche Sonnenzeichen oder Schlingband- und Tierornamentik große Teile der Bildaussage bestritten, bevor sich das Kreuz schließlich ›durchsetzen‹ konnte. Erst in einem weiteren Schritt gelang es ihm dann, den ganzen Stein zu dominieren und selbst zum Stein zu werden; vom Bildstein zum Steinkreuz, vom Steinkreuz zum Ringkreuz – das also ist die entwicklungsgeschichtliche Linie!

An ihrem Ende stehen die **christlichen Bild- und Runensteine,** die man als direkte Erben der vorhergehenden vier Gruppen ansehen muß. Alle zusammen machen sie jene Monumental-kunst aus, die für Gotland so typisch ist wie etwa die piktischen Steine für Schottland, die Hoch-kreuze für Irland oder die Menhiralleen für die Bretagne. Allein schon wegen der Begegnung mit den dort verbliebenen Bildsteinen lohnt also für den kulturhistorisch Interessierten der Besuch der Ostseeinsel. Daß sich auch die Gotländer emotional mit den Bildsteinen identifizieren, zeigt jene Episode, nach der sich beim Abtransport des großen Steins von Hamars 1922 und dessen geplanter Verschiffung nach Stockholm handfester Widerstand regte. Schließlich weigerten sich die Fährleute, das gotländische Kulturgut ›nach Schweden‹ zu schaffen, und heute steht dieses mächtige Denkmal im Freilichtmuseum von Bunge (s. S. 181; Farbabb. 1, Abb. 9).

Mittelalterliche Profanarchitektur aus Stein

Die mehr als 700jährige Altstadt von **Visby,** die ›Stadt der Rosen und Ruinen‹, enthält neben der Marienkirche und den anderen, verfallenen Sakralbauwerken die größte Ansammlung mittelalterliche Bausubstanz aus Stein, die Skandinavien aufzuweisen hat. Mit ihren mehr als 100 ganz oder teilweise erhaltenen Häusern kann weder die Altstadt von Stockholm noch der innere Kern von Kopenhagen, Roskilde, Uppsala oder Bergen konkurrieren. Der Satz ist berechtigt, daß das Visbyer Stadtbild dem »jeder anderen mittelalterlichen Stadt nördlich der Alpen ebenbürtig« sei, wenn auch der Beiname »Carcassonne des Nordens‹ völlig an der Sache vorbeigeht! Augenfälligstes Profanbauwerk, tatsächlich einzigartig in Skandinavien, ist die gut bewahrte, 3,6 km lange *Stadtmauer* (Farbabb. 5; Abb. 23), die mit ihren drei Haupttoren, den 27 (von ursprünglich 29) Türmen und neun (von ursprünglich 23) Satteltürmen zu einem Wahrzeichen der mittelalterlichen Profanarchitektur Gotlands geworden ist (s. S. 162 ff.). Schon vor dem Baubeginn um 1270 hatte es steinerne Befestigungswerke, sogenannte Kastale, ge-geben, von denen der Pulverturm später in die Stadtmauer integriert wurde und bis heute erhalten ist. Die Durchführung eines solch gewaltigen Bauvorhabens war im schwedischen Mittelalter keine Selbstverständlichkeit; außer Visby werden damals wohl nur Kalmar und Stockholm überhaupt eine Wehrmauer besessen haben. Es klingt auch Neid und Mißtrauen an, wenn der schwedische König Magnus Ladulås nach dem Bürgerkrieg von 1288 in seinem Schiedsspruch die Bürger von Visby mit einer Geldbuße belegte, weil sie »ohne königliche Genehmigung« den Mauerngürtel gezogen hatten. Das hielt diese allerdings nicht davon ab, später die Mauer bis zur heutigen Form beträchtlich zu erweitern, zu erhöhen und zu moder-nisieren.

Ähnlich eindrucksvoll wie der steinerne Wehrbau muß die innere Bebauung gewesen sein, vor allem, wenn man von der Seeseite auf die amphitheatralisch angelegte Stadt zusegelte! Die Packhäuser des 13. Jh., deren Giebel zur Seefront zeigten, waren fünf bis achtstöckig (!) und damit höher als ihre zeitgleichen Vorbilder in Soest, Lübeck oder Münster. Deren Sand- und Backsteinbauten ahmten die einheimischen Bauleute mit weißem Kalkstein nach (der über-haupt keinen ›mittelalterlich-düsteren‹ Eindruck macht), entwickelten aber recht bald einen

2 Schiffssetzung von Gannarve bei Fröjel
◁ 1 Schiffssetzung ›Thjelvars Grab‹ nahe der Ostküste
3 Vier Schiffssetzungen von Rannarve bei Klintehamn

4 Bronzezeitliches Fürstengrab Bro Stajnkalm

5 Bronzezeitliche Kraterröse von Rannarve

6 STENKYRKA   Rekonstruiertes eisenzeitliches Radkreuzgrab

8   VISBY   Fornsal-Museum, wikingischer Bildstein von Hunninge

7   VISBY   Trojaburg unterhalb des Galgenberges

10 ›Blinde‹ Bildsteine von Buttle
◁ 9 BUNGE Bildsteine im Freilichtmuseum

11 STORA HÄSTNÄS Mittelalterlicher Bauernhof

12 FÅRÖSUND Kalkofen

13 Alter Meilenstein in der Nähe von Bro

14 KATTHAMMARSVIK Altes Gehöft mit Hofkreuz und Stiglucka

15 Schafsgehege mit ›Gutefår‹

16 GNISVÄRD Fiskeläge an der Westküste

17 Südgotländischer Hof mit Agdach

18, 19   VISBY   Fornsal-Museum, Öja-Madonna (13. Jh.) und hl. Georg (15. Jh.)

20   VISBY   Fornsal-Museum, Gruppe gotischer Holzskulpturen

21 VISBY   Kirchenruine St. Katharina

22 VISBY   Burmeisterhaus an der Strandgatan
23 VISBY   Snäckgärdsporten in der nördlichen Stadtmauer

24 VISBY   Mittelalterliches Packhaus ›Alte Apotheke‹

25 VISBY Untergeschoß der Heilig-Geist-Kirchen-
ruine

26 VISBY Valdemarskreuz von 1361

27 VISBY Alte Hinrichtungsstätte auf dem Galgenberg

28   VISBY   ›Lübeckerbresche‹ in der nördlichen Stadtmauer

eigenen, unverwechselbar ›gotländischen‹ Stil – im Gegensatz dazu waren auf dem schwedischen Festland die Profanhäuser jener Zeit noch aus Holz und außerdem mit Torf oder Grassoden gedeckt! Wie die Salzspeicher Lübecks müssen die hochherrschaftlichen ›Stadtpaläste‹ aber nicht als Wohn-, sondern als Lagerhäuser gesehen werden, während der kaufmännische Besitzer mit Familie und Gesinde in einem recht bescheidenen Wohntrakt auf der abgewandten Seite lebte. In den gewaltigen Räumen der Packhäuser, eingewölbt und durch Treppen in den Mauern miteinander verbunden, lagerten also die Kaufwaren und Überschüsse aus dem Ost-West-Handel; darunter befand sich der sogenannte Hochkeller, ein großer, edel eingewölbter Raum, der mittels einer Balkendecke in zwei Etagen unterteilt werden konnte. Im Fornsal-Museum hat man einen originalen Hochkeller wieder zum ›Hansasaal‹ mit rekonstruiertem mittelalterlichen Ambiente eingerichtet. Neben dem Fornsal haben sich bis heute viele andere Gebäude fast unverändert erhalten, so z.B. die Alte Apotheke (Abb. 24), das Clematishaus und das Liljehornsche Haus.

Es steht außer Frage, daß solche Häuser einen grandiosen Eindruck auf die gotländischen Bauern gemacht haben werden. Visby, das während des Mittelalters immer Drehscheibe nicht nur des Warenverkehrs, sondern auch der Kultureinflüsse und Ideen war, kommt hier also eine Vorbildfunktion für die ländliche Profanarchitektur zu. Es ist kein Zufall, daß an den Bauernhöfen der reichen *farmannabönder* genau jene baulichen Details auftauchen, die in der Stadt zu der Zeit bereits ausgebildet waren.

Dies wird durch die erstaunlich vielen Überreste mittelalterlicher Bausubstanz bestätigt, die es auf dem **Land** gab und gibt. Carl von Linné, der 1741 die Insel bereiste, zeigte sich erstaunt über die stattlichen, weißgekalkten Steingebäude, die von bäuerlichen Bauherren errichtet worden seien. Und an mehreren Stellen notiert er in seinem Reisetagebuch, daß ihm »Steinmauern von großen Häusern und eingewölbten Räumen, oft drei Stockwerke hoch« aufgefallen seien. Eine solche Architektur war, wie oben erwähnt, von Visby und der dort herrschenden

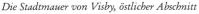

Die Stadtmauer von Visby, östlicher Abschnitt

Das Häggsche Haus in Visby, gut erhaltenes Treppengiebelhaus mit Hochkeller

kosmopolitischen Atmosphäre beeinflußt. Hier sahen die reichen *farmannabönder* die giebelseitigen Packhäuser westeuropäischer Art oder die aus Byzanz beeinflußten traufseitigen, hier hatten sie zudem Gelegenheit, Handwerker und Künstler anzuwerben. Und gerade in den Zeiten der aufstrebenden städtischen Gesellschaft galt es zu beweisen, daß auch auf dem Land Reichtum, wenn nicht gar Überfluß herrschte, daß auch ein Gutshof durchaus mithalten konnte mit der Prachtentfaltung in Visby. Diese Architektur begann schon weit vor dem eigentlichen Wohnhaus. Durch prächtige Steinportale gelangte man zu den Bauernsitzen, so als ob man einen Feudalherren kontinentalen Zuschnitts besuchen wollte. Ein solcher Eingangsbereich mit Treppengiebel und Ringkreuz ist bei einigen Höfen noch erhalten, beispielsweise bei *Riddare* in Hejnum (Kopie am Eingang zum Bunge-Museum) und *Kopungs* in Gothem.

Einen guten Eindruck, wie ein mittelalterliches Gut ausgesehen haben könnte, gibt auch der *Kattlundsgård* in der Nähe von Grötlingbo (Farbabb. 17). Das Wirtschaftsgebäude ist auf der ganzen Länge zum Fahrweg plaziert. Mit seinen massigen, durch Steinplatten und Holzbretter geschützten Balken, die das zweite Stockwerk tragen, und mit seinem wuchtigen, hier in die Fassade integrierten Portal hat es einen abweisenden, zugleich südeuropäisch wirkenden Charakter. Das Portal führt auf einen Innenhof, der durch eine Steinmauer nochmals unterteilt ist. An dessen rechter Seite befinden sich die Ställe, an der Stirnseite, in der Achse des Portals, das Herrenhaus. Dessen heutige Dachabdeckung mit Steinplatten ist genauso sekundär wie die des Wirtschaftsgebäudes, und auch dieser Hof wird ursprünglich mit Ag und/oder Holzlatten zwischen Treppengiebeln gedeckt gewesen sein – ähnlich den städtischen Packhäusern oder dem ebenfalls gut erhaltenen Hof von *Stora Hästnäs* (Abb. 11) in der Nähe von Visby. Bei letztgenanntem Beispiel kann man noch den Hochkeller, das schöne eingewölbte Erdgeschoß mit Kamin und den Treppenaufgang zum zweiten Stock sehen. Zuoberst lag der tonnengewölbte Lagerraum, der durch eine Portalöffnung mit Hebebaum bestückt werden konnte; darunter fiel durch drei repräsentative, gotische Fensteröffnungen Licht in eine kreuzge-

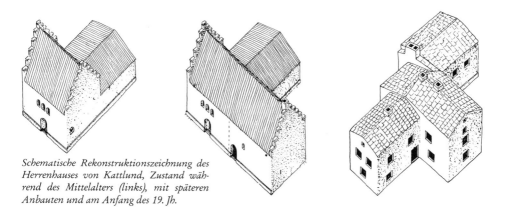

Schematische Rekonstruktionszeichnung des Herrenhauses von Kattlund, Zustand während des Mittelalters (links), mit späteren Anbauten und am Anfang des 19. Jh.

wölbte Wohnung. Das ganze Gebäude, das in seiner heutigen Form nur einen geringen Teil der ehemaligen Anlage ausmacht, atmet Großzügigkeit und Weltoffenheit.

Der Kattlundsgård und Stora Hästnäs sind keine Einzelfälle. Etwa 200 mittelalterliche Steinhäuser sind auf dem Land nachgewiesen, die meisten davon freilich heute verschwunden. Begünstigt durch das problemlos zu brechende und ausreichend vorhandene Baumaterial hat sich auf Gotland weit eher als in den anderen Provinzen Skandinaviens die Steinarchitektur durchgesetzt, zeitgleich wohl mit den ersten romanischen Steinkirchen, woran Ortsnamen wie *Stenstugu* und *Stenhuse* erinnern. Solche Bauernhöfe des 12. Jh. bestanden nur aus zwei Räumen, wie Ruinen in Tingstäde und Rute beweisen. Später sind daraus die steinernen ›Palazzi‹ des 13. und 14. Jh. geworden, mehrstöckig wie die Stadthäuser und immer von Zusatzgebäuden umgeben. Der Hof *Lauks* in Lokrume z. B. hat noch ein außerordentlich gut bewahrtes mittelalterliches Vorratshaus aus Stein, zweistöckig und tonnengewölbt. Auch in *Bringes* in Norrlanda und in *Sojdeby* in Fole haben sich Vorrats- oder Packhäuser des gleichen Typs erhalten, wenn auch nur als Ruinen. Trotz aller solcher Annex- und Zubauten blieben die Bauernhöfe im wesentlichen Einzelhöfe (allerdings manchmal von mehreren ›Parteien‹ bewohnt), d. h. immer in beträchtlichem Abstand zum jeweils nächsten Nachbarn gelegen.

Die wenigen bis heute erhaltenen Teile, so eindrucksvoll sie auch sind, können nur ein schwacher Abglanz des damaligen Reichtums sein. Die mittelalterlichen *farmannagårdar* waren ja immer mehr gewesen als nur bäuerliche Wohnstätten und Mittelpunkte einer landwirtschaftlichen Einheit. Sie waren gleichzeitig Handelsstützpunkte – Häuser, in denen Gesandte empfangen, Verträge geschlossen und überseeische Aktivitäten geplant wurden. Hier saßen schließlich auch jene Patriarchen, die Sitz und Stimme beim Thing hatten und die als Bauherren mit beträchtlichem finanziellen und Arbeitseinsatz das Land durch Kirchenbauten schmücken ließen. Es ist einsichtig, daß ein solcher bäuerlicher Bezirk mit dem auf ihm konzentrierten Reichtum stets durch Mißgunst der Nachbarn, Neid der Städter oder Überfälle von außen gefährdet war. Ein Augenmerk der Architektur durfte daher nicht nur auf der

Ansicht des Kastals von Gothem (12. Jh.), bevor er im 19. Jh. zur Hälfte einstürzte

Prachtentfaltung liegen, sondern mußte auch kriegerische Zeiten in Rechnung stellen. Neben allen Stein- und Holzgebäuden, die ein bäuerliches Anwesen ausmachten, werden deshalb auch gewisse Vorkehrungen zur Verteidigung gehört haben, u. a. eine Wehrmauer oder ein Wall mit Holzpalisaden. Im 12. Jh., der Zeit der Seeüberfälle, werden sicher auch einige Höfe einen eigenen *Kastal* gehabt haben, einen Verteidigungsturm wie bei den Landkirchen. In der Nähe des Kattlundsgård jedenfalls ist ein solcher Kastal zweifelsfrei nachgewiesen worden, auch in Rute und Vamlingbo. Die runden oder rechteckigen Kastale (letztere vielleicht nach dem Vorbild des Pulverturms in Visby gebaut) gehören ohnehin zu den bedeutenden mittelalterlichen Profanbauten. Die meisten der ganz oder als Ruinen erhaltenen Kastale, u. a. in Lärbro, Sundre (Abb. 69), Gammelgarn, Fröjel, stehen jedoch in unmittelbarer Nähe zu den Landkirchen.

Neben den Bauern waren die Priester (die ebenfalls einem bäuerlichen Betrieb vorstanden) die mächtigsten und reichsten Landbewohner. So ist es kein Wunder, daß die meisten der oben erwähnten erhaltenen Prachtportale zu Pfarrhöfen führten, beispielsweise in Bro (Farbabb. 29), Garde, Gothem und Tingstäde. Natürlich haben nicht nur die Eingänge, sondern auch etliche Pfarrhöfe selbst die Zeit überdauert, meistens allerdings in stark veränderter Form. Die Ruinen eines Pfarrhofes bei der Kirche von Bunge können mit ihren außerordentlichen Abmessungen jedoch beweisen, daß solche Höfe den prächtigsten bäuerlichen Anwesen in nichts nachstanden.

Nach den ökonomischen und sozialen Veränderungen des 14. Jh. wurden zwar viele Güter aufgegeben, am ursprünglichen Bauprinzip jedoch nicht viel geändert. Zwar wurde nun aus Sparsamkeitsgründen das Baumaterial Kalkstein häufiger durch Holz ersetzt, die tradierte Raumaufteilung und Gebäudeanordnung aber beibehalten, wie im Freilichtmuseum von Bunge (Abb. 40) und in der Norrlanda Fornstuga zu sehen ist. Im 17. Jh. gelangten dann neue, ›festlandschwedische‹ Bauformen auf die Insel, die ebenfalls auf die Holzarchitektur zurückgingen. Eine Renaissance des Steinbaus erfolgte erst wieder, als der Staat allen Bauwilligen von Steinhäusern Steuererleichterung zubilligte – eine solche Maßnahme war durch den Holzmangel infolge des Kalkbrennens notwendig geworden.

Gotländischer Kirchenbau

Wir wissen nicht, wann die erste christliche Gemeinde auf Gotland lebte und wann der erste christliche Kultbau errichtet wurde. Sicher ist, daß die seefahrenden Bauernhändler bereits sehr früh mit christlichen Geschäftspartnern im Süden, Osten oder Westen zusammengekommen sind und einige von ihnen dabei zum neuen Glauben konvertierten. Im dritten Kapitel der Gutasaga heißt es, daß die heidnischen gotländischen Händler »nach anderen Ländern segelten, sowohl nach christlichen als heidnischen. Da sahen die Kaufleute christliche Sitten in christlichen Ländern, und manche ließen sich da taufen und brachten nach Gotland einen Priester«. Folgt man der Sage, war es dann *Botair* aus Akebäck, der die erste Kirche baute, die allerdings »das Land nicht haben wollte und niederbrannte«. Seine zweite Kirche errichtete er auf dem geheiligten Boden des Kultplatzes von Vi unterhalb der Klippe (= in Visby), und von dort wagten die Gotländer nicht, ihn erneut zu vertreiben. Das erste Gotteshaus soll am Platz der *St. Per-Kirche* gestanden haben und war natürlich, wenn wir dieser Erzählung überhaupt Glau-

Rekonstruktionszeichnung einer gotländischen Stabkirche aufgrund der Funde von Hemse

ben schenken wollen, eine Holzkirche. Botair gelang es auch, seinen Schwiegervater *Lickair* (s. S. 172) und dessen ganze Familie zum Christentum zu bekehren. Dieser baute schließlich auf seinem Hof die erste Kirche im nördlichen Drittel, *Stenkyrka*. Weiter heißt es in der Geschichte: »Seitdem sie (= die Gotländer) allgemein Christen geworden waren, bauten sie eine zweite Kirche auf dem Land, in Atlingbo; das war die erste im mittleren Drittel. Dann bauten sie die dritte Kirche auf dem Land in Fardhem im südlichen Drittel. Von diesen verbreiteten sich alle Kirchen auf Gotland, indem sich die Leute Kirchen erbauten zur größeren Bequemlichkeit.«

Diese frühesten Kultbauten des Christentums werden klein und bescheiden gewesen sein. Sie entstanden also durch Privatinitiative und gehörten einem der reicheren Bauern; wie alle frühen Kirchen des Nordens waren sie aus Holz in Stabtechnik errichtet. Bei der Vergänglichkeit des Materials hat sich kaum etwas der usprünglichen **Stabkirchen** erhalten, immerhin sind verschiedentlich deren Fundamente nachgewiesen oder sogar Plankenreste aufgefunden worden. Solche Überbleibsel aus *Hemse* konnte man im Historiska Museet in Stockholm zu einer Stabkirche rekonstruieren; ornamentierte Planken aus *Silte, Eke* und *Guldrupe* sind ebenfalls bewahrt (Fornsal-Museum) und zeigen Parallelen zur letzten Stufe der wikingischen Kunst, wie sie uns etwa von den norwegischen Stabkirchen her bekannt ist. Auch ein Ortsname wie ›*Träkumla*‹ kann darauf hinweisen, daß sich hier einmal (im Gegensatz zum nahen ›*Stenkumla*‹) eine Stabkirche befunden hat (*trä* = Holz). Die einfachen Gebäude bestanden aus einem größeren und einem im Osten angefügten kleineren Rechteck – Langhaus und Chor. Von Osten her wurden die Baukörper dann sukzessive durch Steinbauten ersetzt, die noch dem gleichen Schema folgten. Der Übergang von der Holz- zur Steinarchitektur (wobei offensichtlich eine genaue Trennlinie baugeschichtlich gar nicht zu ziehen ist und über eine gewisse Zeit hinweg eine Kombination bestanden haben wird: hölzernes Langhaus plus größerer Steinchor mit Apsis) muß in unterschiedlicher Geschwindigkeit vonstatten gegangen sein. Neue Ausgrabungen bei *Fröjel* lassen es sogar möglich erscheinen, daß es dort eine romanische Steinkirche schon um das Jahr 1000 gegeben hat, während J. Roosval erst »das Jahr 1270 als ungefähres Schlußdatum für die Ära der Holzkirchen auf Gotland« annehmen will.

Über die geistige Atmosphäre auf der Insel in der Frühzeit können wir uns überhaupt keine Vorstellungen machen. In der Gutasaga steht zwar, daß die Gotländer »mit ihrem eigenen Willen, ohne Zwang« zu Christen wurden (ähnlich wie die Isländer, die im Jahre 1000 den neuen Glauben per Beschluß auf dem Allthing annahmen), aber das bedeutet ja nicht, daß es keine Anhänger Odins und Thors mehr gegeben habe. Im Gegenteil dürfte das definitive Ende der altnordischen Religion auf Gotland eher im Jahre 1200 als im Jahre 1000 zu suchen sein. Die Bevölkerung setzte sich also über wenigstens einige Generationen hinweg sowohl aus Christen als auch aus Heiden zusammen. Einige Grabbeigaben auf Friedhöfen belegen, daß die hier Bestatteten, vielleicht ausländische Sklaven, eine vom christlichen Dogma abweichende Jenseitsvorstellung gehabt haben müssen. Auch über die Leitung des Gottesdienstes in jener Umbruchzeit sind wir nur ungenügend informiert. Denkbar ist jedenfalls, daß die ersten Priester Unfreie waren oder aber, daß der Patriarch persönlich kultische Aufgaben übernahm, sozusagen als Nachfahre der heidnischen Priesterhäuptlinge.

Der völlige kulturelle Anschluß an das mitteleuropäische Abendland wurde jedoch von den Gotländern gesucht und kam schnell – einschließlich der baulichen Realisierung. Das Holz der Stabkirchen ersetzte man in diesem Zusammenhang, dem kontinentalen Vorbild folgend, durch den neuen Werkstoff Stein. Einen Glockenturm fügte man erst später, nachdem die *Kernkirche* (Langhaus, Chor und Apsis) fertiggestellt war, im Westen hinzu. Diese frühe romanische Architektur hatte nur bescheidene Dimensionen, dafür aber eine prächtige ornamentale und plastische Ausgestaltung: die sogenannten ›ikonischen Kirchen‹ waren mit Dutzenden von fein skulptierten und bemalten Reliefsteinen übersät, die sich z. T. bis heute an den Nachfolgebauten erhalten haben (s. S. 100; Abb. 65). Das intendiert schon, daß es auch bei diesem zweiten Schritt des Kirchenbaus nicht lange blieb. Die auf der Schwelle vom 12. zum 13. Jh. fertiggestellten romanischen Gotteshäuser wurden zwei Generationen später wieder umgebaut, und dies in einer radikalen, das ganze Gebäude einschließenden Weise. Unter dem Einfluß neuer geistiger Inhalte und technischer Möglichkeiten ging man im ausgehenden 13. Jh. daran, den Apsischor abzureißen und die Kirchen von Osten nach Westen zu gotisieren.

Auf Gotland gibt es (Visby nicht mitgerechnet) annähernd 100 Landkirchen, einschließlich der Kapellen *Gunnfjauns kapell* bei Ljugarn, *St. Olovskapell* in Hellvi und *St. Äulas* auf Fårö. Innerhalb dieses außergewöhnlichen kunsthistorischen Bestandes weisen nur noch 19 den alten romanischen Ostabschluß mit halbrunder Apsis auf. Die weitaus meisten Landkirchen haben dagegen einen geraden Chorabschluß, der wohl über die Visbyer Marienkirche von Westfalen nach Gotland vermittelt und hier als geradezu kanonisierte Architekturlösung immer wieder nachgeahmt wurde. Auch das Zisterzienserkloster in *Roma* (s. S. 215 f.), neben Visby die zweite große Einflußinstanz, hatte den geraden östlichen Abschluß mit drei Fensteröffnungen. Als Sonderfall ergab sich manchmal (z. B. in *Öja*) eine Kombination der beiden Bauarten: von außen ein gerader Chorabschluß, innen eine eingelegte romanische Apsis! Die dabei entstehenden Zwickel konnten als Sakristeiräume o. ä. genutzt werden.

Der Umbau im Sinne der Gotik war noch nicht überall abgeschlossen, als die schon erwähnten Katastrophenjahre über das Land hereinbrachen. Alle weiteren Pläne mußten nun aufge-

Mittelalterliches Siegel des Zisterzienserklosters von Roma

Die Typenentwicklung der gotländischen Sakralarchitektur (schematische Darstellung)

1. Phase: Stabkirche (11./12. Jh.)

2. Phase: Stabkirche mit steinernem Apsischor (12. Jh.)

3. Phase: Turmlose romanische Kirche aus Stein (12./13. Jh.)

4. Phase: Vollendete romanische Kirche (12./13. Jh.)

5. Phase: Umbau mit gotischem Chor (13./14. Jh.)

  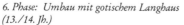

6. Phase: Umbau mit gotischem Langhaus (13./14. Jh.)

7. Phase: Vollendete gotische Kirche (14. Jh.)

schoben werden, zunächst für einige Jahre, schließlich aber doch für immer. Dadurch wurde erstens die gotländische Kirchenlandschaft wie eine Momentaufnahme aus der Mitte des 14. Jh. konserviert: keine späteren Zusätze, keine weiteren Umbauten. Zweitens blieben etliche Baukörper mit recht seltsamen Proportionen übrig, denn nur in den wenigsten Fällen war der gotische Umbau vom Osten bis zum Westen komplett vollendet. *Alskog, Garde, Halla, Lummelunda* (Abb. 29) und *Lye*, besonders aber *Källunge* (Abb. 42) besitzen beispielsweise das seltsame Aussehen einer sogenannten ›**Sattelkirche**‹, wo sich an den hohen, z. T. riesigen gotischen Chor ein weitaus bescheideneres Langhaus und ein kleiner Turm anschließen.

In anderen Fällen ist neben dem Chor auch das Langhaus vom gotischen Umbau erfaßt worden, noch nicht aber der Turm. Dieser verblieb in solchen Fällen entweder in seiner altertümlichen romanischen Form oder wurde in seinem oberen Teil modernisiert oder aber gänzlich abgerissen und an seiner Stelle ein Dachreiter aufgesetzt. Als letzte Stufe der Erweiterungen jedoch erscheint die vollendete gotische Landkirche, die sich schon von weitem durch ihre mächtigen, bis zu 60 m hohen Galerietürme und die kaskadenhaft abgetreppten Dachkonturen bemerkbar macht. In der Forschung wird immer auf den Vorbildcharakter des Westturms von *St. Patroklus* in *Soest* hingewiesen, der mit seinen Arkadengalerien, Pultdächern, Giebeln und Fialen als einer der schönsten Deutschlands gelten kann. Tatsächlich scheinen die gotländischen Landkirchen, vor allem die von *Dalhem* (Abb. 44) und *Stenkyrka*, die Soester Stiftskirche zitieren zu wollen, haben sich aber wahrscheinlich eher an der Visbyer Marienkirche orientiert. Einmal mehr wird hier die Vermittlerfunktion der städtischen Architektur, insbesondere der deutsch beeinflußten, auf den Landkirchenbau deutlich. Die Vorbilder, die über ausländische Kaufleute und Handwerker genauso wie über zurückkehrende gotländische Reisende auf die Insel kamen, sind hauptsächlich in Westfalen (Langenhorst, Freckenhorst, Soest, Lippstadt), aber auch in Maria Laach, Braunschweig oder Osnabrück zu sehen. Nur wenige der Galerietürme auf Gotland haben übrigens auch das nach Westen heruntergezogene Pultdach und keiner eine Loggienöffnung zum Kircheninneren! Hier wird deutlich, daß es tatsächlich nur um Bauzitate ging, nicht um eine etwaige liturgische Funktion. Solche Landmarken, die in ihrer Vollkommenheit den sprichwörtlichen Reichtum des Landes erahnen lassen, stehen u. a. in *Burs, Dalhem* (Abb. 44), *Gothem, Lojsta, Rone, Stenkyrka, Stånga, Tingstäde* (Abb. 39), *Vall* und *Öja* (Abb. 74).

Das Äußere einer Landkirche war in romanischer und gotischer Zeit zum Süden ausgerichtet. Der Norden war nicht nur die klimatisch benachteiligte Seite, sondern (ursprünglich damit zusammenhängend) auch die der bösen Geister. Die Nordfassade blieb deshalb abweisend und nicht selten ›blind‹, d. h. ohne Gliederung durch Fenster- oder Portalöffnungen. Falls es doch einen Nordeingang gab, war dies – so das Selbstverständnis des patriarchalischen Systems – das allein den Frauen vorbehaltene Portal! Die Südwand wurde also zur großen Schauseite (sowohl auf dem Land als auch in Visby), hier befanden sich die Hauptportale einschließlich des sogenannten *Brauttores,* hier verwendete man deshalb auch die größte Sorgfalt auf den skulpturalen Schmuck. Nur an wenigen Kirchen (Lärbro, Abb. 37; Dalhem, Abb. 45) hat man sich bemüht, zusätzlich die Westfront, die ja auf dem Kontinent und in Britannien gerade in gotischer Zeit eine überragende Bedeutung erhält, ähnlich auszuschmücken.

Die handeltreibenden Großbauern hatten dieses Bauwerk sicher nicht nur zum Lobe Gottes errichten lassen. Denn die Rivalität zur Nachbargemeinde und vor allem zur städtischen Metropole wird den Bau und dessen Anpassung an die jeweils neueste Mode auch zur Prestige-angelegenheit hat werden lassen. Darüber hinaus konnten in oder an der Kirche, die ja immer zentral im Sprengel plaziert war, wichtige Zusatzfunktionen wahrgenommen werden – etwa die Lagerung von Vorräten und Überschüssen oder die Verteidigung bei Gefahr.

Seitdem die Ostsee von heidnischen Piraten unsicher gemacht wurde, war das Problem, sich effektiv zu schützen, besonders auf den Inseln evident. Da die eisenzeitlichen Fliehbur-gen ihre Rolle ausgespielt hatten, brauchte man an den Küsten einen neuen fortifikatori-schen Schutz – was lag da näher, als dafür den Bezirk der Landkirchen auszurüsten. Auf *Born-holm* und anderswo entstanden so die wehrhaften Rundkirchen, auf *Öland* gab es Kirchen mit Ost- und Westturm, von denen einer der Verteidigung vorbehalten war, und auf Got-land errichtete man die sogenannten **Kastale**. Aus mächtigem Mauerwerk aufgetürmt, im Süden oft von rundem, im Norden ausschließlich von rechteckigem Grundriß, sind noch einige dieser Verteidigungstürme erhalten, vollständig wie in *Lärbro* oder als z. T. beein-druckende Ruinen in *Västergarn, Sundre* (Abb. 69), *Gammelgarn, Gothem, Fröjel* und *Öja*. In unruhigen Zeiten konnte hier die Bevölkerung, wohl durch Feuerzeichen gewarnt, zusam-menkommen und sich verschanzen. Die Eingänge lagen nicht ebenerdig, so daß man einer (Strick-)Leiter bedurfte, um in den Turm zu gelangen. Dieser war durch Balkendecken in mehrere Stockwerke unterteilt, und zuoberst könnte sich eine Kampfplattform befunden haben. Nur in *Bunge* ist anstelle eines solchen Kastals der Kirchturm selbst noch eindeutig als Verteidigungsturm zu identifizieren (Umschlagrückseite). Dort sieht man auch, daß bereits die Kirchhof*smauer* als ein erstes Bollwerk fortifikatorische Bedeutung hatte: sie ist nicht nur von beträchtlicher Höhe, sondern besitzt neben einer spitzen Mauerkrone sogar auch Schieß-scharten!

Bestandteil der Mauer waren bzw. sind daneben die herrlichen Portale, die meist in jeder Himmelsrichtung aus dem umfriedeten Kirchenbezirk hinaus- oder in ihn hineinführten. Die Dimensionen einiger dieser Pforten *(stigluckor)* reichen an die kleinerer Häuser heran und sind in mindestens zwei Stockwerke unterteilt. Sie werden, wie das westliche der vier Portale von *Garde,* als Magazin für den Sprengel gedient haben, vielleicht sogar als ›Ersatz-Kastal‹. Die Funktion eines Lagerhauses hat sonst das Kirchengebäude selbst übernommen, dessen Speicher über den Gewölbekuppen durch eine Öffnung und mittels eines Hebebaumes be- und entladen werden konnte. Auch noch an etlichen anderen Landkirchen, besonders schön in *Norrlanda*, haben sich die alten Torgebäude, ursprünglich mit schweren Holztüren bestückt, erhalten. Und innen fast überall noch die Bänke, auf denen früher Tormänner Wache hielten, Bauern und Gesinde tratschten oder Bettler um Almosen baten ...

Das Interieur der ausnahmslos querschifflosen gotländischen Landkirchen war von Verände-rungen und gotischen Umbauten natürlich genauso betroffen wie das Äußere. Nur in den wenigsten Fällen ist noch der romanische Raumeindruck von der Apsis bis zur Turmkammer erhalten: kleine, einschiffige Langhäuser mit winzigen Fensteröffnungen, nach oben von einer flachen Holzdecke abgeschlossen und sich mit einem schmalen und niedrigen Triumphbogen

Kirche von Lärbro mit oktogonalem Westturm und Kastal, dem einzig komplett erhaltenen der Insel

zum Chor öffnend. Tatsächlich hat sich über dem Langhaus von *Garde* noch der gesamte romanische Dachstuhl erhalten; die Holzdecken von *Burs* und *Buttle* sind dagegen sekundäre Provisorien. Die Einwölbung des Kirchenraumes erfolgte analog zu der üblichen Umbaurichtung von Ost nach West. Zuerst wurden also im Chor Gewölbe geschlagen, und zwar ungewöhnlich hoch ansteigende, zeltartige Kreuzgewölbe, die so gut wie nie von Rippen getragen werden. Der gesamte Schub dieser Mauermassen, der wegen der besonderen Konstruktionsweise enorm ist, mußte nach außen über die Wände abgeleitet werden, die eine entsprechende Dicke aufweisen. Ohne Strebewerk war das eine gewagte Konstruktion, und mittels eingemauerter Balken oder sogar ganzer Bäume (z. B. an der Westwand von *Bro*) versuchte man die Belastungen des Gewölbeschubes abzuschwächen. Vielleicht hat die Erfindung dieser sogenannten ›gotländischen Gewölbe‹ dazu geführt, daß die Landkirchen im 14. Jh. ein breiteres, fast schon gedrungenes Gepräge bekommen. Aber auch im Skulpturenschmuck und in Details der Glas- und Kalkmalerei läßt sich ablesen, wie zur Mitte des Jahrhunderts offensichtlich eine gewisse Derbheit modisch wurde und den feinen Stil der früheren Gotik verdrängte, besonders im Umfeld der ›Ägypticus-Werkstatt‹. J. Roosval sieht darin eine vorsichtige Zurücknahme des gotischen Programms und nennt diese Auffassung ›Kontragotik‹.

Ansonsten waren die mehrschiffigen Kirchenräume niemals basilikal aufgebaut, sondern immer vom Typus der Hallenkirche. Neben den ein- und dreischiffigen Hallen, die als ›normale‹ Kirchenarchitektur zu gelten haben, erstaunt der hohe Anteil von mehr als 30 zweischiffigen Hallen. Es ist viel über diese Raumlösung, die wegen der Sehbehinderung durch die Mittelstütze(n) jedenfalls nicht gewöhnlich zu nennen ist, gemutmaßt worden. H. Thümmler kann über ganz Europa verstreut liegende mögliche Vorstufen nennen, von klösterlichen Refektorien oder frühen Synagogen bis hin zu Kirchen in der Schweiz oder an der dalmatini-

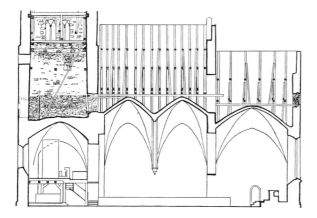

›Gotländisches Gewölbe‹ in der Kirche von Klinte, Längsschnitt gegen Norden

schen Küste. Auf Gotland selbst können Beispiele aus der Profanarchitektur Pate gestanden haben, etwa die Hochkeller der hanseatischen Packhäuser, und im nordischen Raum allgemein die hölzerne, zentral abgestützte Festhalle. Es darf nicht vergessen werden, daß die ältere Form der Stabkirche ebenfalls mit einem Mast in vier ›Joche‹ unterteilt wurde. Außerdem könnten allein technische Schwierigkeiten bei der Einwölbung eines sehr breiten Raumes die Zuhilfenahme einer Mittelstütze nahegelegt und sich diese Architektur später verselbständigt haben. Solche Erklärungsmuster greifen wahrscheinlich eher, als immer nur die Soester Nikolaikapelle zu bemühen; im Gegenteil scheint die Zweischiffigkeit dieser von der ›Gesellschaft der Schleswigfahrer‹ gegründeten Kapelle auf die guten Soester Handelsbeziehungen zur Ostseeinsel zurückzuführen zu sein. Nicht wenige der zweischiffigen Hallen erscheinen also wie ein fast quadratischer, zentral abgestützter Kirchenraum. Die sechs Joche einer doppelten Stütze (oder die neun Joche bei einer dreischiffigen Halle) werden entweder von Pfeilern (bis etwa 1260) oder von schlanken Säulen getragen, ab dem 14. Jh. bisweilen auch von Achteckpfeilern.

Mit mehr oder weniger breiten Gurtbögen öffnet sich das Langhaus zu den angrenzenden Räumen. Durch den westlichen Bogen, unter dem häufig der Taufstein steht, gelangt man in die **Turmkammer,** auch ›Turmsaal‹ oder ›Ringkammer‹ genannt. Auch die Turmkammern sind in der Regel eingewölbt, am edelsten in dem exzeptionellen Raum von *Lärbro* mit seinem oktogonalen Grundriß. Genau wie in der Soester Nikolaikapelle führt manchmal eine herrliche zweibogige Arkadenlösung zur Turmkammer. Eine weitere Eigenart mancher Landkirchen sind im südlichen Winkel von Turmkammer und Langhaus die sogenannten **Hagioskope** (auch ›Inclusorien‹, bzw. ›Reclusorien‹ genannt) des 13. Jh., in denen aus irgendwelchen Gründen Personen von der Gemeinde getrennt wurden. Kleine Fenster (in *Bro* als schöner Vierpaß gestaltet) ermöglichten eine Blickverbindung zum Altar. Wahrscheinlich haben sich hier nicht, wie J. Roosval meint, freiwillige Büßer aufgehalten, sondern eher Aussätzige die Messe mitverfolgen dürfen.

Die andere Bogenöffnung führt im Osten in den Chor, der ja in den seltensten Fällen eine Apsis hat. Eine fast gleich breite Raumanordnung von Langhaus und Chor wie etwa in *Lau* (hier sogar dreischiffig und ohne Triumphbogen oder andere sichtbare Bauglieder voneinander getrennt) ist die Ausnahme. In der Regel ist der Chor rechteckig, aber deutlich kleiner als das Langhaus. Ein später im Norden angeschlossener zusätzlicher Raum wird als Sakristei genutzt. Allgemein fällt die reiche Wandgliederung durch Nischen auf. Nicht immer muß es sich dabei um eingebaute Sakramentsschränke handeln. In *Fröjel* z. B. gibt die südliche Chornische nicht nur einen bequemen Sitzplatz ab, sondern ein wandseitiger Hohlraum oberhalb der Bogenöffnung verstärkt auch eine leise Stimme so, daß sie im gesamten Kirchenraum gut zu hören ist. Ein idealer Platz für einen Vorbeter oder -sänger also, wie es ihn ähnlich auch in mehreren anderen Landkirchen gibt.

War eine Kirche innen und außen fertiggestellt, konnte sie eingeweiht werden, gleiches galt für jeden einzelnen Altar. Dies war die Aufgabe des Bischofs von *Linköping*, der alle drei Jahre Gotland aufsuchte und pro Altarweihe, wie es in der Gutasaga heißt, zwölf Öre und eine Mahlzeit, pro Kirchenweihe aber drei Mark und drei Mahlzeiten bekam. Die Zuständigkeit des (schwedischen) Linköpinger Bischofs war von den Gotländern übrigens selbst gewählt, und zwar aus keinem anderen Grund als dem, daß »er der nächste war«. Für den Kirchenbau selbst brauchten die Bauern ihren Bischof nicht um Erlaubnis zu fragen. Angesichts der Kirchen und der vielen Umbauten, die ja nichts anderes bedeuten, als daß in verhältnismäßig kurzer Zeit und auf verhältnismäßig engem Raum nicht nur hundert, sondern (die Vorgängerbauten mitgerechnet) insgesamt etwa dreihundert Gotteshäuser errichtet worden sind, drängt sich natürlich die Frage nach den Bauherren und deren finanziellen Möglichkeiten auf, denn hinter diesen Landkirchen standen ja nicht etwa Dörfer oder Kleinstädte kontinentalen Zuschnitts mit ihren entsprechenden Geldmitteln.

S. Lindquist weist darauf hin, daß die kostspielige Errichtung bzw. der Um- und Weiterbau einer Landkirche Sache des Kirchspiels gewesen sei, d. h. von den Vorständen von mindestens sechs und maximal 28 Höfen geplant und beschlossen wurde. Die Bauern haben dabei höchstens Zulieferdienste getätigt, nicht aber die Kirche im eigentlichen Sinn selbst gebaut. Das wurde von einer Bauhütte übernommen, der auch die künstlerische Gestaltung einschließlich des Gewölbeschlagens, der Malereien, Skulpturen und Glasfenster usw. oblag. Die Arbeitsaufnahme setzte jedoch einen Kapitalüberschuß voraus, der nur über einen längeren Zeitraum erwirtschaftet werden konnte und nicht, etwa durch Abgaben, sofort wieder abgeschöpft wurde. Offensichtlich hat hier eine im Vergleich zum schwedischen Festland bedeutend günstigere Steuersituation die entscheidende Rolle gespielt. Man kann schließlich nicht davon ausgehen, daß der gotländische Bauer reicher war, weil er mehr oder effizienter arbeitete. Statt dessen dürfen wir vermuten, daß die Insel eine Art mittelalterliches Steuerparadies gewesen ist, in dem ein Hof (der einschließlich der Handelstätigkeit nach heutigem Geld mindestens zwei Millionen Kronen im Jahr abwarf) mit nur 10% des Einkommens belastet wurde, einer geradezu lächerlichen Summe. Nur so wurde man in die Lage versetzt, Kapitalüberschüsse zu erwirtschaften und sie in den Kirchenbau fließen zu lassen, und nur so ist es zu erklären, daß man sich hier prachtvolle Umbauten im gotischen Stil leisten konnte und auf dem Festland nicht. Nach den Katastrophen in der Mitte des 14. Jh. hat sich zwar das Land recht schnell wieder erholt, selbst von den Folgen der hohen Mortalität; unter den Machthabern zu Beginn des 15. Jh. aber stieg der Steuerdruck enorm an – um etwa 1000%! Vorher schon hätte die ungünstige Lohnentwicklung im ausgehenden 14. Jh., die die Kosten ungefähr verdoppelte, größere Bauvorhaben nur den reichen Mönchsorden oder dem Domkapitel möglich gemacht. Es darf also nicht verwundern, wenn z. B. in Visby allein die Anlagen der Dominikaner und Franziskaner noch mit größerem Aufwand verändert werden konnten.

Damit ist gleichzeitig der Bogen geschlagen vom Land mit seinen ›Bauernkathedralen‹ zu Visby – jener Stadt, die im Mittelalter mehr Kirchen besaß als jede andere Stadt in Schweden: mindestens zwölf innerhalb und zwei außerhalb der Mauern, außerdem noch zwei spätmittelalterliche Kapellen. Diese Gotteshäuser waren nicht alle oder nicht von Anfang an Gemeindekirchen, sondern dienten z. B. Kaufmannsgenossenschaften als Faktoreikirchen; die bedeutendste ist sicher die *Marienkirche* (Umschlagvorderseite), ehemalige Faktoreikirche der deutschen Kaufleute. Die anderen Kirchen gehörten, wie *St. Katharina* (Abb. 21), *St. Nicolai* und die *Solberga-Kirche,* zu Klöstern, oder, wie *St. Göran* oder die *Heilig-Geist-Kirche* (Abb. 25), zu karitativen Stiftungen. Im Vergleich zum Land figurierten hier als Bauherren also in völlig anderen Zusammenhängen stehende Individuen oder Organisationen. Diese repräsentierten gleichzeitig alle möglichen Einflüsse oder waren diesen wenigstens ausgesetzt, und deshalb kann die Sakralarchitektur der Stadt keinen einheitlichen Eindruck gemacht haben. Vor allem die Kirchen der fremden Kaufleute (z. B. aus Novgorod oder Riga) unterschieden sich erheblich vom gotländischen Standard, und auch der dort ausgeübte Ritus wird verschiedene Besonderheiten aufgewiesen haben.

Trotz der ökonomischen und politischen Konkurrenz zwischen Stadt und Land müssen die kulturellen Beziehungen als fruchtbar bezeichnet werden. Vor allem die bäuerliche Gesellschaft hat von der kosmopolitischen Atmosphäre Visbys profitieren können – teils ideell durch die Vermittlung der großen Ideen und jeweils aktuellen geistigen Strömungen des Mittelalters, teils ganz konkret durch das Abwerben der in Visby tätigen Handwerker. Eins kann man von der Sakralarchitektur der Provinz Gotland jedenfalls nicht behaupten: daß sie provinziell gewesen sei! Einige ihrer größten Schätze sollen im folgenden etwas näher beschrieben werden: ihre romanischen und gotischen Taufen und andere Steinskulpturen, ihre Kalk- und Glasmalereien sowie ihre Triumph- und Scheibenkreuze und sonstige Holzplastiken.

Romanische und gotische Taufsteine

Seitdem im Jahre 524 das Konzil von Lerida bestimmt hatte, daß das Material der Taufen Stein sein sollte (»Baptisterium sit lapideum …«) und Holztaufen nur in Ausnahmefällen genehmigte, und nachdem im 9. Jh. schließlich Papst Leo IV. für *jede* Kirche einen Taufstein forderte, lag ein Hauptaugenmerk der mittelalterlichen europäischen Sakralkunst auf der Ausschmückung der Taufsteine. Auch in diesem Zusammenhang kommt Gotland eine weit über seine eigenen Grenzen hinausragende Bedeutung zu, finden wir doch als Exportware in allen Ländern rings um die Ostsee (besonders in Schonen) etliche gotländische Taufen, ebenso in

Norddeutschland und vereinzelt sogar in weiter südlich liegenden Gebieten. Auf der Ostsee-insel selbst haben sich nicht weniger als 80 romanische oder frühgotische Steine erhalten – fast so viele also, wie es Landkirchen gibt! Man kann davon ausgehen, daß deren Produktion einen beträchtlichen Teil des gotländischen Kunstschaffens ausgemacht hat und daß dieser bei den Zeitgenossen allgemein bekannt und beliebt war – anders wäre der enorme Kunstexport wohl schwer zu erklären. T. Stenström meint, daß es vor der Steinkunst in den gotländischen Stab-kirchen hölzerne Taufen gegeben habe, die sich aber genausowenig erhalten haben wie die Kir-chen selbst. Diese ersten Taufen werden, da sie entwicklungsgeschichtlich am nächsten zur vor-christlichen Zeit und zur wikingischen Schnitzkunst einzuordnen sind, noch viele Reminiszen-zen der alten Mythologie aufgewiesen haben. Aber auch an den steinernen Taufen ist ablesbar, wie in der Umbruchzeit das heidnisch-germanische Erbe präsent war. Phantasietiere, meist an den Basen angebracht und in alle Himmelsrichtungen starrend, mögen Ausdruck eines immer noch wirksamen magischen Abwehrzaubers sein, wie ihn ja auch die hölzernen Drachenköpfe an Wikingerschiffen und Stabkirchen vertreten. Die Seele des Täuflings, naturgemäß besonders in Gefahr, sollte damit geschützt, böse Geister erschreckt und abgewehrt werden. Die ältesten romanischen Taufsteine sind also mehr als nur schöne Relikte des örtlichen Kunstschaffens im sakralen Raum, sie sind gleichzeitig menschlich berührende Dokumente einer kulturhistorisch wichtigen Epoche.

Es ist erstaunlich, daß überhaupt so viele dieser Dokumente die Stürme der Zeit überlebt haben, denn man kann sich nicht vorstellen, daß die neuzeitlichen Gemeinden sie als ästhetisch empfunden, geschweige denn ihre Aussage verstanden hätten. Tatsächlich hat man sich in vielen Fällen der alten Taufen entledigt und sich neuere, geschmacklich passendere angeschafft. Die achtlos auf den Kirchhof geworfenen, z. T. beschädigten oder verbauten Kunstschätze hat erst die etwas sensiblere Zeit ab der Romantik wieder zu Tage gefördert. Heute können wir sie meist am alten Platz, aber auch im Visbyer Fornsal-Museum oder in Stockholm betrachten. Sie stellen einen der größten Schätze mittelalterlicher Kunst in ganz Skandinavien dar.

Als Material diente den Taufsteinen der lokale Sandstein, später dann vermehrt Kalkstein und (bei den bildlosen Taufen) auch der rötliche südgotländische Pseudomarmor. Meist bestehen sie aus zwei Teilen, dem Fuß und der Cuppa. Manchmal sieht man an den Taufen Löcher; diese dienten in spätmittelalterlicher Zeit dazu, Seitenpiscinen festzumachen, die bei rituellen Waschungen (der Hände oder der Instrumente) benutzt wurden. Die Position der Taufen war immer möglichst nahe zum Eingang, denn die ungetaufte Seele sollte nicht zu weit in den ge-heiligten Kirchenraum eindringen können. Eine Aufstellung mitten im Langhaus oder Chor (wie z. B. in *Stånga* oder *Lau*) ist also sekundär.

Bei der Typisierung der Taufsteine kann man zunächst einmal die figurativen von den bild-losen unterscheiden, wobei in der Entwicklung der überreich skulptierte, mit figürlichen Szenen geradezu überquellende Stein am Anfang steht. Erst später wandelte sich das Stilideal zur einfachen, schlichten Form mit allenfalls gemäßigter Ornamentik. Es waren die romanischen Taufsteine, die den schwedischen Kunsthistoriker Johnny Roosval veranlaßten, die zumeist anonymen Steinmetzen mit Phantasienamen zu belegen. Er tat dies erstaunlich treffsicher nach Assoziationen, die sich ihm beim Betrachten der Skulpturen aufdrängten. Den ›Byzantios-

Meister‹ etwa taufte er so nach dessen vorherrschend hieratisch-steifen Gestalten, wie sie ja auch für die byzantinische Kunst charakteristisch sind. Die bewegten und ausschweifend-erzählenden Skulpturen einer anderen Reihe sprach er folglich einem ›Fabulator-Meister‹ zu, die monumental-entrückten einem ›Ägypticus-Meister‹ (letzterer allerdings arbeitete in der Zeit der bildlosen Taufsteine und wurde also aufgrund anderer Zusammenhänge so benannt). Oder aber er nutzte ein typisches Motiv einer Reihe von Arbeiten, um einen Meister zu charakterisieren – etwa die Majestas Domini für den ›Majestatis-Meister‹. Nur in zwei Fällen, nämlich bei ›Hegvaldr‹ und bei ›Sigrafr‹, ist ein zeitgenössischer Name durch eine Inschrift belegt. Die neuere Forschung, die eine individuelle Schöpfung in Abrede stellt, spricht demgegenüber eher von ›Werkstätten‹, trotzdem ist Roosvals Namensgebung immer noch Grundlage der allgemeinen Literatur über die mittelalterliche Sakralkunst Gotlands. Deswegen greift auch die folgende Charakterisierung der Taufsteinmeister – allein schon aus praktischen Gründen – auf die Roosvalschen Benennungen zurück, ohne damit allerdings auch dessen Gedankengebäude übernehmen zu wollen.

Von allen romanischen Steinmetz-Werkstätten ist die Datierung für den **Meister Hegvaldr** am umstrittensten. Nach J. Roosval soll er zu Beginn des 12. Jh. tätig gewesen sein und damit am Anfang der Taufsteinkunst stehen; Einflüsse erhielt Hegvaldr aus Nordwestdeutschland (besonders Hildesheim) und bildete diese zu einer eigenen Formensprache um. Roosval revidierte allerdings seine Datierungsvorschläge mehrfach und weitet schließlich Hegvaldrs Wirksamkeit von den Anfängen um 1090 über eine angenommen ›posthume Werkstatt‹ bis 1160 aus. Den Name übrigens entdeckte er am Taufstein in *Etelhem*, wo er in Runen- und in einer lateinischen Majuskel-Schrift belegt ist, wenngleich die Auskunft »Hegvaldr ließ diesen Stein machen« weniger auf einen Meister, als vielmehr auf den Stifter hinzuweisen scheint. Seine Kunst kann als wild, ungebunden, expressiv, ja geradezu gewaltsam charakterisiert werden. Ohne geometrische Regelmäßigkeit, dafür aber mit einer überschäumenden Phantasie und offensichtlicher Angst vor der leeren Fläche, ›schnitzt‹ Hegvaldr auf jedem Quadratzentimeter seine figürlichen und dekorativen Darstellungen in tiefem und grobem Relief ein. Zu seinem Repertoire gehören biblische Szenen von der Erschaffung der Welt, dem Sündenfall, der Kindheitsgeschichte Jesu oder dem Weltgericht, daneben solche von Heiligenlegenden und immer wieder auch Schlingbandornamentik und Phantasietiere. »Der Sandstein beugt sich und kocht unter dem vulkanischen Inhalt von Symbolen und Legenden« – so beschreibt Roosval Hegvaldrs ›wilden Stil‹. Die Taufen von *Stånga* und *Vänge* gelten als besonders typisch: langgezogene Gestalten, die mit großen offenen Augen den Betrachter anstarren, agieren innerhalb einer in unregelmäßige Arkaden gestellten Szenenfolge. In *Vänge* beeindruckt besonders die Erschaffung der Eva aus der Rippe des Adam sowie Adam und Eva bei der Arbeit. Auch in den Zwickeln stieren hohlwangige Gesichter über die wie aus Ton geknetete Umrahmung, auf der Unterseite der Cuppa ein unentwirrbares Gewimmel von bizarren Gestalten, auf der Fußzone schließlich glotzäugige Fratzen von Untieren, die einem Alptraum zu entstammen scheinen – in ihren Mäulern winden sich Lebewesen im Todeskampf!

Ob die Urgewalt dieser Werkstatt tatsächlich am Anfang der romanischen Steinkunst auf Gotland steht oder nicht vielmehr als Reaktion auf einen schon vorhanden gewesenen,

Taufstein des ›Byzantios-Meisters‹ in der Kirche von Sanda

gemäßigteren Stil gewertet werden muß, an dieser Frage scheiden sich allerdings die sachverständigen Geister.

Bleibt man in der Roosvalschen Chronologie, folgt Hegvaldr in der zweiten Hälfte des 12. Jh. der **Byzantios-Meister,** dessen Darstellungs- und Arbeitsweise im starken Kontrast zur Expressivität Hegvaldrs steht. Auch seine perspektivlosen, in außerordentlich flachem Relief gehaltenen Szenen sind durch Arkaden voneinander getrennt. In diesen aber herrscht die ruhige Ordnung und Symmetrie, wie sie den russisch-byzantinischen Wandgemälden eigen ist. Hegvaldrs Wildheit und überraschende Interpretationen weichen beim Byzantios-Meister einer ausgewogenen Formensprache und immer dogmatisch-korrekt dargestellten Inhalten. Und selbst wenn Fabel- oder Raubtiere Gegenstand der Szene sind, dann entweder in eindeutig biblischen Zusammenhängen (wie Simsons Kampf mit dem Löwen an dem oktogonalen Taufstein von *Sanda*) oder (wie in *Vamlingbo*) in einer weitaus weniger erschreckenden, harmloseren Form als bei Hegvaldr: anstelle der urgewaltigen Ungetüme zieren bei ihm die ›zivilisierten‹ Köpfe von Widder, Löwe und Mensch den Tauffuß.

Wie schon der Name ausdrückt, muß ein weiterer ›Meister‹ eng mit Byzantios in Verbindung stehen, nämlich sein Schüler **Semi-Byzantios:** nach Roosval zwischen 1170 und 1200 tätig, folgt er in der Architektur und im klaren Aufbau seinem Lehrer, zeigt in einzelnen Szenen aber eine lebendigere Sprache als dieser und liegt hier, auch ikonographisch, näher zu Hegvaldr. Zugeschrieben werden ihm die Taufen in *Alskog, Hamra* und *Tofta.*

Das oft vorkommende Motiv des in seiner Majestät thronden Christus, der Majestas Domini, gab dem **Majestatis-Meister** seinen Namen, dessen Arbeit von Roosval in die zweite Hälfte des 12. Jh. datiert wird. Stilistisches Merkmal des *Magister Majestatis Domini* ist eine zwischen

Romanischer Taufstein des ›Majestatis-Meisters‹ in der Kirche von Gerum (Detail)

Hegvaldrs Wildheit und Byzantios' Abgeklärtheit stehende Formensprache. Sie drückt sich einerseits aus in den dämonischen, glotzenden Tierköpfen am Fuß der Taufbrunnen, andererseits in regelmäßig aufgebauten, flachen Reliefs. In *Gerum* ist ein gutes Beispiel für die ›byzantinische‹ Seite des Majestatis-Meister zu sehen, in *Stenkyrka* (Abb. 31) und *Ekeby* dagegen die engen Beziehungen zu Hegvaldr, in *Lokrume, Vall* und *Väskinde* ist das Majestas-Motiv vorherrschend.

Einigkeit besteht darüber, daß am Schluß der Entwicklung, kurz vor 1200, jener Steinmetz mit Namen **Sigrafr** steht, der uns durch eine ungewöhnliche lange Runeninschrift aus *Aakirkeby* (Bornholm) bekannt ist. Auf dem dortigen Taufstein – ein gotländischer Export – hat er in etlichen Szenen die Kindheitsgeschichte und Passion Jesu geschildert und kommentiert; sein Schlußwort lautet: »Seht euch dieses an! Sigrafr« und enthält damit also eine eindeutige Signatur. Der edle Bornholmer Taufstein (vielleicht der schönste dieses Künstlers!) hat allein zweimal die Heiligen Drei Könige zum Thema, in einer merkwürdigen, an altorientalische Illustrationen erinnernden Darstellung. Dies scheint ein Lieblingsmotiv des Künstlers gewesen zu sein, denn auch in *Grötlingbo* (Abb. 64), *Eke* und anderswo sind die drei Könige mit besonderer Sorgfalt skulptiert, mal würdig schreitend, mal hoch zu Roß, immer sorgsam ihre Geschenke tragend. Außer mit den sechs gotländischen und 17 ausländischen Taufen wird der Künstler auch mit vielen anderen Steinarbeiten in Verbindung gebracht, z. B. mit Fassadenreliefs, Reliquienkisten und anderen Spolien. Vielleicht deutet eine Szene auf dem *Grötlingboer* Taufbrunnen die kommende Zeit der bildlosen Steine an: das ›erste Bad Christi‹, das den Gottessohn zwischen zwei Frauenfiguren zeigt, wie er in einem kelchförmigen Gefäß rituell gewaschen wird. Nicht viel später haben auch die gotländischen Taufen eine solche Kelchform, und die Zeit der figurativskulptierten Taufen, in der Sigrafr eine der letzten künstlerischen Hauptrollen spielte, ist vorbei.

98

Bei der Vielzahl der romanischen Taufsteine Gotlands liegt es auf der Hand, daß eine eindeutige Zuordnung zu Meistern/Werkstätten nicht immer möglich war. In solchen Fällen wurden z. T. Sonderbezeichnungen in die Typologie eingeführt, wie bei der Cuppa von *Fröjel* (›Fröjelgruppe‹), oder auch die Singularität eines Werkes betont. Der Taufstein von *Barlingbo* aus der zweiten Hälfte des 12. Jh. ist hierbei in mehrfacher Hinsicht von außerordentlichem Interesse. Einmal unterscheidet er sich stilistisch von allen bisher genannten Schulen, denn die vier wuchtigen dämonischen Wesen des Fußes stellen gleichzeitig Basen für die in vollplastischem Relief ausgearbeiteten Figuren (Joachim und Anna, Maria, St. Michael, Christus am Kreuz) dar, die von der Basis bis zum Kesselrand reichen. Parallelen zu solchen dominanten Eckfiguren gibt es in der Normandie genauso wie in Chartres, während die ornamentale Ausschmückung zur Wikingerkunst wie nach Irland hinweist. Zum andern ist die Ausführung dieses Taufsteins von einer solchen Qualität, daß man ihn als eines der ganz großen Meisterwerke romanischer Kunst in Schweden bezeichnen muß. Wahrscheinlich war sein genialer Schöpfer ein wandernder Künstler, der sich später außerhalb der Insel niedergelassen hat.

Im Lauf des 13. Jh. verändert sich das Stilideal, und der figurative Gestaltungsreichtum macht den **bildlosen Taufsteinen** Platz. Seltsamerweise kehrt sich zur gleichen Zeit der Prozeß an den Wandgemälden um, und die ornamentale Kalkmalerei wird dort durch großflächige figurative Lösungen bereichert. Vielleicht setzten sich auf dem Gebiet der skulpturalen Ausschmückung die Zisterzienserregeln, vermittelt durch das Kloster von Roma, eher durch: »Sculpturae vel picturae in ecclesiis nostris seu in officinis aliquibus monasterii ne fiant interdicimus …« (»Wir untersagen, Skulpturen oder Bilder in unseren Kirchen oder an anderen Stellen des Klosters anzubringen …«)

Die Kelchform taucht zum ersten Mal gegen 1250 auf, in ihrer wuchtigen Schlichtheit besonders eindrucksvoll unter dem Turmbogen in *Lummelunda*, aber genauso auch in *Ala, Anga, Ardre, Bunge, Bäl, Elinghem, Lye* und *Sundre* anzutreffen. Ohne bildliche Darstellung sind auch die edlen Taufsteine, die das Grundgerüst der Szeneneinteilung noch beibehalten, dieses aber als Blendmaßarkaden nur zur Steigerung der bildlosen Form einsetzen. Der anonyme Meister (= Werkstatt) **Calcarius** wird mit der Entwicklung in Verbindung gebracht, die neben *Fole* auch in *Martebo* ablesbar ist. Als ›Paradiestyp‹ oder ›Muschelcuppatyp‹ wird die solchermaßen veredelte Kelchform zum letzten Ausdruck der Taufsteinkunst. In der Visbyer *Marienkirche* gipfelt dieser Typus im größten gotländischen Taufstein überhaupt, der sich in seiner Farbigkeit aus poliertem Pseudomarmor zusätzlich von den kolorierten romanischen Taufen absetzt. Aber schließlich zieht auch hier die Katastrophe von 1361 einen Schlußstrich und vernichtet einen einstmals blühenden und exportstarken Zweig des Kunsthandwerks.

Steinskulpturen

Ein großer Schatz der gotländischen Kirchen ist ihre Ausschmückung mit Arbeiten aus Sandoder Kalkstein, die im Inneren und an den Außenwänden in überraschend großer Anzahl und guter Qualität anzutreffen sind. Insbesondere ist der Portalschmuck mit seinen gotischen Kapitellbändern sehenswert und gehört neben den romanischen und gotischen Taufen zu den vorzüglichsten Steinarbeiten der Insel. Demgegenüber hat sich, wegen des späteren Umbaus der meisten Kirchen, nicht viel an romanischer Bauskulptur erhalten. Rückschlüsse auf das Aussehen der ältesten Kernkirchen lassen jedoch an einigen Stellen jene willkürlich eingemauerten Bestandteile zu, die zum äußeren Bildprogramm gehört haben und aufgrund stilistischer Übereinstimmungen mit Taufstein-Meistern wie *Byzantios, Sigrafr* oder *Hegvaldr* (s. o.) in Verbindung gebracht werden können. Mit Sicherheit werden die romanischen Kirchen unterhalb der Dachtraufen durch rundlaufende Bogenfriese mit symbolhaften figürlichen Szenen geschmückt gewesen sein, darüber hinaus wohl auch an Portalen, Fensteröffnungen und anderen exponierten Stellen. Das erhaltengebliebene Material ist immerhin noch so beschaffen, daß sich in der Forschung der Begriff ›ikonische Kirchen‹ eingebürgert hat. Trotz ihrer geringen Größe kann man sich die ersten steinernen Gotteshäuser also gar nicht prächtig genug vorstellen: kunstvoll verzierte Schmuckkästchen, die in Dutzenden von (bemalten!) Szenen biblische Geschichten oder nordische Sagen illustrierten. Immer noch sehen wir etwa an der Südwand der Kirchen von *Bro, Grötlingbo* (Abb. 65), *Hogrän, Lye, Vänge* oder *Väte* archaische Reliefs schwer zu deuten den Inhalts: da kämpfen Ritter, bewegen sich Fabeltiere, wuchern Pflanzen. Wahrscheinlich soll in den Jagd- und Kampfmotiven der ewige Widerstreit zwischen Gut und Böse illustriert werden, daneben sicher aber, wie auch an den norwegischen Stabkirchen, Szenen der nordischen Heldensage und Mythologie. Die Deutung eines manchmal zu sehenden Wildschweins oder einer Brezel bleibt jedoch genauso schwierig wie die verschiedener abstrakter Zeichen.

Einige der noch erhaltenen romanischen Portale sind von beeindruckender Qualität und lassen vermuten, daß hier die ausführenden Handwerker direkt von einer der skandinavischen oder norddeutschen Dombauhütten beeinflußt, vielleicht sogar angeworben worden sind.

Skulptierte ikonische Steine und Umfassung des Nordportals an der Kirche von Väte, dem ›Byzantios-Meister‹ zugeschrieben

Vor allem die 1145 eingeweihte Kathedrale von *Lund* in Schonen (u. a. vermittelt über die Bauhütte von Tryde; ebenfalls Schonen) hat als wichtige Inspirationsquelle stilprägend gewirkt. Das ehemalige Hauptportal in *Hablingbo* z. B. (jetzt auf der Nordseite; Abb. 73) ist mit seinen beiden vorkragenden Löwen eng an Details der Bauskulptur von Lund angelehnt. Im Tympanonfeld dieses wohl schönsten romanischen Portals wird im schwachen Relief zu Seiten der Majestas Domini die Geschichte Kains und Abels ausgebreitet, wobei sich das Geschehen des Brudermordes in zwei kämpfenden Vögeln symbolhaft widerspiegelt. In der Kirche von *Väte* sind von der Vorgängerkirche nicht nur etliche ikonische Steine, sondern auch skulptierte Nischeneinfassungen und Portale (jetzt auf der Nordseite und zur Sakristei) übernommen worden; in *Lye* befindet sich neben dem Westportal eine eingemauerte Reliquienkiste des 12. Jh., die wahrscheinlich *Sigrafr* mit Szenen aus der Sigurdsaga ausgeschmückt hat.

Auch an oder in vielen anderen Kirchen können steinerne Relikte und Spolien der romanischen Vorgängerbauten entdeckt werden: als Versatzstücke an Kapitellen und Säulenbasen, in Nischen, am Mauerwerk und über den Portalen oder als komplett erhaltene (wenn auch meistens ›umgezogene‹) Architekturteile. Oft starren archaisch anmutende Masken und Königsköpfe von Außen- und Innenwänden, oder man stößt auf das aus Westfalen bekannte romanische *Adler-* oder *Ringbeißerkapitell* (auf dem ein Adler in den Ring beißt, auf dem er selbst sitzt), so u. a. in *Alva* oder *Tingstäde* (s. S. 175). In letztgenannter Kirche überrascht an der inneren Säule ein herrlicher Kapitellschmuck, der wieder einen Adler mit ausgebreiteten Flügeln zeigt, zusätzlich aber einen kopfstehenden Narren, einen sogenannten ›Dornauszieher‹ und einen Bock. Weiter gehören zur romanischen Steinmetzkunst nicht zuletzt viele der oft prächtig ausgestatteten Grabsteine, die man in den Chorböden oder gegen die Außenwände der Landkirchen gelehnt auffindet.

Später jedoch wurden die heute am meisten bewunderten Steinarbeiten ausgeführt: der Portalschmuck aus der gotischen Stilepoche. Ab der Mitte des 13. Jh. ist deutlich das Bestreben erkennbar, von der bisherigen Lösung für die Eingänge abzugehen. Vorher gab es einfache Portale, die sich nur selten durch vorstehende Skulpturen aus der Wandflucht lösten (wie in *Hablingbo*, Abb. 73). Auf einem halbkreisförmigen Tympanonfeld über geradem Sturz konnte ihr Schmuck aus einer Ritzzeichnung (z. B. Visby, *St. Nicolai*) oder einem Relief bestehen. Im Um- und Neubauprogramm der meisten Landkirchen wurde nun aber dem veränderten Geschmack Rechnung getragen und gerade der Eingangsbereich großzügig bis monumental gestaltet. Es spricht für das künstlerische Selbstbewußtsein Gotlands in dieser Zeit, daß es auf der Insel gelang, aus zaghaften Versuchen und architektonischen Zitaten einen vollkommen eigenen Stil zu entwickeln. Dabei wurden das südliche Langhaus- und Chorportal, sehr viel seltener auch das West- oder Nordportal nun mit immensem Aufwand ausgeschmückt, das Gewände in etlichen Abstufungen in die Wand hinein- oder aus ihr herausgeführt, dementsprechend auch die Archivolten im Tympanon gestaffelt. Über dem Portal wurde ein hoher Wimperg manchmal bis zur Dachtraufe hinaufgezogen und bot Platz für Reliefs. Um die eigentliche Türöffnung sollte ein Zackenfries oder Rundbogenkranz herumgeführt werden, der in seiner idealen Form in zwei Schichten (je nach Richtung der Bögen in eine ›männliche‹ und ›weibliche Kurvatur‹ unterschieden) hintereinander gelegt und zusätzlich mit steinernen

Knöpfen versehen wurde. Ähnliche Ansätze gibt es zwar auch im westfälischen oder nieder-rheinischen Gebiet, aber niemals in dieser konsequenten Vollendung. Der bedeutendste Schmuck des Portals jedoch wurde die Kapitellzone, wo sich nach oder zeitgleich zu den vegetabilischen Dekorationen (Ranken, Palmetten) immer mehr die bewegte figürliche Dar-stellung in Kapitellband-Szenen durchsetzte.

Nach Roosval ist der erste Höhepunkt dieser Entwicklung in der Kunst des *Fabulator-Meisters* zu sehen, vor allem in seinem vorzüglichsten Werk, dem Kapitellband in *Martebo* (Abb. 33, 34). Mit der geradezu explodierenden Schaffenskraft des *Meister Ägypticus* und der durch Valdemar Atterdags Feldzug 1361 verursachten tiefen Zäsur sei die Zeit des hoch-gotischen Portalschmucks schnell und grausam beendet worden.

Abseits jeglicher akademischen Auseinandersetzung sprechen die Figuren der Kapitellbänder für sich selbst und regen zum Schauen, Staunen und oft auch zum Schmunzeln an. Mit ihren breiten, fast derben Gesichtern (in diesen immer eine kleine Nase und ein kleiner Mund), mit ihren lebhaften Bewegungen und ihren bodenständigen Trachten sind sie sowohl biblische Gestalten als auch Abbilder der gotländischen Bauernfamilie. Oft tritt ›das Gotländische‹ sogar unübersehbar in den Vordergrund, wenn etwa dudelsackspielende Hirten oder würfelnde und armdrückende Bauleute dargestellt werden, wenn Eichhörnchen, Hunde und Schweine die Szenerie bevölkern und als florales Motiv immer wieder die gotländische Rose geradezu als Markenzeichen zitiert wird. Schöne Beispiele für solche volkstümlich-naturalistischen Ein-schübe sind der südliche Portalschmuck an der Marienkirche in Visby, vor allem aber an der Landkirche von *Källunge*.

Die eindeutig-biblischen Motive sind meist (an neun Portalen) der Kindheitsgeschichte Christi entnommen, ebenfalls häufig ist die Darstellung seiner Passion – oft in einer scheinbar kanonisierten Formensprache, so als ob jemand die Figuren halbindustriell hergestellt habe! Die Kirche von *Martebo* mit ihren drei gotischen Portalen ist in der Vollständigkeit ihres Bild-programmes die Ausnahme, kann aber stellvertretend für viele andere Kirchen die übliche Ikonographie der Kapitellbänder deutlich machen: geht man, im Norden beginnend, um den Ostteil der Kirche bis zu ihrem Hauptportal, erlebt man die richtige Chronologie der Szenen. Vor dem Nordportal des Langhauses stehend, sieht man rechts die Verkündigung, Elisabeth und Maria sowie die Geburt und links die Verkündigung an die Hirten. Am südlichen Chor-portal wird links die Anbetung der Könige sowie der Kindermord und rechts die Darbringung im Tempel und die Flucht nach Ägypten dargestellt. Vor dem Südportal des Langhauses schließ-lich erscheinen ganz links Christi Taufe und frontal Passionszenen (Geißelung, Kreuzigung, Grablegung) und rechts Christus in der Vorhölle. Der köstliche Charme und die bewunderns-werte Dynamik solcher Kapitellbänder kann kaum besser als durch jenes Bild der Flucht nach Ägypten veranschaulicht werden, in dem Joseph schon zum östlichen Rand aus der Szene tritt, der von ihm gezogene Esel mit Maria und dem Kind gleich mehrere Laibungen ›überspringt‹ und eine stämmige Magd mit einem Vorratssack und einem (Bier-?)Krug hinterherwandert, damit es der heiligen Familie an nichts fehle! Im Gegensatz dazu ist der Kindermord zu Bethlehem von beängstigender Brutalität, und fast meint man in den gerüsteten Rittern eine Prophezeiung der Soldaten Valdemar Atterdags zu sehen.

Neben Martebo haben u. a. die Kapitellbänder von *Bro* (Abb. 35), *Gothem, Lummelunda, Lärbro, Lye, Stånga* und *Väte* eine ähnliche Ikonographie. Über das genannte Bildprogramm hinausgehend oder es ergänzend finden sich an mehreren Kirchen seltenere und äußerst interessante Darstellungen. In *Dalhem* beispielsweise zeigen Skulpturen aus der Werkstatt des Ägypticus einen Zentaur mit Schild und Schwert, einen Sphinx, einen Flötenbläser (Abb. 45), einen menschenverschlingenden Drachen usw. E. Lagerlöf interpretiert diese Szenen versuchsweise als Illustrationen der Saga von Dietrich von Bern (= Theoderich dem Großen), die zeitgleich auch Thema der isländischen Literatur wurde. Und in *Hörsne*, früher zu datieren als alle anderen Kapitellbänder, wird an den zwei Südportalen in einer äußerst seltenen Bearbeitung die Offenbarung (Joh. 12) dramatisiert, u. a. mit der Figur des Johannes, dem apokalyptischen Weib, der Geburt des Kindes und dem Kampf des Heiligen Michael gegen den Drachen. Einfacher zu deuten und gleichzeitig von bestechendem Reiz ist jene Szene in *Gammelgarn*, die die biblische Arche zeigt; aus einer Luke schaut Noah, um sich zu vergewissern, ob es immer noch regne ... Am selben Portal werden außerdem der Sündenfall, die Vertreibung aus dem Paradies, Adam und Eva bei der Arbeit sowie die Geschichte Kains und Abels illustriert. Auch in *Burs* und in *Öja* gibt es Kapitellbänder mit ähnlich ungewöhnlichen Motiven.

Das Groteske, das den heutigen Betrachter als Fotomotiv immer besonders reizt, dem damaligen Kirchengänger aber in erschreckender Weise die Gefahren des sündigen Lebens vor Augen geführt haben muß, grinst uns nicht nur in vielen burlesken Kalkmalereien an, sondern ab und zu auch von der Kapitellzone der Portale. Dieses Thema wird den mittelalterlichen Steinmetzen sicher herausgefordert haben, und die Sorgfalt, die er beim Skulptieren des personifizierten Bösen, des Satans also, an den Tag legte, ist heute noch zu spüren – in *Gammelgarn* etwa oder auch in *Bro* und *Martebo*. Eine willkommene Gelegenheit, das Diabolische in Stein zu fassen, war das Motiv von Christus in der Vorhölle oder auch die Geschichte von Kain und Abel, in der der Teufel Kain die Garbe als Geschenk in die Hand drückt. Schon am romanischen Tympanon von *Hablingbo* hatte man diese Gelegenheit nicht ausgelassen.

Der Portalschmuck besteht jedoch nicht nur aus Basen, eingestellten Säulen, Kapitellbändern und Rundbogenfriesen mit Knöpfen, sondern z. T. auch aus Reliefs und halbplastischen Darstellungen im Tympanonfeld und am Wimperg. Gerade diese Szenen sind es oft, die die Komposition zusammenhalten und ihr einen tieferen Inhalt geben. Meistens der auferstandene Christus, aber auch die Krönung Mariens *(Stånga, Väte, Hablingbo)* oder der Weltenrichter *(Burs)*, jeweils von Engeln oder Heiligen umringt, überhöhen die figurativen Szenen und geben dem Gläubigen bereits vor dem Eingang in die Kirche eschatologische Gewißheit. In *Hörsne* hockt, den merkwürdigen Kapitellbändern entsprechend, eine streitbare Figur (St. Michael?) direkt auf der Wimpergspitze. Und in *Martebo* überrascht in einer Nische die Darstellung des hl. Dionysius, der zwar sein auf dem Montmartre abgeschlagenes Haupt in den Händen trägt, gleichzeitig aber seinen Kopf noch besitzt.

Der Höhe- und Endpunkt der Portalkunst wird seit Roosval mit dem Wirken der Ägypticus-Werkstatt gleichgesetzt. Der Aderlaß durch Pest und das Jahr 1361 haben wohl viele deren Pläne gar nicht erst zur Ausführung kommen lassen. Von der Großartigkeit im Entwurf aber zeugt zumindest das unvollendete Portal der Kirche von *Stånga* (Abb. 53). Geradezu ein Markenzeichen dieser Werkstatt sind die merkwürdigen Fratzen und Ansichtsmasken, die, oft aus rötlichem Sandstein gearbeitet, den Betrachter von Portalen, Kapitellen und Konsolen anstarren. In *Stånga* stützt eine solche Maske den Thron der Muttergottes an der südlichen Außenwand, eine weitere ist als Gewölbekonsole im Inneren zu sehen. Wer vor den starren ›Ägypticus‹-Masken im Inneren der *Hablingbo*-Kirche steht, begreift, wieso Roosval dem angenommenen ›Meister‹ ausgerechnet diesen Namen gegeben hat!

Darüber hinaus blühte die Steinmetzkunst natürlich auch in den dekorativen architektonischen Teilen wie Maßwerk, Säulenbasen, Fialen, Kapitellen u. ä. Das gotische Maßwerk in den Westfenstern von *Lärbro* oder *Dalhem* etwa zeichnet sich durch eine überdurchschnittliche Feinheit in Komposition und Ausführung aus. Herrlich ist auch die Fensterrose der *Nicolai-Ruine* in Visby, deren Laibungen aus einem Stück gearbeitet sind. Die Fialen und grotesken Wasserspeier an den Galerietürmen einiger Landkirchen stehen in ihrer Qualität denen der Großen Kapelle des Visbyer Domes in nichts nach. In dieser ist übrigens eine figürlich ausgebildete Konsole zu bewundern, die zum Edelsten gehört, was in hochgotischer Zeit in Schweden aus Stein gehauen wurde. Und in *Burs* schließlich hat derselbe Steinmetz, der dort das Chorportal mit seinem ungewöhnlichen Schmuck ausstattete, auch im Innern ein Meisterstück vollbracht: eine mächtige Chorbank des 14. Jh. aus Kalkstein, auf den Giebelseiten in hoher architektonischer Rahmung die Verkündigung, Maria und Elisabeth und die Geburt darstellend, noch mit Resten der ursprünglichen Kolorierung. Etwas Ebenbürtiges wird man wohl schwerlich in Skandinavien finden. Aber auch sonst läßt sich an fast jeder gotländischen Kirche innen und außen noch manches schöne und unerwartete Detail entdecken, das hier keine Erwähnung finden kann.

Gegenüber der Blütezeit kann die Steinmetzkunst nach 1361 und im anschließenden Verfall das hohe Niveau nicht halten und erschöpft sich in einer monotonen und einfallslosen Produk-

tion von Altaraufsätzen aus Sandstein. In den meisten Landkirchen haben diese Aufsätze, auf denen zumeist das letzte Abendmahl (flankiert von Aaron und dem ›gehörnten‹ Moses) dargestellt wird, die hölzernen Klappaltäre der Gotik ersetzt. Bei aller Schablonenhaftigkeit und Naivität lohnt sich aber auch hier oft ein genaueres Hinsehen, weil die derbe Darstellung zeittypisch ist und manches unfreiwillig-komische Element enthalten kann (Abb. 61). Über den provinziellen Standard ragt der Altaraufsatz der Kirche von *Hogrän* (1634) hinaus, den die Namenschiffre Christian IV. bekrönt und der durch einen dänischen Lehnsherren auf die Insel kam. Recht gut gearbeitete Barockarbeiten stellen auch einige der halbplastischen Epitaphien aus Sandstein dar, die in der Domkirche von Visby zu sehen sind, daneben etliche Grabplatten aus der gleichen Zeit, die man in Visby oder auf dem Land für die reichen Gemeindemitglieder erstellt hat.

Kalkmalerei

Es ist auffallend, wie reich die skandinavischen Kunstprovinzen an romanischen und gotischen Wandmalereien sind. Auf dänischen Inseln wie Møn und Bornholm, in Schonen, Uppland, Småland, Norwegen oder Südfinnland, auf den Åland-Inseln im Bottnischen Meerbusen und anderswo – überall können wahre Schätze einer produktiven und volksnahen Kirchenmalerei entdeckt werden, die sich trotz der überwältigenden lutherischen Majorität in z.T. niemals übertünchten Heiligenbildern und Relikten ›katholischer‹ Frömmigkeit bis auf den heutigen Tag erhalten haben. Insofern sind die Kalkmalereien also nicht auf Gotland beschränkt, aber trotzdem spielt auch hier die Ostseeinsel, was einzelne Motivstoffe und Darstellungsformen angeht, wieder eine Sonderrolle. Dem intensiven Handelskontakt mit dem Osten etwa ist es zuzuschreiben, daß Byzantinismen, über Rußland vermittelt, nach Gotland kamen. Kalkmalereien in der Kirche von *Källunge* und besonders in *Garde* (Ende 12. Jh.) sind eng verwandt mit Bildnissen in der Georgskirche in *Staraja Ladoga* oder der Nereditsa-Kirche bei *Novgorod* und gehören zu den ältesten auf Gotland. Zwar gibt es auch auf Bornholm (*Nylars*-Rundkirche) und sogar in Westfalen gewisse ›byzantinisch‹ zu nennende Elemente, aber niemals in dieser Eindeutigkeit und Pracht. Die beiden ritterlichen Heiligenfiguren unter dem Turmbogen in *Garde* etwa (Abb. 51) würden mit ihren reichverzierten griechischen Trachten, ihrer strengen hieratischen Haltung sowie der vorherrschenden Farbgebung von Gold, Violett und Türkis ebensogut in eine byzantinische Kirche passen! Aufgrund der Ähnlichkeit mit Malereien aus dem Novgoroder Raum kann man einen identischen russischen (oder griechischen?) Meister annehmen, dessen künstlerische Kraft über die russische Kirche in Visby auch auf das Land ausstrahlte. Vielleicht wurde ja die *Garde*-Kirche von der zahlenmäßig beträchtlichen russischen Händlergemeinde genutzt. Die Vorstellung ist verlockend, daß im Gegenzug die gotländische Faktoreikirche in Novgorod (St. Olof) in Architektur und Ausstattung die Kunst der Bauernrepublik repräsentierte. Weiter kann davon ausgegangen werden, daß mitteleuropäische Byzantinismen (etwa in Westfalen) auf den russisch-gotländischen Handel zurückzuführen sind. Ebenfalls russisch-byzantinische Inspiration zeigen einige erhaltene bemalte Holzbohlen aus den Vorgängerkirchen von *Eke* und *Sundre,* die sich nun in den Museen von Stockholm und Visby befinden.

Wegen des gotischen Umbaus der meisten Landkirchen ist insgesamt allerdings die romanische Malerei nicht gerade reichhaltig vertreten. Die Malereigruppe in Chor und Apsis von
Mästerby (Abb. 61), die analog zum Einweihungsjahr auf 1199 datiert werden kann und wohl
von rheinischen Vorbildern *(Schwarzrheindorf)* belebt wurde, ist da eine große Ausnahme.
Wenn auch 1633 brutal ›restauriert‹, kann sie in ihrer Vollständigkeit Hinweise auf das
ursprüngliche Aussehen vieler anderer romanischer Kircheninterieurs geben. Das Zentralmotiv der Majestas Domini, auf dem Regenbogen in einer Mandorla thronend, wird umringt
von Evangelistensymbolen, Engeln, den Aposteln, heiligen Königen und Propheten. Eine
Nische über dem ehemaligen Marienaltar wurde in der gleichen Zeit mit dem Bildnis der
Madonna, die wie bei der Viklauer Holzplastik auf einem Pfostenthron sitzt, sowie Engeln
und Heiligen ausgemalt. Auch die fragmentarisch erhaltene Malerei an der Chorwand von
Kräklingbo kann der romanischen Stilepoche zugeschrieben werden (1211?). Sie bildet Szenen
aus der Kindheitsgeschichte Jesu ab, daneben eine weibliche Heilige und einen Bischof. Nach
Roosval kann man sie in Form und Farbgebung mit der (über Schonen vermittelten) französischen Kunst *(Senlis, Brinay)*, freilich mit zeitlicher Verzögerung, in Verbindung bringen.

Neben der frühen figürlichen Wanddekoration der Innenräume, die also zu einem nicht
geringen Teil Anregungen des Auslands empfing (Rußland, Rheinland, Frankreich), konzentrierte sich die Kalkmalerei aber besonders auf die geometrische und vegetabilische Ornamentik. In dem Moment, in dem die Kirchen ganz oder teilweise gotisch umgebaut wurden und
also hochsteigende Gewölbe erhielten, stellte sich diese Malerei durch das Hervorheben
einzelner Bauglieder in den Dienst der Architektur, wurde also zur ›**architektonischen
Malerei**‹. Auch dabei dürfte das Ausland Pate gestanden haben, vor allem Sachsen, Westfalen,
das Rheinland und Norddeutschland. Söderberg nennt u. a. verschiedene Kirchen in *Ober-
holzklau, Altenburg, Andernach, Soest, Bergen* (auf Rügen) und *Lübeck* als Beispiele. Die ein-
fachste Form der architektonischen Malerei ist dabei die der *Quadermalerei,* wo also mit auf den
Putz gemalten Quadern das tatsächliche Baumaterial, das weder ebenmäßig noch gleichfarbig
war, kaschiert wurde. Diese Kunstform ist eine Eigenart hauptsächlich des Jahrhunderts nach
1240 und wurde später kaum noch gepflegt. Über Fensteröffnungen, Portalen, Gurtbögen etc.
kann man auf Gotland in vielen Landkirchen die Quadermalerei in ihrer einfachsten Aus-
formung sehen, daneben aber auch Malereien, in denen die Quaderform durch ornamentale
Zusätze aufgelockert und in der Wirkung gesteigert wurde. Über dem Turmbogen in *Lummelunda* (Abb. 30) beispielsweise wird diese Art in drei Staffelungen bis zur Perfektion getrieben,
wobei man unwillkürlich an ornamentale Elemente der islamischen Kunst erinnert wird. Eine
letzte Verfeinerung erfährt die Quadermalerei durch eine ›Marmorierung‹ der farbigen Felder.
Auch die Kirche von *Anga* weist Quadermalereien auf, daneben aber auch merkwürdige
Gewölbe- und Wandornamente, die entfernt an Bratenspieße oder Türbeschläge denken lassen.
Wegen ihrer Affinität zur Metallkunst vermutete B. G. Söderberg hinter diesen Kalkmalereien
einen begabten örtlichen Schmied und spricht vom ›Schmiedstil‹ oder, nach der Namens-
nennung einer Runeninschrift, vom ›Stil des Halvard‹.

Ebenfalls zur architektonischen Malerei sind die sogenannten *Paradiesgewölbe* zu zählen, die
ungefähr zwischen 1240 und 1310 in gotländischen Gotteshäusern angebracht wurden. Schon

Lafrans Botvidarson, den wir durch seine Runensignatur am Portal von *Hellvi* mit Namen kennen und der als erster gotischer Architekt, Bildhauer, Holzschnitzer und Maler Enormes geleistet hat, stattete in der Mitte des 13. Jh. einige Gewölbe mit gemalten Palmetten und Akanthusranken aus und schuf damit die Grundform jener Gewölbelandschaft, die in den Paradiesgewölben mit Leben gefüllt wurde. Wenn wir z. B. in *Gothem* oder *Othem* im dichten Rankenwerk Vögel entdecken und menschliche Figuren, die auf die Vögel schießen bzw. die Bäume der paradiesischen Natur zerstören, dann wandelt sich die Malerei vom reinen Ornament zur Bedeutungsträgerin: die Pflanzen symbolisieren das Dickicht des Lebens (Lebensbaum), die Vögel die Seelen und die zerstörerischen Kräfte das Böse schlechthin. Auch die einzigartigen Gewölbemalereien in *Eskelhem* (Abb. 63), obwohl ohne kreatürliches Leben, können als Sinnbild des Kosmos, also der göttlichen Ordnung, aufgefaßt werden.

Die letztgenannten Malereien aus der zweiten Hälfte des 13. Jh. stammen von einem Meister, der sonst für seine großflächigen Figurenszenen bekannt ist und wegen seines Lieblingsmotives, dem Erzengel Michael, von Roosval *Michaelsmeister* genannt wird. Er ordnet diesem anonymen Meister neben den Gewölbemalereien in *Eskelhem* dort auch die herrlich ebenmäßige Figur des Drachentöters zu. Am bekanntesten aber ist seine ›Seelenwägung des Kaisers Heinrich II.‹, die in *Vamlingbo* den Großteil der nördlichen Langhauswand ausfüllt (Abb. 68). Die merkwürdige Legende (s. S. 249) scheint auf Gotland außerordentlich beliebt gewesen zu sein, denn das gleiche Motiv wurde noch um 1300 in einigen anderen Kirchen kopiert. Die Eleganz des ›Michaelsmeisters‹, seine Treffsicherheit in Komposition und Detail und nicht zuletzt seinen unnachahmlichen ›Zackenstil‹ der Gewändefalten konnten die provinziellen Epigonen freilich nie erreichen.

Einer von diesen war sein Schüler, der um 1280 in *Lärbro* eine Kreuzigungsszene und hohe Apostelfiguren gemalt hat. Auch er vertritt noch den ›Zackenstil‹ und scheint seinen Lehrer auch sonst immer wieder zitieren zu wollen. In *Bro, Ekeby, Väskinde* und anderswo treffen wir auf Überreste seines Schaffens, oft monumentale Apostelbilder, die ihm auch die Bezeichnung *Apostelmeister* eingebracht haben.

In die gleiche Zeit gehören übrigens einige merkwürdige Malereien und Ritzungen, die weder einem bestimmten Meister noch einer Gruppe zuzuordnen sind. Die große Szene in *Eskelhem* beispielsweise zeigt sieben konzentrische Kreise, in die einige Sterne eingezeichnet sind und auf denen Christus thront – die sieben Sphären, das Universum also, werden hier als Schöpfungswerk Gottes dargestellt. In den Turmkammern können wir hingegen neben den erwähnten aufgemalten Trojaburgen (s. S. 47f.) und unzähligen Runeninschriften oft Ritzzeichnungen wahrnehmen, die mehrheitlich Koggen vom im 13. Jh. üblichen Typus umreißen. Sie sind vielleicht als Bitte um Schutz oder als Dank für Errettung aus Gefahr – vergleichbar den späteren Votivschiffen – in den feuchten Putz eingebracht worden.

Dem ›Apostelmeister‹ folgte sein Schüler, der um 1300 die Kirche von *Sanda* ausmalte. Neben einer ›Seelenwägung‹ wird dort auch der hl. Nikolaus gezeigt, wie er ein Schiff und dessen Mannschaft aus der Gefahr befreit, in das es durch eine böse Meerfrau geraten ist. Dieser nämlich stößt er seinen Bischofsstab ins Herz! Der anonyme *Nikolausmeister,* der seinen Namen nach dieser Szene erhielt, hat auch in anderen Kirchen gemalt, u. a. in *Vamlingbo* den 6 m hohen (!) Christophorus.

Kalkmalerei der Ägypticus-Werkstatt über dem Triumphbogen in der Kirche von Lojsta

Eine vollkommen eigene künstlerische Sprache entwickelten zwei weitere anonyme Meister, die beide noch vor der Katastrophe von 1361 arbeiteten. Der eine, um 1300 tätig, ist für die Wand- und Gewölbedekoration in *Gothem* verantwortlich, wo er eine der größten gotischen Malereikomplexe der Insel schuf. Besonders die heraldische Ausschmückung der Gewölbe mit ihren Rittern, Drachen, Harpyen, Zentauren und Adlern ist von äußerstem Interesse. Auf den mit Faltenwurf und sogar Ösen als Teppich gestalteten Wandmalereien sind u. a. Monatsbilder zu sehen, außerdem ein Bibelzitat nach Joh. 1–14, das um das ganze Langhaus in lateinischer Sprache herumgeführt wird: »In principio erat verbum ...«

Der andere, stilistisch und zeitlich mit der *Ägypticus*-Werkstatt verwandt, schuf Kompositionen in deren vornehmsten Kirchenbauten wie in *Lojsta, Lye, Tofta, Dalhem, Grötlingbo* und *Öja*. Auch dieser *Ägypticus-Meister* nimmt, besonders bei Gewölbemalereien, ähnliche Motive auf (Drachen), tritt ansonsten aber mit Darstellungen des thronenden Christus in Erscheinung, die den Tympanonreliefs an den Außenwänden sehr ähnlich sind.

Die gotländische Kalkmalerei kann aber auch, besser als jede andere künstlerische Ausdrucksform, deutlich machen, daß nach Valdemar Atterdags Heerzug nicht jedes kulturelle Leben erloschen war. Wenn danach auch Arbeitskräfte und Geld für die geplanten Kirchenerweite-

Fries des ›Passionsmeisters‹ in der Kirche von Hemse

rungen fehlten, so durfte wenigstens an Ausschmückungen im jeweiligen Stil der Zeit nicht gespart werden!

In *Bunge* z. B. hat sich im Langhaus ein außerordentlich umfangreiches und auf Gotland in seiner Aussage singuläres Bildprogramm erhalten. Heiligen- und Passionsbilder sind in eine das himmlische Jerusalem symbolisierende Kulissenarchitektur gestellt, darunter zeigt ein Ritterfries Kampfszenen, die Ostwand des Chores die Majestas Domini und den Gnadenstuhl, die Langhauswestwand dagegen ein Jüngstes Gericht. Die ungewöhnliche Farbgebung und Komposition weist zur böhmischen oder baltischen Kunst *(Prag, Thorn)*, und es ist naheliegend, den ausführenden Künstler mit dem Deutschen Orden in Verbindung zu bringen. Demnach wären die Kalkmalereien in der Zeit von 1398–1408 entstanden, als Gotland unter dem Protektorat des Deutschen Ordens stand. Die Kriegsszenen sind sogar verschiedentlich als Illustration der Kämpfe zwischen Ordensrittern und Vitalienbrüdern gedeutet worden. Wahrscheinlicher ist jedoch, daß der sogenannte *Deutschordensmeister* das Martyrium der thebaischen Legion darstellen wollte. Auch die Kirchen von *Stenkyrka* (Farbabb. 23) und *Othem* sind noch am Anfang des 15. Jh. in durchaus ansprechender und qualitätvoller Weise ausgemalt worden. In der Mitte des 15. Jh. hat sogar der sogenannte *Passionsmeister* bzw. dessen Schule mehr als ein

Drittel aller Landkirchen mit umlaufenden Friesen ausgestattet (Abb. 62). Der Name dieser ungeheuer produktiven Werkstatt leitet sich von der am häufigsten anzutreffenden Szenenfolge ab, der Leidensgeschichte Christi. Eine lebhafte Biblia Pauperum wird hier ausgebreitet, immer nach dem gleichen Schema, von *Fleringe* im Norden bis *Sundre* im Süden! Die einzelnen Felder, in denen die Figuren kontrastreich vor einem Blumenmuster stehen, sind durch Arkaden voneinander getrennt, denen darunter in der gleichen Breite Draperien entsprechen. Hier ist also das Motiv des gemalten Wandteppichs wieder aufgenommen, das etwa 150 Jahre vorher bereits der sogenannte ›Gothem-Meister‹ vorgebildet hatte. Die Gleichförmigkeit der Passionsmalereien wird mitunter von zeitgleichen Darstellungen unterbrochen, die trotz des erhobenen pädagogischen Zeigefingers voller Situationskomik stecken und drastisch die Folgen sündigen Tuns aufzeigen. An der Westwand des Langhauses von *Linde* z.B. notiert ein Oberteufel gewissenhaft die Verfehlungen der ›tratschenden Weiber‹, während ein anderer Dämon eine zweite Frau ebenfalls zum Schwätzen bringen will. Deren Schutzengel jedoch kommt eilends herbeigeflattert, um dem Teufel eine Keule (Posaune?) zwischen die Hörner zu schmettern. Das ›heimliche Melken‹ oder das ›verbotene Melken an einem heiligen Tag‹ ist in anderen Kirchen (u. a. in *Norrlanda*) das Motiv einer ähnlich bäuerlich-derben, z. T. sogar anzüglichen Darstellung – von Teufeln gepackt, wird nach einer solchen Sünde die nackte Delinquentin geradewegs in den Höllenschlund hineingeritten. Kurz vor der Reformation tritt in *Lau, Lojsta, Alva* und *Väte* schließlich der *Meister von 1520,* so genannt nach seiner Jahresangabe in *Lau,* mit dekorativen Apostelbildern oder einem Jüngsten Gericht in Erscheinung.

Die ›tratschenden Weiber‹, Kalkmalerei des 15. Jh. in der Kirche von Linde

Trotz dieser bemerkenswerten und umfangreichen Kalkmalereien *nach* 1361 muß man auch hier konstatieren, daß (mit wenigen Ausnahmen wie z. B. *Bunge*) mit dem politischen auch der kulturelle Zenit überschritten war und wenig Qualitätvollem viel Provinzielles gegenübersteht (das bedeutet keinesfalls die Unmöglichkeit einer positiven Würdigung; auch bäuerlich-naive Kunst kann frisch, heiter, dynamisch und sehenswert sein!). Die Tendenz setzte sich jedoch nach der Reformation fort. Interessant immerhin, wie in *Gothem* lutherische Propaganda gegen die römisch-katholische Kirche in Malerei umgesetzt wird: Christophorus trägt das Christuskind durch die Gefahren dieser Welt – vertreten von Mohammed, dem Papst und einem Jesuiten! In der Zeit der dänischen Lehnsherren und später der schwedischen Einverleibung der Ostseeinsel können nur manchmal Maler in den Vordergrund treten und sich zu gesellschaftlicher Achtung vorarbeiten, wie z. B. *Johan Bartsch*, der zur Mitte des 17. Jh. mit Epitaphien, Kanzel- und Altargemälden zur Ausschmückung der Landkirchen beitrug. Sein Sohn *Johan d. J.* und dessen Sohn *Rasmus* setzten das künstlerische Erbe fort – ohne Höhepunkte, dafür aber volksnah.

Zu Beginn des 19. Jh. schließlich begann man in einigen Kirchen, mit Draperiegemälden hinter Kanzeln oder im Chor ältere Kalkmalereien zuzudecken und auch verschiedene Gewölbe neu auszumalen. So leuchtet etwa in *Ekeby* oder in *Bro* ein dunkelblauer Vorhang in geradezu barbarischer Pracht und macht den tiefen Fall der nachmittelalterlichen gotländischen Kunst überdeutlich. Alle Versuche der Jahrhundertwende, an jene Blütezeit mit gotisch-historisierenden Ausmalungen anzuschließen, mußten zwangsläufig scheitern. In *Dalhem* können die Resultate eines solchen Bemühens heute nur noch bedauernd oder als Skurrilität registriert werden. Eindeutig positiv hingegen muß man bewerten, mit welcher Anstrengung und gleichzeitig auch Behutsamkeit seit dem Zweiten Weltkrieg bei der Neuaufdeckung alter Gemälde und deren Restaurierung vorgegangen worden ist. Neben der technischen Meisterung war man hier immer auch vor die Entscheidung gestellt, welcher der oben skizzierten Epochen man den Vorzug geben sollte – anders ausgedrückt: ob ein naives, aber gut erhaltenes nachreformatorisches Bild aufgegeben werden darf, um ein vermutetes, aber möglicherweise viel schlechter konserviertes mittelalterliches hervorzuholen. Diese Aufgabe haben die Restauratoren bis heute gut gelöst, so daß viele Landkirchen vom koloristischen Standpunkt allein schon durch ihre Vielseitigkeit Enormes zu bieten haben.

Stein-, Triumph- und Scheibenkreuze

Daß unter dem Triumphbogen, also der Grenze zwischen Chor und übrigem Kirchenraum, ein großes Kreuz aufgehängt oder auf Balken gestellt wurde, ist in der mittelalterlichen Kunst recht oft anzutreffen. Ungewöhnlich allerdings ist die Anzahl und Qualität der auf Gotland erhaltenen Triumphkruzifixe aus romanischer und gotischer Zeit, deren Sonderform des Scheibenkreuzes hier so häufig vorkommt wie nirgendwo sonst. Das Kreuz als heiliges Zeichen ist auf der Insel freilich älter als die Landkirchen, älter sogar als die Einführung des Christentums. Schon in den bronzezeitlichen Felsritzungen *(hällristningar)* taucht das Radkreuz als Symbol eines Sonnenkultes auf; auch einige Schlußsteine eisenzeitlicher Gräber tragen dieses

Zeichen – deutlich vor der Christianisierung Gotlands! Und es darf vermutet werden, daß das Hofkreuz (Abb. 14), das noch heute manches bäuerliche Anwesen schmückt, ebenfalls diesem vorchristlichen Zusammenhang entstammt. Mit anderen Worten: es bedurfte keiner allzu großen Umstellung, als die neue Religion zu Anfang des 11. Jh. ihre Anhänger um ihr Zeichen scharte.

Große Steinkreuze werden auf Gotland genau wie in Norwegen und anderswo die Versammlungsplätze der ersten Christen markiert haben, bevor Stab- und dann Steinkirchen gebaut wurden. Daß die Gotländer dieser Zeit Kontakte mit der britischen Insel und Irland gehabt haben, steht fest. Neben der eigenen heidnischen Vergangenheit wird bei der Entwicklung der neuen Formensprache also auch die Kenntnis der irischen Hochkreuze eine Rolle gespielt haben. Wie für die Grüne Insel im Westen wurde auch für die Ostseeinsel Gotland das steinerne Ringkreuz zu einem charakteristischen Denkmal, das über Gräbern, an Wegrändern oder bei historischen Plätzen an einen Toten oder ein Ereignis erinnern sollte und damit in der direkten Nachfolge der Bildsteine steht. Gute Beispiele dafür sind die Steinkreuze nahe der Dalhem-Kirche (Farbabb. 31) oder auch das sogenannte *Brudermordkreuz von Guldrupe*, das vor 1250 errichtet wurde. Der Legende nach hat hier ein Bruder den anderen erschlagen, weil dieser aus dem Holzbestand des gemeinsamen Hofes einen Stamm entwendete. Tatsächlich wird auf dem Kreuz ein Mann abgebildet, der von hinten mit Axt oder Keule einen anderen erschlägt, der mit einem Baumstamm beschäftigt ist. Die Runeninschrift auf der anderen Seite lautet: »Betet für Jakobs Seele, den Niklas erschlug.« Als Motiv ist der ›Holzraub‹ durch viele Familienfehden bekannt und kommt auch in den zeitgleichen isländisch-norwegischen Sagas vor. – Berühmter

Darstellung des Julskov-korset von der Insel Fünen (Dänemark) mit Ritzzeichnung einer Trojaburg, wahrscheinlich eine gotländische Arbeit

als das Brudermordkreuz ist natürlich das *Valdemars-Kreuz* (Abb. 26), das vor der Stadtmauer Visbys an Valdemar Atterdags Heerzug im Jahre 1361 erinnert (s. S. 26). Das steinere Ringkreuz stellt also als Mahn- und Grabmal seit Beginn der Christianisierung eine für Gotland typische Kunstform dar. Es ist kein Zufall, daß laut einer lokalen Legende das dänische *Julskovkorset,* ein heute verschwundenes steinernes Radkreuz von der Insel Fünen, »von Gotland hergeschwommen« sein sollte. Das durch Zeichnungen belegte Kreuz, das wohl tatsächlich ein gotländischer Export war, hatte eine Inschrift aus dem Jahr 1445 und zeigte neben anderen merkwürdigen Symbolen auch eine Trojaburg im Relief. Genausowenig ist es ein Zufall, daß beispielsweise bis heute Ringkreuze auf Friedhöfen aufgestellt werden oder das Mahnmal an den Bürgerkrieg von 1288 (bei *Högbro* in Halla) 1988 eben diese Form erhielt.

Vor diesem Hintergrund muß auch die Diskussion über die in den Landkirchen aufgehängten oder aufgestellten hölzernen Scheibenkreuze gesehen werden. Und es ist verlockend, eine direkte Linie von der genannten einheimischen Steintradition zu den Triumphkruzifixen zu ziehen. Demgegenüber stellt W.-H. Deus allerdings fest, daß das bekannte Soester Scheibenkreuz von St. Maria zur Höhe zwar im deutschen Raum singulär dastehe, aber älter sei als alle bekannten 26 gotländischen Scheibenkreuze. Seine Schlußfolgerung lautet demnach, daß das Soester Kreuz von etwa 1210 durch die intensiven Handelsbeziehungen zwischen Soest und Gotland auch auf der Ostseeinsel bekannt wurde, dort allerdings sofort nachgeahmt und weiterentwickelt' werden konnte, eben weil die erwähnte Tradition wirkte, während in Westfalen selbst kein Künstler dem Vorbild nacheiferte. Die Möglichkeit, daß das Soester Kreuz ein auf Gotland hergestellter Kunstexport sei, hält Deus für wenig wahrscheinlich und glaubt eher, daß die ersten gotländischen Scheibenkreuze von einem in Visby ansässigen Westfalen geschaffen wurden, der das Soester Kreuz aus eigener Anschauung kannte.

Fest steht, daß den gotländischen Scheibenkreuzen auch eine einheimische, reiche Kunstproduktion an herkömmlichen Triumphkruzifixen voranging bzw. diese begleitete. Aus den ältesten romanischen Kirchen stammen bereits Holzskulpturen, die an Qualität und Ausstrahlung in dieser dichten Verbreitung im Norden einzigartig sind. Diese zeigen nicht den Schmerzensmann, sondern den triumphierenden Christus; nicht die Dornen-, sondern die Königskrone. In starrer und würdevoller Haltung, ohne Anzeichen von Furcht oder Qual, erscheint der Heiland in majestätischer Strenge. Oft sieht man diesen Kruzifixen an, daß sie für andere räumliche Verhältnisse geschaffen worden sind: durch den gotischen Umbau des Chores und vielleicht auch des Langhauses wurde der Triumphbogen weiter und höher gespannt, so daß die auf die Maße der alten Kernkirche abgestimmten Holzarbeiten nun unproportioniert klein erscheinen. Daß sie sich trotzdem auch im gotischen Umfeld behaupten können, spricht für ihre Qualität und Aussagekraft. Der Meister der berühmten romanischen Madonna von *Viklau* (s. S. 127) wird direkt oder als Einflußinstanz mit einigen der vornehmsten Arbeiten in Zusammenhang gebracht, etwa mit den Kreuzen von *Alskog, Ekeby, Hemse* und *Väte,* die allesamt besonders sehenswert sind. In der Linde-Kirche ersetzt jetzt hoch oben unter dem gotischen Triumphbogen eine Kopie das romanische Original, das sich in Stockholm befindet. Die kurios wirkende Eigenheit, daß die Füße des Gekreuzigten frei hängen und mit Schuhen ausgestattet sind, kann vielleicht als Zeichen der königlichen Würde interpretiert werden.

Neben Linde verfügt übrigens auch die Kirche von *Stenkumla* (Abb. 49), hier dann im Original, über einen romanischen Christus mit Schuhen.

Neben ihrer liturgischen Funktion hatten solche Kreuze die Aufgabe, zusammen mit anderen Elementen (z. B. Lettner, Tragebalken, Maria-, Johannes- und Engel-Figuren usw.) die Priester- von der Laienkirche zu trennen. Als dies nicht mehr nötig war, verschwanden deshalb die meisten Triumphkruzifixe von ihrem angestammten Platz und wurden, wenn sie nicht völlig verlorengingen, meist an die Nordwand von Chor oder Langhaus verbannt. Später hat man etlichen von ihnen die alte Position zurückgegeben, oft mit moderner Balkenabstützung oder Aufhängung. Wo dies nicht geschah, ist natürlich der Terminus ›Triumphkruzifix‹ selbst dann noch richtig, wenn im Zuge des gotischen Realismus' Christi Körper als ein gemarterter, sich vor Schmerzen windender dargestellt wird. Denn auch ein solches Kreuz hing unter dem Triumphbogen und war Teil der Abgrenzung des Chores vom übrigen Kirchenraum.

Diese Funktion konnte ein Scheibenkreuz wegen seiner größeren Ausdehnung natürlich noch besser wahrnehmen, erst recht, wenn es mit Holzplastiken der trauernden Maria und Johannes komplettiert wurde. Allein 26 Scheibenkreuze gibt es in gotländischen Landkirchen, mehr als in allen anderen Teilen Skandinaviens und in Westfalen zusammen. Der Begriff, der dem Soester Kunstwerk angemessen ist, darf auf Gotland übrigens nicht wörtlich genommen werden, denn mit zwei Ausnahmen gibt es hier keine Scheiben-, sondern nur Rad- oder Ringkreuze. Da der Raum zwischen dem Ring und den Kreuzbalken (= Viertelkreise) jedoch oft mit Figuren oder Szenen ausgeschmückt ist, können die Kruzifixe als Scheibenkreuze wirken, ohne es zu sein. Das berühmteste Beispiel dafür ist das herrliche Werk von *Öja* aus der zweiten Hälfte des 13. Jh. (Farbabb. 26). Hinter dieser vielleicht edelsten Holzskulptur der frühen Gotik im ganzen Norden vermutete man bereits früh französische Inspiration, wenn nicht gar einen französischen Meister. Wahrscheinlicher ist wohl, daß ein einheimischer Künstler das Werk hergestellt hat und sich dabei an westfranzösischen Vorbildern orientierte. Abgestützt wird das Kunstwerk durch einen neuzeitlichen Balken, der dem Kreuz seinen ursprünglichen Platz unter dem Triumphbogen wiedergegeben hat. Darauf befinden sich Figuren der trauernden Muttergottes und des Johannes, wobei die Madonna eine Kopie ist und die Darstellung des Lieblingsjüngers frei nachempfunden wurde (beide Holzarbeiten sind von Bertil Nyström 1951 ausgeführt worden). Das Original der *Öja-Madonna* (Abb. 18) kann als einer der größten Schätze des Visbyer Fornsal-Museum bezeichnet werden (s. S. 125 ff.); zusammen mit dem Kruzifix verdeutlicht es das außerordentlich hohe Niveau der gotländischen Holzschnitzkunst. Den Namen des ausführenden Künstlers kennen wir nicht und nennen ihn deshalb nach seiner vornehmsten Schöpfung den *Öja-Meister*.

Genau wie in Öja stehen auch in Hamra auf dem Stützbalken Maria und Johannes, außerdem aber noch zwei Engel. In Fröjel wiederum befinden sich die Engel in den oberen beiden Viertelkreisen, wo sie nur einen schwachen Abglanz der trauernden Heerschar in Öja bilden können. Die unteren Viertelkreise zeigen hier die Symbolfiguren der Synagoge und der Ecclesia, während in den zwölf Medaillons auf dem Ring die Apostel und in den Quadraten am Ende der Kreuzbalken Christus in der Vorhölle, der ungläubige Thomas und die Vertreibung aus dem Paradies dargestellt sind.

Die Triumphkreuze von *Eskelhem* und *Klinte* sind auch im strengen Sinn ›Scheibenkreuze‹, wobei in Klinte die Scheibe vom Kreuz getrennt und an anderer Stelle aufbewahrt wurde. In *Eskelhem* sieht man auf einer vergoldeten Scheibe im oberen Bereich zwei trauernde Engel und im unteren Bereich Ecclesia und Synagoge (s. Fröjel), während die Quadrate an den Enden wieder die Evangelistensymbole tragen. Dieses auf etwa 1250 zu datierende Werk sieht W.-H. Deus in nächster typologischer Nachbarschaft zum Soester Scheibenkreuz, so daß es am Anfang der einheimischen Scheibenkreuzproduktion gestanden haben könnte. Aufgrund stilistischer Ähnlichkeiten mit der Madonna von Tingstäde wird als Künstler der sogenannte *Tingstäde-Meister* angenommen, über dessen Biographie nichts Näheres bekannt ist, der aber vielleicht ein eingewanderter Westfale war.

Zwischen den Meister von Tingstäde und den von Öja, in die Zeit um etwa 1230–60, setzt die Forschung den ebenfalls anonymen *Hejnum-Meister*. Er soll so sehenswerte Scheibenkreuze wie das von *Fide* (Abb. 71) geschaffen haben, dessen Größe im idealen Zusammenspiel auf den Triumphbogen bezogen ist. Auch das wunderbare Scheibenkreuz von *Stånga* (Abb. 52) wird dem ›Hejnum-Meister‹ zugeschrieben, ebenso das von *Lau*. Mit einer Höhe von über 6 m und eine Breite von ca. 4 m ist dieses Kreuz das größte seiner Art.

Holzplastiken

Daß es außer den Triumphkruzifixen auch viele andere Holzarbeiten gibt oder gegeben haben muß, liegt auf der Hand. Denn die skandinavische plastische Kunst des beginnenden Christentums wird zunächst vom Holzschnitzer und dann erst vom Steinmetz bestimmt, sie hängt eng zusammen mit der Ornamentik der Wikingerzeit. Da die wikingische Kunst im wesentlichen eine Holzkunst war, nimmt es nicht wunder, wenn ihre bestimmenden Formen und sogar auch Inhalte mit der neuen Religion verknüpft wurden und sich an deren ersten Sakralgebäuden, den Stabkirchen, wiederfanden. Wie die komplett erhaltenen norwegischen Stabkirchen weisen auch die gotländischen Fragmente von *Hemse* und *Guldrupe* jene flächengliedernde vegetabilische und animalische Ornamentik auf, die bereits für die Steven der Wikingerschiffe oder andere Plätze heidnisch-wikingischen Gestaltungswillens typisch waren. Auf Gotland ist davon allerdings kaum etwas erhalten und nur wenige Bruchstücke, die im Fornsal-Museum oder im Historiska Museet (Stockholm) aufbewahrt sind, können den vermuteten Reichtum der ganz frühen Holzschnitzkunst belegen.

Da man auf der Insel eher als in vielen anderen nordischen Provinzen zur Steinarchitektur überging, beschränkte sich der hölzerne Kirchenschmuck auf das Interieur (oder wurde außen in Stein ›nachgeahmt‹, wie z. B. in *Vamlingbo* oder *Eskelhem*) und gipfelte dort, wie erwähnt, in der Entwicklung der Triumph- und Scheibenkreuze der romanischen und gotischen Zeit. Weitere Holzplastiken haben sich auf den Seitenaltären (meistens Marien- und Olavsaltar) und auf dem Hauptaltar befunden. Daß die Anzahl solcher erhaltener Exemplare deutlich hinter der der Kruzifixe zurücksteht, liegt einerseits daran, daß die Seitenaltäre in nachreformatorischer Zeit unwichtig wurden und allenfalls als Stütze von Kanzeln weiterbenutzt wurden, und andererseits an einem veränderten ästhetischen Empfinden, das die barocken Sandsteinaufsätze gegenüber den gotischen Klappaltären favorisierte. Die Reformation selbst ließ die Heiligenfiguren aber in der Regel unangetastet, Bilderstürme hat es auf der Insel nicht gegeben!

Über den größten Bestand an mittelalterlicher Holzplastik verfügt das Visbyer Fornsal-
Museum. Abgesehen von den dortigen Triumphkruzifixen oder Assistenzfiguren, unter denen
die *Öja-Madonna* (Abb. 18) als exzeptionell qualitätvolle Arbeit nochmals genannt werden muß,
können die Heiligenfiguren (Abb. 20) von Altären, Nischen und Kapellen den Reichtum und
die Vielfalt der mittelalterlichen Kunst vermitteln, aber auch den kulturellen Niedergang
spätestens ab dem 15. Jh.

Für die frühromanische Auffassung des 12. Jh. ist die *Viklau-Madonna* (Original in Stockholm, Kopien im Fornsal-Museum (s. S. 127) und in der Kirche von Viklau) ein besonders
schönes Beispiel, das mit den Triumphkreuzen von *Alskog, Endre, Hemse* und *Väte* stilistisch
übereinstimmt und vielleicht vom selben Meister stammt. Die Sitzmadonna, deren weiche
Gesichtszüge und feine Gewandfältelung in Kontrast zum strengen kompositorischen Aufbau
steht, zeigt Parallelen sowohl zur französischen Kathedralskulptur (*Chartres*, Westportal) als
auch zur rheinischen Kunst des 12. Jh. Ebenfalls als Sitzmadonna, allerdings viel größer und
schon deutlich der Gotik verpflichtet, thront die Muttergottes aus der Visbyer *Marienkirche* im
selben Museumsraum. Wenn wir den Quellen glauben dürfen, wurde diese Skulptur nach dem
Bürgerkrieg von 1288 im Triumph durch die Gassen der Stadt getragen. An weiteren Heiligenfiguren ist besonders häufig der hl. Olav (= *St. Olof*) mit Krone und Streitaxt bzw. Hellebarde
zu sehen, dessen Abbild in den meisten Landkirchen den rechten (südlichen) Seitenaltar zierte.
Jene lebensgroße Reiterstatue hingegen, die sich früher in der Domkirche befand (nun auch
im Fornsal-Museum, Abb. 19) und wahrscheinlich den hl. Georg darstellen soll, wurde gegen
Ende des 15. Jh. geschaffen. Es ist möglich, daß sie darüber hinaus auch eine politische Symbolfunktion hatte und als Personifikation und Grabmonument des Lehnsherren Ivar Axelsson Tott
ursprünglich in der *St. Hans-Kirche* gestanden hat. Die Profanisierung der kirchlichen Kunst, die
nach der Reformation kurze Zeit später einsetzen sollte, wäre damit bereits vorweggenommen.

Außerhalb der Museen sind noch etliche Holzarbeiten in den gotländischen Kirchen verblieben, meist aus gotischer oder spätmittelalterlicher Zeit. Mitunter sieht man auch vorzügliche
Arbeiten, wie z. B. in *Hamra*, wo neben dem Triumphkreuz und der schönen Mater dolorosa
(14. Jh.) ein St. Georg, ein Altaraufsatz mit Mariä Krönung (beides ca. 1400) und ein Schmerzensmann aus dem 15. Jh. erhalten sind.

Hatten sich einige der Bauernhöfe von den politischen, sozialen und ökonomischen Krisen
des späten 14. Jh. erholt, so daß später wieder Geldmittel für neue Kalkmalereien und Holzskulpturen zur Verfügung standen, so galt dies offensichtlich nicht für das lokale Kunsthandwerk, das kaum noch qualitativ Hochwertiges zu produzieren imstande war. Die besseren
Holzarbeiten sind also fast ausschließlich Importware. Schon der Altaraufsatz von *Tofta* aus
der Mitte des 14. Jh., der den Gnadenstuhl (Gottvater präsentiert seinen gekreuzigten Sohn) und
die Apostel zeigt, ist vermutlich in Lübeck gefertigt worden. Noch in das Ende des 13. Jh. wird
allerdings der ungewöhnliche Aufsatz von *Silte* datiert, der im Corpus Christus als Weltenrichter samt Assistenzfiguren zeigt (Farbabb. 25); seine Flügel sind innen wie außen mit
Malereien von etwa 1500 geschmückt (Umschlagklappe vorn). Sehr früh (ca. 1300) ist auch die

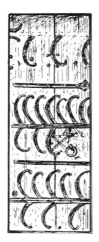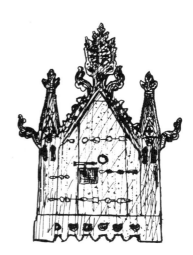

Mittelalterliches Türblatt und Sakramentsnische, Holz- und Schmiedearbeiten in der Kirche von Stenkumla

vorzügliche Arbeit von *Vallstena* anzusetzen (s. S. 205). Etwas später, aber noch vor 1361, entstand der ebenfalls mit hohen Fialen geschmückte Altaraufsatz von *Träkumla,* der eine Marienkrönung, Heiligenfiguren und die Auferstehung zeigt. Ungewöhnlich schön ist das Triptychon in *Endre,* das bereits kurz nach der Katastrophe entstanden sein muß und im Corpus die Golgathagruppe samt vier Aposteln, auf den Flügeln jeweils drei Apostel darstellt. Auch der Altaraufsatz in *Gammelgarn* stammt noch aus dem 14. Jh. Zeitlich folgen die Arbeiten von *Hamra* und *Lärbro* (um 1400) und im 15. Jh. die von *Fide* (Abb. 72) und *Lau.* Zwei gleich alte Aufsätze haben sogar noch ihre bemalte Predella bewahrt, so der Altar von *Lye* (Gnadenstuhl; auf der Predella das Schweißtuch der Veronika) und der von *Burs* (Mariä Krönung; auf der Predella die klugen und die törichten Jungfrauen). Im 16. Jh., kurz vor der Reformation, wurden die Arbeiten von *Kräklingbo, Linde* und *Vall* (letztere heute im Fornsal-Museum) aufgestellt. Eine besondere Würdigung verdient das Triptychon von *Källunge* (Abb. 43) vom Anfang des 16. Jh., vermutlich ebenfalls in Lübeck gefertigt (s. S. 204).

Die Kunst der Holzbearbeitung aber zeigte sich nicht nur in Kreuzen, Heiligenfiguren und Altaraufsätzen, sondern auch in fast allen anderen Bereichen der Kirchenausstattung. Erinnert sei an dieser Stelle nur an die vielen original erhaltenen Türblätter mit ihren kunstvollen Beschlägen oder an die mittelalterlichen Nischentüren, die es in nahezu jeder Landkirche gibt und die sämtlich sehenswerte Einzelstücke sind. Gleiches trifft auf die Opferstöcke zu, von denen einige wohl als Stützpfeiler (Piedestal) für die Triumphkruzifixe gedient haben werden, wie es als Rekonstruktion in der *Stånga-Kirche* zu sehen ist.

In *Endre* trägt über dem Taufstein des 12. Jh. ein hölzerner Deckel des 13. Jh. ein von der Taube bekröntes Kirchenmodell, das Abbild des himmlischen Jerusalem. Wir müssen uns die meisten Taufsteine mit solch prächtigen Holz- oder gar Kalksteindeckeln vorstellen, die dann zur Taufzeremonie nach oben gezogen wurden. Wegen des immensen Gewichtes benutzte man dazu ebenfalls fein skulptierte hölzerne Hebekräne; davon ist einer (aus *Tingstäde*) noch erhalten und im Fornsal-Museum zu bewundern, während anderswo *(Dalhem)* die phantasiereichen, aber vollkommen frei assoziierten ›Reproduktionen‹ der Jahrhundertwende entstammen.

Mittelalterlich dagegen sind die hölzernen Sitzmöbel, die es in einigen Kirchen gibt und die als ›Brautbank‹ oder ›Bischofsstuhl‹ bezeichnet werden. Obwohl sie frühestens in das 13. Jh. zu datieren sind, erinnern sie mit ihren schönen Drechselarbeiten an den romanischen Pfostenthron der Viklau-Madonna.

In nachreformatorischer Zeit konzentrierte sich die Holzschnitzkunst auf Gestühl, Kanzeln und Votivgaben. Zu den frühesten und gleichzeitig sehenswertesten Kanzeln Gotlands gehört jene in *Grötlingbo,* die ursprünglich einmal der dänische Lehnsherr Hardenberg der Marienkirche in Visby schenkte (1548). Sie kann die Prinzipien des Kirchenschmucks in den Jahrhunderten nach der Reformation deutlich machen: in flachem Relief dominiert zur Schauseite das dänische Reichswappen, flankiert von Porträtköpfen der Reformatoren Luther und Melanchthon sowie der Kaiser Karl V. und Ferdinand I. Waren noch 30 Jahre vorher Altaraufsätze mit einem beträchtlichen Aufgebot an Heiligenfiguren und religiöser Symbolik geschnitzt bzw. importiert worden, ist nun das Bildprogramm eindeutig profanisiert. Gleiches gilt etwa für die Holztafeln in der Marienkirche, die anstelle biblischer Motive die Wappenschilder der Familien Rosenkrantz und Tott zeigen (1537), und selbst noch für jenen Altaraufsatz in *Hellvi* (sog. ›Katechismustafel‹, 1627), der zwar von der äußeren Form her an ein gotisches Triptychon erinnert, statt der zu erwartenden Figuren oder großflächigen Gemälde aber hauptsächlich verschiedene aufgemalte Textstellen (Glaubensbekenntnis, Vaterunser usw.) enthält.

Glasmalerei

Ein Überblick über die Sakralkunst Gotlands wäre unvollständig, ohne auf den qualitativ wie quantitativ bemerkenswerten Bestand an mittelalterlichen Glasmalereien hinzuweisen. Im Gegensatz zu anderen Gebieten Skandinaviens, wo Reformation und spätere Umbauten fast alle alten bemalten Kirchenfenster vernichteten, hat die Ostseeinsel trotz des Schadens, den die politisch unruhigen und ökonomisch armen Jahrhunderte nach 1361 anrichteten, relativ viele Reste der Glasmalerei, vor allem im Chorbereich, erhalten können. Diese sind zwar – entsprechend der geringen Fensterbreite – in ihren Ausmaßen nicht überwältigend, aber in Komposition, Binnenzeichnung und Farbgebung oft von erstaunlicher Qualität und Frische. Besonders interessant macht einen Besuch Gotlands die Tatsache, daß die meisten der farbigen Verglasungen immer noch am ursprünglichen Platz in den Landkirchen anzutreffen sind, wenn auch im letzten Jahrhundert einiges in Privatsammlungen einging oder in Museen abwanderte. Die müßige Frage, ob die romanischen und gotischen Glasmalereien Gotlands einheimischem oder – als Importware – ausländischem Kunsthandwerk entstammen, ist insofern bedeutungslos, als sie für die Würdigung ihrer Qualität keine Rolle spielt und die Sphäre insbesondere Visbys sowieso multikulturell war. Denkbar ist jedenfalls, daß nordwestdeutsche Künstler auf Gotland in diesem Bereich (wie in anderen auch) tätig waren, aber genauso, daß die damals im Zenit ihres Reichtums stehende Insel über ausreichende künstlerische Potenz verfügte, um die im Ausland (Frankreich, England, Deutschland) kennengelernten Formen zu adaptieren und in völlig eigene Produktionen einfließen zu lassen.

Zu den ältesten Glasmalereien zählen die originalen Scheiben der Chorverglasung von *Dalhem* im Inselinneren, die vom Anfang des 13. Jh. stammen und noch von byzantinischer Auffassung sind. Das mittlere, höchste Ostfenster zeigt unter dem oberen Rundbogen eine Majestas Domini mit der Siegesfahne – feierlich in der Aussage, byzantinisch in der Binnenzeichnung, einem Pantokrator gleich. Auch die fünf anderen Glasfelder mit romanischen Malereien (hl. Margarete, Passionszenen, Himmelfahrt) sind von strenger Monumentalität und Symmetrie und gelten als Inbegriff der sogenannten *Dalhemer Schule*. In derselben Werkstatt scheinen die Glasfenster von *Eksta* und *Silte* (Farbabb. 21) gefertigt worden zu sein, die sich nun zum größten Teil in Museen befinden. Auch die umfangreichen und eindrucksvollen Szenenfolgen von *Lojsta* und *Sjonhem*, untereinander und jeweils mit Dalhelm verwandt, gehören noch ganz in das romanisch-byzantinische Umfeld, ebenso die Chorfenster von *Endre* mit den Motiven Jesu Taufe – Einzug in Jerusalem – Christi Himmelfahrt – Weltenrichter, sowie Akanthusranken, geometrischen Mustern, Engeln, Propheten etc. in Zwickeln und Umrahmung.

In den Glasmalereien u. a. von *Barlingbo, Träkumla* und *Alskog* wird die romanische von der gotischen Gestaltungsweise abgelöst. Die Strenge und Symmetrie muß einer dynamischeren Auffassung weichen, in der die Figuren räumlich differenzierter angeordnet sind und mit der dargestellten Architektur harmonische Verbindungen eingehen. Einen Höhepunkt erreicht dieser Stil in den hochgotischen, vorzüglich erhaltenen Glasgemälden von *Lye* (erste Hälfte 14. Jh.), die zu den bedeutendsten mittelalterlichen Arbeiten dieser Gattung in Skandinavien überhaupt gehören (Farbabb. 22). Die Anzahl der agierenden Personen ist hier im Vergleich zu den frühgotischen Glasmalerien zurückgenommen, die Figuren selbst sind schmal und vor einen blauen Hintergrund gestellt (s. S. 223).

Auch in *Etelhem, Grötlingbo, Hörsne* und *Vall* haben sich sehenswerte Glasmalereien des 14. Jh. erhalten, die meisten davon am alten Platz, einige (aus der Kirche von *Hörsne*) aber auch im Fornsal-Museum. Der gläserne Gemäldezyklus von *Hejde* ist der jüngste mittelalterliche der Insel, auch er interessant und eigenständig. Da er 1990 jedoch nicht mehr am angestammten Ort zu sehen war, sollen seine Figurenszenen hier nicht weiter beschrieben werden.

Die Auferstehung, Glasmalerei des 13. Jh. im Chorfenster von Träkumla

119

Visby: Rundgänge in der Hauptstadt

Dort, wo sich heute die Provinzhauptstadt Visby (ca. 21 000 E.) ausbreitet, wird die ansonsten steile nordwestliche Küste Gotlands durch eine natürliche Bucht und einen flacheren Uferabschnitt unterbrochen. Von Anfang an waren also die Voraussetzungen für eine feste Besiedlung gut, und archäologische Ausgrabungen konnten denn auch ein Dorf nachweisen, das bereits vor mehr als 4000 Jahren, also in der Jungsteinzeit, existierte. Auch in der Wikingerzeit wurde der durch vorgelagerte Inselchen und Riffe geschützte Hafen genutzt, und der Namensbestandteil ›vi‹ = ›Heiligtum‹ deutet daraufhin, daß der Ort als Kultstätte bekannt und sicher auch von überregionaler Bedeutung war. Durch die Internationalisierung des Ostseehandels und die wichtige Rolle, die Gotland dabei spielte, geriet Visby immer mehr in die Position des größten und wichtigsten Marktes, was wiederum ausländische Kaufleute (Schweden, Dänen, Russen und Deutsche) hier versammelte und zur Entstehung eines kosmopolitischen Gemeinwesens führte. Für die hohen Pack- und Gildenhäuser, Faktoreikirchen und Warenlager wurde das alte Zentrum (das sich im Stadtplan als nierenförmiges Gebilde innerhalb der Straßen Hästgatan – Södra Kyrkogatan – St. Drottensgatan – Skogränd darstellt) bald zu eng, und die Stadt breitete sich spätestens zu Anfang des 13. Jh. erheblich aus. Zu diesem Zeitpunkt drängte aber das deutsche Element immer mehr in den Vordergrund, was schließlich zu dem besonderen bikulturellen und bilingualen Status des Gemeinwesens, aber auch zum Bürgerkrieg von 1288 führte (s. S. 24). Schon vor Valdemar Atterdags Heerzug war Visbys ostseebeherrschende Rolle ins Wanken geraten und mehr und mehr auf Lübeck übergegangen. Diese Tendenz setzte sich nach der Brandschatzung von 1361 fort, ohne allerdings die Stadt zur völligen Bedeutungslosigkeit zu verdammen. Erst die Erstürmung durch ein Lübecker Heer im Jahre 1525 setzte den definitiven Schlußpunkt unter ihre große Geschichte.

Ihren Reichtum soll einer örtlichen Überlieferung zufolge Visby von der untergegangenen märchenhaften Stadt Vineta geerbt haben, jener nordischen Projizierung der Atlantissage, worauf noch Selma Lagerlöfs Geschichte von ›Nils Holgerssons wunderbarer Reise‹ anspielt. Diese und viele andere Sagen, Volksballaden oder Geschichten lassen erkennen, daß die wirt-

*Visby 1 Almedalen 2 Pulverturm (Kruttornet) 3 Haus der Fam. Donner (Hauptpostamt) 4 Burmeisterhaus ▷
(Burmeisterska Huset) 5 Museum ›Gotlands Fornsal‹ 6 Alte Apotheke 7 St. Katharina (St. Karin) 8 St. Marien
9 Heilig-Geist-Kirche 10 St. Nicolai 11 St. Clemens 12 St. Drotten 13 Kapitelhaus 14 St. Lars 15 St. Hans
und St. Per 16 St. Olof 17 Jungfrauenturm (Jungfrutornet) 18 Silverhättan (Kames) 19 Lübeckerbresche
20 St. Göran 21 Trojaburg 22 Galgenberg 23 Norderport (Nordtor) 24 Österport (Osttor) 25 Valdemars-
Kreuz (Valdemarskorset) 26 Söderport (Südtor) 27 Visborg-Schloßruine 28 Fährterminal*

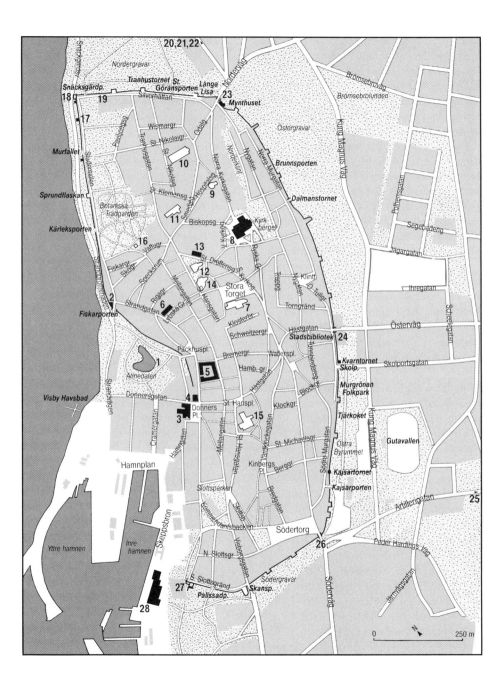

Snäcksgärds

Nordergravar

20,21,22

Norra väg

Tranhustornet St.
Göransporten Långa
Lisa 23

Snäcksgärdp.

Silverhättan Mynthuset

18 19

17

Murfallet

Wismargr.

St. Nikolaigr.

10

Tranhusgatan

Nickleg.

St. Klemensg.

Sprundflaskan

Botaniska
Trädgården

Kärleksporten

16

Hattugr.

Fiskargr.

Skolg.

Speckrum

Biskopsg.

11

13

12 14

Stora
Torget

2

Riggr.

Strandgatan 6

Urska Gr.

7

Hansgatan

Fiskarporten

1

Almedalen

Strandvägen

5

Visby Havsbad

Donnersgatan

4

Donners
Pl.

3

15

St. Hanspl.

Hamnplan

Cramérgatan

Hamngatan

Slottsparken

Kinbergs
Pl.

Yttre hamnen

Inre
hamnen

Skeppsbron

N. Slottsgr.

Kommendantsbacken

27 Palissadp.

Skansp.

28

Nordenväg

Österginen

Brunnsporten

Dalmanstornet

Kyrk
berget

8

St. Drottensg. Skyrkog.

Klintt

O. Tullgr.

Torngränd

Klosterbr.

Schweitzergr.

Packhuspl.

Bremergr.

Hamb. gr.

Wallerspl.

Hästgatan

Stadsbibliotek 24

Kvarntornet
Skolp.

Murgrönan
Folkpark

Tjärkoket

St. Michaelsgr.

Östra
Byrummet

Kajsartornet

Kajsarporten

Södertorg

26

Bredgatan

Södergravar

Södergravar

Bromsebrovag

Bromsebrolunden

Östergravar

Kung Magnus Väg

Pothemsgatan

Segebädeng

Jagargatan

Ihregatan

Österväg

Scheelegatan

Skolportsgatan

Gutavallen

Kung Magnus Väg

25

Artillerigatan

Peder Hardings Väg

Järnvägsgatan

Södervag

0   N   250 m

schaftliche Potenz der gotländischen Metropole im Norden tatsächlich einzigartig gewesen sein muß. Daß der in Kirchen, Wehrmauern und Bürgerhäusern dargestellte Reichtum heute z.T. in Trümmern liegt, hat dem Reiz der Stadt keinen Abbruch getan. Bereits 1741 setzte Linné die Ruinen in Relation zur Vergangenheit und notierte in seinem Reisetagebuch: »Diese Stadt scheint ein Modell von Rom selbst zu sein; (...) Ihre hohen Mauern von festem, behauenem Stein, ohne Zusatz von Ziegeln, ihre herrlichen Pfeiler und kunstvollen Gewölbe lenkten unsere Gedanken an die einstige Blüte dieser Stadt.«

Die Ruinen und Baudenkmäler, die Linné an Rom erinnerten, wurden auch bei anderen Künstlern und Reisenden zum Inbegriff der Visby-Romantik, die bis heute im Schlagwort von der ›Stadt der Rosen und Ruinen‹ fortlebt. Bereits 1810 unter Denkmalschutz gestellt, konnte das mittelalterliche Ensemble ungestört auch die moderne urbane Expansion überdauern; pietätvoll breitete sich die Neustadt nur in gehörigem Abstand zur Wehrmauer aus. Durch einen Grüngürtel mit Wallgräben, Parkbänken und Spazierwegen getrennt, ist Visby seitdem also in ›die Stadt innerhalb der Mauern‹ *(Staden inanför murarne)* und ›die Stadt außerhalb der Mauern‹ *(Staden utanför murarne)* unterteilt.

Im folgenden ist ein Rundgang beschrieben, der die wichtigsten Sehenswürdigkeiten innerhalb der Altstadt beinhaltet; anschließend werden Punkte der Stadtmauer und leicht zu Fuß zu erreichende Ziele jenseits davon vorgestellt; die Nummern (in eckigen Klammern) beziehen sich dabei jeweils auf den Stadtplan auf S. 121. Einige der Kirchenruinen (Nicolai, Heilig-Geist, Katharina) sind in der Saison für Besucher geöffnet (Eintritt), außerhalb dieser Zeit und für die anderen Ruinen hält das Fornsal-Museum Schlüssel bereit.

Almedalen [1] Der ehemalige Hafen *(hansahamnen)* der Handelsstadt ist als Startpunkt für einen Rundgang gut geeignet, gleichzeitig bietet er einen überwältigenden Blick auf die sich amphitheatralisch ausbreitende Stadt und damit eine erste umfassende Orientierungsmöglichkeit (Farbabb. 11). Man sieht die Westtürme der Kirchenruinen und über allem die schwarzen Hauben der Marienkirche, man sieht die Treppengiebel mittelalterlicher Packhäuser und im Vordergrund eine niedrige Mauer mit schmalen Portalen. Diese war früher Teil der seeseitigen Befestigung, und der hübsche Park, der heute Almedalen ausmacht, ist nichts anderes als aufgeschüttetes Erdreich über einem ohnehin schon versandeten Hafen. Da der ursprüngliche Wasserspiegel niedriger als etwa das Niveau des heutigen Teiches lag, hatten auch die Tore eine komfortablere Höhe. Durch sie also wurden die Waren getragen, die die dickbauchigen Koggen anlandeten oder abholten. In dem Gedränge und der Geschäftigkeit der damaligen Metropole können die nebeneinanderliegenden Tore in einer Art ›Einbahnstraßensystem‹ fungiert und den reibungslosen Transport zu den langen Holzstegen ermöglicht haben. Diese hatte man wegen des Tiefgangs der hanseatischen Segler weit ins Hafenbecken hinaus gebaut.

Neben den gut sichtbaren und den zugemauerten Portalen war das *Fischertor* (Fiskarporten) am nordwestlichen Hafenende eines der größten. Sofort neben ihm erhebt sich trotzig der **Pulverturm** *(Kruttornet)* [2] Dieser Verteidigungsturm hat wahrscheinlich schon *vor* der Errichtung der ersten Stadtmauer bestanden und wird allgemein in die Mitte des 12. Jh. datiert –

Ehemaliges Fiskeläge am Pulverturm in Visby, Radierung des 19. Jh.

damit wäre er einer der ältesten Steinbauten der Insel. Er hatte die Aufgabe, in kriegerischen Zeiten die Hafeneinfahrt zu beschützen, und wurde darin sicherlich von einem ähnlich gearteten Gegenüber auf der anderen Seite unterstützt. Wie die ländlichen Kastale, für die der Pulverturm Vorbild gewesen sein wird, hat er eine hochgelegene, schmale Einlaßpforte. Dahinter verbergen sich Wächtergänge, gewölbte Räume und Treppen, über die man bis zur Mauerkrone gelangt. Da das mächtige, rechteckige Bauwerk anders als die meisten Tortürme keine Heizmöglichkeiten hatte, wird hier auch kein Vogt gewohnt haben. Seinen Namen trägt der Bau übrigens seit 1724, als in ihm das Pulvermagazin eingerichtet wurde; im Mittelalter wurde er u. a. ›Lammturm‹ und ›Strandturm‹ genannt.

Die Innenstadt

Vom Almedalen gelangt man an einem schönen Jugendstilbau vorbei und durch ein niedriges Tor der Wehrmauer auf den großzügigen *Donners Plats*. Er wird dominiert von dem hochherrschaftlichen gelben **Haus der Kaufmannsfamilie Donner** (nun *Hauptpostamt*) [3], das um 1800 seine jetzige Form erhielt. Trotz der klassizistischen Fassade birgt die Mittelpartie des ›Stadtpalastes‹ die alte Bausubstanz eines Packhauses mit Treppengiebeln. Auch das *Stadthotel* schräg gegenüber und weitere Häuser auf der Strandgatan sind unverkennbar mittelalterlicher Herkunft. Einige Schritte nach rechts (Süden) befindet sich sogar ein sonst seltenes gotisches

Visby, das Burmeisterhaus und Blick in die Strandgatan, Radierung des 19. Jh.

Backsteinhaus mit Blendnischen, während das Holzgebäude die *Alte Residenz* des ersten schwedischen Gouverneurs darstellt.

Gegenüber dem *Naturhistorischen Museum,* am nördlichen Abschluß des Donners Plats, liegt als weitere Sehenswürdigkeit das **Burmeisterhaus** *(Burmeisterska Huset)* [4]. Das zweistöckige, kombinierte Holz-/Fachwerkhaus (Abb. 22) aus der Mitte des 17. Jh. (nun Touristeninformation *Gotlands Turistbyrån*) trägt den Namen nach seinem ehemaligen Besitzer, dem aus Lübeck eingewanderten Hans Burmeister. In den Räumen des Erdgeschosses sind einige schöne Sandsteinarbeiten zu sehen, der erste Stock (Eintritt), über und über mit Wandmalereien versehen, stellt einen der größten Schätze gotländischer Rokoko-Kunst dar. Neben den von Johan Bartsch gemalten Szenen (exotische Landschaften, Jagdmotive, Illustrationen des Alten Testamentes) sind auch die Glasmalereien, die Möblierung und der repräsentative Sandsteinkamin von überdurchschnittlicher Qualität.

Trotzdem markiert eine solche Architektur die engen ökonomischen Grenzen des Spätmittelalters und der Neuzeit und steht im seltsamen Kontrast zu den Steinpalästen der glanzvollen Vergangenheit. Selbst das mit großem Aufwand hergerichtete Domizil der Familie Donner oder die Residenz des hanseatischen Kaufmanns Burmeister wirken gegenüber den hochragenden Bürgerbauten des 13. Jh., die man entlang der Strandgatan sehen kann, fast ärmlich. Dazu zählt u. a. das *Langesche Haus* mit seinen Treppengiebeln und auch, sofort dahinter, ein Teil des *Provinzmuseums (länsmuseet) Gotlands Fornsal.*

Das Museum Gotlands Fornsal [5]

Das Fornsal-Museum, eigentlich ›Gotlands Historisches Museum‹ oder ›Gotlands Fornsal‹, ist nicht nur das wichtigste Provinzmuseum Schwedens, sondern wegen der einzigartigen gotländischen Kulturdichte eines der wichtigsten Nordeuropas. Naturgemäß liegt der Schwerpunkt der Sammlungen auf Vorgeschichte und Mittelalter, wobei allein schon die Bildsteinexponate, die sogenannte ›Schatzkammer‹ oder die ausgewählten Beispiele der insularen Kirchenkunst für sich einen Besuch wert sind. Der größte Teil des markanten gelben Gebäudes an der Strandgatan wurde 1770 als königliche Brennerei errichtet, aber auch ein mittelalterliches Packhaus ist Bestandteil des Fornsal.

Am sinnvollsten ist ein Rundgang, der (evtl. unter Auslassung des 2. und 3. Stockwerks) der Numerierung der Räume folgt und sofort nach dem Eingang mit dem Bildsteinsaal im *Erdgeschoß* beginnt.

Saal 1: Einige der schönsten Beispiele der Bildsteinkunst, chronologisch geordnet. Die Steine der ältesten Gruppe sind links, die der zweiten und dritten Gruppe in der Mitte und die der jüngeren Gruppe rechts angeordnet (s. S. 58). Den Abschluß bilden rechts vom Eingang Runensteine der christlichen Zeit und ein steinernes Radkreuz aus dem 15. Jh.

Saal 2: Gräber verschiedener prähistorischer Zeitabschnitte, in der originalen Fundsituation oder einer graphischen Übersicht präsentiert. Das älteste Grab stammt aus dem Mesolithikum, das jüngste aus einem wikingerzeitlichen Gräberfeld. Besonders interessant ist der eisenzeitliche Fund von Lilla Ihre mit den Knochenresten des Verstorbenen und eines Hundes. An der Wand sind einige ›Sonnensteine‹ aufgestellt, skulptierte Schlußsteine vendelzeitlicher Grabhügel.

Über eine Treppe gelangt man zum ›Forum‹ *(Saal 21),* das für Vorträge und Sonderausstellungen vorgesehen ist, und zu den Sälen des *ersten Stocks.*

Saal 3: Werkzeuge, Waffen, Schmuck, Hausgerät usw. geben in 16 Vitrinen eine Übersicht der Entwicklung von der Steinzeit bis zur Wikingerzeit. In Vitrine 10 sind einige Funde aus Vallhagar ausgestellt. Modelle und Landkarten zeigen Gotlands postglaziale Entstehung, prähistorische Verteidigungswerke und die wikingische Expansion.

Saal 4: Sogenannte ›Schatzkammer‹ mit einigen der größten Schätze, die aus gotländischer Erde geborgen wurden, u. a. mit einer repräsentativen Übersicht oströmischer, arabischer, angelsächsischer und fränkischer Münzen, Goldgegenständen sowie Silberringen und -barren. In den Vorräumen sind der berühmte Havorschatz und originale Exponate (u. a. Stabkirchenreste) zur Dokumentation des Übergangs vom Heiden- zum Christentum ausgestellt.

Saal 5: Die weltliche Kultur des Mittelalters ist Thema dieses Raumes. Dazu gehören u. a. Siegelringe, Arbeitsgerät, Waffen sowie Modelle mittelalterlicher Bauernhöfe und der Festung Visborg. In einer Vitrine dokumentierten Funde aus den Gräbern von Korsbetningen das Gemetzel der Truppen Valdemar Atterdags vor den Toren der Stadt Visby. Daneben hängt als Dauerleihgabe des Stockholmer

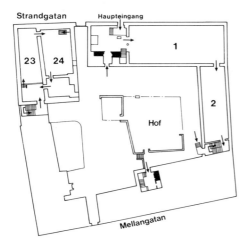

Visby, Museum Gotlands Fornsal

Erdgeschoß
1 *Bild- und Runensteine*
2 *Prähistorische Gräber*
23 *Stadtgeschichte und Hanse*
24 *Hansasaal – originaler Hochkeller*

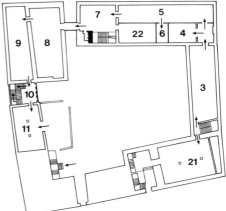

1. Stockwerk
3 *Erdfunde von der Steinzeit bis zum Mittelalter*
4 *›Schatzkammer‹; Münz- und Schatzfunde aus Wikingerzeit und frühem Mittelalter*
5 *Kulturgeschichte von Stadt und Land*
6 *Bildvorführraum*
7 *Informationen, Bücherstand, Souvenirs (Museumsladen)*
8 *Romanische Kirchenkunst*
9 *Gotische Kirchenkunst*
10 *Sakrale Textilkunst, Kirchenmodelle*
11 *Kirchliche Kunst des Spätmittelalters und der neueren Zeit*
21 *Forum, Sonderausstellung*
22 *Erfrischungen*

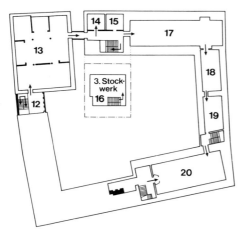

2. und 3. Stockwerk
Volkskundliche Sammlungen
12 *Musikinstrumente*
13 *Häusliches Kunsthandwerk 1500–1900*
14 *Bauernstube*
15 *Handelsbude von ca. 1900*
16 *Seefahrt*
17 *Alltagskultur, Trachten, Gotland vor 100 Jahren*
18, 19 *Gotländische Kunst, Sonderausstellungen*
20 *Vortragsraum ›Sävesalen‹*

Innenhof
Exponate aus Vorgeschichte und Mittelalter

Kopie der romanischen Viklau-Madonna

Nationalmuseums das Gemälde ›Valdemar Atterdag brandschatzt Visby 1361‹, von Carl Gustaf Hellqvist 1882 in München gemalt.

Es folgen das zweite Treppenhaus und Räume mit einem sehr gut sortierten Verkaufsstand (Literatur, Postkarten, Repliken usw.) und Erfrischungen. Zu den folgenden Räumen (ebenfalls im ersten Stock) gelangt man durch einen Gang.

Saal 8: Mittelalterliche Kirchenkunst bis 1250. Unter anderem werden verzierte Holzplanken von Stabkirchen, Glasmalereien, die Kopie der berühmten Viklau-Madonna, Beispiele romanischer Taufsteine und Triumphkruzifixe, die thronende Madonna aus der Marienkirche, Kirchenmodelle und Mobiliar gezeigt.

Saal 9: Mittelalterliche Kirchenkunst ab 1250. An der Stirnseite des Raumes ist eine beeindruckende Zusammenstellung gotischer Holzskulpturen (u. a. St. Olav) zu sehen (Abb. 20), direkt neben dem Eingang als edelste Figur die berühmte Öja-Madonna (Abb. 18). Weitere Exponate sind Hostiarien, Triumphkruzifixe, Glasmalereien, skulptierte Steinarbeiten, eine Alabasterfigur, wertvolles Kirchengerät.

Saal 10: Drittes Treppenhaus. Im Modell ist der Soester Patroklus-Dom dargestellt, eine wichtige architektonische Einflußinstanz für Gotland. In Wandkästen sieht man flämische Kirchenteppiche des 17. und 18. Jh.

Saal 11: Spätmittelalterliche und neuzeitliche Kirchenkunst. Barocke Kanzeln, Triumph-

Adam und Eva, Glasfenster des 17. Jh. aus einem Bürgerhaus

kruzifixe und eine lebensgroße Reiterfigur (evtl. Lehnsherr Tott in der Person des hl. Georg) dokumentieren die Zeit des kulturellen Niedergangs (Abb. 19).

Über das Treppenhaus (Saal 10) gelangt man in den *zweiten* und *dritten Stock*, wo in den *Sälen 12–20* u. a. Musikinstrumente, Trachten, rekonstruierte Bürger- und Bauernstuben, Exponate zum Zunftwesen oder zur neuzeitlichen Seefahrt ausgestellt sind. Im Säve-Saal finden Vorträge und Sonderausstellungen statt. Bei nicht allzuviel Zeit sind jedoch zwei Räume im mittelalterlichen Teil des *Erdgeschosses* wichtiger, die man über die Treppe vom Saal 10 aus erreicht.

Saal 23: Seefahrt und Hansezeit. Modelle und Graphiken erläutern die Entwicklung Visbys von der Wikingersiedlung bis zur Hansestadt sowie den Bau der Stadtmauer; weiter sind eine Kogge im Maßstab 1:5 und ein Wikingerschiffsmodell aufgebaut.

Saal 24: Hanseatisches Packhaus. Neben der nachgestellten Szene eines mittelalterlichen Kaufmannshofes (Handelswaren, Waage, Kostüme u. a.) ist die Architektur des Raumes sehenswert: ein eingewölbter und säulengestützter sogen. Hochkeller, der mit einer Balkendecke in zwei Etagen unterteilt ist.

Zum Schluß sollte man nicht versäumen, sich auch den *Innenhof* des Museums anzuschauen. In den Boden hat man hier Abgüsse bronzezeitlicher Felszeichnungen (von Hägvide) eingelassen, aber auch ein prähistorischer Opferstein, ein originales Visbyer Stadttor, alte Hauseingänge, Meilensteine u. a. sind hier zusammengetragen.

Zurück auf der *Strandgatan* passiert man einige der schönsten Profangebäude Visbys. Dieser erste der mittelalterlichen Verkehrswege war eigentlich eher ein Marktplatz als eine Straße. Dicht an dicht standen hier die mehrstöckigen *Packhäuser* (s. S. 64 f.) zur Stadtseite, während der Platz zur Seemauer hin ausgespart war (mit Ausnahme des Kalbshauthauses; s. u.). Gegenüber dem *Liljehornschen Haus,* einem der mächtigsten Steinhäuser Visbys, liegt der kleine *Packhausplatz (packhusplan),* der in früheren Zeiten auch Rolandsmarkt genannt wurde. Wahrscheinlich hat sich hier als Symbolfigur des Marktrechtes eine Statue des Ritters Roland befunden, so wie sie ja immer noch beispielsweise in Bremen existiert. Auch das *Clematishaus,* obwohl nur zweistöckig, ist mittelalterlichen Ursprungs und rahmt den mit seinem Springbrunnen fast südländisch wirkenden Platz ein.

Ein ummauerter Garten mit einer Gaststätte ist jener Platz, auf dem sich einmal Visbys wohl prachtvollstes Profangebäude aus Stein befunden hat, das sogenannte *Kalbshauthaus (Kalvskinnshus).* Dessen Entstehungsgeschichte ist auch aus anderen Zusammenhängen bekannt; danach hat im Jahre 1312 König Birger Magnusson ein Grundstück von der Größe einer Kalbshaut gefordert und auch zugebilligt bekommen, woraufhin er ein solches Fell in dünne Streifen schnitt und damit ein sehr großes Areal abmaß. Jedenfalls sind die ansehnlichen *Fundamente* (42 × 21 m) dieses Stadtpalastes freigelegt worden, und daß es sich um ein außergewöhnliches Gebäude gehandelt haben mußte, macht schon seine Lage am alten Marktplatz deutlich. Es diente als Rathaus und wird darüber hinaus die Funktion eines Fest- und Repräsentationsraumes, vergleichbar dem Gürzenich in Köln, gehabt haben, ebenso

2 THORSBURG   Teil der Trockenmauer
◁ 1 BUNGE   Wikingischer Bildstein (Lärbro Hamars) im Freilichtmuseum
3 GNISVÄRD   Bronzezeitliche Schiffssetzung

5 VISBY   Nördliche Partie der Stadtmauer ▷

4 LOJSTA   Rekonstruktion einer eisenzeitlichen Halle

6   VISBY   Altstadtidylle an der Fiskargränd

7, 8   VISBY   Café in den Ruinen von St. Hans und St. Per und Kinder während der ›Mittelalterwoche‹

9   VISBY   Der Yachthafen

10   VISBY   Strandszene am Pulverturm

11   VISBY   Blick von Almedalen ▷

12 VISBY Altstadt mit der Kirchenruine St. Katharina

13 VISBY Häuschen in den Festungsruinen der Visborg

14 LICKERSHAMN Fischerdorf im Nordwesten

15 KATTHAMMARSVIK Kleiner Hafen an der Ostküste

16 KYLLAJ Strandritterhof des 18. Jh.

17 KATTLUNDSGÅRD Mittelalterlicher Bauernhof

18 STORA KARLSÖ   Leuchtturm auf Västerberget

19 FRIDHEM   Prinzessin Eugénies Sommersitz

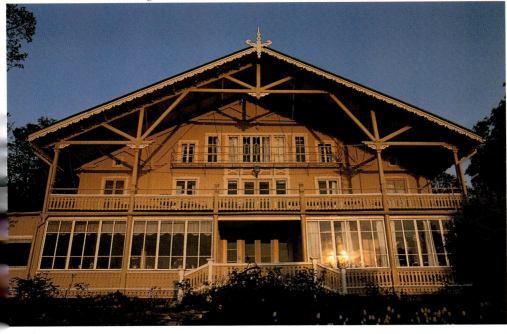

21, 22   Mittelalterliche Glasmalereien der Kirchen von Silte und Lye
20   FRÖJEL   Romanische Kirche mit gotischem Chor von etwa 1300
23   STENKYRKA   Blick in das zweischiffige Langhaus

24 MÄSTERBY Kalkmalereien über dem Triumphbogen

26 ÖJA Triumphkruzifix vom Ende des 13. Jh.

25 SILTE Altartafel mit Figuren des 13. Jh.

27 Bockwindmühle in Mittelgotland

28 Langhornrinder bei Gammelgarn

29 BRO Portal zum ehemaligen Pfarrhof

30 Gotlandpferde im Inselinneren

31 Altes Steinkreuz bei Dalhem

32 TRULLHALSAR Gräberfeld im Kiefernwald

33 Binnensee in der Nähe von Lojsta

34 Blumenwiese bei Lummelunda

35 Typische Küstenlandschaft im Norden ▷

36 STORA KARLSÖ Nördliche Strandpartie

37 Raukar von Langhammars auf Fårö

wie die einer Börse und einer Lager- und Verkaufshalle für Wein (der Name *Vinhus* ist über-liefert).

Folgt man weiter der Strandgatan, kommt man zu anderen schönen Beispielen mittelalter-licher Baukunst, allen voran der **Alten Apotheke** [6] (Abb. 24), und erreicht schließlich das Fischertor am Pulverturm. Die halbkreisförmig gebogene Strandgatan markiert übrigens den alten Küstenverlauf und trägt ihren Namen also zu Recht, während die Gassen, die nach rechts auf die erste Terrasse hinaufführen, erst im 19. Jh. nach den Handelspartnern des alten Visby benannt worden sind (Novgorodgränd, Wismargränd, Lübskagränd, Bremergränd usw.).

Auf unserem Rundgang verlassen wir die Strandgatan am Packhausplatz über die *Danziger-gränd* und erreichen bald die zweite der mittelalterlichen Hauptstraßen, die *Mellangatan* (= Zwischenstraße). Über diese hinaus passiert man in der Verlängerung den *Rathausplatz (Rådhusplan)* mit einem großbürgerlichen *Rathaus* (Mitte 18. Jh.). Hier ist man bereits auf der dritten Visbyer Längsachse, der *St. Hansgatan,* wo man sich ein kleines Stück nach links wendet. Über die Sta. Katharinagatan kommt man bald darauf rechts zum großen Marktplatz der Stadt, dem *Stora Torget.* Zum Westen von Häusern mit mittelalterlicher Substanz (Restaurant ›Gutekällaren‹) umgeben, wird er im Süden von der Kirchenruine **St. Katharina** (= *St. Karin)* [7] begrenzt (Farbabb. 12). Dieser Bau, der dem Bettelorden der Franziskaner (= ›Graubrüder‹) gehörte, ist die wohl schönste Ruine der Stadt, die man nicht erst seit Beginn der ›Ruinen-romantik‹ in zahllosen Aquarellen, Stichen und Ölgemälden immer wieder dargestellt hat. Die harmonische Stimmung wird besonders durch die schöne Reihung der Pfeiler und Konsolen, den efeuüberwucherten, hochgotischen Chor und die dünnen Gurtbögen hervorgerufen; sie macht trotz des Verfalls St. Katharina zu einem puren Architekturerlebnis (Abb. 21). Nachdem der Orden um etwa 1230 auf die Insel gekommen war, konnte kurze Zeit später mit der Errich-tung des Klosters begonnen werden, dessen Kirche im Lauf der Zeit jedoch mehrfach umgebaut wurde. Vom ältesten Bau, der einschiffig und turmlos war und bereits den geradlinig abgeschlos-senen Chor besaß, ist nur der heutige westliche Raum erhalten. In einer zweiten Etappe wurde die Kirche zu Beginn des 14. Jh. in eine dreischiffige Halle verwandelt. 1376 schließlich begann man, den geraden Chorabschluß durch einen polygonalen zu ersetzen (s. St. Nicolai) und das Langhaus neu einzuwölben. Ein solch kostspieliges Vorhaben beweist, daß selbst kurze Zeit nach der Pest und dem dänischen Überfall von 1361 wenigstens die Mönchsorden noch über ausreichende Geldmittel verfügten. 1402 aber stürzten zwei der Gewölbe, für die man Ziegel-steine statt des sonst üblichen Kalksteins genommen hatte, ein. Weitere Katastrophen und schließlich die Säkularisierung sorgten dafür, daß der Bau nie vollendet werden konnte.

Direkt südlich schlossen sich an die Kirche der *Kreuzgang* und *Klosterbauten* an, zu denen vom Gotteshaus einige noch sichtbare Portale führten. Vom *Konvent* ist heute nicht mehr viel erhalten, mit Ausnahme des westlichen Gebäudes, das in den Sommermonaten als Ausstellungs-saal geöffnet ist. Hier sind neben der Architektur an sich auch die dort ausgestellten Modelle der Visbyer Kirchen sehenswert, außerdem viele Bauteile des ehemaligen Klosters und im Keller schließlich schöne Grabsteine sowie Überreste der mittelalterlichen Heizungsanlage (Hypo-caustum). Nach dem Lübecker Angriff und der Reformation wurden die zerstörten Gebäude kurzfristig als Hospital eingerichtet, später dann aber aufgegeben.

Auch ein ebenfalls nicht mehr erhaltenes Rathaus (ein zweites lag an der Strandgatan) befand sich auf dem Großen Markt, und zwar direkt gegenüber der Klosterkirche von St. Katharina. Mit dieser war es durch große Gewölbestützen verbunden, deren letzte Reste in den 1870er Jahren entfernt worden sind. Die Nordfassade der Kirche war also im Mittelalter nie frei zu sehen und war schon allein aus diesem Grund ohne jeglichen Schmuck.

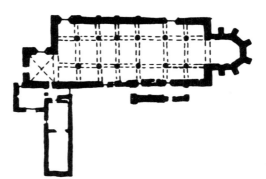

Visby, Kirchenruine St. Katharina und erhaltene Gebäude des Franziskanerklosters, Grundriß

Durch die schöne ›südliche Kirchstraße‹ *(Södra Kyrkogatan)*, nahe vorbei am mittelalterlichen *Häggschen Haus* mit typischem Hochkeller und Treppengiebeln, und vorbei an der Stelle, wo 1971 Ausgrabungen eine *Russische Kirche* von etwa 1200 nachgewiesen haben, erreicht man die auf einem freien Platz am nördlichen Terrassenabsatz gelegene Domkirche **St. Marien** [8]. Sie ist als einziges der mittelalterlichen Gotteshäuser komplett erhalten und in Benutzung, und außerdem ist sie eine der schönsten Kirchen Schwedens (Umschlagvorderseite)! Ursprünglich als Faktorei (= Kaufmanns)kirche der deutschen Gotlandfahrer geplant, dann aber als deutsche Gemeindekirche zu Ende geführt und als solche 1225 vom Linköpinger Bischof eingeweiht, ist das heutige Aussehen der Kathedrale das Resultat mehrerer komplizierter Bauphasen, Veränderungen und Restaurierungen. Dabei wurde die alte dreischiffige Basilika mit Westturm, Querhaus und Apsischor (1175–1225) nach westfälischen Vorbildern schrittweise von Osten nach Westen vergrößert und erhöht. Um 1240 besaß sie nicht nur einen geraden Chorabschluß (der bald darauf an fast allen Landkirchen nachgeahmt wurde) und zwei schlanke Osttürme mit oktogonalem Oberteil, sondern wurde bereits durch Erhöhung der Seitenschiffe und Neueinwölbung in eine Hallenkirche umgestaltet. Um 1260 ist diese Entwicklung abgeschlossen, und auch der alte Westturm mit seinen Pultdächern wurde mit einem höheren Helm versehen. Ab 1300 begann man, das Mittelschiff und die Osttürme zu erhöhen. Während dadurch das Äußere wieder den Eindruck einer Basilika bekam, blieb man im Inneren bei der Hallenlösung, so daß sich die ›Obergadenfenster‹ nur zu einem mächtigen Dachboden öffneten. Gleichzeitig wurde zum Süden hin eine geräumige Vorhalle, die sogenannte Große Kapelle, erstellt und im gotischen Stil mit Strebepfeilern, Fialen, Maßwerkfenstern, Wasserspeiern u.ä. ausgeschmückt. 1423 schließlich stockte man den bisher recht gedrungenen Westturm auf. In dieser Form erlebte die Marienkirche den Überfall Lübecks (1525) und kurze Zeit später die Reformation.

Wenn auch beschädigt, entschloß man sich doch, die Marienkirche als einzige wieder instand zu setzen, denn sie war zentral gelegen, hatte einen großen Innenraum und besaß eine (im Vergleich zu St. Hans und St. Per) gleichmäßigere Architektur. So bot sie sich auch ab 1572 dem protestantischen Bischof von Gotland als Domkirche an. Weitere Veränderungen entstanden durch Brände, die die Turmhelme zerstörten und das Aufsetzen der hölzernen Barockhauben (1746,

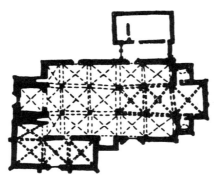

Visby, Domkirche St. Marien mit den Anbauten der Großen Kapelle im Süden und der Sakristei im Norden, Grundriß

1761) notwendig machten. Kurz danach (1764) überdeckte man die edle Gotik der Großen Kapelle mit einem klassizistischen Giebel, der bis 1898 vorgeblendet blieb. 1979–85 wurde die Marienkirche wieder umfassend restauriert und anschließend der nördliche Vorplatz erneuert.

Ein *äußerer Rundgang* beginnt am Renaissance-Portal, das ursprünglich Endpunkt der Södra Kyrkogatan war. Von hier aus hat man einen schönen Blick auf den Kirchhof und den Treppenweg zur oberen Terrasse *(klint)*. Der Weg dorthin lohnt sich übrigens, weil die Gesamtanlage aus der anderen (erhöhten) Perspektive besser überschaubar wird. Bestandteil des Ensembles ist auch jenes mittelalterliche Wohnhaus am Treppengang, das nach dem Künstler Johan Bartsch, der hier während des 17. Jh. wohnte, *Johan Målares hus* genannt wird. Wenn auch nur das Resultat umfangreicher Restaurierungen und Rekonstruktionen, ist doch die überreiche hochgotische Fassade der *Großen Kapelle* der augenfälligste Baukörper an der Südseite des Domes. Weitgehend original erhalten (mit Ausnahme des Tympanonreliefs) ist dagegen das weiter östlich gelegene Brautportal, einer der schönsten romanischen Eingänge auf der Insel. Wenn man nun zwischen dem Ostabschluß und der Kalksteinterrasse hindurchgeht, fallen rechterhand die vielen an den Felsen gelehnten Grabsteine auf. Am Ostgiebel gegenüber ragt ein hölzerner, als Löwe skulptierter Hebebaum hervor, mit dem man früher den großen Speicher bestücken konnte. Dieser wurde von den deutschen Kaufleuten als zentrales Warenlager genutzt, sicher aber auch für Dokumente und andere Wertgegenstände. Auf der Nordseite kommt man schließlich an einem schön erhaltenen weißgekalkten Kirchhofsportal *(stiglucka)* mit Treppengiebeln vorbei. Früher waren diese und andere Pforten Teile einer den ganzen Kirchhof umgebenden Mauer, die man erst im 19. Jh. entfernte.

Bei der *Innenbesichtigung* gelangt man durch das Westportal zunächst in eine Vorhalle, die mit Epitaphien und einer ehemaligen Geldtruhe geschmückt ist. Dazu besaßen außer dem

155

deutschen Stadtrat von Visby auch die Räte von Dortmund, Lübeck und Soest je einen Schlüssel. Neben der Vorhalle führen zwei symmetrisch angelegte Treppen in das obere Stockwerk des Turmes, von wo man durch Loggienöffnungen den Gottesdienst verfolgen konnte. Das Innere des Langhauses ist durch die harmonischen Abmessungen der dreischiffigen Halle bestimmt. Am Ende ihres nördlichen Schiffes steht das älteste Inventarstück der Kirche: ein (bildloser) *Taufstein* aus rötlichem Pseudomarmor, der größte auf Gotland überhaupt. An der Wand darüber überrascht die kunstreiche Vollplastik des Auferstandenen (aus der zweiten Hälfte des 13. Jh.), die vielleicht bei den jährlich stattfindenden Himmelfahrtsspielen benutzt wurde: durch ein Loch im Gewölbe soll sie dabei auf den Dachboden der Kirche gezogen worden und somit tatsächlich ›in den Himmel aufgefahren‹ sein... Der Chor, dessen Boden mit alten Grabsteinen förmlich übersät ist, wird vom Altaraufsatz des Künstlers A. H. Hägg dominiert, einer neugotischen und wenig qualitätvollen Arbeit von 1905. Interessanter ist das *Epitaphium* an der nördlichen Chorwand, das an die Seekatastrophe von 1566 erinnert. Etwa 6000 Menschen waren damals im Sturm unmittelbar vor Visby ums Leben gekommen, unter ihnen der Lübecker Bürgermeister Tinnapfel. Weitere Epitaphien, Wappenschilder und Sandsteinaufsätze, darunter manches gelungene Stück, dokumentieren den kulturellen Standard der nachreformatorischen Zeit. Überdurchschnittlich hingegen ist die prächtige Kanzel aus Walnußholz, die Ende des 17. Jh. in Lübeck gefertigt wurde. Unbedingt sehenswert ist auch der Andachtsraum der Großen Kapelle, die in einem wunderbaren gotischen Innenraum mit einem knienden Konsolenträger und anderen Kostbarkeiten aufwarten kann.

Von der Marienkirche sind es, am Kirchhofsportal vorbei, nur wenige Meter auf der Norra Kyrkogatan bis zur nächsten Sehenswürdigkeit, der **Heilig-Geist-Kirche** (= ›Helge And‹) [9]. Diese Kirchenruine ist zwar relativ klein, aber wegen ihrer originellen Architektur und ihres guten Erhaltungszustandes eine der wichtigsten des Landes (Abb. 25). Ihren Namen hat sie nach

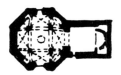

Visby, Heilig-Geist-Kirche, Erdgeschoß, Grundriß

dem Heilig-Geist-Hospital, in dessen Besitz die Kirche offensichtlich erst in nachreformatorischer Zeit gelangte. Wer der ursprüngliche Bauherr war, bleibt ungewiß, in der Literatur wurde u.a. der Bischof Albert von Riga vorgeschlagen. Das Außergewöhnliche der Kirche ist ihr zweistöckiger, oktogonaler Aufbau, der von der Aachener Pfalzkapelle beeinflußt sein kann. An den Kirchenraum schließt sich im Osten ein rechteckiger Chor an, der im Inneren jedoch einen apsidialen Halbkreis aufweist. Dadurch entstanden in den Ecken Zwickel, und zwar auf jeder Seite drei übereinanderliegende, tonnengewölbte Räume. Sie waren durch Treppen und Gänge miteinander verbunden und dienten wahrscheinlich als Sakristei. Trotz des merkwürdigen Chores hat die Kirche insgesamt den Charakter eines Zentralbaus.

Das Erdgeschoß, das man durch ein schönes Südportal betritt, wird von vier Achteck-Pfeilern unterteilt, die mit schweren Gurtbögen die Deckengewölbe tragen. In der Mitte ermöglicht die

Visby, Heilig-Geist-Kirche, Zustand des oberen Stockwerks im 19. Jh. Nach einer Zeichnung von C. S. Hall-beck, 1878

große oktogonale Öffnung eine Sichtverbindung zum ersten Stockwerk. Während in den Wänden südlich und nördlich des Triumphbogens apsidiale Nischen für Seitenaltäre ausgespart sind, liegen ihnen im Westen zwei Treppen gegenüber, die zum Obergeschoß führen. Diese ver-laufen innerhalb der Mauern, öffnen sich aber mit Arkaden zum Zentralraum – eine ebenso edle wie merkwürdige Lösung, die Parallelen zur (zeitgleichen) staufischen Architektur auf-weist. Das Obergeschoß ist ein wenig niedriger und hat vier dicke Rundsäulen anstatt der unte-ren Achteck-Pfeiler. Außer dem oktogonalen Loch im Fußboden fallen hier die Altarnischen und der weite Bogen auf, durch den man eine Sichtverbindung zum Chorraum hat.

Über eine enge und steile Mauertreppe kann man vom ersten Stock zum Bodengeschoß hinaufsteigen, von dem sich ein herrlicher Blick auf die Ruine und die Stadt mit ihren Gassen, Häuserdächern, der Wehrmauer und der nahen Marienkirche bietet. Wie der zentrale Dach-abschluß ursprünglich aussah, ist nicht ganz geklärt. Vermutlich wird sich über den acht Seiten jeweils ein steiler Giebel (s. Lärbro-Kirche) erhoben haben, in der Mitte dann ein zusätzlicher höherer Turm (oder eine Kuppel). Von weitem mußte dadurch die Heilig-Geist-Kirche wie eine prächtig geschmückte, aufragende Krone wirken. Sowohl im Gesamtplan als auch in vielen Details steht die Kirche jedenfalls im Norden einzigartig dar, aber auch sonst wird man in der Baugeschichte schwer ein vergleichbares Beispiel finden können!

Wenn man die Kirchenruine in nördlicher Richtung über die Sta. Gertrudsgränd verläßt, pas-siert man kurz anschließend auf der rechten Seite die unscheinbaren Überreste der *St. Gertruds-*

kapelle. Wegen der Ritzzeichnung auf dem Tympanon, die neben der Schutzheiligen auch die Wappen der Adelsfamilien Tott und Bonde enthält, kann der Bau der kleinen Kapelle in das 15. Jh. datiert werden.

Wenige Schritte davon entfernt erhebt sich bereits die langgestreckte Ruine von **St. Nicolai** [10]. Wie St. Katharina war auch St. Nicolai die Kirche eines Bettelordens, nämlich der Dominikaner (= ›Schwarzbrüder‹). Diese scheinen vor 1230 nach Visby gekommen zu sein und eine damals bereits im Bau befindliche Faktoreikirche übernommen und nach ihren Gestaltungs-

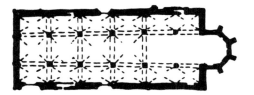

Visby, Kirchenruine St. Nicolai, Grundriß. Andere Gebäude des Dominikanerklosters sind nicht erhalten

prinzipien verändert zu haben. Einige Teile der alten Anlage wurden dabei wiederverwendet und an einem anderen Platz eingemauert, so z. B. die herrliche Fensterrose im Südwesten, deren Laibungen aus einem Stück gearbeitet sind und die ursprünglich wohl im Westen angebracht war. Auch das Portal darunter scheint der Vorgängerkirche angehört zu haben; in seinem Tympanonfeld zeigt es außen eine edle (leider von der Straße nur schwer einsehbare) Ritzzeichnung mit dem Kirchenvater Augustinus, dem hl. Nikolaus und einem Lilienornament. Beim Umbau wurde die dreischiffige Hallenkirche mit Apsischor und Stützenwechsel nach Osten und Westen verlängert und bekam einen geraden Chorabschluß. Jedem Joch entsprachen dabei in den Außenwänden zwei lange, schmale Fenster. Gekrönt wurde der Bau wohl von einem kleinen Dachreiter. Als Ordenskirche besaß St. Nicolai zwar keinen Turm, aber trotzdem eine üppig ausgestattete westliche ›Schauseite‹: ein breites, mit schönem Maßwerk versehenes Fenster öffnete sich zum Mittelschiff und entsprechend zwei kleinere Fenster zu den Seitenschiffen; darüber war der Giebel in einzigartiger Weise mit Blendnischen und Backsteinornamenten ausgeschmückt. Die beiden Rosetten sollen dabei den Platz von zwei riesigen Karfunkelsteinen eingenommen haben, die früher bei Sonnenbestrahlung als ›Leuchtfeuer‹ fungierten und die Valdemar Atterdag herausbrechen ließ – so jedenfalls weiß es eine örtliche Geschichte.

Gegen Ende des 14. Jh., also nach der Brandschatzung Visbys, wurde in einem letzten Umbauschritt wie bei St. Katharina der gerade Chorabschluß durch einen polygonalen ersetzt. 1525 geriet das Kloster bei der Lübecker Erstürmung in Brand und wurde zerstört. Von den Konventsgebäuden, die sich nördlich der Kirche befanden, ist bis auf Spuren in der Fassade nichts mehr erhalten, während die Kirchenruine selbst mit ihren z. T. nicht eingestürzten Gewölbekuppen, ihren vielen baulichen Details und den schönen Abschlüssen zum Westen, Osten und Süden mit die sehenswerteste Visbys ist. Sie fungiert gleichzeitig als prachtvoller Rahmen der jährlich stattfindenden *Ruinenfestspiele* ›Petrus de Dacia‹. Dacia hieß jene Kirchenprovinz der Dominikaner, die die skandinavischen Länder umfaßte und deren Bestandteil der Konvent in

Visby, Westseite der St. Nicolai-Kirche mit Nischen, Rosetten und Fensteröffnungen. Gemälde des 19. Jh.

Visby war. Diesem stand seit 1283 ein gewisser Prior Petrus vor. Dessen platonische Liebesbeziehung zur Mystikerin Christina von Stommeln machte ihn zu einer geistesgeschichtlich interessanten Gestalt und sein intensiver Briefwechsel mit ihr (aufbewahrt in Jülich) gleichzeitig zum ›ersten Schriftsteller Schwedens‹. Sein Tod im Jahre 1289 wird im Zusammenhang mit dem gotländischen Bürgerkrieg gesehen, und sein Grab wird unter dem Chor der Kirche vermutet.

Über die Nikolaigatan, wo der Blick hoch zum Westschmuck des Giebels geht, und die St. Clemensgatan kommt man in wenigen Minuten zur Ruine von **St. Clemens** [11], die eine der wichtigsten und ältesten Gemeindekirchen der Stadt war. Die romanische Kirche aus der Mitte des 12. Jh. bestand aus einem kleinen Turm, einem einschiffigen Langhaus und einem Chor mit Apsis. In mehreren Abschnitten baute man das Gotteshaus später bis zu jener gotischen Gestalt um, deren Ruinen bis heute erhalten sind: der Westturm ist um den doppelten Umfang vergrößert und erhöht worden, über dem dreischiffigen Langhaus ersetzten neun Kreuzgewölbe die romanische Holzdecke, der breite Chor bekam einen geraden Abschluß. Der massige, gedrungene und strenge Baukörper aus der Mitte des 13. Jh. repräsentiert das, was man in der Baugeschichte den ›Visbystil‹ nennt.

Von hier aus geht quer durch den ältesten Stadtkern die *St. Hansgatan,* die nach der Strandgatan über die wichtigsten und schönsten mittelalterlichen Profangebäude verfügt. Anders als
jene ist die St. Hansgatan enger, gewundener und führt teilweise durch Bogengänge unter den
Häusern hindurch. Zunächst passiert man jedoch zwei Beispiele der reichhaltigen Sakralarchitektur Visbys: **St. Drotten** [12] war eine der Heiligen Dreifaltigkeit geweihte Gemeindekirche,
die in Etappen vom Anfang des 13. Jh. (Apsischor) bis zum 14. Jh. (Südkapelle) errichtet wurde.
Zum dreischiffigen Langhaus, das an das von St. Clemens erinnert, öffnet sich mit einer Bogen-

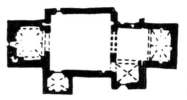

*Visby, Kirchenruine St. Clemens,
Grundriß*

öffnung das erste Stockwerk des Westturmes. Über zwei Treppen in den Mauern kann man
dieses Turmgeschoß erreichen. Aus Balkenlöchern im obersten erhaltenen Stockwerk schließt
man auf die Verteidigungsfunktion des Gebäudeteils, ähnlich der eines Kastals. Der Name
›Drotten‹ bedeutet soviel wie ›Herr‹ oder ›König‹ (s. skand.: ›drottning‹ = Königin).

Wenn man um die Kirche herumgeht, entdeckt man nicht nur die Ebenmäßigkeit der romanischen Apsis, sondern östlich davon auch eines der prachtvollsten Bürgerhäuser der Stadt, das
sogenannte **Kapitelhaus** [13]. Der Name ist vom 17. Jh. an belegt, und vermutlich wird damals
hier also ein hochgestellter Kirchenbeamter gewohnt haben. Wem das Haus im Mittelalter
gehörte, ist unklar. Die ausgewogene Architektur und vor allem die Schauseite mit ihren zwei-
geteilten Arkadenöffnungen im ersten Stock deuten jedenfalls daraufhin, daß es sich um eine
besonders reiche Person gehandelt haben muß ...

St. Lars [14], nur wenige Meter von St. Drotten entfernt und genau wie die Nachbarin zur
St. Hansgatan gerichtet, ist baugeschichtlich doch weit von den anderen Kirchen Visbys entfernt. Sie ist die einzige, die im Grundriß (ein über ein Quadrat gelegtes griechisches Kreuz)
noch byzantinischen Einfluß aufweist, und dürfte deswegen auch das Gotteshaus einer russischen Gilde gewesen sein, bevor sie Gemeindekirche wurde. Zunächst scheint sie sonst mit
ihrem Apsischor und den Resten eines Westturms dem üblichen Schema zu folgen, aber
letzterer ist eindeutig sekundär: ursprünglich besaß St. Lars über dem nun eingestürzten Mittel-
gewölbe einen zentralen Turm (oder eine Kuppel). Erst nach dessen Zusammenbruch und
einem zeitgleichen Brand wurde der Plan des Gebäudes geändert. Für viele Spekulationen haben
die Treppen und Gänge in den Mauern gesorgt, die auf verschiedenen Ebenen fast um die
ganze Kirche herumführen. Einige Gänge scheinen blind gegen eine Wand zu laufen, andere
wiederum nur durch Strickleitern oder Holztreppen erreichbar. Oft öffnen sie sich durch
Arkaden zum Kirchenraum. Ob hier Prozessionen oder andere, geheime Riten stattgefunden
haben, vermag heute keiner mehr zu sagen. Der Name der Kirche ist die skandinavische Ver-

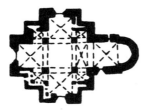

Visby, Kirchenruine St. Lars, Zentralbau mit Apsischor, Grundriß

kürzung ihres Schutzpatrons St. Laurentius; vielleicht war die Kirche aber auch St. Anna geweiht, wie es in einigen Dokumenten heißt, oder beiden Heiligen zusammen.

Dem Verlauf der St. Hansgatan folgend passiert man wieder den Rathausplatz und sofort anschließend einen historisierenden schloßartigen Komplex auf der linken Seite, ein Gymnasium *(St. Hansskolan)* aus der Mitte des 19. Jh. Auf der Ecke zur Bremergränd folgt ein aus mittelalterlichen und frühneuzeitlichen Teilen zusammengesetztes Haus *(P. A. Säves Hus)*. Schräg gegenüber ist in einem alten Schulgebäude von 1845 das 1988 eröffnete *Gotlands Konstmuseum* untergebracht.

Am nächsten Platz *(St. Hans Plan)* liegen, hinter einer Konditorei versteckt, die Ruinen der Doppelkirche **St. Hans und St. Per** [15]. Wie St. Olof wurden auch die einstmals aneinandergebauten und insgesamt einen riesigen Raum ergebenden Kirchen von St. Per (St. Peter) und St. Hans (Johannes d. T.) als Steinbruch benutzt. Aber selbst die wenigen erhaltenen Mauerreste, zwischen denen sich nun ein Café ausgebreitet hat, sind noch von grandiosen Dimensionen (Farbabb. 7). Genau wie St. Clemens ist *St. Per* eine der ältesten Gemeindekirchen gewesen und beide stehen zueinander jeweils als Endpunkte der St. Hansgatan in einer gewissen Beziehung. In der Gutasaga wurde St. Per als der Platz genannt, wo Botair von Akebäck die erste Kirche Gotlands errichtete, die natürlich ein kleiner Holzbau gewesen sein muß. In der Mitte des 12. Jh. begann man mit der Errichtung einer romanischen Anlage mit Langhaus und Apsischor. Etwa 50 Jahre später kam ein Westturm hinzu und wurde die Kirche eingewölbt. Gegen 1300

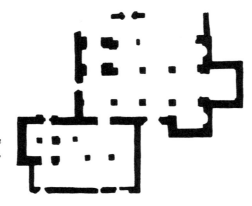

Visby, Doppelkirche St. Hans (oben) und St. Per (unten) mit ihren nachgewiesenen Mauern, Grundriß.
Vom Gebäude stehen nur noch geringe Reste

erweiterte man St. Per nach Süden, wodurch eine zweischiffige Halle entstand, und gab ihr einen geraden Chorabschluß. Vorher schon hatte man, da der schnell anwachsenden Gemeinde der Kirchenraum offenbar nicht ausreichte, direkt *nördlich* von St. Per eine völlig neue Kirche aufbauen lassen. Beide Gotteshäuser besaßen eine gemeinsame Seitenwand und waren durch eine Bogenöffnung miteinander verbunden. Die neue Kirche, *St. Hans,* war zunächst eine dreischiffige Basilika mit Querschiff, die man dann später nach Norden zu vier Schiffen (!) erweiterte und mit einem Turm versah. Zusammen hatten St. Hans und St. Per also sechs Schiffe, zwei Türme und verfügten über den größten Innenraum eines gotländischen Sakralgebäudes. Allein das Hauptportal von St. Hans kann mit seiner Breite von 3,30 m die Sonderstellung der Doppelkirche deutlich machen.

Folgt man vom St. Hans Plan der Hästgatan bergab, erreicht man nach wenigen Metern mit dem Donners-Platz und Almedalen den Ausgangspunkt des Rundganges.

Entlang der Stadtmauer

Wer es zeitlich einrichten kann, sollte einmal dem gesamten Verlauf der Stadtmauer folgen und dabei auch die nahen Ziele ›utanför murarne‹ besichtigen. Die verschiedenartigen Türme und Pforten, das Gelände mit seinen unterschiedlich hohen Terrassen (und unterschiedlich weiten Aussichten), die bei wechselnder Beleuchtung und wechselnden Perspektiven immer neuen Eindrücke und nicht zuletzt die Tatsache, daß man zwar zwischen Alt- und Neustadt wandert, sich aber trotzdem nur in der naturbelassenen Umgebung des Grüngürtels bewegt, machen den Rundgang zu einem gleichermaßen erholsamen wie interessanten Erlebnis (Farbabb. 5).

Auch für diese Strecke, die insgesamt etwa 5 km beträgt, ist der alte Hafen Almedalen ein geeigneter Startpunkt. Durch das Fischertor neben dem Pulverturm gelangt man zunächst in die Innenstadt, wo es auf der Strandgatan ein kurzes Stück nach links geht. Die beiden nach rechts abbiegenden Gassen – *Skogränd* und *Fiskargränd* – sind die vielleicht idyllischsten der Altstadt, wobei man besonders die Fiskargränd mit ihren kleinen Häuschen und einem wahren Blütenmeer von Stockrosen und anderen Blumen nicht versäumen darf (Farbabb. 6).

Die folgende Wegstrecke führt durch einen breiten Grüngürtel, dessen erster Teil als *Botanischer Garten (Botaniska Trädgården)* 1856 von der Gesellschaft ›Die Badenden Freunde‹ angelegt worden ist. Interessant sind hier nicht nur der herrliche Rosengarten (der Visbys Beinamen alle Ehre macht) und die auf dieser nördlichen Breite ungewöhnlichen Baumarten wie Akazie, Kastanie, Magnolie und Mandelbaum, sondern auch **St. Olof** [16], eine heute nur in wenigen Teilen erhaltene, efeubedeckte Ruine, die vermutlich zu Anfang des 13. Jh. als Basilika im gebundenen System erbaut wurde. Die dem Norwegerkönig Olav geweihte Kirche hatte als eine der ersten unter dem Angriff der Lübecker zu leiden. Später niemals wieder erneuert, wurde sie lange Zeit hindurch auch noch als Steinbruch mißbraucht, so daß nur noch Ansätze des Westturms und einige im Botanischen Garten aufgestellte Spolien zu sehen sind.

Von hier aus erreicht man quer durch den Park die nordwestliche Ecke der Stadtmauer. Sie ist zur Seeseite nicht sehr hoch und kann gut das Aussehen des Wehrbaus vermitteln, bevor dieser nach dem Bürgerkrieg von 1288 erhöht und mit etlichen Türmen versehen wurde. Die zur Innenseite angelegten spitzen Bögen trugen früher hölzerne Schützengänge. Einige Türme sind auch hier später angebaut worden, wovon der kleinste gleichzeitig der berühmteste ist: der **Jungfrauenturm** *(Jungfrutornet)* [17], der sich kurz vor dem Ende der seeseitigen Mauer über diese erhebt. Etliche Geschichten und Volksballaden, aber auch Gemälde, Romane und Gedichte haben mit diesem Turm zu tun, und alle gehen sie auf die Brandschatzung Visbys durch Valdemar Atterdag zurück. Nach einer Version öffnete die Tochter des Goldschmiedes Nils dem Dänenkönig, den sie liebte, bei dessen Heerzug durch Gotland das Stadttor und gab damit Visby der Brandschatzung preis. Deshalb wurde sie hier später lebendig eingemauert. Nach einer anderen Version verliebte sich Valdemar, der als Spion erkunden wollte, was es mit dem sagenhaften Reichtum der Stadt auf sich habe, in Nils Tochter. In diesem Turm raubte er ihr die Jungfernschaft, während ihm das Mädchen, das nicht wußte, um wen es sich handelte, einen Geheimgang unter der Stadtmauer verriet. Immerhin nahm der König nach vollbrachter Plünderung die Gotländerin mit zu seinem Hof . . . Eine dritte, weitaus profanere Namensinterpretation geht davon aus, daß im Militärjargon Branntweinflaschen ›Jungfrauen‹ genannt wurden; und in diesem Turm bewahrte man sie auf – dafür spricht auch der Name ›*Sprundflasken*‹ des Nachbarturmes.

Als letzter erhebt sich ein kräftiger Eckturm dort, wo die seeseitige Mauer zu Ende ist und die Nordmauer die Terrassen hochsteigt. Sein Name ist, wie der der Straße, **Silverhättan** *(Kames)* [18], was soviel heißt wie ›Silberhaube‹. Vielleicht hatte er früher eine Bleiabdeckung, die in der Sonne wie Silber glänzte. Durch das *Snäckgärdstor* (Abb. 23) daneben sollte man nun die ›staden inanför murarne‹ verlassen und entlang der doppelten Wallgräben außen der Stadtmauer folgen. Das auffallende niedergerissene Mauerstück ist die **Lübeckerbresche** [19], durch die am Pfingstsonntag des Jahres 1525 die Lübecker Soldaten Visby erstürmten (Abb. 28); wo also die Stadt an der Trave ihrer Vorgängerin den Todesstoß versetzte (s. S. 30).

Weiter geht der Weg, am *Tranhustor* vorbei, bis zum *St. Göranstor,* das noch Spuren einer mittelalterlichen Belagerung aufweist. Dieser Turm war wie viele andere beheizbar und diente in Friedenszeiten als Wohnung eines Vogtes. Die einzelnen (bis zu fünf) Stockwerke wurden durch schwere Balkendecken abgetrennt, deren Löcher man noch im Gemäuer entdecken kann.

Durch das Göranstor kommt man zur einsam gelegenen und mit ihren hohen Giebeln äußerst markanten Ruine von **St. Göran** [20]. Die Kirche wurde deshalb 300 m außerhalb der Stadtmauer gebaut, weil sie zu einer Stiftung für Aussätzige und andere Kranke gehörte. Vom dazugehörigen Krankenhaus ist heute nichts mehr erhalten. Die Kirchenruine aber weist mehrere Eigentümlichkeiten auf (daß sie keinen Turm besaß, hat sie mit anderen Hospitals- oder Ordenskirchen gemeinsam): ungewöhnlich ist z. B. die doppelte Portallösung im Westen, ungewöhnlich sind überhaupt die vielen Eingänge (sechs), ebenfalls die im Norden anschließende und im Süden abgerückte Verbindung von Langhaus und Chor und schließlich die altertümlichen Gewölbe. Der gerade Chorabschluß und das zweischiffige Langhaus jedoch gehören zum üblichen gotländischen Architekturrepertoire. Grabungen haben ergeben, daß St. Göran eine Vorgängerkirche (etwa 1200) mit romanischer Apsis besaß.

Die Kirche war dem hl. Georg (schwed.: *Göran*) geweiht, einem der 14 Nothelfer und Schutzpatron der Aussätzigen. Während sie zerstört und das Hospital 1542 aufgegeben wurde, ist der Friedhof der Stiftung auch später noch für Seuchentote benutzt worden, so z. B. während der Pestzeit 1711/12 und bei der Choleraepidemie während des Krimkrieges (s. S. 34).

Wenn man westlich der Kirche der St. Göransgatan nach rechts folgt, gelangt man nach kurzer Zeit zur **Trojaburg** [21], der größten und bekanntesten Labyrinth-Setzung der Insel (s. S. 47). Hier sollte man sich die Zeit nehmen und den Windungen der kunstvollen Anlage bis zum Zentrum folgen (Abb. 7). Unmittelbar hinter ihr erheben sich die Kalksteinklippen der obersten Terrasse mit ihren Höhlen und Grotten, von denen eine als ›Räuberhöhle‹ *(rövarkulan)* in den Sagen um die Trojaburg eine große Rolle spielt.

Man kann über einen schmalen und z. T. steilen Pfad die obere Terrasse erreichen (oder, wieder an St. Göran vorbei, über die Bergsgatan), wo sich der **Galgenberg** [22] mit seinen drei *Steinpfeilern* erhebt (Abb. 27). Die inmitten einer runden Einfriedung stehenden Pfeiler waren früher mit Holzbalken verbunden, an denen mehrere Verurteilte gleichzeitig aufgeknüpft werden konnten. Bis zum Anfang des 18. Jh. starben hier Missetäter durch den Strang, aber auch danach wurden noch Todesurteile vollstreckt: erst 1845 fand mit der Enthauptung des Hutmachers Hasselberg (er hatte im Vollrausch einen Bäcker erschlagen) das letzte derartige Schauspiel statt. Es heißt, daß man im Mittelalter Verurteilte aus ganz Schweden mit verbundenen Augen hierhin führte, um ihnen kurz vor der Hinrichtung die Augenbinde zu entfernen – sie sollten noch einmal sehen, wie schön ihr Land sei! Tatsächlich ist an sonnigen Tagen, zumal in den Morgenstunden, der Blick auf das im wunderbaren Licht liegende Visby vor dem Tiefblau der Ostsee einmalig.

Auf dem Weg zurück zur Stadtmauer – vorbei an einem *Kalkofen,* der Ähnlichkeit mit einer byzantinischen Kirchenruine hat – wandert man also auf dem alten Leidensweg so vieler Verurteilter und Hingerichteter. Die Stadtmauer erreicht man wieder am **Norderport** *(Nordtor)* [23], das zusammen mit dem Süd- und dem Osttor einer der Haupteingänge war. Hier wurden jeden Abend die schweren Holztüren geschlossen und von Wächtern bewacht, und hier mußten tagsüber die gotländischen Bauernhändler, die Waren zum Markt bringen wollten, ihren Zoll entrichten. Ein Stückchen oberhalb des Nordtores hat man den vielleicht eindrucksvollsten Blick an der nördlichen Stadtmauer entlang bis zum Meer. Und man ahnt bei dem abschüssigen Terrain, wie schwer es war, ein funktionierendes System mit Wassergräben aufrecht zu erhalten.

Von diesem Punkt an sieht man eine Reihe von Steinhäusern, die in die Wehrmauer eingelassen sind und deswegen älter als diese sein müssen. Das erste ist das sogenannte *Münzhaus,* unmittelbar neben dem Norderport gelegen. Ab hier beginnt auf dem höchsten Terrassenabschnitt die östliche (und längste) Mauerseite, hinter der sich die Häuser und Kirchen der Stadt zu ducken scheinen. Wandert man über die breite Heidefläche, kann man am besten die Vielfalt der über 40 Türme und Pforten studieren, die die Wehrmauer krönen. Von den Satteltürmen haben sich von ursprünglich 23 nur neun erhalten, viele sind im Lauf der Zeit unter ihrem eigenen Gewicht zerfallen. Die markanteste Erhebung bildet mit seinem roten Ziegeldach aber der *Dalmansturm,* der seinen Namen nach einem Inselgouverneur *(landshövding)* erhielt, der angesichts eines Hungerjahres 1784 in ihm einen Getreidespeicher einrichtete.

Visby, die östliche Stadtmauer im 19. Jh., im Vordergrund der Dalmansturm

An weiteren Türmen, Bastionen und eingeschlossenen ehemaligen Häusern vorbei kommt man schließlich zum **Österport** *(Osttor)* [24], durch das ein Großteil des Verkehrs von der Altstadt zur Neustadt mit ihren nahen Einkaufzentren, Banken, der Fußgängerzone und dem Busbahnhof geht. Der nächste markante Punkt ist der halbrunde *Mühlenturm (Kvarntornet)*, dessen Substanz vielleicht wirklich eine ehemalige Windmühle ist. Daneben ragt ein merkwürdig niedriges, mit Steinplatten gedecktes Haus aus der Mauerflucht. Hier wurde, nach der Zeit der mittelalterlichen Kämpfe, ein oberes Stockwerk abgetragen und das verbliebene Gebäude als Teerkocherei genutzt.

Es folgt der *Kaiserturm*, der zeitgleich mit der älteren Mauer aufgeführt wurde. Als Vorrats- und Verteidigungsturm hatte er von Anfang an sowohl eine fortifikatorische als auch zivile Funktion, und ab 1681 diente er der Provinz Gotland als zentrales Gefängnis. Immerhin noch bis 1859 mußten hier unter sehr primitiven Bedingungen die Gefangenen schmachten. Nicht nur deswegen ist der Name unpassend, denn ein Kaiser ist tatsächlich niemals auf Gotland gewesen. Auch im weiteren Verlauf der Mauer sind zivile Bauteile eingeschlossen, wie z. B. das interessante ›*Munthesche Haus*‹.

Auf der Höhe des Kaiserturms oder des gleichnamigen Tores liegt dann, allerdings einige hundert Meter (in Richtung Wasserturm) zur Neustadt hin, eines der berühmtesten historischen Monumente der Insel, nämlich das **Valdemars-Kreuz** *(Valdemarskorset)* [25]. Das steinerne Ringkreuz (Abb. 26) ist über den Massengräbern der letzten Schlacht des Dänenheeres gegen das gotländische Aufgebot errichtet worden. Früher war hier der Friedhof des Solberga-Klosters, und außer dem Kloster selbst gab es bis zur Stadtmauer nur eine weite offene Fläche. Auf diesem Schlachtfeld sind der Überlieferung nach etwa 1800 Menschen, viele davon ungenügend ausgerüstet und nicht voll wehrfähig, brutal niedergemetzelt worden (s. S. 26). Daß dies *vor* den geschlossenen Toren Visbys geschah, wird in der lateinischen Inschrift den Bürgern anklagend vorgehalten: ANNO D(OMI)NI MCCCLXI F(E)RIA IIIA POST JACOBI ANTE PORTAS WISBY I(N) MA(N)IB(US) DANOR(UM) CECIDERU(N)T GUTENSES H(IC) SEP(UL)TI OR(ATE) P(RO) EIS. (= »Im Jahre des Herrn 1361, am dritten Tage nach Jacobi, fielen die hier beigesetzten Gotländer vor den Toren Visbys in die Hände der Dänen. Betet für sie«).

Wieder zurück an der Stadtmauer sieht man neben dem oben genannten Muntheschen Haus eine vom sonst üblichen Aussehen abweichende Mauerpartie: über einem niedergerissenen und

Die ›Stora Kutatavlan‹ (s. S. 201) von 1618, die im Vordergrund die Visborg (links) und Teile Visbys zeigt

wiederaufgebauten Stück erheben sich 13 Zinnen. Der Tradition nach soll Valdemar Atterdag den Bürgern als Zeichen ihrer Unterwerfung befohlen haben, selbst eine Bresche in die Mauer zu schlagen; später dann, als Erinnerung an dieses Ereignis, seien die Zinnen aufgesetzt worden. Tatsächlich war im Mittelalter eine solche Verfahrensweise nicht ungewöhnlich.

Nach dieser sogenannten *Valdemarsmauer* kommt man dann zum letzten der drei wichtigen Stadteinlässe, dem **Söderport** *(Südtor)* [26], ab wo sich die Wehrmauer wieder dem Meer zuwendet. Von den großen Tortürmen ist der südliche der am sorgfältigsten gebaute, wenn auch seine Dimensionen nicht außergewöhnlich sind. Nach Passieren des Durchganges erreicht man die *Adelsgatan,* die ›Hauptgeschäftsstraße‹ der Altstadt. Sofort nach links erstreckt sich der lange *südliche Marktplatz (Södertorg),* dem man innerhalb des Mauernrings bis zur Visborgsgatan bzw. Skansporten abwärts folgt. Hier beginnt ein Viertel, im Stadtplan durch den Straßenverlauf von *Norra Slottsgränd, Södra Slottsgränd* und *Slottsterassen* markiert, das für mehr als zwei Jahrhunderte die Ausdehnung der Festung Visborg markierte.

Von der ehemaligen Größe und Bedeutung der **Visborg-Schloßruine** [27] – immerhin war die Visborg früher eine der größten Burg- und Schloßanlagen des Nordens – ist an Ort und Stelle kaum noch etwas zu spüren (Farbabb. 13). Hier, am südwestlichen Ende der Stadtmauer, wurden zwei Verteidigungstürme, die bereits die Vitalienbrüder zum Schutz ihrer Flottenbasis angelegt hatten, ab 1411 zu einer größeren Festungsanlage erweitert. Alle diese Teile einbeziehend, ließ dann Erich von Pommern ab 1436 den großartigen Bau vollenden und nannte ihn Visborg. Sein ursprüngliches Aussehen kann aus zeitgenössischen Berichten und Gemälden wie der Kutatavlan (s. S. 201) rekonstruiert werden. Daher wissen wir, daß sich hinter Palisaden, Ziehbrücken, Wallgräben und Vorburgen im Innern die Hauptburg erhob, ähnlich einem Bergfried. Dort befanden sich auch die Repräsentations- und Festsäle. Die Visborg war das letzte große Bauprojekt, das aus Stein in Visby ausgeführt wurde. 1679, als sie an Schweden übergeben werden sollte, wurde sie von den abziehenden dänischen Truppen in die Luft gesprengt. Die monströsen Ruinen wanderten anschließend als Rohmaterial in die Kalköfen oder sind als Steinbruch verwendet worden – und so lebt die Visborg wenigstens zum Teil im Königlichen Schloß zu Stockholm weiter ...

Direkt hinter der südlichen Schloßmauer, wo noch die eindrucksvollsten Überreste zu sehen sind, erhebt sich hinter einer Mauer das *Provinzgefängnis (Visby länsfängelse),* das nach seiner Fertigstellung im Jahre 1859 den Kaiserturm in seiner Funktion ablöste und in dem ebenfalls festlandschwedische Strafgefangene einsitzen.

An dieser Stelle hat man die breite Uferstraße *Skeppsbron* und damit den *Hafen* erreicht. 1982 aufwendig erweitert, ist nunmehr die *Fähranlegestelle* mit ihrem modernen **Passagierterminal** [28] linkerhand zu sehen, noch weiter südlich befinden sich der Öl- und die Industriehafen. Zur Stadtmitte hin liegen die verschiedenen Becken des *Yacht-* (Farbabb. 9) und *Fischerhafens,* die im Sommer ähnlich gedrängt voll sind wie gegenüber die Cafeterien, Restaurants, Souvenirläden und die Fischhalle.

Auf den Spuren der Geschichte: Gotland in vier Etappen

In den folgenden Kapiteln werden vier Ausflüge und Rundfahrten beschrieben, die der Autotourist jeweils in einer *Tagestour* bewältigen kann. Auf den angegebenen Strecken lernt man die besonderen Naturschönheiten und die wichtigsten kulturellen Sehenswürdigkeiten kennen.

1 Der Norden und Fårö

Die Streckenbeschreibung dieses Kapitels folgt keiner Rundfahrt, sondern zeigt zwei mögliche Wege auf, um in den Norden der Insel und nach Fårö zu kommen. Trotzdem lassen sich die hier gemachten Angaben leicht zu einer Rundfahrt kombinieren, indem man von Lärbro aus, direkt außerhalb des militärischen Sperrbezirks, die West- und Ostroute miteinander verbindet. Diese Tour kann, auch einschließlich eines Besuches im Bunge-Museum und in Kyllaj, an einem Tag durchgeführt werden. Für andere Ziele im Sperrgebiet, insbesondere für Fårö und Gotska Sandön, gelten besondere Bestimmungen (s. S. 289 f.).

Zwischen Visby und Lärbro (Westroute)

Die Westroute in den Norden folgt im wesentlichen der Küstenlinie und der Reichsstraße 149, sie berührt dabei u. a. wildromantische Landschaften, interessante Landkirchen und prähistorische Gräberfelder, Tropfsteinhöhlen und Fischerdörfer.

Man verläßt die Altstadt von Visby ab dem Nordtor *(Norderport)* über den Lummelundsväg, passiert in einiger Entfernung den Sandstrand und die Freizeitanlage von *Snäck* (mit Hotel,

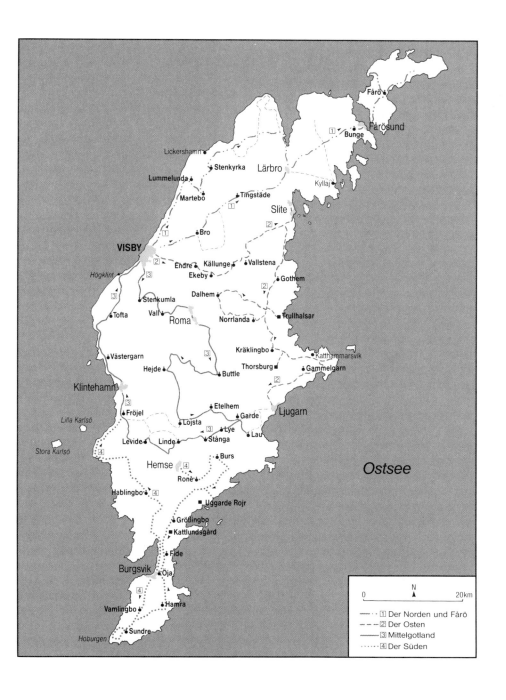

Fårö

Färösund

1 Bunge

Lickershamn

Stenkyrka   Lärbro

Lummelunda   Kyllaj

Martebo   Tingstäde

1   Slite

VISBY

Bro   2

Högklint   2

Endre   Källunge   Vallstena

3   Ekeby   Gothem

3   2

Stenkumla   Dalhem

Tofta   Vall   Norrlanda

Roma   Trullhalsar

Västergarn   Kräklingbo

Hejde   Thorsburg   Katthammarsvik

Buttle   2   Gammelgarn

Klintehamm

Lilla Karlsö   3   Etelhem

Fröjel   Lojsta   Garde   Ljugarn

Stora Karlsö   3   Lye

Levide   Linde   Stånga   Lau

Hemse   4   Burs

Rone   Ostsee

Hablingbo   4

Uggarde Rojr

Grötlingbo

Kattlundsgård

Fide

Burgsvik   Öja

4

Vamlingbo   Hamra

Sundre

Hoburgen

N
0   ▲   20km

—··· 1 Der Norden und Fårö
--- 2 Der Osten
— 3 Mittelgotland
····· 4 Der Süden

Restaurant, Appartements, Diskothek usw., der einzige touristische Betonklotz der Insel) und fährt dann auf der Straße oberhalb des Strandwalles der ehemaligen Ancylussee. Nach dem **Krusmyntagården,** einem botanischen Garten mit 200 verschiedenen Kräutern und Restaurant, weist ein Schild nach links zum hoch frequentierten Ausflugsziel von **Lummelunda.** Für Skandinavier, die sonst ja kaum Kalkstein (und somit auch keine Kalksteinhöhlen) in der Nähe haben, sind die dortigen Grotten eine großartige Attraktion, während kontinentale Besucher eher enttäuscht sind. Vor 1954 war das insgesamt 10 km lange System der ›Grottorna‹ nur Fachleuten bekannt, bis man 1959 einen Tunnel sprengte und einige hundert Meter der Öffentlichkeit zugänglich machte. Die recht kleinen Stalaktiten und Stalagmiten werden durch das tropfende Wasser eines Höhlenbaches gebildet, der einen Binnensee bei Martebo entwässert. Diese unterirdischen Flüsse, die an einer der Strandterrassen wieder ans Tageslicht kommen, sind das eigentlich interessante Phänomen.

Im Zeitalter des Merkantilismus erkannten Kaufleute die hiesigen Möglichkeiten der Wasserkraft und versuchten, sie zum Antrieb technischer Geräte für eine Eisenindustrie nutzbar zu machen. Der deutschstämmige Christoffer Neumann erhielt als erster das Privileg zum Aufbau einer Fabrik; er ließ das Eisenerz, das es natürlich auf Gotland nicht gibt, aus den Gruben des Stockholmer Schärengürtels hierhin transportieren. Nach kurzer Zeit allerdings waren die Fabrikanten bankrott, und als einer der letzten mußte Neumann 1712 seinen Betrieb aufgeben. Auch spätere Versuche der Reindustrialisierung (Textilwerkstätten, Papierherstellung) waren unrentabel. Allein die bauliche Hinterlassenschaft der fremden ›Industriekapitäne‹ und Skandinaviens größtes Mühlrad mit einem Durchmesser von 10 m **(Kvarnhjulet)** sind – wenn auch stark restauriert oder umgebaut – erhalten und können besichtigt werden.

Lummelunda, die Gemeindekirche der Arbeiter und des ›Grubenpatrons‹ Neumann, erreicht man, wenn man etwa 5 km hinter den Grotten von der Straße 149 nach rechts abzweigt. Die Landkirche ist von der charakteristischen Sattelform, d. h., daß hier einem relativ kleinen Langhaus ein größerer und höherer Chor angeschlossen ist (Abb. 29). Das Chorportal weist schöne Kapitellbänder auf, die offensichtlich denen von Martebo nachempfunden worden sind. Das Innere ist vor allem wegen der herrlichen Quadermalereien sehenswert, die den Bogen zur Turmkammer umrahmen (Abb. 30). Weitere Kalkmalereien in Chor und Langhaus stammen aus dem 14. und 15. Jh. und zeigen die Kindheitsgeschichte und Passion Christi sowie Heiligenfiguren und ein Jüngstes Gericht. In einer Nische wird im Chor eine Holzskulptur des hl. Antonius verwahrt (ca. 1500), die lange Zeit bei Wind und Wetter über dem Wimperg des Chorportals gestanden hatte. Zahlreiche Einrichtungsgegenstände wie Altartafel, Kanzel, Bänke usw. sind Geschenke der Fabrikanten des 17. Jh., und in der Mitte des Chorbodens befindet sich das Familiengrab des Grubenpatrons Neumann.

Folgt man der Straße, kommt man nach kurzer Zeit zur Kirche von **Martebo,** eine der interessantesten des Landes. Auf ihre drei Portale mit den umfangreichen bebilderten Kapitellbändern (Abb. 33, 34) ist an anderer Stelle bereits eingegangen worden (s. S. 102), ebenso auf die Steinskulptur des hl. Dionysius an der Südwand. In einer Ecke am Turm ist, wie in Bro, ein Hagioskop angebaut, und ebenfalls wie jene besitzt die Kirche einen alten Bildstein – hier allerdings in der Turmkammer. Außer dem einfachen Taufstein (Abb. 32) und der Kanzel aus der

Mitte des 16. Jh. (eine der frühesten der Insel!) sind im Chor noch die in den 70er Jahren hervorgebrachten Al-secco-Malereien von Interesse.

Um wieder die Küstenstraße zu erreichen, empfiehlt es sich, von Martebo aus den Weg über **Stenkyrka** zu nehmen. In anderem Zusammenhang wurde schon die *Gutasaga* (s. S. 16) zitiert, die den Ort als Platz der ersten ›Steinkirche‹ im nördlichen Drittel Gotlands nennt. Von der damaligen Kirche ist freilich nichts mehr erhalten. An ihrer Stelle erhebt sich nun das weithin sichtbare, mächtige gotische Gotteshaus mit seinem an St. Patroklus in Soest erinnernden Galerieturm. Sowohl wegen der Architektur als auch wegen der Einrichtung ist ein Besuch der Kirche unbedingt lohnend: die Turmkammer öffnet sich (wie St. Nicolai in Soest) mit zwei Bogenöffnungen zum zweischiffigen Langhaus (Farbabb. 23). Der tragende Pfeiler mit seinen eingestellten Säulen und die marmorierte Quadermalerei machen diesen Übergang zu einem der schönsten der Insel. Auch sonst hat die Stenkyrka äußerst interessante Kalkmalereien aufzuweisen, u. a. eine Seelenwägung, St. Martin, Auferstehung und Hölle (Langhaus), Mariä Krönung (Turmraum) und Apostel in Umrahmungen (Chor). Unter den Grabsteinen befindet sich auch der älteste Gotlands, datiert aus dem Jahre 1200, dessen lateinische Majuskel-Inschrift lautet: »hic requiescat Lichnatus de Stenstufu : cuius anima requiescat in pace : anno domini MCC.« Der hier genannte Lichnatus war eine außerordentlich wichtige und intelligente Persönlichkeit. Im Auftrag der reichen Bauern verhandelte er z. B. mit Fürst Jaroslaw von Nowgorod über den Gutagård, aber auch mit dem deutschen Kaiser Lothar II. und dem Sachsenherzog Heinrich dem Löwen über gotländische Belange. Das Artlenburger Abkommen (s. S. 23) trägt seine Unterschrift ... Von der sonstigen Inneneinrichtung sei an dieser Stelle nur das Triumphkruzifix vom 14. Jh. und der Taufstein des ›Magister Majestatis‹ genannt, der auf der Unterseite Christi Kindheitsgeschichte ausbreitet und im Oberteil u. a. die Anbetung der König, Jesu Taufe, das Auftreten im Tempel, die Versuchung, das Abendmahl, die Fußwaschung und die Kreuzigung zeigt (Abb. 31). – Neben der Kirche steht der stattlichste *Pfarrhof* der Gegend. Daß man hier auch freigiebig war, bezeugt ein Sprichwort: »Gottseidank, jetzt bekommen wir gutes Essen«, sagte man im 18. Jh., wenn man nach Stenkyrka kam!

Auf dem Weg zur Küstenstraße ist wenige hundert Meter hinter der Kirche ein rekonstruiertes **Radkreuzgrab** zu sehen, das beschädigt auf dem nahen Gräberfeld von *Lilla Bjärs* aufgefunden worden war (Abb. 6). Das Blockhaus unmittelbar daneben beherbergt eine kleine Privatsammlung älterer Gebrauchsgegenstände.

Kurz dahinter stößt man wieder auf die Reichsstraße 149, der man nun ein kleines Stück nach rechts folgt, bis ein Verkehrsschild links nach Lickershamn weist. Von der Hauptroute führt eine schmale Straße hinunter zum Meer. Deutlich sieht und spürt man dabei die vier Terrassen, die die Vorgängerinnen der Ostsee als Strandwälle gebildet haben. Auf dem Weg begleiten einen auch Raukar, die ebenfalls eine vergangene Brandung markieren. Heute sind sie weiß leuchtende Klippen inmitten einer grünen Waldlandschaft, ein gleichermaßen bizarres wie romantisches Bild. Das Fiskeläge, das man am Ende der Straße erreicht, heißt **Lickershamn** und geht vielleicht als ›Lickairs Hafen‹ auf jenen sagenhaften Schwiegervater des Botair zurück, der als erster eine Kirche außerhalb Visbys bauen ließ. Eine kleine Fischräucherei, wenige Fischerbuden, eine Mole und ab und zu Segelboote – das ist die friedliche Atmosphäre dieses Ortes

(Farbabb. 14). Nirgendwo sind übrigens die Möglichkeiten besser, am Kieselstrand Versteinerungen zu finden: Trilobiten, Knopfkorallen, Muscheln usw., allesamt Relikte eines 400 Millionen Jahre alten tropischen Meeres.

Die größte Sehenswürdigkeit von Lickershamn ist der ›*Jungfruklint*‹ oder einfach: ›die Jungfrau‹, mit 7 m zum Boden bzw. 23 m bis zum Meer der höchste (wenn auch nicht eindruckvollste) Rauk der Insel. Ihren Namen verdankt die Felsformation natürlich wieder einer Sage, wobei mehrere voneinander abweichende Versionen überliefert sind. Einmal soll hier ein Nonnenkloster gestanden haben, von der der Rauk die letzte übriggebliebene Säule darstelle, ein andermal soll hier die Tochter des Lickair, zusammen mit ihrem Geliebten, vom Vater in den Tod getrieben worden sein. Es lohnt sich jedenfalls, die kurze Strecke bis zum Rauk zu spazieren und ein Stück darüber hinaus: in einer herrlichen Waldlandschaft öffnen sich weite Blicke über die Steilküste, im Osten bis zur Irebucht, im Süden an Klippen und verschwiegenen Sandstränden vorbei.

Auf dem weiteren Weg in den Norden kann man nun zwischen alternativen Routen wählen. Die Reichsstraße 149 führt geradewegs nach **Kappelshamn,** einem geschützten Hafen in der gleichnamigen Bucht, und von da aus nach Lärbro, wo sie auf die Straße 148 und die unten beschriebene Ostroute stößt. Mit etwas mehr Zeit können lohnende Abstecher oder Umwege unternommen werden, z. B. zur Kirchenruine von **Elinghem** *(Elinghems Ödekyrka),* die innerhalb eines kreisrunden Walls, wahrscheinlich einer prähistorischen ›Tiefenburg‹ (s. S. 51 f.) liegt. Zur Kirchenruine kommt man, wenn man von Ire in Richtung Tingstäde/Austers abbiegt. Auch die *Irebucht (Ireviken)* mit guter Bademöglichkeit ist einen Abstecher wert, mehr aber noch die nördliche Halbinsel, wo man über **Hall** hinaus (Landkirche mit schönen *stigluckor;* zweischiffiges Langhaus, Kalkmalereien aus mehreren Epochen; Taufstein vom Muschelcuppatypus) bis zum Kap **Hallshuk** fahren kann. Hier, im äußersten Nordwesten des Landes, sind eine Handvoll Fischerbuden, eine wunderschöne landschaftliche Umgebung (Naturreservate), ein Leuchtfeuer, eine Trojaburg und anderes mehr Ziel des Besuchers. Auf der Rückfahrt kann man dem Küstenverlauf der Bucht von Kappelshamn folgen und dann über die 149 bis nach Lärbro fahren, wo man Anschluß an die unten beschriebene Route hat.

Zwischen Visby und Fårösund (Ostroute)

Der direkte Weg nach Norden und zur Insel Fårö geht über die gut ausgebaute Reichsstraße 148, die noch an der Visbyer Stadtgrenze am Flughafen vorbeiführt. Hier liegt, gegenüber dem modernen Passagier-Terminal, das eisenzeitliche Gräberfeld **Annelund,** das etwa 400 sichtbare Gräber umfaßt. Untersuchungen im Jahre 1987 haben ergeben, daß vom Ende der Bronzezeit an, über ein halbes Jahrtausend hinweg, Menschen in Annelund beigesetzt worden sind.

Zurück auf der Reichsstraße, erreicht man nach etwa 1 km eine Abzweigung, die links zum mittelalterlichen Bauernhof von **Stora Hästnäs** führt (Abb. 11). Das auf einem Privatgrundstück etwas versteckt liegende, aber zugängliche vierstöckige Haus des 14. Jh. ist eines der am besten erhaltenen Profangebäude des Landes (s. S. 82). Ein kleiner, tiefgelegter Eingang führt, ähnlich wie in den städtischen Packhäusern, in den großen Keller, daneben liegt ein Rundportal, durch das man das kreuzgewölbte Erdgeschoß mit seinem repräsentativen Kamin erreicht. Eine innerhalb der Mauer verlegte Treppe führt zum ersten Stockwerk, das die Fassade durch seine spitzbogigen Fensteröffnungen mit zwischengestellten Säulchen dominiert. Im obersten Stockwerk befindet sich ein tonnengewölbter Vorratsraum, der mittels eines Hebebaums bestückt werden konnte. Unterhalb der Treppengiebel sieht man noch die Konturen ehemaliger Anbauten.

Für den nächsten Halt auf dem Weg in den Norden sollte man bei **Bro** genügend Zeit einplanen, wo nah beieinander verschiedene prähistorische und mittelalterliche Zeugnisse zu sehen sind. Zunächst passiert man auf der Reichsstraße linkerhand zwei aufrechtstehende Steine, die, wie in anderen skandinavischen Provinzen, als kultische ›Bautasteine‹ wohl aus der Eisenzeit stammen. Im Volksglauben werden sie als ›Bro ojkar‹ bezeichnet, als die Ochsen von Bro. Ein Bauer, der mit seinem blinden Sohn auf dem Weg zur Opferkirche war, hatte zwei Ochsen für dessen Genesung gelobt. Kurz vor Erreichen des Zieles konnte der Sohn plötzlich wieder sehen. Als sparsamer gotländischer Bauer glaubte der Mann nun, die Ochsen retten zu können und wollte also nach Hause zurückkehren, als die Tiere zu Stein erstarrten ...

Etwa 200 m weiter, auf der anderen Straßenseite, erhebt sich das monumentale, 3,5 m hohe (38 m Durchmesser) Steinhügelgrab **Bro Stajnkalm** (Abb. 4) aus der Bronzezeit, in dessen Mitte sich deutlich der Krater abzeichnet (s. S. 39 f.). Nun ist es auch nicht mehr weit zur berühmten **Opferkirche,** zu der man früher, wie der Bauer mit seinen Ochsen, mit Opfer- und Votivgaben pilgerte. Die Kontinuität der heiligen Plätze ist kaum so gut belegt wie in Bro! Hier wurde schon seit erdenklicher Zeit gebetet und geopfert, zunächst an einer Kultquelle (ca. 300 m östlich der Kirche, Abfahrt rechts der Straße), an der übrigens auch Schleifrinnen zu sehen sind, später in der christlichen Kirche. Diese besaß als Reliquie ein Stück des Heiligen Kreuzes und war der bedeutendste Wallfahrtsort Gotlands. Die Holzpartikel, die nach der Reformation verbrannt wurde, war wahrscheinlich im Triumphkruzifix enthalten. Die Pilger waren vor allem in- und ausländische Seeleute, wie eine Glocke mit niederdeutscher Inschrift beweist. Nach einer Chronik des 15. Jh. sollen auch die Seeräuber im Dienste Erichs vom Pommern ihr Beutegut der Kirche als Opfer dargebracht haben, aber die Kostbarkeiten verbrannten auf dem Altar, ohne daß die Altardecke beschädigt wurde ...

Sehenswert sind in Bro u. a. die eingelassenen Bildsteine der frühen Gruppe, einer an der Südwand und ein weiterer im Hagioskop, der Gebetkammer im Winkel zwischen Langhaus und Turm. Relikte der älteren, ›ikonischen‹ Vorgängerkirche sind die Reliefsteine, die dem Meister Sigrafr zugeschrieben werden. Eher skurril wirkt die Wurzel eines Baumstammes, die aus der Westwand ragt und Teil einer Mauerklammer ist. Das frühgotische Chorportal zeigt zierlichen Ranken- und Palmettenschmuck, während die etwas späteren Kapitellbänder des Langhausportals die Kindheit Jesu (Abb. 35), die Auferstehung und Christus in der Vorhölle sowie stilisierte Pflanzenmotive darstellen. Im Inneren ist der Taufstein des Sigrafr trotz der brutalen Übermalung des 18. Jh. eine Kostbarkeit; weiter sind gotische Kalkmalereien erhalten, u. a. über dem Triumphbogen Christus als Weltenrichter zusammen mit Maria, Johannes, Olav, Bartholomäus und zwei weiteren Gestalten. Die kräftigen Akanthusranken und die Draperiebemalung entsprechen dem Geschmack des 18. Jh. In der südlichen Nische des Chores sieht man einen Stein, der wohl ursprünglich erhitzt wurde und als Wärmespeicher das Weihwasser bei

Taufen angenehmer machen sollte. Der lokalen Tradition zufolge soll es sich jedoch um ein versteinertes Brot handeln, das die ›Steinfrauen von Bro‹ (s. u.) am Weihnachtstag gebacken hatten.

Außer der Kirche selbst sind in unmittelbarer Nähe die erhaltenen Kirchhofsportale und die aufgestellten Schleifrinnen sehenswert, am Wegrand ca. 100 m südlich eines der prächtigsten Treppengiebeltore, das zum ehemaligen Pfarrhof führte, und nördlich die schattige Laubwiese.

Folgt man der Straße 148, dann tauchen nach einiger Zeit rechts auf dem Feld zwei verwitterte Bildsteine auf, um die man jahrhundertelang pietätvoll herumgepflügt hat. Die Steine gehören zur jüngeren, wikingerzeitlichen Gruppe und sind vollkommen ›blind‹; man nennt sie die ›Steinfrauen (= **Stajn källingar**) von Bro‹. Der Legende nach sollen hier zwei Frauen auf dem Weg zur Kirche über ein am Weihnachtstag gebackenes Brot in heftigen Streit geraten sein, und da man auf dem Kirchweg nichts Böses im Sinn haben durfte, wurden sie unverzüglich in Steine verwandelt. Nun müssen sie sich auf ewige Zeiten stumm gegenüberstehen. Auch das Brot wurde versteinert und wird seitdem in der Opferkirche von Bro aufbewahrt.

Von Bro aus kann man einen lohnenden Umweg zu jeweils zwei Beispielen mittelalterlicher Profan- und Sakralarchitektur machen. Man fährt zunächst einige hundert Meter auf der 148 zurück, bei der nächsten Abzweigung dann nach links in Richtung Endre, bis man auf die Reichsstraße 147 stößt, hier wieder nach links und nach wenigen Kilometern linkerhand zum **Vatlings gård.** Dort lohnt ein gut bewahrtes steilgiebeliges Vorratshaus des 13. Jh. mit Bogenfenstern, Kamin und Treppe einen Halt. – Ein kleines Stück weiter liegt die Kirche von **Fole** am Weg, die nach einer Inschrift 1280 eingeweiht wurde. Älter jedoch ist der Westturm, an den sich das zweischiffige Langhaus (sechs Joche) und ein gerader Chor anschließen. Ein prächtiges Triumphkruzifix (Mitte 13. Jh.) und ein dem ›Calcarius-Meister‹ zugeschriebener Taufstein sind die vornehmsten Teile des Inventars.

Anschließend geht es bis zur Weggabelung zurück, dann nach rechts in Richtung **Lokrume.** Die dortige, mehrfach umgebaute Kirche besitzt einen massigen Galerieturm, dessen Turmkammer mit dem einschiffigen Langhaus ein einheitliches Raumgefüge bildet. Sehenswert sind besonders das Triumphkruzifix (unter dem Gurtbogen zum gerade abschließenden Chor) und der Taufstein des ›Magister Majestatis‹.

Ein Grabstein in der Lokrume-Kirche war 1380 für Gervid Lauk errichtet worden, einem Richter auf dem *Gutnalthing* und bedeutendem Mann der Insel. Reste seines Bauernhofs kann man besichtigen, wenn man auf der Landstraße in Richtung Hejnum, kurz hinter Lokrume nach links abbiegt. Wie der Vatlings gård hat auch der **Lauks gård** ein Vorratshaus des 14. Jh. bewahrt; nahebei befindet sich die Kopie eines Hofkreuzes, das noch im originalen, massiven Steinfundament befestigt ist.

13 km hinter Bro verrät der Ortsname **Tingstäde** leicht, daß man sich an einer alten Versammlungs- und Kultstätte befindet. Das kleine Dorf wird überragt von dem 55 m hohen Galerieturm der **Tingstäde-Kirche** (Abb. 39), der früher auch als Seezeichen von Bedeutung war. An ihn schließen sich das zweischiffige Langhaus zu vier Jochen und der Chor mit geradem Abschluß an. Die Portale, von denen das westliche am stattlichsten ist und vom Brautportal der Visbyer Marienkirche beeinflußt scheint, sind allesamt von großartiger romanischer Strenge. Das Adler-Motiv, im Süden als ›Ringbeißer‹ zu sehen, wird an der inneren Mittelsäule des Lang-

*Romanisches ›Ringbeißer‹-Kapitell an der
Kirche von Tingstäde*

hauses wieder aufgenommen. Zusammen mit einem kopfstehenden Narr, einem sogenannten ›Dornauszieher‹ und einem Bock (?) bildet es dort ein merkwürdiges Ensemble von Kapitellreliefs; zugeschrieben wird es dem anonymen ›Calcarius-Meister‹ (erste Hälfte des 13. Jh.). Weitere Schätze des Interieurs sind u. a. das Triumphkruzifix aus dem frühen 14. Jh., aufgestellt auf einem schön geschnitzten Piedestal, und das romanische Sakristeiportal mit dem Christuslamm im Tympanonfeld. Die Turmkammer erreicht man vom Langhaus durch zwei edle spitzbogige Arkaden; dort befindet sich ein romanischer Taufstein des ›Majestatis-Meisters‹ (der hölzerne Schwenkarm für den Taufdeckel ist eine Kopie); außerdem sieht man hier Kalkmalereien aus zwei unterschiedlichen Epochen: die Heiligenfiguren stammen von ca. 1300, und die Darstellung des Themas ›Christus vertreibt die Händler aus dem Tempel‹ wird auf das Jahr 1705 datiert.

Außerhalb der Kirche sind nordöstlich die Überreste eines Kastals zu sehen, noch beeindruckender erhebt sich daneben ein sehr gut erhaltenes, monumentales Treppengiebeltor. Den stattlichen Pfarrhof, zu dem es ursprünglich führte, gibt es leider nicht mehr. Wie einige andere Kirchen auch, hatte Tingstäde im Mittelalter die Funktion einer Asylkirche, d. h. daß dorthin geflüchtete Verbrecher während eines bestimmten Zeitraumes nicht gefangengenommen oder getötet werden durften.

Unmittelbar östlich der Kirche erstreckt sich der flache Binnensee **Tingstäde Träsk,** einer der größten der Insel. Als Süßwasserreservoir hat er für Visby besonders in den trockenen Sommermonaten eine große Bedeutung. Außerdem war er Start- und Landeplatz der ersten regelmäßigen Flugverbindung mit Stockholm (mittels Wasserflugzeugen), und schließlich wurde hier die merkwürdige ›Seefestung‹ Bulverket nachgewiesen und erforscht (s. S. 52). Daß der Tingstäde Träsk auch für eine Erfrischung gut ist, beweist an heißen Tagen ein Sprung ins Wasser im *Tingstädebadet* an der Straße nach Lärbro.

Schon von weitem hebt sich die Silhouette der Kirche von **Lärbro** über den Dächern des kleinen Ortes ab. Der merkwürdige zweite Turm, weißgekalkt und wie ein Campanile wirkend, ist der einzige komplett erhaltene Kastal der Insel. Nicht nur deswegen gehört die Kirche, 1260–80 im gotischen Stil vollendet, zu den sehenswertesten des Landes. Sie besitzt auch den originellsten Westturm: ein oktogonaler Unterbau, mit Giebeln und Galerien versehen, aus dem der schmalere, ebenfalls achteckige Turmschaft erwächst. Leider verursachte der Sturm von 1522 so große Schäden, daß dessen oberstes Stockwerk mit den Spitzgiebeln abgenommen werden mußte und der spitze Turmhelm übergangslos dem Schaft aufsitzt (Abb. 38).

Noch erhalten sind die verkleideten Wasserfallrohre, die in phantasievollen Wasserspeiern münden. Ungewöhnlich wie der Turm selbst ist sein westliches Portal, das hier mit Kapitellbändern (Abb. 37) und Heiligenfiguren reich geschmückt ist. Das immense Gewicht des Turms ist übrigens für die ›Kurvatur‹ des unteren Stockwerkes verantwortlich, und nur den stabilisierenden Restaurationsarbeiten der letzten Jahre ist es zu verdanken, daß der Bau überhaupt gerettet werden konnte.

Neben dem Westportal und den westlichen Fenstern mit ihrem reichen Maßwerk geben die beiden Südportale einen guten Eindruck von der Formenvielfalt der gotischen Kircheneingänge. Auch das Innere besticht: Turmkammer, Langhaus und Chor, durch weite Bogenöffnungen miteinander verbunden, sind von seltener Einheitlichkeit. Die achtfach eingewölbte Turmkammer gehört zu den edelsten Raumeindrücken der Insel überhaupt und entspricht damit der ohnehin exzeptionellen architektonischen Lösung des westlichen Abschlusses. Vielleicht wurde der Architekt von der Heilig-Geist-Kirche in Visby inspiriert, möglicherweise aber auch von der ebenfalls oktogonalen Grabkapelle des Heiligen Olav in der Kathedrale zu Trondheim. Denn auch die Lärbro-Kirche war St. Olav geweiht, und ganz in der Nähe, auf der *Lajkarhajd*, soll der Heilige gegen die Gotländer gekämpft und durch seinen Sieg das Christentum verbreitet haben ... Die hohen Gewölbe des vornehmen zweischiffigen Langhauses werden von schlanken Mittelsäulen getragen, die ohne Basen direkt aus dem Kirchenboden aufsteigen. Im Chorraum ist ein mittelalterlicher ›Bischofsstuhl‹ sehenswert, daneben ein Altaraufsatz von etwa 1400 (Maria mit dem Kind; 1746 ›renoviert‹), Wandmalereien (Christus am Kreuz, Maria und Johannes; Petrus, Paulus und ein weiterer Heiliger, alle mit Einweihungskreuzen in den Händen) und ein gemalter Rankenbaldachin in der Chorwölbung. Die nördliche Chorwand ist mit einer doppelten Sakramentsnische und der romanischen Sakristeitür (Tympanonreliefs) schön gegliedert, dazwischen ist in der Gestalt eines Drachen eine eigenwillige Kombination von Malerei und Plastik zu bewundern: Schwanz und Füße des Untieres sind reine Kalkmalerei, der geflügelte Rumpf tritt halbplastisch aus der Wand heraus und der Kopf schließlich tut als Gewölbekonsole Dienst.

Im Kirchenboden sind zahlreiche Grabsteine eingelassen, u. a. einer von 1274 für Nicolaus Taksten, einem aus Sagas bekannten Verbrecher. Die Inschrift bittet den Leser, ihm seine Untaten zu verzeihen. Auf dem Kirchhof sind weitere alte Grabdenkmäler zu sehen, und nördlich der Kirche befinden sich einige Dutzend Gräber von ehemaligen KZ-Gefangenen, die nach dem Zweiten Weltkrieg im Krankenhaus von Lärbro starben.

Auf dem Weg nach Bunge liegen nur wenige Kilometer hinter Lärbro mehrere prähistorische Denkmäler nahe zur Straße 148, einige (bronzezeitliche Opfersteine, Kultquelle, eindrucksvolle Schleifrinnen) ziemlich versteckt, andere, wie die bronzezeitliche Röse von **Kauparve,**

Geflügelter Drache als Kalkmalerei und Gewölbekonsole im Chor der Lärbro-Kirche

deren Ausgrabung so wichtige Erkenntnisse brachte (s. S. 40), gut ausgeschildert und leicht zu erreichen. Anstelle dieses Weges ist von Lärbro aus auch ein empfehlenswerter Abstecher nach Kyllaj praktikabel: Man fährt entlang der Grenze zum Sperrgebiet in östlicher Richtung, wobei man die bronzezeitlichen Felszeichnungen von **Hägvide** (s. S. 13), das Gräberfeld **Domarlunden** mit seinen grandiosen Schiffssetzungen (s. S. 42 f.), in einiger Entfernung auch das Gräberfeld von **Lilla Ire** (eines der größten Gotlands mit mehr als 600 sichtbaren eisenzeitlichen und Wikingergräbern; s. S. 44) und die interessante Landkirche von **Hellvi** passiert.

Der Hafen von **Kyllaj** wurde innerhalb eines Jahrzehntes, von 1650–61, der bedeutendste Kalk-Exporthafen Gotlands. An diese glorreiche Vergangenheit erinnern heute noch einige größere Kalköfen, Überreste einer Werft und vor allen Dingen der ›**Strandritterhof**‹ *(Strandridaregården).* Ein ›Strandritter‹ oder ›Strandvogt‹ war ein mit der Küstenbewachung beauftragter Zollbeamter, der gleichzeitig die Behörden in Visby repräsentierte und einen – zumindest in den Augen der lokalen Bevölkerung – außerordentlich hohen gesellschaftlichen Status innehatte. Obwohl die Bauern von den oft ›studierten Leuten‹ profitieren konnten, vertrat ein Strandvogt natürlich nicht deren Interessen: er unterband jeden unzulässigen Handel (und potentiellen Nebenerwerb der Bauern) und mußte zusätzlich auch noch von den Einheimischen mit einer Wohnung und Unterhalt versorgt werden. Neben ihrer Aufgabe als ›Auge des Gesetzes‹ eröffneten viele Strandvögte außerdem eine Wirtschaft, da sie das Recht zur eigenen Branntwein-Destillation besaßen.

Schon unter den dänischen ›Hafenvögten‹ hatte es Männer mit ähnlichen Aufgaben gegeben, seit 1645 (Frieden von Brömsebro) aber taucht der von der schwedischen Generalzollverwaltung 1638 erstmalig eingesetzte Titel auch auf Gotland auf. 1827 wurde er durch das Wortungetüm ›Strandbewachungsaufsichtsmann‹ *(strandbevakningsuppsyningsman)* ersetzt. Der Strandritterhof von Kyllaj darf wohl als der schönste der Insel bezeichnet werden. Er besteht aus Nebengebäuden (Gesindehaus mit Schnapsbrennerei, Lager und Schuppen) und dem eigentlichen Hof, einem langgestreckten Kalksteingebäude mit Fachwerkgiebeln und Ziegeldach (Farbabb. 16). Vor dessen Eingang markiert eine altertümliche steinerne Umschließung *(holk)* mit Hebebaum den ungewöhnlich tiefen Brunnen. Im Inneren befinden sich der Keller, im Erdgeschoß die Küche (davon abgetrennt eine Gesindekammer), ein Tagesraum, eine sogenannte Brautkammer, der repräsentative Saal und zwei Prachträume. Im ersten Stockwerk waren Schlafräume untergebracht. Die z. T. originale und edle Möblierung und viele Erinnerungsstücke gehen zurück auf den berühmten Strandritter Johan Ahlbom, der als Offizier Karls XII. hierhin kam und sich durch Heiratspolitik in den Besitz der größten Kalköfen bringen konnte. Er gilt als Prototyp des ›Kalkpatrons‹.

Auch die Umgebung des Anwesens ist äußerst reizvoll. Direkt hinter dem Strandritterhof führt ein Fußweg, vorbei am Kräutergarten, auf eine Anhöhe mit ›Linnés Quelle‹, von der sich ein herrlicher Blick über die Bucht, die vorgelagerten Schären und die Inseln Klasen, Fjaugen und Lörgeholm bietet. Vorher kommt man an bizarren Raukar vorbei, die 1741 schon die Aufmerksamkeit Carl von Linnés auf sich zogen:

Linnés Zeichnung der Raukar von Kyllaj

»Zwischen dem Strandritterhof und dem Kalkofen von Kyllaj befand sich am Hafen ein Hügel, auf dem etliche große und dicke Kalksteine standen (...); wenn man etwas von ihnen entfernt war, sahen sie aus wie Büsten, Pferde, oder Gott weiß was für Spukgestalten.«

Im Tagebuch seiner Gotländischen Reise zeichnete Linné das merkwürdige Ensemble ab. Mit seiner Vermutung, daß die Raukar ehemals zu einem »Kalkberg« gehörten, den die damals noch höher stehende See ausgewaschen habe, wobei die härteren »Wurzeln« stehengeblieben und »von des Meeres wogenden und brausenden Wellen« bis zur heutigen Gestalt geformt worden seien, hat er damals bereits präzise die Entstehungsgeschichte der Raukar skizziert.

Von Kyllaj nach Bunge ist es Ausländern derzeit noch nicht erlaubt, die landschaftlich sehr reizvolle Strecke am *Fardume Träsk* und der Badebucht *Valleviken* vorbei zu nehmen. Statt dessen muß man zurück nach Lärbro und dort der Reichsstraße 148 folgen. Entlang der Straße sieht man verschiedentlich Pumpen, mit denen seit 1974 Öl gefördert wird, z. Z. jährlich etwa 7000 Kubikmeter. Das gotländische Öl ist von sehr hoher Qualität; zur Weiterverarbeitung wird es zu den festländischen Raffinerien transportiert. – Unterwegs passiert man auch die *Landkirche* von **Rute**, deren Äußeres von zwei gut erhaltenen Kirchhofsportalen und einem Galerieturm geprägt ist, und deren Inneres u. a. ein schönes zweischiffiges Langhaus, Kalkmalereien des ›Passionsmeisters‹, ein mächtiges Triumphkruzifix und in der Turmkammer drei ungewöhnlich edle mittelalterliche Grabsteine bereithält. Kurz danach geht links eine Straße zur *Kirche* von **Fleringe** ab. Hier sind noch die alten Kirchenställe zu finden, die zusammen mit dem bewahrten Portal und der Kirchhofsmauer ein schönes Ensemble altertümlicher Architektur abgeben. Aufgrund eines verheerenden Brandes im Jahre 1676 hat sich in der Kirche sonst nicht viel Originales erhalten können.

Auf direktem Weg erreicht man 17 km hinter Lärbro **Bunge**. Hier stellt die **Bunge-Kirche** eines der bemerkenswertesten Sakralgebäude Nordgotlands dar (Umschlagrückseite). Singulär auf der Insel ist z. B. der als Verteidigungsturm konzipierte Kirchturm, der noch zur romanischen Vorgängerkirche gehört. Auch die Kirchhofsmauer hat mit ihren Schießscharten eindeutig fortifikatorischen Charakter. Langhaus und Chor repräsentieren die Gotik und sind vom Anfang des 14. Jh. Das Langhausinnere ist hoch eingewölbt und wird von schlanken, an der Basis schön skulptierten Säulen in zwei Schiffe geteilt. Neben einer Gewölbekonsole an der Südwand ist vor allem die ungewöhnliche, aus der Sphäre des Deutschen Ordens stammende Kalkmalerei von Interesse (s. S. 109). Bemerkenswert ist auch der gotische Taufstein und ein Opferstock sowie die schönen Grabsteine im Chor (der älteste von 1294!).

Hinter dem gerade abschließenden Chor liegen in einiger Entfernung die eindrucksvollen Ruinen des mittelalterlichen *Pfarrhofes*.

In Sichtweite der Kirche liegt die zweite große Sehenswürdigkeit des Ortes, das **Bunge-Museum** (eigentlich ›Kulturhistorisches Museum von Bunge‹). Auf Initiative des Volksschul-

Eingangsbereich des Bunge-Museums, Fotografie von 1911

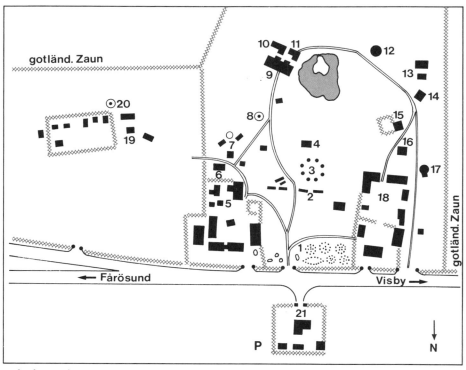

Kulturhistorisches Museum von Bunge   1 Gräberfeld   2 Bildsteine   3 Domarring   4 Fischerhütte   5 Bauern-hof aus dem 17. Jh.   6 Sauna   7 Köhlerhütte   8 Teerbrennerei   9 Sägemühle   10 Walkmühle   11 Wasser-mühle   12 Windmühle   13 Bootsmannkate   14 Windsäge   15 ›Lambgift‹   16 ›Russgift‹   17 Kalkofen   18 Bauernhof aus dem 18. Jh.   19 Fischerhütten   20 Leuchtfeuer   21 ›Snäckersstugan‹ (jetzt Café)

lehrers Erlandsson (1869–1953) entstanden, ist das Freilichtmuseum heute eine der wichtigsten Stätten zur Bewahrung gotländischer Bauernkultur aller Epochen. Man betritt das Gelände durch die Nachbildung des stattlichen Hoftores von Riddare im Sprengel Hejnum. Solche Treppengiebeltore mit aufgesetztem steinernen Ringkreuz führten früher zu den reichen Pfarr- und Bauernhöfen und sind Relikte der mittelalterlichen Großmachtzeit des Landes. Neben dem Tor ist zur Straße hin auch die mächtige Holzeinfriedung (gotl.: ›standtäun‹) sehenswert. Solche unüberwindlichen Stangenzäune (Abb. 41), denen bei der Verteidigung des Hofes eine wichtige Rolle zukam, hat es schon in der Wikingerzeit auf Gotland (und nur hier) gegeben. Hinter dem Haupteingang sind rechts verschiedene vorhistorische Grabtypen (Schiffssetzung, Radkreuzgrab, flache Steinhügelgräber) zusammengestellt, auch ein bronzezeitlicher Opfer- stein mit Schalengruben ist zu sehen. Auf dem freien Platz gegenüber dem Eingang stehen

180

nebeneinander vier *Bildsteine* (Abb. 9), von denen der größte und bekannteste *(Hamars I)* vermutlich die nordische Sage von Hild illustriert (Farbabb. 1). Darin führte der Raub dieser Königstochter durch den Wikingerfürsten Heden zum Kampf zwischen beiden Sippen. Berühmt ist die Darstellung eines Hängeopfers im dritten oberen Feld (s. S. 62) und außerordentlich fein im unteren Feld die Zeichnung eines Wikingerschiffes, das von einer waffenstarrenden Besatzung in voller Fahrt über schäumende Wellen gesegelt wird. Es ist dem Begründer des Bunge-Museums zu verdanken, daß nicht auch dieser Stein nach Stockholm abtransportiert wurde. Auf einem der drei anderen Bildsteine, die erst später von ihrem ursprünglichen Fundort hierhin versetzt worden sind, zeigt einer Odins Raub des Dichtermets: durch eine List von Gunnlod, Tochter des Riesen Suttung, ergaunert, kann der Götterfürst in der Gestalt eines Adlers nach Walhall fliehen ...

Hinter den Bildsteinen sind sogenannte *Sonnensteine* zu sehen, die auf einigen eisenzeitlichen Gräbern vom Typ *Trullhalsar* (s. S. 44) gefunden worden sind, außerdem ein Richterring, zwei Runensteine und ein weiterer Bildstein des älteren Typs.

Links vom Eingang liegt einer der beiden *Bauernhöfe* des Museums, und zwar die ältere Anlage aus dem 16./17. Jh. (Abb. 40). Die Einzelgebäude sind um einen fast quadratischen Platz gruppiert, auf dem sich in der Mitte das hölzerne Hofkreuz erhebt. Solche Ringkreuze gab es früher auf den meisten gotländischen Höfen, hier versammelten sich die Bauernfamilie und das Gesinde zum Morgengebet. Außer den schilfgrasgedeckten Wirtschaftsgebäuden ist daneben besonders das Innere und Äußere des Wohnhauses *Lundehagestugan* mit seinem Fachwerkgiebel sehenswert.

Von diesem Hof aus kann man einem Rundweg folgen, der zunächst an einer Sauna *(bastu)* vorbeiführt, dann an einer Schmiede und einer Räucherkammer *(bickingkäulu)* für Aale, Flundern, Heringe usw. Es folgen eine Köhlerhütte und eine Teerbrennerei, eine Säge-, Walk- und Wassermühle, eine achteckige Windmühle, eine Windsäge (mit zeltförmigem Holzdach und sechs Rotorblättern), ein Schaf- *(lambgift)* und ein Pferdestall *(russgift)*, eine Fischerkate sowie ein Kalkofen. Kurz vor dem Museumseingang erreicht man dann den zweiten Bauernhof, der aus dem 18. Jh. stammt. Die Anlage besteht aus zwei offenen Plätzen, um die die Wirtschafts- bzw. Wohngebäude gruppiert sind.

Vom Bunge-Museum werden auch andere Kulturdenkmäler verwaltet, u. a. das Schulmuseum von Bunge (nahe zur Kirche), der Strandritterhof von Kyllaj (s. o.), Fischerkaten, Laubwiesen u. a. m.

Nur 2 km sind es von Bunge bis zur Ortschaft **Fårösund** (900 E.), die ihren Namen nach der Meerenge zwischen Gotland und der nördlichen Nachbarinsel hat. Der Fårösund ist seit dem Ende des 19. Jh. stark bewacht und konzentriert verschiedene Militäreinrichtungen an seinen Ufern. 1854, zu Beginn des Krimkrieges, war der Sund noch ohne jeglichen schwedischen Küstenschutz und kam deshalb den alliierten Franzosen und Briten gerade recht, um in ›neutralen Gewässern‹ eine Flottenbasis für ihre Angriffe u. a. gegen das russische Fort Bomarsund auf den Ålandinseln zu haben. Damals lagen hier etwa 100 Kriegsschiffe vor Anker, und das vorher unbedeutende Dorf erlebte einen enormen Aufschwung (s. S. 34). Aufgrund dieser Kriegsereignisse gingen später die Schweden daran, das Zentrum ihrer Küstenverteidigung nördlich und südlich von Fårösund aufzubauen, und die ›nördliche‹, ›mittlere‹ und ›südliche Batterie‹ könnten mit ihren erhaltenen Kanonenstellungen und Bastionen ein gutes Bild der fortifikatorischen Ingenieurskunst abgeben, wenn sie nur für Ausländer zu besichtigen wären.

Bis eine Brückenverbindung fertiggestellt ist, geht ab Fårösund die (kostenlose) Autofähre zum gegenüberliegenden Ufer. An deren Anlegestelle verweist ein monumentaler Kalkofen auf das wirtschaftliche Standbein vergangener Zeiten (Abb. 12).

Fårö

Dem Reiz der eigentümlichen Landschaft Fårös kann sich wohl keiner entziehen – nirgendwo sonst auf Gotland, wenn nicht sogar im ganzen Königreich, ist die Atmosphäre so voller Ursprünglichkeit. Steppenartige Gebiete mit Wacholderbewuchs *(alvar)* werden abgelöst von seichten Seen mit Schilfgras *(ag)*, Kiefernwäldern, Steinäckern und Geröllterrassen, von uralten Siedlungen, feinem Sandstrand, mächtigen Wanderdünen und den imponierendsten aller Raukgebiete.

Vielleicht ist es gerade dieser größtmögliche Gegensatz zum modernen Industriestaat Schweden, der eine Reihe prominenter Zeitgenossen veranlaßte, sich hier (wenigstens für einige Wochen im Jahr) ein Domizil zu suchen. Ingmar Bergman gehört dazu, Olof Palmes Witwe Lisbeth, Ministerpräsident Karlsson und andere Größen aus Politik, Wirtschaft, Kultur und Sport. Auf Gotland bemerken einige ironisch, daß sich die gesamte zugereiste ›schwedische Noblesse‹ hier versammeln darf, während Ausländern der Zugang zu Fårö verwehrt wird.

Der schwedische Normaltourist frequentiert die Campingplätze, Freizeitanlagen und Sandstrände um **Sudersand,** so daß sich in der Hochsaison vor der Fähre über den Fårösund lange Autoschlangen bilden und Wartezeiten einkalkuliert werden müssen. Unter anderem auch deshalb ist der Bau einer ca. 500 m langen Brücke im Gespräch – von vielen Feriengästen gewünscht, von Naturschützern und den Einwohnern des Ortes Fårösund heftig abgelehnt. Gegenstand der Kritik ist, daß das labile und komplizierte ökologische System keine unbegrenzte Zahl an Besuchern verkraftet, eine Brückenverbindung jedoch das Reizeziel unter Autotouristen noch beliebter machen würde, als es ohnehin schon ist. Die geplante Streckenführung weiter nördlich über Hau und Lansa schließlich gäbe Fårösund eine ungünstige Randlage und würde die jetzige Bedeutung des Ortes zunichte machen.

Solange die Fähre noch besteht, ist Broa das ›Tor‹ zu Fårö: ein Kiosk, zwei Gehöfte, ein *lambsgift* und eine Windmühle. Weht die Flagge auf Halbmast, ist einer der etwa 650 Einwohner der Insel gestorben. 1940 waren es noch gut 1400 und in den letzten Jahrhunderten immer mehr als 2000 – auf Fårö ist im kleinen die demographische Tendenz eher spürbar als im großen auf Gotland oder Öland! Die Einwohner Fårös haben lange Zeit ein außerordentlich hartes Leben führen müssen. Schafzucht, Fischerei und Robbenjagd waren die ökonomischen Grundlagen, während der karge Boden Ackerbau nur in bescheidenem Rahmen zuließ. Bewundernswert, wie man dennoch dem steinigen Untergrund Getreide und Kartoffeln abtrotzte, und es ist bezeichnend, daß letztere auf Fårö ›Steinackerbirnen‹ genannt werden. Entlang der Hofgrenzen und zur Abtrennung der Schafweiden schichtete man aus Kalksteinplatten (schwed.: flisor) und Feldsteinen Trockenmauern auf, die charakteristisch für die Insel sind. Leider oft schon verfallen, zum großen Teil aber erhalten oder wenigstens gut sichtbar, sind allein diese uralten Kunstwerke einen Besuch Fårös wert. Trotz der auffälligen Vielzahl an Schafen bedeutet der Inselname ›Fårö‹ doch nicht, wie man meinen könnte, ›Schafsinsel‹. Denn im Gegensatz zu den Färöern oder anderen Inseln mit ähnlichem Namen heißt auf Gotland das erwachsene Schaf eben nicht *far, får* oder *fär,* sondern *lamb* (bzw. *lamm*). Lämmer hingegen werden als *lambungar* (= Schafsjunge, Schafskinder) bezeichnet. Vorstellbar ist, daß sich der Inselname von ›fara‹ (= reisen, fahren) oder, entsprechend dem englischen ›far‹ (= entfernt, weit) ableitet, ›Fårö‹ also als ›Insel der Reisenden‹ oder ›weit entfernte Insel‹ gedeutet werden kann.

Zum Standardprogramm eines Tagesausfluges mit dem Bus gehört der Besuch des Raukfeldes von Langhammars und ein Aufenthalt am Strand von Sudersand. Nach Ankunft in Broa führt eine kleine Stichstraße nach rechts zum südlichen Ende, wo Namen wie *Ryssnäs* oder *Ryssudden* genau wie der englische Friedhof an die Zeit des Krimkrieges erinnern. Die Hauptstraße führt jedoch in nördliche Richtung zur Fårö-Kirche und nach Sudersand. Über die nach einigen Kilometern links abzweigende Asphaltstraße nach *Norra Gattet* kommt man zu einigen großen Höfen (*Lansagårdana,* 18. Jh.) und in der Nähe auch zu vorhistorischen Denkmälern, u. a. einem bronzezeitlichen Steinhügelgrab und einer Schiffssetzung sowie eisenzeitlichen Gräbern und Hausfundamenten. Noch interessanter ist kurz vor der Fårö-Kirche die Route nach *Lauter,* die man zu einer Rundfahrt über Langhammars erweitern kann. An dieser Stelle ist Fårö am schmalsten (in Ost-West-Richtung), und ständig wird das steppenartige Landschaftsbild durch kleine, schilfbestandene Seen *(träsks)* aufgelockert. Teiche und Moore sind ein Relikt jener Zeit, als hier ein Sund den nördlichen Teil Fårös vom südlichen trennte. Auf dem halben Weg zur Küste passiert man *Farnavik,* eine ehemalige Meeresbucht. Schon zur Wikingerzeit wurde hier Handel betrieben, wie der Flurname *Gammlehamn* (= ›alter Hafen‹) beweist. Der Hafen selbst ist als 90 m langer und sehr schmaler Binnensee noch gut erkennbar. In der Nähe gibt es steinerne Fundamente einer **St:Äulas-Körka** (= St. Olofs-Kirche), die wohl einmal eine Holzkapelle mit Chor und Langhaus getragen haben. Die genannten Punkte erreicht man auf einem (fahrbaren) Waldweg südlich von *Lauter.*

Lauter selbst bezeichnet ein weites Gebiet, das sowohl neuzeitliche Herrenhäuser als auch ein Fischerdorf und vorhistorische Grabmonumente *(Lauters stajnkalm)* umfaßt. Zunächst passiert man ein großes weißgekalktes Haus mit Ziegeldach, das Ende des 18. Jh. aufgeführt wurde und einem ›Kalkpatron‹ gehörte. Ab der Mitte des 17. Jh. nämlich war Lauter ein Zentrum der Kalkbrennerei auf Fårö, wovon mehrere Öfen und Steinhäuser berichten. Da die Insel ohnehin nicht reich an Holz war, führte dieser Wirtschaftszweig dazu, daß früher als auf Gotland ausschließlich mit Stein gebaut wurde; dies fiel schon Carl von Linné bei seinem Besuch 1741 als Besonderheit auf.

Am Ende der Bucht von Lauter geht nach Norden ein schmaler, aber fahrbarer Weg ab, der das wohl eindrucksvollste *Raukgebiet* Gotlands berührt. Über einige Kilometer erstrecken sich die merkwürdigen, aus einer Phantasiewelt zu stammen scheinenden Kalksteinsäulen. Hier haben wir es mit Korallenkalk zu tun, dessen weichere Bestandteile durch Wind-, Wellen- und Eiserosion zerstört worden und die härteren Elemente in z. T. verwirrenden und kuriosen Strukturen stehengeblieben sind. Ob der Name ›rauk‹ (pl. ›raukar‹) nun, wie im Baltischen, als

›alter Mann‹ gedeutet werden soll, oder ob er sich vom deutschen Wort ›Rauch‹ ableitet oder einen anderen Hintergrund hat, ist nicht geklärt. Man kann jedenfalls in den meisten Raukar Riesenfiguren oder wenigstens menschliche Gesichter erkennen (wie auch an der Südspitze Gotlands ein Rauk ›*gubben*‹ = ›der Alte‹ heißt), genauso aber auch in den bizarren, grau-weißen Gebilden zu Stein erstarrte Rauchsäulen vermuten.

Am Ende der Bucht *Aursviken* passiert man das *Fiskeläge* ›**Helgumannen**‹ (= ›der heilige Mann‹), dessen Name wohl auf einen Prediger oder Missionar aus der Christianisierungszeit zurückgeht. Obwohl längst nicht mehr alle Fischerhäuser stehen (einiges ist zum Museumsdorf Kovik gebracht worden, s. S. 226), ist noch zu spüren, daß Helgumannen einst ein bedeutender Ort war. Die niedrigen Steinmauern, auf denen die fensterlosen Holzbuden aufgesetzt sind, die kleinen Eingänge auf der Giebelseite, die überstehenden Holzdächer, selbst die auf den Strand gezogenen Fischerboote machen einen altertümlichen Eindruck. Tatsächlich glaubt man, daß die Existenz dieses Fiskeläge bis zur Eisenzeit zurückreicht! Gefangen wurde hauptsächlich der Ostseehering, der nicht nur zur eigenen Versorgung diente, sondern bis nach Gotland exportiert wurde. Noch um 1850 soll eine Fischersfrau aus Helgumannen bis nach Visby gerudert (!) sein, um dort Fisch zu verkaufen ...

Von **Bondans** aus, einem eindrucksvollen Gehöft von 1783, kann man in Richtung Fårö-Kirche zurückfahren, wenn man nicht den (empfehlenswerten!) Abstecher zum **Langhammars-Raukfeld** unternehmen möchte (Farbabb. 37). Der Weg dorthin geht an Langhammars vorbei, einem ebenfalls alten und gut restaurierten Hof, und an einigen der merkwürdigsten Stein-äcker – es scheint unmöglich, daß auf diesem Untergrund überhaupt etwas wachsen kann. Weiter zum Meer hin ähnelt die Landschaft einer Geröllwüste, deren Terrassierung Hinweise auf die Strandwälle vergangener Zeiten gibt. Am Ende der Stichstraße (Parkplatz) steht man dann oberhalb des berühmten Raukfeldes, das zwar nicht so groß wie das südlichere ist, dessen einzelne Säulen sich aber zu noch imponierenderer Höhe auftürmen. Vage fühlen manche sich hier an die Großsteinbildnisse auf der Osterinsel erinnert.

Zurück zur Hauptstraße fährt man an drei Seen und den wohl schönsten Steinmauern Fårös vorbei, über einige Schafsgatter hinweg und durch eine botanisch sehr interessante Landschaft. Wo sich hier im Frühling ein Blütenteppich ausbreitet, im Sommer die Gewürzpflanzen ihren Duft ausströmen und die Hitze über der Steppe flimmern kann, fegen in der kalten Jahreszeit manchmal Winterstürme von Orkanstärke über das Alvar.

Wer auf die Hauptstraße nach links abbiegt, kommt zum ›touristischen Ballungsgebiet‹ der Insel mit seinen Sommerhäusern, Campingplätzen, Restaurants, Sportplätzen und Kiosken. **Sudersand,** die Sandbucht im Süden, hat einen herrlichen Strand, aber auch *Nordersand* im Norden eignet sich gut zum Baden. Dazwischen liegt das Naturreservat *Ullahau*, im wesentlichen aus einer riesigen Sanddüne bestehend. Noch weiter im Osten kann man den Leuchtturm ›Fårö fyr‹ erreichen, in dessen Nähe ein Naturreservat und im Meer ein großes Robbenschutz-gebiet.

29 LUMMELUNDA Romanische Kirche mit gotischem Chor ▷

30 LUMMELUNDA Quadermalerei über dem Turmbogen
31 STENKYRKA Romanischer Taufstein des
Majestatis-Meisters

32 MARTEBO Gotischer Taufstein (›Muschelcuppatypus‹)

33, 34　MARTEBO　Kapitellbänder am südlichen Langhausportal

35　BRO　Kapitellband am südlichen Langhausportal ▷

36 BRO Naive Malerei am Chorgestühl

38 LÄRBRO Oktogonaler Westturm

37 LÄRBRO Kapitellband am Westportal

40, 41   BUNGE   Hofanlage des 16./17. Jh. und wehrhafter Palisadenzaun im Freilichtmuseum
39   TINGSTÄDE   Romanisch-gotischer Galerieturm

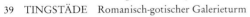

42, 43   KÄLLUNGE   Romanische Kirche mit Chor des 14. Jh. und spätgotisches Triptychon

44, 45   DALHEM   Altes Steinkreuz vor der gotischen Kirche und Kapitellband am Westportal

46 EKEBY Kapitellband mit Pflanzenornamentik und Königshäuptern

49 STENKUMLA Romanisches Triumphkreuz

47 GAMMELGARN Südliches Langhausportal 48 LYE Südliches Chorportal

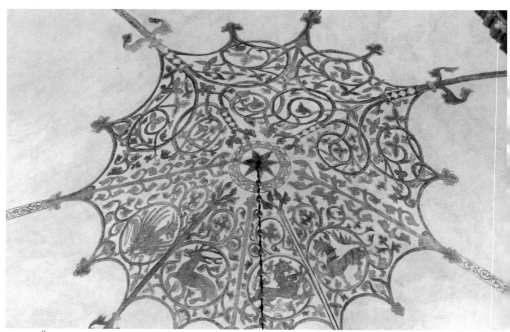

50 FRÖJEL Gewölbemalereien des 14. Jh.
51 GARDE Russisch-byzantinische Malereien im
Turmbogen

52 STÅNGA Triumphkreuz des 13. Jh.

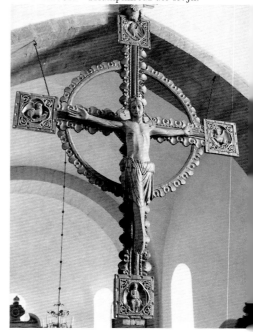

Die ›kleine Kutatavlan‹ von 1767, Votivbild in der Fårö-Kirche

Der Haupt›ort‹ der Insel heißt ebenfalls **Fårö** und liegt nahe der Ostküste an der Hauptstraße: Jugendherberge, Lebensmittelladen, eine Gaststätte, wenige Häuser und eine Kirche. Schon von außen ist sichtbar, daß von allen gotländischen Landkirchen die **Fårö-Kirche** am weitesten umgebaut und in ihrer mittelalterlichen Substanz verändert wurde. Nach Abriß des Ostteiles im 18. Jh. und Aufsetzen des hölzernen Turmhelms (1751) erhielt die Kirche 1858 ihre jetzige Kreuzform, die im Inneren allerdings eine T-Form ist, da der östliche Anbau nur als Sakristei genutzt wird. Mit ihren weiten Fensteröffnungen und der Inneneinrichtung aus dem 19. Jh. macht die Kirche einen hellen und großzügigen Eindruck. Ein Besuch lohnt sich hauptsächlich wegen zweier Votivtafeln, der sogenannten großen und kleinen *Kutatavlan* (gotländ. ›kuta‹ = Seehund): Im Jahre 1603 brach hinter fünfzehn Robbenjägern aus Fårö, die sich zu weit auf die zugefrorene Ostsee gewagt hatten, das Eis ab, so daß sie auf einer Scholle hilflos auf dem Meer trieben. Nach vierzehntägiger Irrfahrt, während der sie sich von den erlegten Robben ernährten, wurden sie schließlich vor Gotska Sandön gerettet. Zum Dank ließen sie 15 Jahre später die ›*Stora Kutatavlan*‹ malen, die nicht nur wegen ihrer künstlerisch-naiven Kompositon sehenswert ist, sondern auch, weil sie die Lage des Festlandes und der Inseln Öland, Gotska Sandön, Fårö und Gotland zeigt, daneben Schiffe, Trachten und Gerätschaften der Robben-

◁ 53   STÅNGA   Monumentalfiguren (14. Jh.) am südlichen Langhausportal
◁ 54   ROMA-KLOSTER   Ruine der Basilika des 12. Jh.

jäger sowie besonders eine komplette zeitgenössische Darstellung der Festung Visborg und einen Teil der Stadt Visby. Die ›*Lilla Kutatavlan*‹, ebenfalls an der Westwand des Langhauses angebracht, berichtet von einem ähnlichen Schicksal, das 1767 dem Robbenjäger Jens Långhamar und seinem Sohn Lars widerfuhr.

Gotska Sandön

Fårö ist jedoch nicht der äußerste ›Landesteil‹ der Provinz Gotland. Nach weiteren 38 km in nördlicher Richtung erreicht man von hier aus die ›Gotländische Sandinsel‹, wie der National-park in der Übersetzung heißt. Noch im letzten Jahrhundert lebten dort bis zu 100 Menschen, und Bauern aus Fårö nutzten das Terrain als Schafweide oder Stützpunkt für den Robbenfang. Langsam aber sicher begann jedoch der Flugsand die etwa 5 km lange und 8 km breite Insel zuzudecken. Begünstigt durch die Abholzung konnten die Dünen vordringen und bilden auch heute noch das Charakteristikum des Naturreservates. Außer den bis zu 15 m hohen und 300 m breiten Sandbergen gibt es noch Überreste des Laubwaldes, eine seltsame Flora und Fauna und eine schön modellierte Landschaft mit der höchsten Erhebung von 42,2 m ü.d.M. Während allerdings schwedische Touristen das Eiland auf Bootsauflügen von Fårö und Nynäshamn aus kennenlernen können, setzt die Militärbürokratie Ausländern z. Z. noch schwer zu über-windende Hürden in den Weg.

2 Der Osten

Die in diesem Kapitel beschriebene Route führt von Visby zur nördlichen Ostküste bei Slite und an dieser entlang in den Süden bis nach Ljugarn. An Sehenswürdigkeiten berührt sie großartige Landkirchen und eisenzeitliche Friedhöfe, Schiffssetzungen, Schleifrinnen und die Thorsburg, aber auch verschwiegene Waldstücke und beliebte Sandstrände, einsame Fischer-dörfer und eine ›Kleinstadt‹ wie Slite. Von Ljugarn aus bestehen gute Verbindungen über Roma zurück nach Visby (s. Kapitel ›Mittelgotland‹), aber auch zu weiteren Zielen im Süden der Insel (s. Kapitel ›Der Süden‹).

Zwischen Visby und Slite

Von Visby nach Slite führt der schnellste Weg über die Landstraße 147, auf der man schöne Landkirchen (**Hejdeby, Bäl**), Profanbauten wie Vatlings Gård (s. S. 174) und ausgedehnte Grä-berfelder passiert. Interessanter noch ist allerdings eine etwas südlichere Route, deren erste Station ca. 10 km nach der Hauptstadt die Kirche von **Endre** ist. Mit ihrem in das Langhaus integriertem Turm – Überbleibsel eines Vorgängerbaus aus dem 12. Jh. – unterscheidet sie sich bereits äußerlich von den meisten anderen Landkirchen. Auch die in die Südfassade einge-mauerten Reliefsteine (u. a. ein Drache und ein Löwe mit Jungen) stammen von der alten ›ikonischen‹ Kirche, während das Nordportal mit seinem Adlerkapitell einer zweiten Umbau-phase zuzuschreiben ist. In einem dritten Schritt wurde der rechteckige Chor und zuletzt das einschiffige Langhaus mit seinem gotischen Portal (ca. 1300) errichtet. Innen fällt die westliche

Raumgliederung mit ›Kapellen‹ auf, die durch die Einbeziehung des Turmes ermöglicht wurde. Hier steht auch der Taufstein des ›Hegvaldr‹, auf dessen Unterseite die Geburt Christi und der Kindermord und auf der Oberseite Passionsszenen gezeigt werden. Am merkwürdigsten ist sein (stark restaurierter) hölzerner Deckel aus dem 13. Jh., der eine hoch aufragende Kirche auf dem Grundriß eines griechischen Kreuzes darstellt – als Symbol des himmlischen Jerusalem wird sie von einer schön geschnitzten Taube bekrönt. Sonst hat der Bau u. a. Kalkmalereien des ›Passionsmeisters‹ aufzuweisen (im Westen eine burleske Szene: Teufel, die beim Melken helfen!), im Triumphbogen ein schönes romanisches Kruzifix, im Chor einen qualitätvollen gotischen Schnitzaltar (im Corpus der Gekreuzigte samt Maria, Johannes und vier Aposteln, in den Flügeln jeweils drei weitere Apostel) und in den Ostfenstern schließlich wertvolle Glasmalereien des späten 13. Jh. – Die Kirche wurde 1989 für Filmaufnahmen eines lateinischen Gottesdienstes durch nachgebaute Altarschranken und andere Kulissen ins Mittelalter ›zurückversetzt‹.

Der kleinen Landstraße in östlicher Richtung folgend, sieht man nach wenigen Kilometern schon den hohen Turm der in Etappen gebauten und erweiterten Kirche von **Ekeby,** deren jetziger Bau 1275 eingeweiht wurde. Außer dem Westturm mit seinem symmetrischen Fensteröffnungen überzeugt außen besonders die Südfassade, deren stattliche Portale u. a. mit Pflanzenornamentik (Abb. 46) geschmückt sind und noch die Spuren der alten Kolorierung aufweisen. Innen überraschen vor allem die Kalkmalereien aus dem 13., 15. und 18. Jh. Am ältesten sind hier die hoch plazierten Aposteldarstellungen im Langhaus, die sofort nach Fertigstellung der Kirche angebracht worden sein dürften. Auch der ›Passionsmeister‹ ist mit seinen gemalten Friesen vertreten: im Norden Szene der Passion Christi, im Süden solche der Kindheitsgeschichte. In der einschiffigen Halle wirken die spätbarocken Draperiegemälde über der Kanzel

Grabstein für Olof von Ekeby (1316) mit der Darstellung eines Lebensbaumes

besonders aufdringlich, auch im Chor ist diese Kunstepoche (hier über den Ostfenstern und an der Nordseite mit einer illusionistischen Fenstermalerei) vertreten. Trotzdem gehört von der Bandbreite der Malerien her Ekeby zu den interessantesten Kirchen des Landes. Ein Besuch ist aber auch wegen des sehr schönen romanischen Triumphkruzifixes und des Taufsteins des ›Majestatis-Meisters‹ lohnend.

In gleicher Entfernung wie Endre zu Ekeby liegt an derselben Landstraße in der anderen Richtung die merkwürdige Kirche von **Källunge**. Schon von weitem fällt sie durch ihre seltsame Silhouette auf (Abb. 42), die besser als anderswo den Typus einer ›Sattelkirche‹ verdeutlichen kann: hinter dem kleinen romanischen Langhaus mit seinem gleichzeitig aufgeführten Westturm (Mitte 12. Jh.) erhebt sich im Osten der gewaltigste Chor einer Landkirche (Mitte 14. Jh.). Die Unterschiede der Bauphasen zeigen sich auch beim Nähertreten: einem kleinen Westportal (mit schönem Eisenbeschlag) stehen da im Süden z. B. zwei gotische Portale gegenüber, beide hochaufragend und mit Kapitellbändern geschmückt. Eines hat man in das mit provisorischen Mauern an den Chor angeschlossene romanische Langhaus eingesetzt. Seine bedeutenden Kapitellreliefs – u. a. Musiker, Hirten, Arbeiter der Bauhütte usw. – zeugen von Originalität und selbstbewußtem Lokalkolorit (s. S. 102). Das Chorportal ist nicht ganz so üppig ausformuliert (Pflanzenornamentik), dafür aber von großartiger Strenge.

Im Inneren betritt man zunächst das romanische Langhaus, das lange Zeit als Getreidemagazin genutzt wurde und heute nur als Vorhalle zum gotischen Chor fungiert. Hier sind die wohl ältesten Kalkmalereien (1200?) erhalten, wie in Garda (s. S. 220) von russisch-byzantinischer Sprache. Durch den alten Triumphbogen, der mit einem Christusmedaillon und Heiligenfiguren geschmückt ist, gelangt man in das Innere des riesigen Chores, der die eigentliche ›Kirche‹ ausmacht. Sie wird durch zwei runde Säulen im Osten und zwei oktogonale Pfeiler im Westen in eine dreischiffige Halle mit neun Jochen unterteilt. Wenn man von den räumlichen Abmessungen dieses Chores ausgehend die Größe des gesamten, ursprünglich geplanten Gotteshauses berechnen will, käme man auf Dimensionen, die die der Kathedrale von Linköping übersteigen!

Neben Resten von Kalkmalereien ist das vornehmste Inventarstück des Chores das Triptychon vom Anfang des 16. Jh. (Abb. 43), das vermutlich in Lübeck gefertigt wurde. Ursprünglich war dieser Aufsatz der Schmuck des Hauptaltares in der Visbyer Marienkirche und zeigt deshalb im Corpus, der von älteren Holzfialen flankiert wird, die Krönung der Madonna. Die ganze Szene, in ihrer Polychromie und Vergoldung gut erhalten, ist beschwingt, fast heiter zu nennen, und das Maßwerk der Kulissenarchitektur deutet die Renaissance an. In den Flügeln sind paarweise die Apostel angeordnet, und auf den Innenseiten wird in acht Malereien Jesu Kindheitsgeschichte geschildert (Beschneidung, Flucht nach Ägypten, Auftreten im Tempel usw.). 1684, als der Altaraufsatz für die Domkirche wohl zu ›katholisch‹ und dem veränderten Zeitgeschmack nicht mehr entsprechend war, verkaufte man ihn an die Gemeinde von Källunge, wo er die Zeit überdauerte.

Daneben ist auch der monumentale Sakramentsschrank mit polychromer Säuleneinfassung sehenswert, außerdem die eingewölbte und 1576 ausgemalte Sakristei sowie der (stark verwitterte) Taufstein des ›Byzantios-Meisters‹. Das älteste Inventarstück jedoch, der berühmte

›Källunge-Wimpel‹, befindet sich im Fornsal-Museum. Immerhin verblieb an Ort und Stelle die originale Helmstange und eine Kopie der bronzenen Fahne. Lange Zeit hatte diese auf dem Mast eines Wikingerschiffes Dienst getan, bis sie in christlicher Zeit auf die romanische Kirchturmspitze versetzt wurde. Der dekorierte Wimpel mit einer Löwenfigur stammt vermutlich aus der Mitte des 11. Jh. und wurde erst in unserer Zeit als der kunsthistorische Schatz erkannt, der er ist.

Von Källunge aus hat man die Möglichkeit, nach kurzer Wegstrecke die Landstraße 147 zu erreichen und auf dieser direkt nach Slite zu fahren, oder aber einen lohnenden Abstecher zur Kirche von **Vallstena** zu unternehmen. Auch deren Architektur zeigt einige Besonderheiten: beim üblichen Umbau der romanischen Kirche (von Ost nach West) mußten die Arbeiten nach Fertigstellung des Chores und der Hälfte des Langhauses unterbrochen werden; der neue, zweischiffige Raum wurde durch provisorische Mauern mit dem älteren Langhaus verbunden. Neben einem bildlosen Taufstein (Muschelcuppatypus) sind hier vor allem die Quadermalereien am Turmbogen sehenswert, die die Kunst der architektonischen Malerei mit Marmorierungen und herrlicher Binnenzeichnung am perfektesten vorangetrieben haben (s. S. 106). Durch einen ungemein breiten Triumphbogen öffnet sich auf der anderen Seite das Langhaus zum Chor, wo der Altaraufsatz eine der schönsten gotischen Holzarbeiten der Insel (ca. 1300) darstellt. Das Mittelfeld zeigt die Golgathagruppe, darüber in einem Medaillon den Auferstandenen, und darüber wiederum befindet sich ein (abnehmbares) Prozessionskreuz aus der Mitte des 14. Jh.; in den Seitenfeldern stehen verschiedene Heilige, und über dem Kunstwerk erheben sich wunderschön geschnitzte, durchbrochene Fialen.

Einige hundert Meter direkt östlich des Chores (zu erreichen über den Wirtschaftsweg, der ca. 400 m nördlich der Kirche rechts von der Landstraße abgeht, dann nach etwa 300 m wieder nach Süden abbiegen) liegt in der ›Lindenwiese‹ von Alvne (= *Alvne Lindaräng*), inmitten eines naturgeschützten, baumreichen Geländes, ein Ausgrabungsfeld mit einigen Hausfundamenten, die in die ältere Eisenzeit datiert werden.

Ab Vallstena kann man zwischen verschiedenen Routen wählen: einer südlichen, die an der eindrucksvollen Kirchenruine von **Bara** vorbei nach Hörsne und Norrlanda führt; und einer südöstlichen, die direkt nach Gothem geht. Nach Slite fährt man weiter in nördlicher Richtung, bis man in **Bäl** (Kirche mit sehenswertem Triumphkreuz) auf die Straße 147 einbiegt. Nach einer landschaftlich reizvollen Strecke erreicht man kurz vor der Küste eine Abzweigung, über die ein Abstecher zur Landkirche von **Boge** möglich ist. Sehenswert sind dort die stattlichen Portale mit schönen vegetabilischen Kapitellornamenten, im Inneren die Kalkmalereien des Passionsmeisters, ein mittelalterlicher Eisenleuchter und im Chor die Gewölbedekorationen.

Den Endpunkt dieses Routenabschnitts hat man in **Slite** erreicht, einem recht modernen Ort und mit etwa 1700 Einwohnern drittgrößter (nach Visby und Hemse) der Insel! Hauptarbeitgeber ist hier mit etwa 400 Beschäftigten die Firma ›Cementa‹, deren hochaufragendes Industriegebäude schon von weitem zu sehen ist und im sonst ländlichen Gotland wie ein Fremdkörper wirkt. Nach dem Aufbau durch Ferdinand Nyström zu Anfang unseres Jahrhunderts expandierte das Unternehmen stetig und wurde 1979 schließlich rationalisiert sowie mit beträchtlichem finanziellen Aufwand zur modernsten und energiesparendsten Zementfabrik der Welt ausgebaut. Den Grundstoff holt sich der Betrieb aus den riesigen Gruben, in die man vom Parkplatz an der Straße 147 (Informationsstand) Einblick erhält. Im Hafen (der beste Gotlands und deswegen manchmal auch Ziel von Kreuzfahrtschiffen) liegen die werkseigenen Spezialfrachter, die jährlich rund 1,7 Millionen Tonnen Zement an die schwedische und ausländische Kundschaft liefern.

Aber nicht nur die Industrie prägt Slite. Neben den Zementschiffen sieht man im Hafen auch Fischerboote, und schöne Häuser und Hotels der Jahrhundertwende, als der Ort ein angesehenes Seebad war, verbreiten ihren eigenen Charme. Von einem Hügel sofort dahinter bietet sich ein weiter Blick über das Meer, die vorgelagerte Inselwelt und die ›Kleinstadt‹ selbst. Eine ähnliche Sicht hat man übrigens aus der 1959/60 erbauten *Kirche,* eines der ganz wenigen nachmittelalterlichen Sakralgebäude des Landes; hier ist das traditionelle Altarbild durch große Glasscheiben ersetzt.

Zwischen Slite und Ljugarn

Die erste Strecke auf dem Weg in den Süden legt man wieder auf der Landstraße 147 zurück und erreicht dabei am Ortsausgang eine schmale Stelle, wo sich der See von Bogevik und die Ostsee fast berühren. Der Name deutet schon darauf hin, daß der heutige See eigentlich eine Meeres›bucht‹ war, und tatsächlich hat man hier den Standort eines wikingischen Hafens festgestellt. Daneben wurden auch Silberschätze und Runensteine gefunden, darunter der Stein von *Pilgård,* der den Weg gotländischer Wikinger ins Schwarze Meer dokumentiert. Aus der durch die Landhebung zum See gewordenen Bucht floß das Wasser durch sieben nebeneinanderliegende ›Ströme‹ *(sju strömmar)* ab, die heute noch als überbrückte kleine Bäche zu sehen sind. Früher konnten die Fischer hier Unmengen an Karpfen, Hechten, Aalen, Lachsen und anderen Meerestieren fangen, und der schwedische Gouverneur sicherte sich rechtzeitig ein Fünftel der alljährlichen Ausbeute.

An der Wegkreuzung südlich des Bogevik folgt man dann der Landstraße 146, die in einigem Abstand parallel zur Küste verläuft, bis sie die Bucht von Tjälder *(Tjälderviken)* erreicht. Hier liegt, zwischen Straße und Ostsee, links der **Vike minnesgård.** Dabei handelt es sich um einen sogenannten ›Strandhof‹, einen musealen Bauernhof am Meer, zu dem neben Scheune, Stall, Schmiede, Göpelwerk, Kräutergarten (mit Hopfen) und dem Wohngebäude auch Fischerbuden gehören. Die Wirtschaftsgebäude in Blockhaustechnik sind mit Schilfgras (Ag) gedeckt und stammen aus dem 18. Jh., das Kalksteinhaus mit Holzlattendach vom Anfang des 19. Jh. Vor allem im Frühsommer, wenn die Orchideen blühen, lohnt sich hier ein Besuch, aber auch zu anderen Zeiten gibt der von einem unüberwindlichen, altertümlichen Stangenzaun umgebene Hof mit seinem Kräutergarten und wildwachsenden Blumen ein herrliches Bild ab.

Einige hundert Meter weiter biegt rechterhand ein (befahrbarer) Waldweg ab, der nach etwa 1,5 km landeinwärts unmittelbar zur Schiffssetzung **Thjelvars Grab** führt (Abb. 1). Die berühmte Steinsetzung (s. S. 43) mit ihrer geradezu idealen Linienführung ist innen mit einer Steinschicht zugedeckt. Der Gutasaga zufolge befindet sich darunter das Grab des gotländischen

Urahns Thjelvar. Außerdem sind im Wald weitere prähistorische Denkmäler verborgen, wobei vor allem eine Häufung von Fliehburgen auffällt.

Zurück auf der Landstraße kann kurz vor der Brücke über den Gothembach *(Gothemsån)* auf einem Waldweg ein weiteres bronzezeitliches Grabmonument besucht werden: die herrlich auf einem Steilabhang gelegene **Majsterrojr.** Wie Thjelvars Grab liegt es mehr als 1 km von der heutigen Küste entfernt. Mit 4 m Höhe und einem Durchmesser von 33 m hat die Röse auch im Vergleich zu den anderen Großsteingräbern (s. S. 40) grandiose Ausmaße. In unmittelbarer Nähe sind auf dem Gelände noch mehrere Grabmonumente verteilt, darunter einige kleine Schiffssetzungen und Domarringe.

Auf dem Weg in den Süden ist das nächste Ziel die Kirche von **Gothem,** eine der größten und sehenswertesten des Landes. Sie besitzt noch alles, was zu einer wehrhaften gotländischen Landkirche des Mittelalters gehörte: eine hohe Kirchhofsmauer, drei sehr gut erhaltene *Stigluckor* und einen mächtigen, rechteckigen Kastal. Die Kirche ist eine der wenigen, die noch ihre romanische Apsis erhalten haben, und da sie gleichzeitig über einen hohen Galerieturm mit Pultdächern verfügt, kann dies ja nur bedeuten, daß der gotische Umbau diesmal von Westen nach Osten in Angriff genommen wurde. Dieser letzte Bauabschnitt wurde um die Mitte des 14. Jh., etwa 100 Jahre nach dem Apsischor, unter der Leitung des ›Ägypticus-Meisters‹ vollendet. An der Langhauswand mit ihrem monumentalen romanischen Portal hat man eingemauerte Reliefsteine einer noch älteren, ›ikonischen Kirche‹ gefunden. Innen ist die zweischiffige Hallenkirche besonders wegen der 1950 aufgedeckten und restaurierten Kalkmalereien von äußerstem Interesse. Mit dem umfangreichen Zyklus des ›Gothem-Meisters‹ von etwa 1300 (s. S. 108), der neben biblischen viele heraldische Motive verarbeitet, erinnert sie an einen mittelalterlichen profanen Prunksaal. Sehenswert sind u. a. auch ein nachreformatorisches Propagandabild und eine Chorbank des 14. Jh.

Einige Kilometer weiter im Osten liegt eine der schönsten ostgotländischen Küstenlandschaften, mit Mooren, Buchten und Inseln. Der schilfreiche See von **Storsund** ist ein Naturschutzgebiet mit reichem Vogelleben und z. T. seltenen Pflanzen. Die Hauptstrecke leitet uns aber von Gothem auf der 146 zunächst durch den schönen Kiefernwald *Kajsarskogen* (= Kaiserwald), bis man zu einer Abzweigung kommt, die nach links über einen Waldweg zum eisenzeitlichen Gräberfeld der ›Zauberhügel‹, der **Trullhalsar** führt (Farbabb. 32). Schon der Weg dorthin ist wie ein Eintauchen in die Vorgeschichte. Immer wieder scheinen große bronzezeitliche Steinhügelgräber durch die Bäume, sofort neben dem Fahrweg erheben sich Kraterrösen, und auf dem freien Feld von **Bjärs** steigt rechterhand das massige erdbedeckte Grab zu einem wahren Hügel an (s. S. 40). Mit dem Auto kommt man den Trullhalsar (s. S. 44) sehr nah, während die letzten Hunderte Meter zu Fuß zurückgelegt werden müssen. Dieser minimale Abstand zur automobilen Zeit ist auch notwendig, denn der Friedhof mit seiner prächtigen Natur und den etwa 350 Grabhügeln verträgt kaum Neuzeitliches in seiner Umgebung! Die mystische Waldeinsamkeit allerdings täuscht darüber hinweg, daß die heute 500 m entfernte Ostsee in der Vendelzeit bis zu den Trullhalsar reichte. Das Gräberfeld dürfte deshalb direkt im Anschluß an einen Hafen angelegt worden sein. Bei einem Spaziergang entdeckt man im hinteren Gelände auch andere Steinsetzungen und besonders schöne Domarringe.

Es ist ratsam, auf demselben Weg wie auf der Hinfahrt zurückzukehren, bis man wieder die Landstraße 146 erreicht. Gleich anschließend lohnt es sich, nach rechts zu einer Rundfahrt zu weiteren hochrangigen Sehenswürdigkeiten abzubiegen. Dabei passiert man zunächst den Hof von *Burs*, wo im kleinen Heimatmuseum **Norrlanda Fornstuga** ein typischer Bauernhof mit all den dazugehörigen Einrichtungen gezeigt wird. Der Initiator der Anlage war der bekannte gotländische Dichter Gustav Larsson, der 1924 eine alte Scheune aufkaufte und hierhin transportieren ließ. Zusammen mit seinem Bruder John erweiterte er ab 1955 den Bestand, bis aus Bauten und Gerätschaften unterschiedlicher Herkunft und verschiedener Zeiten ein komplettes autarkes Gehöft zusammengestellt werden konnte. Dessen ältester Bestandteil ist ein Stall des 17. Jh., während die meisten anderen Wohn- und Wirtschaftsgebäude (u. a. Blockhäuser, Vorratshütten, Schmiede, Trockensauna, Teerkocherei, Gästewohnung) wie deren originale Möblierung und Inventar aus dem 18. Jh. stammen.

Weiter geht die Fahrt zur Landkirche von **Hörsne,** die sich mit ihrer merkwürdigen St. Michaels-Statue über dem Langhaus-Wimperg schon von außen als etwas Besonderes darstellt. Davon und von ihrer seltenen Portalgestaltung war an anderer Stelle bereits die Rede (s. S. 103).

Nach wenigen Kilometern in westlicher Richtung kündigt ein hoher, mit Fialen, Maßwerk, Wasserspeiern und anderen Skulpturen außerordentlich reich geschmückter Galerieturm schon von weitem die Kirche von **Dalhem** an (Abb. 44). Neben dem Turm ist der Portalschmuck mit seinen ungewöhnlichen figürlichen Motiven (s. S. 103) sehenswert (Abb. 45), während der dreischiffige Innenraum, einer der größten des Landes, unter der 1899–1914 durchgeführten und zweifellos gut gemeinten ›Restaurierung‹ des Künstlers A. H. Hägg leidet. Gegen die Umgebung können sich immerhin einige mittelalterliche Arbeiten behaupten, so die Glasmalereien des 13. Jh. in den Chorfenstern und selbst noch die originalen Wandgemälde im Südosten des Langhauses! In unmittelbarer Nähe der Kirche haben sich zwei steinerne mittelalterliche Kreuze bewahrt, das eine etwa 200 m nördlich (Farbabb. 31), das andere an der Weggabelung im Südwesten.

Folgt man anschließend der Landstraße in südlicher und dann (sich immer links haltend) in östlicher Richtung, passiert man die Landkirche von **Ganthem,** die von außen und innen die Romanik repräsentiert. Der Taufstein des ›Meisters Hegvaldr‹ und ein Triumphkruzifix sind ihr vornehmstes Inventar, während der Altaraufsatz aus dem 14. Jh. im Stockholmer Historischen Museum bewundert werden kann und am ursprünglichen Ort nur durch eine Kopie vertreten wird. – Zwischen Ganthem und Norrlanda zweigt rechts ein Feldweg ab, der den Besucher zum mittelalterlichen Vorratshaus des **Bringes gård** leitet. Obwohl nur in zwei Stockwerken erhalten, kann die Ruine trotzdem in ihrer steinernen Massivität ein eindrucksvolles Zeugnis vom Reichtum der *Farmannabönder* abgeben.

Bevor man anschließend wieder auf die Landstraße 146 stößt, darf die Besichtigung der Landkirche von **Norrlanda** nicht versäumt werden! Von deren drei mittelalterlichen Kirchhofspforten ist die nördliche besonders sehenswert und in ihrer Art auf Gotland singulär: durch unterschiedlich hohe spitzbogige Arkaden in zwei Türöffnungen getrennt, wurde hier der höhere und breitere Einlaß bei Begräbnissen genutzt, der kleinere von gewöhnlichen Kirchgängern. Auf der südlichen Langhausseite entfaltet sich dagegen ein gotisches Portal in seiner ganzen, vom ›Ägypticus-Meister‹ gestalteten Pracht. Auf den Kapitellbändern werden hier die üblichen neutestamentarischen Szenen ausgebreitet: rechts Verkündigung, Maria und Elisabeth, Christi Geburt; links Verkündigung an die Hirten, Anbetung der Könige, Kindermord zu Bethlehem. Darüber ist im Wimperg das Thema der Auferstehung bearbeitet. Von derselben Werkstatt sind die Ansichtsmasken im Inneren, das darüber hinaus mit den umlaufenden Friesen des ›Passionsmeisters‹ geschmückt ist. Deren biblische Aussage wird auch hier wieder durch einige burleske Einschübe in reizvoller Weise aufgelockert.

Auf dem Weg nach Ljugarn sollte der nächste Halt an der Landkirche von **Anga** eingelegt werden, einer der kleinsten der Insel. Mit ihrem Apsischor und dem sehr schmalen – obwohl zweischiffigen! – Langhaus bietet sie einen altertümlichen, einheitlich romanischen Raumeindruck. Eine Turmkammer existiert nicht, weil der Kirchturm über dem westlichen Teil des Langhauses errichtet wurde. So ergibt sich hier durch die Proportionen von Turmaufbau und kurzem Langhaus eine ungewöhnliche Höhen-Längen-Relation. Der schöne Innenraum beeindruckt durch die Kalkmalereien, die 1946/47 freigelegt wurden. Die älteren (Ende des 13. Jh.) sind hauptsächlich architektonische Malereien und werden aufgrund der Signatur im Triumphbogen einem gewissen Halvard zugesprochen (s. S. 106). Die der späteren Gruppe kommen aus der Schule des ›Passionsmeisters‹. Ungewöhnlich ist eine Runeninschrift auf der Nordwand des Langhauses, die die Namen jener Bauern nennt, die beim Bau der Kirche mitgeholfen haben. Auch schöne Holzarbeiten sind in Anga zu sehen: ein Triumphkreuz im schmalen Chorbogen und besonders ein geschnitzter Altaraufsatz aus der zweiten Hälfte des 14. Jh.

Wenn man dem kleinen Weg, an dem die Kirche liegt, ein wenig nordwärts folgt, kommt man zu einem Pfad, der nach wenigen hundert Metern zu einer Waldlichtung mit zwei bronzezeitlichen Steinhügelgräbern führt. Die eine dieser Großrösen von **Båticke,** mit einem tiefen Krater ausgestattet, ist nicht weniger als 4 m hoch bei einem Diameter von 45 m! In der Umgebung befinden sich weitere flache Hügelgräber, andere Steinsetzungen und ein eisenzeitliches Gräberfeld.

Zurück auf der Straße 146 in den Süden lohnt auch das nächste Gotteshaus am Wegrand einen Halt, die Kirche von **Kräklingbo.** Anstelle eines Westturm besitzt sie nur einen Dachreiter, aber ihr Äußeres zeigt trotzdem die üblichen gleichmäßig abgetreppten Konturen. In die Südwand sind zwei bemerkenswerte Portale (beide von ca. 1300) eingelassen, wobei das Langhausportal mit seinem figürlich geschmückten Tympanonfeld und Kapitellbändern (Engel, gegen einen Drachen kämpfender Mann) besonders schön ist. Im Innern hat die Kirche interessante und sehr frühe Kalkmalereien, die laut einer Inschrift aus dem Jahr 1211 stammen. Die einzelnen Szenen stellen die Verkündigung, Maria und Elisabeth, Christi Geburt, die Anbetung der Könige und das Auftreten im Tempel dar, alle weiteren Bilder sind von 1908. Unter den Einrichtungsgegenständen verdienen das edel ausgeformte romanische Triumphkruzifix im Chorbogen, der gotländische Altaraufsatz vom Anfang des 16. Jh. und die spätgotischen Chorbänke besondere Erwähnung.

An der Kreuzung bei der Kirche von Kräklingbo verlassen wir die Straße 146 und fahren von hier aus in östlicher Richtung auf Östergarn zu. Nach wenigen Kilometern macht rechterhand ein Hinweisschild auf den Weg zu einer der größten prähistorischen Sehenswürdigkeiten Gotlands aufmerksam, der Thorsburg (s. S. 50). Auf dem Weg dorthin kann man durch einen Halt bei **Hajdeby** nicht nur die schön wiederhergestellte Hofanlage des 19. Jh. etwas näher kennenlernen, sondern direkt hinter der südlichen Hofwand auch eine umfangreiche Sammlung von Schleifrinnen im gewachsenen Felsen. Informationsmaterial dazu, aber auch Wanderkarten, Wolle und andere Souvenirs werden im kleinen Laden nebenan verkauft.

Von hier aus ist es nicht weit, bis man sich an einer Weggabelung entscheiden muß, zu welcher Pforte der **Thorsburg** man fahren will (Farbabb. 2). Denn deren Dimensionen sind so riesig, daß etwa zwischen der ›Tjängvide luke‹ im Norden und der ›Ardre luke‹ im Süden einige Kilometer Wegstrecke liegen. Am eindrucksvollsten ist die *Ardre luke,* wo die mächtige Mauer am besten zu sehen ist. Schon auf dem Weg dorthin werden entlang des Klippenrandes die guten natürlichen Voraussetzungen zur Verteidigung des Terrains sichtbar. Nach dem Volksglauben soll hier übrigens in einer Grotte der nordische Gott Thor wohnen *(Svartstuen)*, an anderer Stelle soll er sogar begraben sein *(Trullhögen)*. Die Thorsburg wurde aber auch im Zusammenhang mit der Zwangsemigration eines Drittels der gotländischen Bevölkerung in der Gutasaga erwähnt (s. S. 16).

Auch ohne ihre Bekanntheit durch Volksglauben und Sage ist die Fliehburg imposant genug. Der Umkreis beträgt etwa 5 km, wovon fast 2 km aus der sorgsam aufgeschichteten Trockenmauer bestehen. Diese Mauer, für deren Bau eine mindestens so große Arbeitsleistung wie bei der Visbyer Wehrmauer ausgerechnet wurde, ist bis zu 7 m hoch und 20 m breit; im ursprüng-

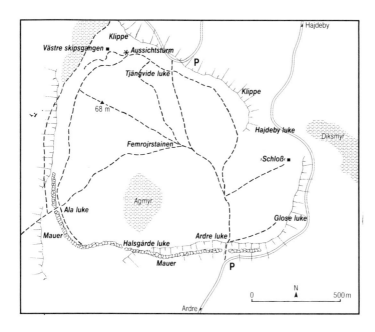

Lageplan der Thorsburg

lichen Zustand fiel sie nach außen steil ab und hatte zum Burginnern eine schräge Rampe, ihre Krone war vermutlich zusätzlich mit Palisaden geschützt. Das enorme und in seiner Art einmalige Bauwerk wirft auch nach den Untersuchungen der jüngsten Zeit mehr Fragen auf als daß es Antworten gibt. Die früher übliche Datierung etwa, die den Bau auf den Beginn des 6. Jh. legte, mußte korrigiert werden. C-14-Analysen haben (mit einem nur geringen Unsicherheitsfaktor) gezeigt, daß die Burg während der Römischen Eisenzeit gebaut, in der Völkerwanderungs- und Vendelzeit repariert und erweitert wurde und noch in der späten Wikingerzeit in Benutzung war. Der erste Mauerbau weist dabei Strukturen ganz ähnlich denen des römischen *Murus gallicus* auf: die Trockenmauer liegt nämlich nicht einfach auf dem Kalksteinuntergrund auf, sondern wurde durch ein Balkenwerk auf verschiedenen Ebenen gestützt und mit der Rampe verbunden. Verkohlte Reste beweisen, daß die Thorsburg mindestens einmal erobert oder gebrandschatzt wurde.

Wer viel Zeit hat, kann das Gelände auf mehreren Wanderwegen erkunden und dabei auch die schöne Natur des bis zu 68 m hoch gelegenen Plateaus intensiver kennenlernen. Die ältesten Raukar Gotlands (von der Baltischen Eissee vor 12 000 Jahren modelliert), Grotten und eiszeitliche Gletschermühlen, Strandwälle der Ancylussee und Quellen, dazu eine überreiche Flora und Fauna – man kann die Thorsburg gut zum Inhalt eines Tagesprogramms machen. Wer mit dem Wagen zum anderen leicht zugänglichen ›Tor‹ fährt (*›Tjängvide luke‹*), hat dort die Möglichkeit, einen Teil des Areals von einem eisernen Aussichtsturm zu überblicken.

Eine weitere Fliehburg, allerdings in bescheideneren Dimensionen, liegt auf dem **Herrgårdsklint,** etwa 1,5 km südöstlich der Thorsburg. Man erreicht sie auf einem (befahrbaren) Waldweg, der am Hof Glose von der Straße Kräklingbo–Gammelgarn rechts abgeht.

Auf der weiteren Strecke zur östlichen Halbinsel ist vor Östergarn der Abstecher nach **Katthammarsvik** lohnend. Dazu biegt man von der breiten Landstraße auf der Höhe eines mächtigen Kalkofens links ab, passiert sofort anschließend das *Museum,* das Erinnerungsstücke an die ›Albatross-Affäre‹ aufbewahrt (s. S. 34), und fährt dann an einigen Wohn- und Ferienhäusern vorbei bis zum *Hafen* (Farbabb. 15). Dort erwartet den Besucher ein kleiner Sandstrand, eine Fischräucherei und der schöne Blick aufs Meer bis weit nach Slite. Darüber hinaus sind noch zwei prächtige Residenzen der ehemaligen Kalkpatrone erhalten, beide nahe am Hafen. Der *Katthamra Gård* und *Borgvik Gård* (Abb. 14), in Etappen zwischen dem 17. und 19. Jh. errichtet, dokumentieren jene Zeitspanne, als das Brechen und Brennen von Kalkstein wichtiger Exportartikel und Grund für den kometenhaften Aufstieg einiger Familien war. Heute werden beide Herrenhäuser als Hotel bzw. Restaurant genutzt und sind damit der Öffentlichkeit (u. a. auch bei Musik- und Tanzveranstaltungen) zugänglich.

Die Landstraße führt noch weiter, bis in **Herrvik** der östlichste Punkt, gleichzeitig die breiteste Ausdehnung der Insel, und nebenbei auch ein bedeutender Fischereihafen erreicht ist. Daß sich über dem nördlichen Steilabfall der Halbinsel eine Fliehburg erhob, kann angesichts der strategischen Lage nicht verwundern. Der **Grogarnsberg,** 30 m ü. d. M., zusammen mit der Thorsburg und zwei weiteren Anlagen ein ausgeklügeltes Verteidigungssystem bildend, lohnt den Besuch auch wegen des herrlichen Blicks auf die Insel Östergarnsholm, auf das blaue Meer und die Sandbucht zu seinen Füßen.

Nun kann man über kleine Fahrwege oder die breitere Straße via Östergarn der schön geschwungenen ›Sandbucht‹ (= *Sandviken*) einen Besuch abstatten. Außer der Bademöglichkeit wäre die Besichtigung des *Fiskeläge* **Grynge** ein guter Grund für diesen Abstecher. Die altertümlichen, aus Stein gebauten Buden sind fast alle mit der Längsseite zum Wasser gebaut, wo sie auch ihren Eingang haben. Fischerkaten, Bootsschuppen und sogar noch alte Leuchtfeuer haben ihre Funktion freilich längst verloren. Heute ist das *Fiskeläge* eine ›Freizeitanlage‹, und die Buden sind zu modernen Ferienhäuschen umgebaut.

Auf keinen Fall versäumen sollte man die Kirche von **Gammelgarn,** die man auf dem Weg nach Ljugarn passiert. Schon von weitem zeigt sie sich als äußerst wehrhaftes Gotteshaus: bei der Anfahrt oder dem Gang durch das hohe Torhaus in den Kirchhof scheint die Kastal die eigentliche Kirche mit ihrem hölzernen Dachreiter zu überragen. Das Bollwerk aus dem 12. Jh., rechteckig wie der Pulverturm in Visby und mehrere ›Kollegen‹ auf dem Land, ist noch in Ruinen imposant und erdrückend. Am Langhausportal (Abb. 47) weicht jedoch der abweisende Charakter dem Reiz der lebhaften Kapitellbänder aus der Werkstatt des ›Ägypticus-Meisters‹. Neben der Fratze des Teufels sieht man hier alttestamentarische Szenen: der Sündenfall, die Vertreibung aus dem Paradies, Adam und Eva bei der Arbeit und die Geschichte Kains und Abels. Hingewiesen sei nochmal auf den köstlichen Charme der schon erwähnten Szene mit Noah in der Arche (s. S. 103). Im Inneren verdienen alte Grabsteine (z. T. mit Runeninschriften), ein Altarschrein aus dem 14. Jh. und ein Taufstein, aus zwei unterschiedlichen Teilen zusammengesetzt, besondere Beachtung. Die nur fragmentarisch erhaltenen Kalkmalereien entstammen der unermüdlichen Produktion des ›Passionsmeisters‹.

Eine schöne Landstraße bringt einen von der Küste fort in das waldreiche Hinterland. Wenige Kilometer hinter der Abzweigung zur kleinen Kirche von **Ardre** (u. a. sehenswerte Holzplastiken: gotischer Altaraufsatz, romanisches Triumphkruzifix, Madonna von ca. 1500) kann man rechts an der **Gunnfjauns kapell** Ruinenromantik erleben. Kurz darauf erreicht man die Landstraße 145, dann die Weggabelung zur Landstraße 144. Biegt man hier rechts ab und dann nach kurzer Strecke wieder nach links in Richtung När, hat man Gelegenheit, sich das vielleicht abwechslungsreichste Gräberfeld der Insel, **Gålrum,** anzuschauen. Von der bronzezeitlichen Röse über Schiffsetzungen und Domarringe bis hin zu Eisenzeitgräbern und sogar einem Bildstein ist hier die Bandbreite der prähistorischen gotländischen Kultur gespannt.

Auf gleichem Wege geht es von hier aus zurück, bis man nach wenigen Minuten **Ljugarn** erreicht. Die nur knapp 300 ständigen Einwohner lassen nicht vermuten, daß der kleine Badeort eines der wichtigsten touristischen Zentren an der Ostküste war und ist. Aber auch schon in längst vergangenen Zeiten war er besiedelt und spielte daneben immer eine wichtige strategische Rolle. Durch das Kalkbrennen ab dem 17. Jh. wuchs seine Bedeutung und ein ›Strandritter‹ oder ›Strandvogt‹ mußte den schwunghaften Seehandel überwachen und durfte Zölle erheben (s. S. 177). Am Hafen ist ein ›Strandridaregården‹ von 1720 erhalten und als gotländisches *Zollmuseum* (mit einer winzigen geologischen Sammlung) eingerichtet, sofort daneben erhebt sich der spätere **Strandridaregården** von 1854 (nun *Jugendherberge*). Im 19. Jh. schloß Ljugarn als Zentrum des Warenverkehrs nahtlos an die Blütezeit an, und reiche Kaufleute wie die Familie Donner (s. S. 123) errichteten ihre hochherrschaftlichen Villen und Magazine, die

Ruine der Kapelle von Gunnfjaun. Zeichnung aus dem Jahr 1855

z. T. erhalten sind. Seitdem schließlich Prinzessin Eugénie, Tochter Oscars I., hier ihre Sommerfrische verbrachte (s. S. 34), wuchs die Popularität des Ortes zusätzlich, und zur Jahrhundertwende war er ein in ganz Schweden berühmtes Seebad. Diese Atmosphäre wird der heutige Besucher vergeblich suchen, aber immer noch ist der schöne Sandstrand und der angenehme, gepflegte Badeort einen Besuch wert.

Zwei weitere Sehenswürdigkeiten erreicht man, wenn man den etwa 2 km langen Weg an der nördlichen Küste entlangfährt: Das Naturschutzgebiet und Raukfeld von **Folhammer** ist neben dem in Kyllaj das wohl eindrucksvollste der Ostküste, und im pittoresken *Fiskeläge* von **Vitvärs** ducken sich niedrige, mit schweren Steinplatten gedeckte alte Fischerbuden.

3   Mittelgotland

Das mittlere Gotland ist ein ungemein fruchtbares Bauernland mit endlosen Äckern und Weiden, aber auch dichte Wälder, schilfbestandene Seen, kilometerlange Sandstrände und Steilküsten gehören dazu. In einem Radius von etwa 30 km um das ehemalige Kloster Roma im Inselzentrum konzentriert sich ein Großteil der Landkirchenkunst, daneben prägen eisenzeitliche Dörfer und Gräberfelder, hohe Bildsteine und die imposanten Schiffssetzungen eine der interessantesten Kulturlandschaften der Insel. Einige der Sehenswürdigkeiten sind in diesem Kapitel zu einer Rundfahrt zusammengestellt, die Visby als Ausgangs- und Endpunkt hat. Die erste Etappe geht dabei quer durch das Inselinnere bis Lau an der südöstlichen Küste; hier sind Überschneidungen und Anschlußmöglichkeiten zum vorhergehenden Kapitel gegeben. Der zweite Abschnitt führt wieder zur Westküste und an dieser entlang zur Hauptstadt zurück.

Zwischen Visby und Lau (Ostroute)

Viele Landstraßen führen von Visby in südöstliche Richtung, und bereits auf den ersten Kilometern hinter der Stadtgrenze fällt es schwer, aus dem Angebot an interessanten Baudenkmälern eine Wahl zu treffen. Allein innerhalb des kleinen Dreiecks mit den Spitzen Visby – Tofta – Roma befinden sich mehr als zehn Landkirchen, von denen jede für sich sehenswert ist. Nimmt man die Landstraße 142, lohnt sich ein Halt in **Träkumla,** wo das turmlose Gotteshaus einige Schätze bereithält. Vor allem der geschnitzte Altaraufsatz mit dem Motiv der Marienkrönung (Anfang 14. Jh.), das Triumphkreuz in romanischer Tradition und der Taufstein des ›Byzantios-Meisters‹ sind hier gemeint.

Nimmt man ab Visby die kleine, westlichere Parallelstraße, sollte man sich die Kirchen von **Västerhejde** und vor allem von **Stenkumla** anschauen. Letztere ist wegen ihres merkwürdigen romanischen Triumphkreuzes berühmt (Abb. 49), auf dem der Heiland mit Schuhen zu sehen ist (s. S. 114), aber auch das hohe Langhausportal, im Inneren die Kalkmalereien des ›Passionsmeisters‹ und in der Turmkammer Runensteine und seltsame Putzritzungen lohnen den Aufenthalt. Von Stenkumla erreicht man über ein kurzes Verbindungsstück Träkumla (s. o.) und damit die Landstraße 142, auf der man weiter nach Süden fährt.

Nächstes Ziel ist die Kirche von **Vall,** die aus romanischer Zeit noch Apsischor und Langhaus besitzt. Im Westen schließt sich hier einer jener hohen Galerietürme an, die sich am Vorbild der Marienkirche in Visby orientieren. Von den Portalen, die sämtlich romanisch sind, ist das auf der Nordseite am interessantesten. Die rechteckige Zelle an der Südseite des Turmes ist wieder ein Hagioskop, eine Betkammer für Personen, die von der Gemeinde getrennt waren. Im Innern werden die vier Wölbungen des Langhauses von einer Mittelsäule mit schönem Kapitell getragen. Sehenswert ist auch der Taufstein des ›Majestatis-Meisters‹, auf dem folgende Szenen zu erkennen sind: Majestas Domini, Mariä Verkündigung, Maria und Elisabeth, Christi Geburt, Josephs Traum, die Hirten, die Heiligen Drei Könige, Darbringung im Tempel. Einige wertvolle Textilarbeiten, u. a. eine Altarstickerei des 15. Jh., werden in der Sakristei aufbewahrt (leider meistens verschlossen). Im Chor ist, neben der herrlichen Nischentür der Apsis, ein Grabstein von besonderem Interesse, dessen lateinische Inschrift in der Übersetzung lautet: »Hier hat Harding, genannt Petrus, seine Grabstätte. Er war ein Fels für sein Volk wegen seiner Standhaftigkeit. Ich bitte Gott, daß ihm das schreckliche Todesreich keinen Schaden zufügen möge. Amen.« Peder Harding war einer der wichtigsten Protagonisten im Bürgerkrieg von 1288, wo er die Partei der Bauern gegen Visby ins Felde führte.

Von Vall gehen zwei Straßen in östlicher Richtung zum langgestreckten Ort **Roma,** der mit etwa 1100 Einwohnern der fünftgrößte der Insel ist. An seinem Nordende liegt die Gemeinde-

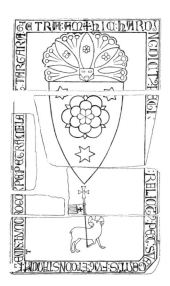

*Grabstein des Bauernführers
Peder Harding, Ende 13. Jh.*

kirche *(Roma sockenkyrka)*. Der turmlose Bau mit seinen drei Schiffen ist im Inneren von der neugotischen ›Restaurierung‹ (1902) geprägt, hat aber auch schöne originale Details, wie z. B. die figürlichen Kapitellbänder des ›Ägypticus-Meisters‹ und im Chor einen außerordentlich edlen Sakramentsschrank.

Folgt man nun der schnurgeraden, schmalen Allee unmittelbar südlich der Kirche, erreicht man den Herrensitz des ›Königshofes‹ **(Roma kungsgård)** und vor allem die Kirchenruine des **Roma-Klosters** (Abb. 54). Die Anlage wurde 1164 von Zisterziensermönchen aus Nydala (Småland) als ›Monasterium beatae Mariae de Gutnalia‹ bzw. ›Sancta Maria de Guthnalia‹ aufgebaut. 21 Jahre nach der Gründung von Nydala und 49 nach der von Clairvaux war die ›Tochtergründung‹ bei Roma die erste Klosteranlage auf Gotland und bis zum Schluß die einzige außerhalb Visbys. Für das Land bedeutete die Wirksamkeit der Zisterzienser eine ungemein starke ideelle und ökonomische Beeinflussung. Erstens nämlich fungierte das Kloster als geistiges Zentrum und ›Lehrerin des Volkes‹, sowohl was allgemeine Kultur- als auch neue Agrartechniken betraf. Zweitens setzten sich bald die architektonischen und künstlerischen Ideale der Zisterzienser durch und wurden zusammen mit der ohnehin strengen Baukunst westfälischer Tradition, die ja über Visby vermittelt wurde, *die* Einflußinstanz auf der Insel. Drittens erlangte das Kloster schnell Besitzungen auf Gotland, Öland und sogar in den baltischen Ländern und war als reichstes und größtes wirtschaftliches Gebilde außerhalb Visbys eine bedeutende Institution. Zeitweilig sollen mehr als ein Viertel aller landwirtschaftlich Tätigen auf den Gütern des Roma-Klosters beschäftigt gewesen sein! Nach der Reformation aber zog die (dänische) Krone das Kloster in den 1520er Jahren ein und funktionierte es in einen sogenannten ›Königshof‹ um. Die alten Gebäude wurden dabei teils abgerissen, teils stark verändert. Und der Kirche kam nun die Funktion eines Kuh- und Schafstalles zu. Als Carl von Linné

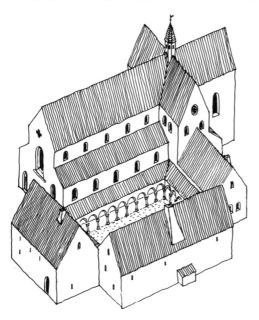

Das Zisterzienserkloster in Roma. Von der drei-schiffigen Basilika und den südlichen Klosterge-bäuden sind nur noch Ruinen erhalten. Rekon-struktionszeichnung von Jan Utas

1741 durch Gotland reiste, sah er noch diese ›sekundäre Nutzung‹ und kommentierte sie mit der ihm eigenen antiklerikalen Ironie:

»... man hatte Gelegenheit zu sehen, wie die Zeit gewaltigere Metamorphosen bewirken kann als jemals Ovid: man sah ein herrliches Kloster, von Marmor gebaut, (...) jetzt in einen Viehstall verwandelt, das also das prächtigste Viehhaus von Schweden ist. Jetzt blöken Ochsen und Kühe, wo früher Mönche und Nonnen sangen, jetzt stinkt es nach Mist und Fäkalien, wo früher duftender Weihrauch parfümierte ...«

Es war vor allem der (schwedische) Inselgouverneur Johan Didrik Grönhagen, der aus dem zentral gelegenen Roma die Nachfolgerin Visbys als Hauptstadt und aus dem dortigen Kungs-gård eine wirkliche Residenz machen wollte. Nach seinen Anweisungen wurde das prächtige Herrenhaus mit den beiden Seitenflügeln aufgeführt und das Baumaterial dazu den mittelalter-lichen Ruinen entnommen. Eine Klostersäule wurde so zur Sonnenuhr mit seinen Initialen, ein Weihwasserbecken zum Springbrunnen und zwei schöne Portale und ein Kleeblattfenster zu Versatzstücken an der Fassade. Die verbliebenen Reste der Kirche sind jedoch noch ein-drucksvoll genug: deutlich wird der Aufbau als dreischiffige Basilika mit Querschiff und geradem Chorabschluß (!). Die Tür im nördlichen Querschiff ist die *Porta mortuorum*, durch die die verstorbenen Mönche auf den Klosterfriedhof gebracht wurden. Das Mittelschiff, ursprünglich flach gedeckt, war in späterer Zeit eingewölbt, wie die asymmetrischen Konsolen beweisen. Quer- und Seitenschiffe waren tonnengewölbt. Sowohl zum Westen als auch zum Osten konnte das Licht durch breite und hohe Fensteröffnungen einfallen. Völlig zerstört wurde die Gesamtanlage übrigens relativ spät, und die letzten Teile sind erst in den 1850er Jahren niedergelegt worden. Heute ist die Klosterruine eine schöne Kulisse für die jährlichen Theater-Festspiele.

Auch der ›Königshof‹, der nach der Reformation als Krongut das wirtschaftliche Erbe des Klosters übernahm, ist ein sehenswertes Kulturdenkmal. Nach den jüngsten Restaurierungen ist sein Äußeres wiederhergestellt, und heute steht er da als ungewöhnliches, weil einziges Beispiel eines wirklichen Herrensitzes auf der Insel. Mit den immer noch vorhandenen Ländereien ist er überdies der größte Bauernhof der Insel.

Über eine der Alleen findet man von hier aus zurück zur Landstraße 143, die die nördlichen und südlichen ›Stadtteile‹ miteinander verbindet. Auffälligster Komplex ist die 1894 gegründete Zuckerrübenfabrik *(Sockerbruk)*, einer der größten insularen Industriebetriebe. Damals war Roma übrigens der Hauptverkehrsknotenpunkt Gotlands, nachdem 1878 die Eisenbahnstrecke Visby – Roma – Hemse (später verlängert nach Burgsvik) eingerichtet wurde. Mit den darauffolgenden Linien Hablingbo – Klintehamn – Roma, Slite – Roma und (über Visby) Anschluß aus Lärbro führten damals tatsächlich »alle Wege nach Roma«.

Die Straße macht vor Sjonhem eine Biegung in südlicher Richtung und passiert kurz darauf das vorhistorische Ausgrabungs- und Rekonstruktionsgelände von **Gervide**. Vom Parkplatz auf der linken Seite sieht man bereits das torfgedeckte Wohnhaus, das über eisenzeitlichen Fundamenten errichtet wurde. Auch das Gräberfeld, das rekonstruierte Stallgebäude und die mit Tieren belebte ›eisenzeitliche Atmosphäre‹ (s. S. 56) sind in wenigen Minuten bequem von hier aus zu erleben.

An der nächsten Kreuzung sollte man links nach **Vänge** abbiegen, denn die dortige Kirche verfügt über einen außerordentlichen reichen Bestand an romanischer Kunst. Schon von außen fallen die vermauerten Reliefsteine der früheren ›ikonischen Kirche‹ auf. In der Literatur wurden diese dem ›Byzantios-Meister‹ zugeschrieben und von G. Svahnström zu den »bemerkenswertesten romanischen Arbeiten des Nordens« gezählt. Erhaltene Farbspuren beweisen, daß die Skulpturen der ikonischen Kirchen damals in bunter Pracht geleuchtet haben müssen. Im Innern ist der Taufstein des ›Meisters Hegvaldr‹ vornehmstes Werk der Epoche. In expressiven, durch Rundbögen voneinander getrennten Reliefs werden folgende Szenen erzählt: Erschaffung des Adam, Erschaffung der Eva, Sündenfall, Vertreibung aus dem Paradies, Adam und Eva bei der Arbeit, Bergpredigt (?); an der Schalenunterseite Kindheitsgeschichte und Begebenheiten aus der schwedischen Staffanslegende.

Bei wenig Zeit sollte man nun von hier aus über die Landstraße 143 (evtl. mit Besuchen der Kirchen von **Buttle** und **Etelhem**) nach Stånga (s. u.) weiterfahren. Bei der Gelegenheit könnte man auch den beiden wikingischen Bildsteinen einen Besuch abstatten, von denen der eine mit 3,7 m immerhin der höchste am alten Ort befindliche ist (Abb. 10). Sie erreichen die (blinden) Bildsteine über eine Stichstraße, die kurz vor Buttle (bei Vänge am Buttlegård) abgeht. Interessanter aber ist der Umweg, der vor der Vänge-Kirche in Richtung **Guldrupe** führt. Hier ist nach kurzer Zeit am Bauernhof *Bondarve* rechts auf dem Feld das merkwürdige und eindrucksvolle Ringkreuz *(Ringkors)* zu sehen, das als ›Brudermordkreuz von Guldrupe‹ schon Erwähnung fand (s. S. 112). 500 m weiter passiert man die *Landkirche* des Sprengels, zu deren Bestand

u. a. ein schöner Taufstein des ›Byzantios-Meisters‹ gehört, und stößt dann nach einigen Kilometern auf die Landstraße 142.

Hier bringt einen eine nur kurze Wegstrecke in nördlicher Richtung zur Landkirche von **Väte,** die ebenfalls zu den bemerkenswertesten der Insel zu zählen ist. In die Südfassade sind wieder Reliefsteine der alten Kernkirche eingelassen, und so sind dort Hunde, Pferde, Löwen, Schweine, aber auch Ritter und Bogenschützen zu sehen. Vielleicht kann ein Teil des ikonischen Programms als Illustration der Sage von Dietrich von Bern (Didriks Saga) interpretiert werden. Gegenüber diesen romanischen Spolien zeugt das Langhausportal von der Steinmetzkunst der Gotik. Die Kapitellbänder erzählen Christi Kindheitsgeschichte oder zeigen Pflanzenornamente und im Tympanon mit seinem fialenartigen Abschluß sieht man den thronenden Christus sowie zwei anbetende Engel. Im Innern sind Kalkmalereien verschiedener Perioden erhalten: Paradiesgewölbe von etwa 1300, Apostelfiguren des ›Passionsmeisters‹, ein Fries des ›Meisters von 1520‹ u. v. m. Einiges des Inventars stammt noch aus der romanischen Kernkirche: ein Triumphkruzifix (vielleicht vom ›Viklau-Meister‹ geschnitzt), Reliefsteine am südlichen Seitenaltar und ein Taufstein des ›Byzantios-Meisters‹ (Zentaur, Jäger, Engel, Flügelsphinx, Dornauszieher, Simson und Löwe, Blattornamente). Die Holzskulptur des St. Olav allerdings ist eine Kopie des nach Stockholm gebrachten Originals ...

Nach dem Besuch der Kirche geht es auf derselben Route wieder zurück und weiter auf der Straße 142, bis die Kirche von **Hejde** rechts des Weges liegt. Obwohl man kürzlich ihren größten Schatz, die schönen und jüngsten gotländischen Glasmalereien, fortgebracht hat, lohnt das Gotteshaus auch so einen Besuch. Von bemerkenswerter Qualität sind z. B. die südlichen Portale (besonders des Chores), und innen verdienen die auf Gotland ungewöhnlichen Kreuzrippengewölbe sowie der Taufstein des ›Byzantios-Meisters‹ (mit ähnlichen Szenen wie in Väte) Beachtung.

Weiter in den Süden geht die Fahrt durch eine schöne Landschaft mit ausgedehnten Kiefernwäldern. Wegen der Heideflächen, die den Wald (früher mehr noch als heute) unterbrechen, heißt die Gegend ›Lojstahajd‹ (s. u.). Die Kirche von **Lojsta,** nach der die ›Heide‹ den Namen hat, taucht mit ihrem hohen, weißgekalkten Galerieturm links der Straße auf. Vor allem wegen ihrer Fenstergruppe mit originalen Glasmalereien des 13. Jh. im Chor ist die Kirche berühmt. In einer naiven, gleichwohl aber ausdrucksvollen Manier berichten sie über Jesu Leben, seinen Tod und die Auferstehung. In der Wirkung werden sie zudem durch die rot und grau bemalten Fenstereinfassungen gesteigert. An weiterem Inventar ist das Triumphkreuz und der leider schwer beschädigte Taufstein aus dem 12. Jh. am ältesten. Kalkmalereien sind aus verschiedenen Epochen erhalten, angefangen bei den ornamentalen Einweihungskreuzen des 13. Jh. bis hin zu den Illustrationen des ›Meisters von 1520‹. Der Altar ist aus der Mitte des 14. Jh., wurde allerdings 1896 neu ausgemalt.

Für den weiteren Weg zur Lojstahalle und nach Etelhem müßte man nun auf der Landstraße wieder ein wenig zurückfahren. Wer auch an Flora und Fauna des Landes interessiert ist, sollte jedoch nicht versäumen, sich die rechts am Wegrand stehende ›tausendjährige Eiche‹ (ca. 200 m südwestlich der Kirche) anzuschauen. Sie ist eigentlich nur noch als äußere Hülle erhalten, lebt aber immer noch. Früher war Gotland von Laubbäumen mindestens genauso

*Glasmalerei des 13. Jh. im Chor der Lojsta-Kirche
(Einzug in Jerusalem)*

geprägt wie von Kiefern und Tannen, und noch 1833 zählte man auf der Insel allein an Eichen 258 000 Exemplare. Hinter dem mächtigen Baumskelett mit seinen 8 m Umfang erstreckt sich die alte Laubweide des Kirchspiels *(Lojsta prästänge),* auf der im Sommer unzählige Orchideen blühen.

Noch ein Stückchen weiter geht rechts eine Abzweigung etwas tiefer in das Gebiet der **Lojstahajd** hinein. Hier hat Gotland mit 83,6 m ü. d. M. übrigens seinen höchsten Punkt, oder anders ausgedrückt: an dieser Stelle ragte vor etwa 12 000 Jahren die erste Spitze des Landes aus der Baltischen Eissee. Bekannt ist der hochgelegene Wald auch wegen der ›Russ‹, der stämmigen Inselpferdchen, die es früher überall auf Gotland gab (Farbabb. 30). Durch Knochenfunde wissen wir, daß die Russ (der Name könnte vom deutschen Wort ›Roß‹ abgeleitet sein) bereits im Neolithikum als Haustier gehalten wurden. Ursprünglich ist die Pferderasse wohl aus Osteuropa hierhin gekommen. Klein und besonders stämmig, wie alle Inselpferde, streifen die von einem Hengst geführten Herden durch ein 5 qkm großes Gelände, das man zu ihrem Schutz angelegt hat *(russpark).* Denn nach einer ›Nutzung‹ über Jahrtausende hinweg, in der die wildlebenden Tiere immer wieder eingefangen und als Reit- und Zugpferde – im 19. Jh. sogar in den Kohlebergwerken des Kontinents! – eingesetzt worden waren, verlegte man sich später auf die Züchtung größerer Rassen. Da gleichzeitig der natürliche Lebensraum der Russ immer weiter eingeschränkt wurde und die Landwirtschaft auf Maschinen zurückgreifen konnte, sank ihr Bestand rapide ab. 1930, als man das letzte wilde Russ einfing, betrug die Anzahl der noch frei lebenden Exemplare weniger als 40. Durch neugeschaffenen Freiraum und ›Fortpflanzungshilfe‹ von Shetlandpferden konnte sich die immerhin einzige einheimische Pferderasse Schwedens wieder so erholen, daß es heute etwa 6500 Russ im Königreich gibt, davon als halbwilde Tiere hier im Russpark ca. 150. Ein Besuch des Geländes ist auch auf der Rückfahrt von der Linde-Kirche zur Westküste denkbar (s. u.).

Unsere Route führt aber in entgegengesetzte Richtung, nämlich ab der Lojsta-Kirche zunächst einige hundert Meter zurück, bis rechts das Hinweisschild *Lojsta Slott* den Weg zur Lojsta-Halle anzeigt. Das Landschaftsbild überrascht hier mit für Gotland untypischen tiefen, schilfbestandenen Seerosen-Teichen und bewaldeten Bergen (Farbabb. 33).

Nach einer Kurve erhebt sich rechts die **Lojsta-Halle** (Farbabb. 4), eine in den 30er Jahren errichtete Rekonstruktion eines eisenzeitlichen Hauses. Über originalen Fundamenten eines Rechtecks von 25 m Länge und 8 m Breite baute man die niedrige Trockenmauer auf, über der das mächtige, balkengestützte Schilfgrasdach aufliegt (s. S. 56). Nicht weit entfernt ist eine mittelalterliche Befestigungsanlage nachgewiesen, das sogenannte ›**Lojsta-Schloß**‹. Wenn auch im Bodenprofil davon außer Wallgräben heute nicht mehr viel zu sehen ist, macht allein schon die natürliche Lage eine strategische Bedeutsamkeit deutlich. Dabei lag früher der Wasserspiegel noch um 2,5 m höher, so daß die Anlage aus einer vollständig von Wasser umgebenen, nur mit Zugbrücken zu erreichenden und von Vorburgen zusätzlich geschützten Insel bestand. Man hat Waffenfunde aus der Zeit um 1400 gemacht, Palisadenreste ausgegraben und Gebäude identifiziert, die offensichtlich als Kasernen genutzt wurden. Wahrscheinlich verschanzten sich hier die Fetalienbrüder gegen den Deutschen Orden; außerdem wird einer der drei großen Thingplätze Gotlands vom natürlichen Schutz der Insel profitiert haben.

Nächstes Ziel ist die Kirche von **Etelhem,** die mit Kalkmalereien und besonders dem romanischen Taufstein den Betrachter entzückt. Es ist dieser hervorragend erhaltene Stein gewesen, der neben der Geschichte der Passion Christi (Cuppa) und der alttestamentarischen Legende von Simson (Fuß) jene Runeninschrift trägt, die dem ›Meister Hegvaldr‹ zu seinem Namen verhalf (s. S. 96). Ebenfalls aus der romanischen Vorgängerkirche stammt die Löwenfigur, die neben dem Südportal eingemauert ist und an die skulpturale Kunst der Domkirche in Lund erinnert.

Südlich der Kirche, auf dem Weg von Etelhem nach Lau, biegt man auf der Landstraße 143 nach links ab und erreicht die Kirche von **Garde,** die mit ihrem hohen Turm und den außergewöhnlich mächtigen *Stigluckor* ein imponierendes architektonisches Ensemble bildet. Im Osten schließt ein hoher Chor an das niedrigere Langhaus an, so daß die Kirche ein typisches Beispiel des ›Satteltypus‹ abgibt. Da also der mittlere Baukörper am ältesten ist, können nur hier jene berühmten romanisch-byzantinischen Kalkmalereien erhalten sein, die zweifellos die bedeutendste Sehenswürdigkeit der Kirche ausmachen (s. S. 105). Die niemals übertünchten, hieratisch-strengen Heiligenfiguren befinden sich im Bogen zur Turmkammer (Abb. 51). Über dem Langhaus liegt noch der Dachstuhl mit seiner eleganten Verstrebungstechnik und schönem Dekor aus romanischer Zeit! Der früher wohl freie Blick in diese großartige Zimmermannsarbeit wird heute allerdings durch eine Balkendecke verwehrt.

An der Weggabelung bei der Kirche führt die kleinere Straße zur Kirche von Lau. Dabei kommt man in einiger Entfernung an riesigen bronzezeitlichen Steinhügelgräbern vorbei, passiert einige Mühlen und sieht bald darauf den merkwürdigen turmlosen Bau, der sich allein schon mit seinem Kupferdach von den anderen Landkirchen unterscheidet. Was zuerst an **Lau** verblüfft, sind die Dimensionen der Kirche. Tatsächlich besitzt sie den größten sakralen Innenraum der Insel, und mit einem ausgeführten Turm wäre sie kaum mehr als ›Bauernkirche‹ zu bezeichnen gewesen. Dies steht in einem gewissen Gegensatz zur geringen Größe des Sprengels; deswegen und aufgrund anderer Besonderheiten (z.B. die vielen Eingänge) hat man schon vermutet, daß Lau auch als Wallfahrts- oder sogar Klosterkirche in Gebrauch war.

Das Innere läßt die Großartigkeit der äußeren Abmessungen verstärkt hervortreten, da es Langhaus und Chor ohne sichtbare Trennung in einer einzigen, dreischiffigen Halle zusammenfaßt. Deren Architektur mit ihren Gewölben, Gurtbögen und schlanken Säulen ist von vollkommener und edler Harmonie. Und auch das Interieur trägt zum Erlebnis dieses Gotteshauses bei. Am augenfälligsten ist wohl das Triumphkruzifix aus dem 13. Jh., das größte, das es überhaupt im Norden gibt. Auch der spätgotische Altaraufsatz verdient eine Erwähnung. Von den Kalkmalereien zeigt die Darstellung im westlichen Bogen ein Jüngstes Gericht, bei dem anstelle des Weltenrichters ein Gnadenstuhl zu sehen ist. Nach der aufgemalten Datierung wird der Künstler der ›Meister von 1520‹ genannt. Zentral im westlichen Teil plaziert, steht unter einem prachtvollen mittelalterlichen Eisenleuchter als ältestes, noch aus der Vorgängerkirche stammendes Inventarstück der Taufstein des ›Meisters Sigrafr‹. Die Kindheitsgeschichte und das Leiden Christi sind das Thema des Werkes.

Gotische Schnitzerei am Triumphkreuz in der Lau-Kirche (Grablegung)

Auf dem Kirchhof fällt in unmittelbarer Nähe eine mächtige Ruine auf, die mit ihren Gewölben und Räumen immer noch die Pracht des ehemaligen Pfarrhofs vermitteln kann. Dessen Bausubstanz bildet ein noch älterer, mächtiger Kastal, der mit seinen 2 m dicken Mauern der Landbevölkerung Schutz bieten konnte. Zwei eisenzeitliche Gräberfelder in nächster Umgebung komplettieren die Bandbreite der Kulturdenkmäler von Lau.

Mit deren Besuch ist gleichzeitig der äußerste Punkt der Rundfahrt erreicht. Wer nicht der unten beschriebenen Westroute zurück nach Visby folgen möchte, könnte alternativ z. B. über die Kalksteinhügel *Lausbackar*, am Gräberfeld Gålrum vorbei, nach Ljugarn fahren, wo Anschluß an die Strecke durch das nordöstliche Gotland besteht (s. Kapitel ›Der Osten‹).

Zwischen Lau und Visby (Westroute)

Auf dem Weg zurück zur Westküste passiert man zuerst wieder Garde, ab wo einen die Landstraße 144 zur Kirche von **Lye** bringt. Sie besitzt eigentlich all das, was an und in gotländischen Landkirchen bewundernswert ist, so daß sie quasi als Zusammenfassung des insularen mittelalterlichen Kunstschaffens gelten kann: da beeindruckt von außen der hohe gotische Galerieturm, an dessen Westportal eine Reliquienkiste (›Meister Sigrafr‹?) der romanischen Kernkirche eingemauert wurde; am Chorportal mit seinen figürlichen Kapitellbändern (Jesu Kindheitsgeschichte) und dem Tympanonfeld (segnender Christus) können wir die Kunst des ›Ägypticus-Meisters‹ beobachten (Abb. 48); im Innern sind farbenfrohe Kalkmalereien aus dem 14., 15. und 16. Jh. zu sehen; in der Turmkammer auch Runeninschriften, Schiffsritzungen und sogar eine Trojaburg. Auf dem Altar prangt ein spätgotischer Schnitzaltar, der im Corpus den von Engeln umringten Gnadenstuhl und in den Flügeln jeweils sechs Apostel zeigt – vom selben Meister

›Schweißtuch der Veronika‹, Predella, Malerei vom Ende des 15. Jh. in der Lye-Kirche

stammt vielleicht das Triumphkreuz. Und die Glasmalereien im Chorbereich aus dem 14. Jh. (Farbabb. 22) schließlich gehören zum Besten, was es in Schweden gibt! Im Mittelfenster des Chores wird hier Jesu Kindheit und Passion geschildert, und zwar zweizeilig voneinander getrennt, jeweils von unten nach oben zu ›lesen‹. Original erhalten sind hier links: Maria und Elisabeth, Christi Geburt, Verkündigung an die Hirten, Anbetung der Könige, Darbringung im Tempel, ein Engel; sowie rechts: Kreuztragung, Kreuzigung, Auferstehung, Himmelfahrt. Zusammen mit den Heiligen Olav, Petrus, Paulus und einem heiligen Bischof im östlichen und der Vollfigur der Heiligen Katharina im südlichen Chorfenster stellen diese Szenen ein großartiges Kompendium der Möglichkeiten dar, die der hochgotischen Glasmalerei zur Verfügung standen.

Von Lye nur wenige Fahrminuten auf der Straße 143 entfernt, wartet auf den Besucher ein weiterer Höhepunkt der gotländischen sakralen Baukunst: die Kirche von **Stånga**. Der Turm, zusammen mit denen von Öja, Gothem, Rone und Dalhem einer der höchsten, ist eine Werkstattproduktion des ›Ägypticus-Meisters‹, der hier den Umbau der alten Kirche einmal im Westen begann. Deswegen zeigt Stånga das seltene Bild eines hochgotischen Westturms zusammen mit einem romanischen Apsischor. Aber die Südfassade ist die eigentliche Überraschung dieser Kirche! Das dortige Langhaus-Portal hat alles, was auf der Insel als hochgotisches Ideal eines Kircheneingangs etabliert werden konnte: fein abgestufte Laibungen, Zackenfries mit Knöpfen (auf der östlichen Seite), Kapitellbänder, darüber halbplastische Szenen im Tympanon (Mariä Krönung) und ein zweilagiger Halbbogenkranz, im Wimperg eine übergroße Figur des erstandenen Christus mit den schlafenden Soldaten. An den Seiten Heilige in Ädikulä, neben dem Wimperg Fialen, im Portal eine originale Holztür mit herrlichen Beschlägen und ein eiserner Meßstab mit der Inschrift »dies ist eine rechte gotländische Elle«!

Das Erstaunlichste bleibt jedoch die Ansammlung von lebensgroßen Figuren, die scheinbar planlos neben dem Portal an der Langhaus-Südwand angebracht worden sind (Abb. 53). Auf den ersten Blick wird deutlich, daß es sich hier um ein Provisorium handeln muß, trotzdem aber besitzt das Werk noch monumentale Größe. Klar voneinander abgegrenzt erkennen wir von oben nach unten drei Szenen: Kreuzesabnahme, Geißelung und Anbetung der Könige. Neben der letzten Gruppe thront die Madonna mit dem Kind unter einem Baldachin, der gleichzeitig als Stützkonsole fungierte. Darauf könnte ein riesiges Kruzifix gestanden haben, neben dem man sich auf der rechten Seite entsprechend drei weitere Szenen vorstellen muß. Offensichtlich war hier ein Portalschmuck geplant, der sich an der französischen Kathedralgotik orientierte und deswegen wohl im Westen angebracht werden sollte. Auf der Suche nach einem plausiblen Grund für die Einstellung der Arbeit kommt man zwangsläufig zu den Kriegsereignissen des Jahres 1361: das Werk war noch nicht vollendet, konnte andererseits aber auch nicht in absehbarer Zukunft abgeschlossen werden; also mauerte man die bereits fertigen Teile in die Südwand der Kirche ein. Demgegenüber kann das Interieur nicht mit ›Sensationen‹, aber doch auch mit sehr schönen Arbeiten aufwarten: z. B. das Triumphkruzifix aus dem 13. Jh. (Abb. 52), das mit einem (rekonstruierten) Piedestal abgestützt ist; oder die westliche, als Gesichtsmaske gestaltete Gewölbekonsole; schließlich besonders der herrliche Taufstein des ›Meister Hegvaldr‹, der Jesu Kindheitsgeschichte ausbreitet.

Schnitzerei an der Außenwand der Kirche von Levide

Wir verlassen Stånga, auf dessen großer Wiese an jedem zweiten Wochenende im Juli die berühmten ›Olympischen Spiele von Gotland‹ stattfinden (s. S. 296 f.), über eine schmale Straße in westlicher Richtung, kommen dabei an eisenzeitlichen Gräberfeldern vorbei und erreichen schließlich die idyllisch an einem Kalkberg gelegene Kirche von **Linde** (Abb. 56). Die kleine romanische Anlage besitzt einige gut erhaltene Kalkmalereien des ›Passionsmeisters‹, darunter jene berühmte Comic-Strip-artige Szene vom ›Schwätzen während des Gottesdienstes‹, die bereits Erwähnung fand (s. S. 110). Der Altaraufsatz mit der Trinität, flankiert von den Aposteln und den nordischen Heiligen Olav, Knut, Erik und Birgitta, ist einer der letzten, die vor der Reformation aufgestellt wurden (1521). Erstaunlicherweise hat die Kirche zwei Taufsteine, beide romanisch, wobei der mit Reliefs von Fabeltieren und Vögeln dem ›Meister Hegvaldr‹ zugeschrieben worden ist. Das Triumphkruzifix, den Gekreuzigten mit Schuhen darstellend (s. Stenkumla!) und eine der vornehmsten romanischen Arbeiten im Land, wurde ins Historische Museum nach Stockholm gebracht und ist am ursprünglichen Ort nur in der Kopie zu sehen.

Zur Westküste gibt es nun mehrere alternative Routen, unter denen zwei landschaftlich sehr reizvoll sind: zum einen über die Lojstahajd (s. o.) und dem dortigen Russpark, und zum andern über Fardhem, Levide und Eksta nach Fröjel. An allen genannten Punkten sind sehenswerte Landkirchen, wobei der Innenraum von **Levide** (Abb. 55) mit seinen hohen Gewölben und ungewöhnlichen Pfeilern besonders hervorzuheben ist. Einmal an der Westküste, darf ein Besuch der Kirche von **Fröjel** aber auf keinen Fall versäumt werden (Farbabb. 20). Allein schon ihre Lage auf dem Uferwall der ehemaligen Ancyclussee ist einzigartig: der Blick geht weit über die terrassierte Landschaft mit Feldern und Weiden bis hin zum Meer und den Karlsinseln. Daß in Fröjel schon in alten Zeiten Menschen siedelten und den nahen Hafen nutzten, davon spricht der *Styrmansberg,* eine Fliehburg, nicht weit von der Kirche entfernt. Deren Rolle erbte im Mittelalter der viereckige Kastal, von dem sich eindrucksvolle Reste nördlich der Kirche erhalten haben. Aber auch als Kultplatz muß Fröjel eine wichtige Rolle gespielt haben: ›das Heiligtum der Freya‹ – so könnte man den Namen interpretieren. Und vielleicht war die

Trojaburg, die auf dem Kirchhof als fast komplette Steinsetzung erhalten ist, in den vorchristlichen Kult einbezogen. Vom Reichtum der späteren Gemeinden jedenfalls zeugt der hohe Chor von ca. 1300, der sich an den Turm (13. Jh.) und das kleine romanische Langhaus (12. Jh., mit Portalen auf beiden Seiten) anschließt. Prachtvoll sind auch die *stigluckor,* vor allem der tiefer gelegene westliche Eingang. Im Inneren des Gotteshauses wird der Blick vom herrlichen Triumphkreuz angezogen, das um etwa 1300 gearbeitet wurde. Aus der gleichen Zeit stammen die Kalkmalereien im Chor mit ihren Tiermedaillons (Abb. 50) und die schön geschnitzte Sakramentstür. Eine Nische auf der südlichen Chorseite hat durch ihre Aushöhlung in der Wand eine verblüffende Schallwirkung (s. S. 93) und wurde eventuell von einem Vorbeter oder -sänger genutzt. Aus der Kernkirche stammt der Taufstein, dessen Fuß dem ›Byzantios-Meister‹ und dessen Cuppa (14. Jh.) einer ›Fröjelgruppe‹ zugesprochen werden.

Die frühe Besiedlung der Gegend dokumentieren die Gräber und Fundamente, die man in **Vallhagar** freigelegt hat (zu erreichen auf dem kleinen Weg, der nördlich der Kirche rechts von der Küstenstraße abzweigt). 24 Hausgründe, zu verschiedenen Höfen gruppiert und mit steinernen Einfriedungen versehen, konnten die Archäologen hier nachweisen. Das Ende brach über dieses in der jüngeren Eisenzeit bewohnte Dorf in einer plötzlichen, bis heute nicht geklärten Katastrophe herein – wie bei so vielen Wohnstätten jener Zeit (s. S. 54).

Noch weiter in die Vergangenheit zurück führt eine der schönsten prähistorischen Grabanlagen der Insel: die Schiffssetzung von **Gannarve** (Abb. 2). Links neben der Küstenstraße 140, mit einer wunderbaren Sicht bis zu den Karlsinseln, kann dieses bronzezeitliche Monument (obwohl restauriert und längst nicht das größte dieser Art) sowohl Macht als auch kulturellen Anspruch und religiöse Vorstellungswelt der damaligen Fürsten visualisieren.

Der nächste Ort auf der Küstenstraße ist **Klintehamn,** der ›Hafen von Klinte‹. **Klinte** selbst mit seiner sehenswerten gotischen Kirche (Scheibenkreuz!) liegt einige Kilometer landeinwärts, direkt unterhalb des Klinteberges (prächtige Aussicht). Heute hat der ›Ableger‹ Klintehamn dem ehemaligen Hauptdorf freilich längst den Rang abgelaufen und steht mit knapp 1500 Einwohnern vor Roma an vierter Stelle in der gotländischen Bevölkerungsstatistik. Seine Bedeutung verdankt er dem guten Hafen, der noch während des Mittelalters Fröjel und Västergarn überflügeln konnte und spätestens ab dem 18. Jh. neben Visby zum wichtigsten an der Westküste wurde. Der Aufstieg der Handelsfamilie Donner (s. Visby, Ljugarn) war eng mit Klintehamn verknüpft, wo man einen florierenden Import-Export nebst Warendistribution zum Hinterland unterhielt. Etliche der Häuser dieses sympathischen und atmosphärischen Ortes stammen noch aus jener Zeit. Später wurde die Kleinstadt sogar Anlegestelle für Fähren nach Öland. Heute hat hier die gotländische Holzindustrie ihren Ausfuhrhafen, und auch die Personenfähren nach Stora Karlsö gehen von Klintehamn ab.

Noch innerhalb der Ortsgrenzen, auf der Küstenstraße kurz nördlich des Hafens, weist ein Schild zu der nahen prähistorischen Sehenswürdigkeit von **Rannarve** (Abb. 3). In einer Waldidylle, etwa 2 km vom Zentrum entfernt, entfaltet sich hier das eindrucksvolle Schauspiel eines Verbandes von vier Steinschiffen, deren gerade Linie die Lichtung beherrscht (s. S. 43). Nicht weit von der Schiffssetzung entfernt erhebt sich majestätisch ein Steinhügelgrab aus der älteren Bronzezeit (Abb. 5).

Zurück auf der Küstenstraße kann man bis nach Tofta/Gnisvärd zwischen zwei Routen wählen; beide enthalten ganz besondere Sehenswürdigkeiten. Folgt man der Landstraße 140, die wegen der Küstennähe die landschaftlich reizvollere ist, passiert man 3 km hinter dem Ortsende die mittelalterliche Verteidigungsanlage von **Vivesholm.** Unmittelbar am Strand sind hier noch gut Wälle und Gräben auszumachen, die ein ca. 110×75 m großes Gelände umschließen. Wahrscheinlich handelt es sich dabei um die Seeräuberfestung ›Landescrone‹, eine der drei, die die Vitalienbrüder zu ihrer Verteidigung anlegten. Mit dem Eingreifen des Deutschen Ordens wurde die Festung, damals noch vollkommen von Wasser umgeben, im Jahr 1398 auf Befehl des Großmeisters Konrad von Jungingen niedergelegt.

Ebenfalls strandnah und alt, aber ganz andere Lebensumstände dokumentierend, liegt zwei Kilometer weiter linkerhand das Fischereimuseum **Kovik,** vielleicht das schönste *Fiskeläge* der Insel. Kovik ist kein authentisches ›Lager‹, sondern besteht aus 20 Katen, 14 Booten und Hunderten von Inventarstücken, die aus allen Teilen des Landes hierhin gebracht worden sind. Besonders interessant sind Boote und ein Steinhaus von der Insel Farö! Die stimmungsvolle Kapelle, die gut in das altertümliche Ambiente paßt, wurde allerdings erst 1965 errichtet. Das Museum ist ständig geöffnet (kein Eintritt).

Der nächste Ort an der Küste, gegenüber ›der äußeren Insel‹ (= *Utholmen*) gelegen, heißt **Västergarn.** Die wenigen Häuser der heutigen Zeit lassen nicht vermuten, daß die Siedlung einmal eine der bedeutendsten der ganzen Insel war. Diese profitierte von einem vorzüglichen Naturhafen, der sich nach Landhebung und Versandung heute als schilfbestandener, naturgeschützter See ›Påviken‹ präsentiert. In der Wikingerzeit konnte man seine schmale Fahrrinne (dort, wo heute die Landstraße über eine Brücke geführt wird) mittels einer Sperrvorrichtung für Feinde unzugänglich machen. Obwohl nur weniger als 10% der vermuteten Wikingerstadt archäologisch untersucht worden sind, sind allein auf diesem Areal ca. 10 000 Einzelfunde (Keramik, Münze, Werkzeuge etc.) aus der Erde geholt worden. Aus irgendeinem Grund wurde das blühende Gemeinwesen aber zum Ende des 10. Jh. zerstört. Als Nachfolgerin etablierte sich, etwa 2 km südlicher, das mittelalterliche Västergarn, später eine der reichsten Gemeinden des Landes und erbittertste Gegnerin des aufstrebenden Visby. Es war mit einem etwa 1 km langen und jeweils 3 m breiten und hohen Steinwall befestigt, der sich halbkreisförmig um die damalige Küstenlinie legte. Derart gerüstet, spielte Västergarn denn auch auf Seiten der Bauern in den Auseinandersetzungen zwischen dem Land und Visby 1288/89 eine Hauptrolle. Aus dieser Zeit ist die Ruine eines runden Kastals erhalten, ebenso die Fundamente einer romanischen Kirche, die eine der größten des Landes gewesen sein muß. Merkwürdigerweise wurde hier dann die neue gotische Kirche nicht anstelle, sondern *neben* dem romanischen Bau errichtet, wobei allerdings nur der Chor fertiggestellt werden konnte. Seine Abmessungen (s. Källunge) sind von außerordentlicher Größe und unterstreichen Västergarns Bedeutung. Noch im 16. Jh. waren beide Gotteshäuser nebeneinander in Benutzung und müssen damals ein ungewöhnliches architektonisches Ensemble ausgemacht haben.

Kurz hinter Västergarn erstreckt sich die weitgeschwungene Bucht von Tofta, deren feiner Sandstrand im Sommer stark frequentiert wird. Mit seinen Campingplätzen, Hotels und Freizeiteinrichtungen ist **Tofta Bad** eines der größten touristischen Zentren der Insel. Am nörd-

Die Kirche von Tofta mit Stützmauer am südlichen Langhaus. Zeichnung von 1854, vor dem großen Umbau des 19. Jh.

lichen Ende der Bucht, abseits der breiten Küstenstraße, liegt das idyllische *Fiskeläge* von **Gnisvärd**, desen Buden inzwischen zu kleinen Ferienhäuschen umgebaut worden sind. Trotzdem scheint der originale Eindruck weitgehend erhalten, und ein Besuch dort lohnt sich unbedingt (Abb. 16). Dem Weg folgend kommt man nämlich auch zu jener bedeutenden Ansammlung von Schiffssetzungen, unter denen sich mit mehr als 45 m Länge auch Gotlands größte befindet und einen markanten Punkt inmitten der Waldeinsamkeit darstellt (s. S. 43; Farbabb. 3). Auf die Landstraße 140 stößt man wieder kurz hinter der Abzweigung, die nach Eskelhem abgeht (s. u.), und kurz vor jener, die zur sehenswerten Kirche von **Tofta** führt (Abb. 57). Die edle, gotische Kirche mit ihrem hochaufragenden Turm bewahrt auch im Inneren sehenswerte Dinge, u. a. Holzskulpturen (Maria, St. Olav), ein Altaraufsatz mit dem Gnadenstuhl (jeweils Mitte 14. Jh.) sowie eine mittelalterliche ›Brautbank‹.

Wer von Klintehamn aus die alternative Route durchs Landesinnere wählt, sollte die Landkirchen von Sanda, Mästerby und Eskelhem nicht versäumen. Vor allem die beiden letztgenannten stellen selbst innerhalb der reichen gotländischen Kulturlandschaft etwas Besonderes dar, und ihr Besuch ist eigentlich jedem Gotland-Reisenden dringend zu empfehlen. In **Mästerby** reizt besonders der Eindruck einer völlig ausgemalten romanischen Apsis, wie er woanders wegen des häufigen gotischen Umbaus der Ostpartie nicht mehr besteht. Obwohl im 17. Jh. in der damals üblichen unsensiblen Art ›restauriert‹, können Chor und Apsis, zusammen mit dem kleinen Triumphkruzifix des 13. Jh. (Abb. 60), doch ein im ganzen zutreffendes Bild vom Innenraum der ältesten Steinkirchen liefern. Im seltsamen Kontrast dazu steht der barocke Altaraufsatz aus Sandstein mit einer bäuerlich-drastischen Abendmahlsszene (Abb. 61). Jüngere Kalkmalereien an den Langhauswänden und besonders reizvoll über dem Triumphbogen (Farbabb. 24) sowie Glasmalereien und ein gut erhaltener romanischer Taufstein des Byzantios-Meisters (mit Holzdeckel des 18. Jh.) sind weitere Sehenswürdigkeiten.

Auch das Innere der Kirche von **Eskelhem** kann man zu Recht als eines der schönsten Gotlands bezeichnen! Neben dem berühmten Scheibenkreuz (s. S. 115) sind hier besonders die Kalkmalereien sehenswert, deren dekorative Paradiesgewölbe vegetabilische Ornamente, Tierzeichen und die Evangelistensymbole aufweisen (Abb. 63). Diese Komposition ist in ihrer Symmetrie und edlen Formensprache auf Gotland ohne Gegenbeispiel. Auch die Heiligen- und Gottesdarstellungen sind von äußerster Eleganz (Abb. 62). Nach der Malerei an der Langhaus-Südwand erhielt der anonyme ›Michaelsmeister‹ seine Benennung. An der Nordwand sieht man zudem eine merkwürdige symbolhafte Darstellung des Weltalls (leider stark beschädigt), in die die christlichen Jahresfeste eingetragen sind.

Fensterrose an der Kirche von Eskelhem

Am Ende der Rundfahrt, wenige Kilometer vor der Hauptstadt, geht von der Landstraße linkerhand ein Weg ab zur touristisch überlaufenen Freizeitanlage von **Kneippbyn**. Deren populärste Attraktion ist immer noch Pippi Langstrumpfs ›Villa Kunterbunt‹ *(Villa Villekulla)*, die für eine Verfilmung von Astrid Lindgrens Geschichte aufgebaut wurde. Etwas weiter zur Küste prangt die Holzvilla **Fridhem** im sogenannten ›Schweizerstil‹ des 19. Jh. (Farbabb. 19). In dem repräsentativen Bau verbrachte Eugénie, die Tochter Oscars I., regelmäßig ihren Sommerurlaub (s. S. 34) und scharte eine Art Künstlerkolonie um sich. Wie in Ljugarn ließ sich die Prinzessin auch hier von der natürlichen Umgebung begeistern und inspirieren. Vor allem der vis-à-vis gelegene **Högklint**, die ›hohe Klippe‹, dominiert das Landschaftsbild und war schon damals Ziel von Ausflüglern. Hoch über dem Meer und in der Abendsonne mit phantastischem Blick auf Visby, ist der Aussichtspunkt auch heute noch einen Abstecher wert, während sich der lange Kieselstrand unterhalb der Steilküste für geruhsame Spaziergänge und dem Aufspüren von Versteinerungen anbietet. Die Grotte in der Klippe war früher übrigens der Unterschlupf des berüchtigten Räubers Lilja.

4 Der Süden

Der südliche Teil Gotlands, das sind einige der schönsten kulturellen und natürlichen Sehenswürdigkeiten, die die Insel aufzuweisen hat! Mächtige Landkirchen und grandiose Grabhügel, Raukar und Sandstrände, Alvar und kleine Inseln, idyllische Fischerdörfer und mittelalterliche Bauernhöfe – dies und viel mehr kann man hier sehen und erleben. Dieses Kapitel beschreibt eine Strecke, die zu den meisten der genannten Schönheiten führt. Startpunkt ist das zentral gelegene Hemse, das man über die Straßen des östlichen und mittleren Inselteils gut erreichen kann. Nach einem Besuch am ›Südkap‹ endet die Route in Fröjel, wo Anschluß an die im Kapitel ›Mittelgotland‹ beschriebene Strecke besteht.

Zwischen Hemse und Hoburgen

Hemse, dem Charakter nach eher ein langgestrecktes Straßendorf, hat gut 1700 Einwohner und ist damit nach Visby immerhin der zweitgrößte Ort der Insel. Unsere Tour beginnt an der zentralen Wegkreuzung, wo wir der kleinen Straße in Richtung Rone folgen. Wer allerdings über viel Zeit verfügt, könnte auf einem empfehlenswerten Umweg zunächst die kleine Landkirche von Hemse, am südlichen Ortsausgang an der Landstraße 142 gelegen, besuchen. Sie ist eine weitgehend romanische Anlage, die mit romanischem Triumphkreuz und Taufstein sowie Kalkmalereien aus mehreren Epochen durchaus die Besichtigung lohnt (Abb. 58). In der nächsten Ortschaft sollte man der ebenfalls romanischen Kirche von **Alva** einen Besuch abstatten, hauptsächlich wegen des großen Triumphkreuzes. Von hier aus erreicht man über kleine Straßen ebenfalls Rone.

Die zweischiffige Kirche von **Rone,** mit ihrem 60 m hohen Galerieturm (›Lang Jaku‹) schon von weitem sichtbar, ist eines jener Gotteshäuser, die das gotländische Architektur-Ideal der gotischen Zeit verkörpern, d. h. ihr Umbau von Osten nach Westen konnte noch vor 1361 zu Ende geführt werden. Während die Südfassade durch zwei stattliche Portale gegliedert ist, überzeugt das Innere außer durch seine Raumwirkung auch durch die schönen Malereikomplexe aus zwei Perioden; die Rankenornamente in den Gewölben von Chor und Langhaus stammen aus der Zeit um 1300, und die Wandmalereien mit den üblichen Friesen entspringen der Produktivität des ›Passionsmeisters‹. Außerdem sind in den Ostfenstern noch sechs Felder mit originalen Glasmalereien erhalten, die zu den ältesten der Insel gehören (Mitte 13. Jh.). Beachtung verdient auch das Triumphkruzifix mit Maria und Johannes (ca. 1400) und die ausgesprochen reiche nachreformatorische Einrichtung.

Die Straße von Rone zu seinem alten Hafen (Ronehamn; s. Klinte–Klintehamn) bringt einen zum einmaligen Ensemble bronzezeitlicher Grabhügel in Uggarde (s. u.), aber vorher sind zwei weitere Sehenswürdigkeiten noch einen kleinen Umweg wert: einige Kilometer nördlich, etwa auf der Höhe von Hemse, zunächst die Kirche von **Burs.** Auf deren außergewöhnliche, skulptierte steinerne Chorbank wurde schon an anderer Stelle hingewiesen (s. S. 104). Aus der gleichen Zeit und von derselben Werkstatt (›Ägypticus-Meister‹) stammt der gesamte Ostbau, also auch dessen bemerkenswerter Portalschmuck. Hier zeigt das Tympanonfeld Christus als Weltenrichter und die beiden Kapitellbänder darunter die klugen und die

Die Kirche von Rone in einer Zeichnung des 19. Jh. Mit ihren Stigluckor, Portalen und dem hohen Galerieturm (›Lang Jaku‹) gilt sie als Ideal einer gotischen Landkirche

törichten Jungfrauen (nach Matth. 25), angeführt von der Ecclesia bzw. Synagoge und gleichzeitig die Seligen bzw. die Verdammten symbolisierend. Die anderen Bestandteile der Kirche vom ›Satteltypus‹ sind das romanische Langhaus und der schwere Galerieturm aus der Mitte des 13. Jh., dessen Statik von ungewöhnlichen, hohen Entlastungsbögen unterstützt wird. Innen fällt im Langhaus zunächst die bemalte Holzdecke (1706) auf, im Chor dann das reichhaltige Interieur aus romanischer (Triumphkreuz) und hochgotischer Zeit. Vor allem der Altar verdient Beachtung, dessen Aufsatz eine norddeutsche Arbeit des frühen 15. Jh. ist, und auf dessen Predella das Motiv des Chorportals wieder aufgenommen wird: die klugen und die törichten Jungfrauen!

Auf dem Weg zur Küste zweigt bei Ammunde ein Feldweg zum Gräberfeld und den Hausrekonstruktionen bei **Stavgard** ab, wo von Lehrern und Schülern Experimente über die Frühzeit durchgeführt werden. Unter den Hausfundamenten befand sich auch die längste bisher auf Gotland entdeckte Halle. Sie war 60 m lang, durch eine Querwand in zwei Abteilungen getrennt und besaß einen Herd von nicht weniger als 10 m Länge! Durch Funde von Münzen

(Denare mit den Bildnissen Hadrians, Trajans, Marc Aurels usw.) und Keramiken (rheinländische Terra sigillata) konnte die Häuptlingshalle in das 3. Jh. n. Chr. datiert werden.

Folgt man nun der Küstenstraße in südwestlicher Richtung, führt später links ein weiterer Feldweg zu einem prähistorischen Wohn- und Begräbnisplatz, der über 2000 Jahre in Gebrauch war. Am ältesten sind die bronzezeitlichen, majestätischen Steinhügelgräber, darunter die bekannte **Lejsturojr**. Noch beeindruckender jedoch wird die ältere Bronzezeit durch den mächtigsten Grabhügel jener Epoche dargestellt: **Uggårde Rojr**. Zu ihm und seinen ›Satelliten‹ (s. S. 39 f.) geht ein Fahrweg rechts von der Straße nach Ronehamn ab, an dessen Ende man etwa 500 m über Weiden gehen muß. Wer der Straße schließlich bis zur Küste folgt, hat etwas nördlich von Ronehamn Gelegenheit, im *Fiskeläge* **Hus** die altertümlichen Buden zu betrachten, die aus Kalkstein gebaut und mit Steinplatten gedeckt sind, sowie ein altes Leuchtfeuer, ein Platz zum Trocknen der Netze, Räucherkammern u. a.

Von Rone oder Ronehamn führt die Route nun nach **Eke**, dessen Landkirche u. a. Kalkmalereien des ›Passionsmeisters‹ besitzt, die hier mit alttestamentarischen Szenen (Kain und Abel) das übliche Bildprogramm der Werkstatt verlassen. Vornehmstes Inventarstück ist jedoch der gut erhaltene romanische Taufstein des ›Sigrafr‹, der wieder einmal seinem Lieblingsmotiv viel Platz einräumt, den Heiligen Drei Königen.

Nächstes Ziel ist die Kirche von **Grötlingbo**, die wegen ihrer Größe zuweilen als ›Kathedrale Südgotlands‹ bezeichnet wird. Ihre Vorgängerin, ein ›ikonisches‹ Gotteshaus, war 1296 durch eine päpstliche Bulle dem Evangelisten Lukas geweiht worden. Von diesem Bau sind noch sehr viele Reliefsteine (›Meister Sigrafr‹?) in der Südfassade zu sehen: Jagd- und Kampfmotive, vielleicht Symbole des ewigen Widerstreits von Gut und Böse, vielleicht aber auch Illustrationen nordischer Heldensagen (Abb. 65). Chor und Langhaus gelten als wichtige Werke der ›Ägypticus‹ – Werkstatt, deren charakteristische Fratzen am Kapitellband des Langhausportals sowie an Konsolen im Innern zu sehen sind. Ebenfalls figürlich geschmückt ist am Langhaus das Tympanonfeld (Madonna mit dem Jesuskind und Heiligen) und am Chor der Wimperg (Christi Auferstehung). Sehr schön ist hier übrigens das Spiel mit den materialbedingten Farben von Kalkstein und Sandstein. Im Innern der dreischiffigen Halle sind an Wänden und in Gewölben etliche Al-secco-Malereien zu sehen, einige aus dem 14. Jh., andere erst vom Anfang des 18. Jh. Von der mittelalterlichen Einrichtung verdient das Triumphkruzifix (Abb. 66) besondere Erwähnung, ebenso im Chor die runenbeschrifteten Grabsteine und vor allem der Taufstein des ›Sigrafr‹ (Abb. 64) mit seiner Widergabe der Kindheitsgeschichte Jesu und der orientalisch wirkenden Heiligen Drei Könige. Das nachreformatorische Inventar ragt in Grötlingbo z. T. über das sonst allenfalls provinzielle Niveau hinaus, so die Ausstattung des Kirchengestühls

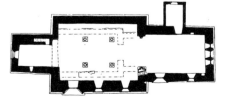

Kirche von Grötlingbo mit Fundamenten des Vorgängerbaus (gestrichelt), Grundriß

von 1710 mit Landschafts- und Blumengemälden und den Porträts des Lehnsmannes und seiner Frau. Die Kanzel, eine herrliche Renaissancearbeit von 1548, wurde bereits an anderer Stelle gewürdigt (s. S. 118), ihr Baldachin stammt aber, wie der Altaraufsatz, aus dem 17. Jh.

Im Gegensatz zu den Kirchen sind die Wohnungen ihrer bäuerlichen Auftraggeber ja nur selten erhalten. Deshalb kann ein Besuch des Hofes von Kattlund (**Kattlundsgård;** südlich von Grötlingbo, von der Landstraße 142 nach links abbiegend erreichbar) auch interessante Einblicke vermitteln (Farbabb. 17). Hier besteht noch das Bild eines ganzen Hofes mit Haupthaus, Viehhaus und Scheune – eine weitläufige Anlage mittelalterlichen Ursprungs mit Innenhof, wie es sie sonst im Norden nicht mehr gibt! Seinen Namen bekam das Anwesen nach dem mächtigen Thingrichter Botolf Kattlund, der zwischen 1412–47 sein Besitzer war, aber damals wird der Hof schon mindestens 100 Jahre bestanden haben. Um 1910 vom Abriß bedroht, konnte der Kattlundsgård doch noch gerettet werden, befindet sich nun im Besitz des Vereins *Gotlands Fornvänner* und ist als Museum dem Besucher geöffnet (s. S. 82).

Auf der Weiterfahrt in den Süden erreicht man nun jene Stelle, an der Gotland am schmalsten ist und sich anschließend wieder zu einer Halbinsel verbreitert. Ab hier beginnt **Storsudret,** ›der große Süden‹, wie die Landschaft mit ihrer wacholderbewachsenen Steppe *(Alvar)* genannt wird. Größter Ort und mit einem guten Hafen ausgestattet ist **Burgsvik** an der gleichnamigen Bucht, Zentrum der Sandsteingewinnung und -veredelung mindestens seit dem frühen Mittelalter. Aus den Steinbrüchen von Burgsvik stammt das Material vieler Kunstwerke und das meiste der südgotländischen Bausubstanz; später waren die ›Gruben‹ im Besitz der dänischen Krone, wo ›Seiner Majestät Steinmetzen‹ die Arbeit fortführten. Nach dem Friedensschluß von Brömsebro wurden sie privatisiert und sind bis ins 18. Jh. von großer wirtschaftlicher Bedeutung geblieben – u. a. für die barocken Altaraufsätze, die wir in den meisten Kirchen sehen konnten. Nach dieser Zeit wurden kaum noch Kunstwerke, dafür aber Schleifsteine hergestellt und exportiert. Bis auf den heutigen Tag besteht die Burgsviker Steinindustrie (wenn auch in ständig sinkender Bedeutung) fort, und der leicht zu bearbeitende Sandstein wird von Kirchenrestauratoren, Künstlern und Schleifsteinproduzenten verwendet.

Etwa 5 km südlich von Burgsvik liegt am Wegrand der **Bottarvegården,** dessen 40 m langer, schilfgrasgedeckter Komplex als sehenswertes Heimatmuseum zugänglich ist. Mit Einzelbauten und Gebäudeteilen aus dem 19. Jh. (Wohnhaus, Stall, Scheune, Küche, Braustube), vor allem aber mit seiner exquisiten Möblierung und Zusammenstellung von Trachten und Hausgerät gibt der Bottarvegården ein ausnehmend informatives Bild über das bäuerliche Leben vor dem Maschinenzeitalter. In der Nähe steht ein etwa 200 Jahre alter Walnußbaum, einer der größten des Landes.

3 km weiter liegt rechterhand die Kirche von **Vamlingbo,** die wegen ihrer großartigen Wandmalerei bereits erwähnt wurde (s. S. 107). Von außen macht das Gotteshaus einen großzügigen, blockhaften Eindruck. Das merkwürdige Aussehen des westlichen Teils – der flach gedeckte Turmstumpf mit Holzlaterne und die verbauten Mauermassen – ist das Resultat

55 LEVIDE Kirche mit Apsischor ▷

57 TOFTA Kirche des 13./14. Jh.
◁ 56 LINDE Kircheninneres, Blick nach Osten
58 HEMSE Kircheninneres, Blick zum romanischen Triumphbogen

59   HAVDHEM   Kirche mit Apsis des 12. Jh.

60   MÄSTERBY   Triumphkreuz des 13. Jh. ▷

61   MÄSTERBY   Barocker Altaraufsatz vor romanischer Apsismalerei

62   ESKELHEM   Szenenfolge des Passionsmeisters (15. Jh.)

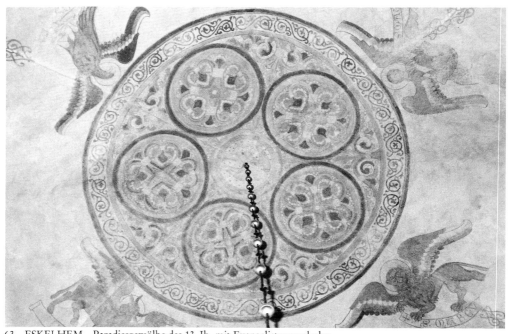

63 ESKELHEM Paradiesgewölbe des 13. Jh. mit Evangelistensymbolen

64, 65 GRÖTLINGBO Romanischer Taufstein des Sigrafr und ›ikonische‹ Reliefsteine neben dem gotischen Portal

66 GRÖTLINGBO Triumphkreuz des 13. Jh.

67 HOBURGEN Karge Küstenlandschaft im äußersten Süden ▷

68 VAMLINGBO ›Seelenwägung Kaiser Heinrichs II.‹, Kalkmalerei an der nördlichen Langhauswand

69 SUNDRE Rundkastal des 12. Jh. nahe der Kirche

70 FIDE Stiglucka mit geharktem Kirchhofsweg

1 FIDE Triumphbogen mit Ringkreuz des 13. Jh.

72 FIDE Altaraufsatz des 15. Jh.

74 ÖJA Kirche mit Galerieturm ›Grå gasi‹

73 HABLINGBO Romanisches Tympanon des Nordportals

von Aufräumungsarbeiten, die nach einem Blitzschlag im Jahre 1817 notwendig wurden. Damals war der Westturm, einer der mächtigsten des Landes, eingestürzt. Das Innere ist geprägt durch die geräumige, schön eingewölbte dreischiffige Halle, die dem Besucher sofort den Reichtum der Gemeinde deutlich machen möchte. Daß dies auch in nachmittelalterlicher Zeit so war, beweisen die Grabsteine und Epitaphien des 15., 17. und 18. Jh. Noch aus der romanischen Kernkirche hingegen stammt der schön erhaltene Taufstein, der dem ›Byzantios-Meister‹ zugeschrieben wird. An weiteren bedeutsamen Kunstschätzen ist der Altaraufsatz aus der ersten Hälfte des 14. Jh. zu nennen, dessen Holzschnitzereien den Gekreuzigten, Maria und Johannes sowie die paarweise angeordneten Apostel zeigen. Er gilt als Importstück einer deutschen (rheinländischen?) Werkstatt. An Kalkmalereien erheitert im Chor der unglaublich große und naive Christophorus, sonst fallen die Gewölbegemälde und ein merkwürdiges Hundsmonster auf.

An der Nordwand des Langhauses schließlich ist einer der bedeutendsten Malereikomplexe angebracht, die ›Seelenwägung des Kaisers Heinrich‹ (Abb. 68). Der Hintergrund des Werkes, vom ›Michaelsmeister‹ um 1250 geschaffen, ist eine schwedische Legende. Danach hatte Heinrich II., der eine sogenannte Josephs-Ehe führte (also impotent war), seine Frau Kunigunde von Luxemburg der Untreue bezichtigt und sie die Feuerprobe bestehen, d. h. über glühende Pflugscharen gehen lassen. Die Kaiserin bestand das Gottesurteil unverletzt, aber Heinrich wurde dadurch in tiefe Gewissenskonflikte gestürzt. Auf dem Totenbett schenkte er nun als Vergebung für seine Sünde dem Laurentius-Kloster in Merseburg einen goldenen Kelch. Hier setzt nun die Legende ein, nach der eine Heerschar von »6666 Teufeln« sich auf den Weg macht, die Seele des sterbenden Kaisers zu erlangen. Sie ziehen und zerren an den Schalen, in denen sich die guten und die bösen Taten die Waage halten. Da kommt im letzten Moment der »gebratene Laurentius« hinzu und entscheidet durch den Goldkelch, den er zu den guten Taten gibt, des Kaisers Seelenheil. Diese Geschichte also wollte der unbekannte Künstler in Vamlingbo darstellen und wir spüren sein Bestreben, dies so ›wirklichkeitsgetreu‹ wie möglich zu tun. Wir sehen die dynamische und alles überragende Gestalt des Erzengels mit der Waage, daneben aber auch den Kaiser auf dem Totenbett, den hl. Laurentius und vor allem die Heerschar der Teufel. Und allein dreimal erscheint das Motiv des Goldkelches!

Die Geschichte selbst kam in ähnlichen Versionen überall in Europa auf und stand wohl im Zusammenhang mit einer Kampagne, die unmittelbar nach Heinrichs II. Tod (1024) begann und auf die Heiligsprechung des letzten Sachsenkaisers im Jahre 1140 hinauslief. Nirdgendwo ist die Seelenwägung allerdings monumentaler dargestellt als in Vamlingbo. Es scheint so, daß sie nicht zufällig gerade hier zum ersten Mal auf Gotland ausgeführt wird, denn St. Michael ist offensichtlich der Schutzpatron der Kirche gewesen. Nach einer völlig abstrusen lokalen Tradition soll sich hier sogar das Grab (!) des Erzengels befinden, und noch im 17. Jh. hört man von entsprechenden Opfergaben und Wallfahrten zu dessen Grab. Wahrscheinlich wird aber die Überlieferung erst durch die Malerei inspiriert worden sein und nicht umgekehrt!

◁ 75   Abendstimmung an der Westküste

Der ›Hoburgsgubben‹, markanter Rauk an Gotlands Südspitze

Von Vamlingbo ist es nun nicht mehr weit bis zur Südspitze, aber anstelle der direkten Land-straße ist der landschaftlich reizvollere Weg an der Bucht **Kettelviken** entlang empfehlens-wert. Man fährt hier direkt unterhalb der alten Strandwälle, durch eine urtümliche, grandiose Natur. Hinter dem Sandsteinbruch mit seinen altertümlichen Gerätschaften kann man einen weiteren kleinen Abstecher (ca. 300 m nach links) machen, wo nahe der Straße der ›Goldstein‹ *(Gullstajnen)* liegt, ein katzengoldfunkelnder Findling aus Rapakivi-Granit, den die Eiszeit von den Ålandinseln hierher transportiert hat.

Nächste und letzte Station auf dem Weg in den Süden ist **Hoburgen**. Neben einem Restau-rant mit Kiosk, einem *Leuchtturm* und den unvermeidlichen Radargeräten erwartet einen hier ein beeindruckendes Areal mit skurrilen Raukar, Grotten und Felsvorsprüngen. Von einem kleinen Hinweisschild aus (und nur von dort!) ist der berühmte Rauk ›Hoburgsgubben‹ (Gub-ben = ›der Alte‹) zu sehen (Abb. 67). Tatsächlich schaut aus der Felswand ganz deutlich ein pausbäckiger Kopf heraus, mit einer großen Nase, spitzbübisch geschürztem Mund und nach hinten wehenden Haaren. Dieser Gubben ist der Erzählung nach ein Troll, der von einem armen Bauer zu einer Hochzeitsgesellschaft eingeladen wurde und auch gerne kommen wollte. Als er aber hörte, daß jener (neben Christus und diversen Heiligen) auch einen ›Trommler‹ eingeladen habe, schrie der Alte auf und mußte bedauernd absagen. Denn, so seine Begründung, das sei »der Trommler unseres Herrn, jedesmal, wenn wir uns trafen, nahm er einen Hammer und trommelte mir Wunden in den Körper«. Interessant ist, daß damit offensichtlich der nordische Gott Thor gemeint ist, der Todfeind der Riesen (= Trolle), und daß er hier sozusagen durch die Hintertür des Märchens als angesehener Gast auf christlichen Taufgesellschaften erscheinen darf. Als Entschuldigung für sein Nichterscheinen bei dem Fest machte der Troll den Bauern übrigens zum reichen Mann: weil er »keineswegs der Armseligste« sein wollte, gab er ihm soviel Gold mit, wie er nur tragen konnte. Aus diesem Satz des Hoburgsgubben spricht das typische gotländische Bauerntum. Genauso könnte im Mittelalter auch das Argument gelautet haben, als es um die Entscheidung eines Kirchen(um)baus ging: nein, der Armseligste wollte man keinesfalls sein!

Zwischen Hoburgen und Fröjel

Auf dem Weg zurück in den Norden passiert man zuerst den Kirchhof von **Sundre,** auf dem sich außer dem einheitlich wirkenden, frühgotischen Gotteshaus (13. Jh.) der besterhaltene Rundkastal der Insel befindet (Abb. 69). Dieser mächtige Turm aus dem 12. Jh. bezeugt, daß die südlichste Kirche Gotlands den von der See her drohenden Gefahren besonders ausgesetzt war. Sein Inneres mit Balkendecke und Gewölben veranschaulicht die Konstruktionsweise, und vom oberen Stock hat man eine prächtige Aussicht über ›Storsudret‹. In der Kirche konnten Kalkmalereien des ›Passionsmeisters‹ aufgedeckt werden, außerdem besitzt sie einige schöne Holzarbeiten: im Chor die geschnitzten Türen zu den Sakramentsnischen und einen abstraktgeometrischen Taufsteindeckel, auf dem nördlichen Seitenaltar des Langhauses dann eine Mater dolorosa des 13. Jh. (die zum alten Triumphkruzifix gehörte und unter dem Chorbogen untergebracht war), und schließlich das jetzige Ringkreuz aus dem 15. Jh. Die neoklassizistische Kanzel, auf dem alten Seitenaltar aufgestützt, ist in dieser Form ebenfalls nicht alltäglich. Noch bevor man die Kirche betritt, fallen außen bereits die beiden merkwürdigen kreisrunden Steine auf, die in die südliche Fassade eingemauert sind. Vielleicht handelt es sich um Säulentrommeln, wahrscheinlicher aber um heidnische Opfersteine. Der Sage nach sind es zwei Mühlräder, die Valdemar Atterdags Soldaten hier anbrachten. Sie sollten die Karfunkelsteine ersetzen, die der Dänenkönig herausbrechen und von der Insel entführen ließ. Ursprünglich hatten die Edelsteine einem Drachen gehört, der in einer Grotte bei Hoburgen wohnte ...

Hinter Sundre nehmen wir auf der Rückfahrt den östlichen Weg in Richtung Hamra. Kurz hinter der Abzweigung führt eine Stichstraße rechts nach **Holmhällar** (Fiskeläge), wo Kiefernwälder, ein Sandstrand, Raukar und die kleine Insel *Heligholmen* (= ›heilige Insel‹), um die sich ebenfalls viele Sagen ranken, eine beeindruckende Ansammlung von Naturschönheiten bilden.

Zurück auf der Landstraße folgen nun mehrere Kirchen, die alle reiche Kunstschätze besitzen und zu den schönsten des Landes zu zählen sind. Da ist zunächst die Kirche von **Hamra** mit ihrer Vielzahl an edlen Holzschnitzarbeiten. Die Kalvariengruppe von etwa 1280, ein Triumphkreuz aus dem 14. Jh., der Altaraufsatz von 1400 und Heiligenfiguren, aus nachreformatorischer Zeit eine bemerkenswerte Renaissancekanzel – all das ist von überdurchschnittlicher Qualität! Und auch sehenswerte Steinskulpturen sind zu bewundern, wie der romanische Taufstein des ›Semi-Byzantios-Meisters‹ aus der Vorgängerkirche, der u. a. die Kindheitsgeschichte Christi erzählt.

Einige Kilometer nördlich dann die Kirche von **Öja** (Abb. 74), die durch ihren hohen Turm aus der ›Ägypticus‹-Werkstatt, im Volksmund *Grå gasi* (= Graue Gans) genannt, schon von weitem angekündigt wird. Ältester Baukörper ist hier der Chor (Anfang 13. Jh.), der von außen den geraden östlichen Abschluß hat, innen aber von apsidialer Form ist. Das hohe Südportal des Langhauses weist noch Spuren der alten Kolorierung auf. Am interessantesten ist außen jedoch – merkwürdig genug! – das reich skulptierte Portal auf der nördlichen Turmseite. Dort wird anstelle figurenreicher dynamischer Szenen der gesamte Abschnitt eines Kapitellbandes von einem einzigen, liegenden Menschenkörper beherrscht. Mit der Zange als Attribut könnte er St. Eligius darstellen, Bischof von Noyon und Schutzpatron der Goldschmiede. Gegenüber sind Christus, Maria und die Jünger zu sehen, im Wimperg schließlich der Auferstandene. Und hoch oben am Turm künden Wasserspeier und Giebelschmuck von hochgotischer Ästhetik.

Der leider nur ungenügend helle Innenraum zeigt einige schöne Kalkmalereien, u. a. die Friese des ›Passionsmeisters‹ und ein drastisches ›memento mori‹ durch den personifizierten Tod, der den Lebensbaum absägt. Auch die Darstellung des ›Milchdiebstahls‹ ist gleichermaßen burlesk und erfrischend lebendig. Zweifellos aber wird der Innenraum beherrscht von »Gotlands meistbewunderter Holzskulptur« (G. Svahnström). Das *Triumphkreuz von Öja* (Farbabb. 26) beeindruckt durch seine Monumentalität genauso wie durch die Bildkonzeption, die Feinheit der Schnitzarbeiten, die kontrastreiche, polychrome Farbgebung und das ikonographische Programm. An den Enden der Kreuzarme sehen wir in quadratischen Feldern, wie bei den meisten Scheibenkreuzen, die Evangelistensymbole. Stamm und Querbalken des Kreuzes sind zusätzlich mit Rauten, Rundknöpfen, Palmetten und Blattmustern reich verziert. Hinter dem geneigten Kopf Christi wird in einem weiteren Quadrat ein roter Nimbus mit einem eingeschlossenen, filigranen Zinnkreuz dargestellt und damit ein kleines Scheibenkreuz in das Zentrum des großen gelegt. Die Figur des Gekreuzigten zeugt in Konzeption und Ausführung von außerordentlicher Kunstfertigkeit. Die aufrechte Haltung und die Königskrone drücken die Majestät Christi aus, der geneigte Kopf mit den auf die Schultern fallenden Haarlocken sein Leiden. Die Arme sind leicht gebogen und enden in offenen Handflächen. Vor allem der überreiche Faltenwurf des Lendentuches läßt an französische Vorbilder denken. Zum ›Scheibenkreuz‹ wird das Triumphkruzifix durch einen Ring, der durch die drei oberen Kreuzenden geht und ebenfalls ungewöhnlich prächtig ausgestattet ist. Jeweils zwölf plastisch geschnitzte Rosen und Rauten mit eingemalten Adlern lösen einander ab. Dazu kommen auch hier, wie am Kreuzesstamm, Palmetten, die den Ring zu einem Siegerkranz bzw. einem überdimensionierten Nimbus werden lassen. Das Ungewöhnlichste dieses Kunstwerkes liegt jedoch in den Viertelkreisen, die mit figurenreichen Szenen besetzt sind: oberhalb des Querbalkens betrauert eine Heerschar kniender Engel den Gekreuzigten, in den unteren Feldern wird der Sündenfall und die Vertreibung aus dem Paradies geschildert und damit die Folgerichtigkeit von Erbsünde und Erlösung durch Christi Kreuzestod betont. Die Figuren von Adam und Eva oder des Erzengels Michael sind manieristisch langgezogen und unterscheiden sich formal von der Darstellung der himmlischen Heerscharen in den oberen Feldern.

Von Öja sind es nur wenige Fahrminuten auf der östlichen Küstenstraße bis zur Landkirche von **Fide**. Durch eine der drei gut bewahrten *Stigluckor* (Abb. 70) gelangt man in den Kirchhof und steht vor dem einheitlich wirkenden Sandsteinbau aus dem 13. Jh. Nicht passen will freilich die hölzerne Laterne über dem mächtigen Turmstumpf; sie mußte nach einem schweren Turmschaden aufgesetzt werden und die früher höhere, oktogonale Spitze ersetzen. Schmuckstücke des einschiffigen Innern sind Holzarbeiten und Kalkmalereien. Im schmalen Triumphbogen hängt z. B. ein herrliches *Ringkreuz* von ca. 1250, dessen Holzrundung die drei oberen Kreuzarme mit den Evangelistensymbolen durchschneidet (Abb. 71). Die Form des Halbkreises korrespondiert dabei in äußerst harmonischer Weise mit der des Mauerbogens und der architektonischen Malerei darüber. Im Gegensatz zum Scheibenkreuz von Öja dominiert die Gestalt des Gekreuzigten dieses Kruzifix, weil die Viertelkreise hier nicht mit Assistenzfiguren gefüllt sind. Die andere beachtenswerte Holzschnitzerei ist der Altaraufsatz vom Anfang des 15. Jh. (Abb. 72), der ursprünglich auf dem nördlichen Seiten- bzw. Marienaltar stand und die Madonna mit dem Jesuskind zeigt, umgeben von sechs Heiligen. Die Kanzel schließlich, eine schlichte Renaissancearbeit ohne figürlichen Schmuck, stammt aus dem Jahr 1587 und ist damit eine der ältesten Gotlands. An Kalkmalereien finden wir an den Langhauswänden die üblichen Szenen des ›Passionsmeisters‹, im Norden mit der Putzritzung einer hanseatischen Kogge versehen. Die vielleicht bekannteste Malerei befindet sich jedoch im Triumphbogen: eine zwar kleine, aber überaus interessante Darstellung des sogenannten ›Schmerzensmanns von Fide‹. Der Gekreuzigte, sehr ähnlich der Gestalt des Valdemarskreuzes (!), wird mit einem lateinischen Text kommentiert, der gleichzeitig eine verklausulierte Anklage erhebt. Er lautet in der Übersetzung: »Verbrannt sind die Höfe, jammernd fallen die Menschen, vom Schwert geschlagen.« Da einige lateinische Buchstaben aber auch einen Zahlenwert haben, kann der Text genauso als Chronogramm gelesen werden: *EDES SVCCE(N)SE GENS CESA DOLENS RVIT ENSE*. Die Addition und Ordnung der Buchstaben DVCCCDLVI ergibt dabei die Zahl DDCCCLVVI (= 1361), also das Jahr der dänischen Eroberung!

Hinter Fide, wo der Isthmus nur 2 km breit ist, verläßt man den ›Großen Süden‹ und fährt auf der küstennahen Landstraße 140 weiter in den Norden. Dabei passiert man die innere Bucht von Burgsviken und sieht linkerhand die flache Halbinsel von **Näs** mit ihrer modernen Windkraftanlage liegen. Auf der öden und Stürmen besonders ausgesetzten Landzunge lebten früher hauptsächlich Robbenjäger, deren Zunft noch bis 1865 bestanden hatte. Ihre (nach unserer Auffassung grausamen) Fangmethoden müssen ein seltsames Schauspiel abgegeben haben, bei dem u. a. der junge ›Robbenkerl‹ *(kutbuss),* der sein erstes Tier erschlagen hatte, mit Blut beschmiert und somit ›gekrönt‹ wurde. Der mit einem alten Initiationskult in Verbindung gebrachte Ritus scheint aus einer prähistorischen, vielleicht sogar steinzeitlichen Jägergesellschaft herzurühren.

Auf der Weiterfahrt in den Norden sollte man nach einigen Kilometern nach rechts zur Kirche von **Havdhem** abbiegen. Die Architektur dieses Gotteshauses mit ihrer abgetreppten Linienführung hat nämlich als östlichen Abschluß eine der edelsten romanischen Apsiden der Insel (Abb. 59). Ebenfalls aus romanischer Zeit stammt der Rundbogenfries, der in Höhe der ehemaligen Dachtraufe in die südliche Langhauswand eingemauert ist.

Von Havdhem aus geht es nun in nordwestlicher Richtung, bis man nach einigen Fahrminuten zur großen und sehenswerten Kirche von **Hablingbo** abbiegt. Während der gedrungene romanische Turm mit seinem pyramidalen Helm stehenblieb, stammen Chor und Langhaus aus der Mitte des 14. Jh., wie die Formensprache der beiden gotischen Südportale zeigt. Sie werden der Werkstatt des ›Ägypticus-Meisters‹ zugeschrieben und enthalten, neben edlem architektonischem Zierat, auch figürliche Darstellungen. So auf den Kapitellbändern des Chorportales u. a. Mariä Verkündigung, Maria und Elisabeth, Christi Geburt, die Hirten, die Anbetung der Könige, ein Schaf und eine Sau mit fünf Ferkeln! Am Langhausportal sieht man u. a. Mariä Krönung im Tympanonfeld, in den Kapitellbändern Apostel mit Spruchbändern und an den äußeren Pilastern Heilige in Ädikulä sowie die grotesken grinsenden Masken, die für die Werkstatt so typisch sind. Auf der Nordseite ist von der alten Kernkirche noch das ehemalige, berühmte Hauptportal erhalten (Abb. 73), das B. G. Söderberg zum »Vornehmsten« zählt, »was es aus romanischer Zeit in Schweden gibt« (s. S. 101). Das Innere der Kirche lebt von ihrer großzügigen Monumentalität, von den breiten Fenstern und den zeltartig hochgezogenen Gewölbekappen. Hier begegnen wir auch wieder den Ansichtsmasken des ›Ägypticus-Meisters‹, und zwar am Kapitell der östlichen Mittelsäule. Die mittelalterlichen Einrichtungsgegenstände befinden sich fast alle in den Museen von Stockholm und Visby, aber einige Kalkmalereien haben sich im Chor noch erhalten. Beachtenswert ist die Trojaburg, die in den Putz der Turmkammer gemalt wurde.

Von Hablingbo kann man nun in wenigen Minuten zur Landstraße 140 zurückkehren, wo auf der anderen Seite ein schnurgerader, unasphaltierter Weg hinunter zum Meer und zu den Peteshöfen, die dort in steppenartiger Landschaft stehen. Die weißgekalkten, abweisend wirkenden Häuser mit Ziegeldach geben einen guten Eindruck von der bäuerlichen Architektur des 18. und 19. Jh., und im Gebäudeteil **Petes Museigård,** das von *Gotlands Fornvänner* verwaltet wird, ist ein *Museum* mit schöner Möblierung und kompletter Ausstattung des 19. Jh. eingerichtet worden. Dieses Ambiente lohnt den Weg genauso wie der Blick an der weit geschwungenen Bucht entlang bis hinüber zu den Karlsinseln.

Folgt man ab Hablingbo jedoch der bisherigen Straße, kommt man nach einer kurzen Wegstrecke zur ebenfalls schönen Kirche von **Silte,** die sich von außen mit schönen Portalen präsentiert und im Inneren viele Kostbarkeiten besitzt. So z. B. die Glasmalereien aus der sogenannten Dalhemer Schule des 13. Jh. (Farbabb. 21), Kalkmalereien aus dem 14. Jh. und aus der Schule des Passionsmeisters und besonders der ungewöhnliche geschnitzte Altaraufsatz (Farbabb. 25) mit Figuren des 13. Jh. und gemalten Seitenflügeln von etwa 1500 (Umschlagklappe vorn).

Auch von Silte aus ist die Landstraße 140 nah, wo bald der hohe Kirchturm von **Sproge** über den Viehweiden auftaucht. Ein beeindruckendes Naturschauspiel erwartet einen, wenn man hinter der Kirche die Landstraße nach links verläßt und auf dem schmalen Küstenweg um das Kap **Hammarrudd** herumfährt. Nirgendwo ist man auf Gotland den Karlsinseln näher, aber das Landschaftsbild (Naturreservat) mit seinen windgebeugten Krüppelkiefern, Kieselsteinsträndern und duftenden Kräutern bedürfte gar nicht dieses Blickfanges, denn es ist auch so schön genug! Nach einer Weile kommt man zum kleinen Hafen von **Djauvik,** der ›tiefen Bucht‹, von dem in der Sommersaison die Personenfähre nach Lilla Karlsö abgeht. Mit seinen Fischerbooten, den Buden des *Fiskeläge* und dem schmalen Sandstrand ist Djauvik, von der Aussicht einmal abgesehen, ohnehin einen Abstecher wert, und oberhalb des Dorfes liegt (wie um das Erlebnis abzurunden), direkt neben dem Fahrweg eine bronzezeitliche Schiffssetzung von außerordentlich schöner Form.

Die nächste Station auf dem Weg in den Norden ist Fröjel, ab wo man sich auf der schon beschriebenen Route des Kapitels ›Mittelgotland‹ befindet.

Die Karlsinseln

Die beiden Karlsinseln sind, genau wie Fårö im Norden, eine Welt für sich; eindrucksvolle Kalksteinklippen, die sich unvermittelt und kompakt aus der Ostsee erheben, mit steilen Küsten und einer kahlen, plateauhaften Oberfläche, auf der im Sommer die Hitze flimmert und im Winter Schneestürme hinwegbrausen können. Die Vogel- und Pflanzenwelt ist ungemein reichhaltig und stellt auch das Hauptziel der Besucher dar, die ab Klintehamn (nach Stora Karlsö) und ab Djauvik (nach Lilla Karlsö) übersetzen können. Ein Besuch der Karlsinseln ist nur außerhalb der Sperrzeiten und nur im Sommer möglich, auf den Inseln ist der freie Zutritt nur zu den wenigsten Stellen gestattet. Unter sachkundiger Leitung werden Rundgänge durchgeführt (bei genügend ausländischen Gästen auch auf Deutsch oder Englisch!). Wegen einer eventuellen Übernachtung wende man sich an das Touristenbüro in Visby.

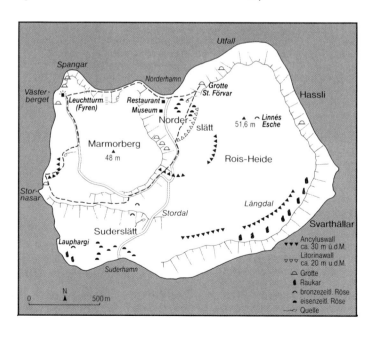

Übersichtskarte
von Stora Karlsö

Lilla Karlsö liegt näher zur gotländischen Westküste (knapp 3 km) als Stora Karlsö, ist kleiner als diese (ca. 1,6 qkm), dafür mit 66 m ü. d. M. etwas höher. Die *Gutefår,* die besondere Rasse der (gehörnten) Gotlandschafe, hat sich nur hier und auf Fårö noch in nennenswerten Beständen erhalten. Ein Besuch auf der naturgeschützten Insel ist während der Sommersaison auf einem 6-Stunden-Ausflug ab Djauvik möglich, die z. T. spektakuläre Steilküste kann aber genausogut auf der Fahrt nach Stora Karlsö bewundert werden.

Stora Karlsö (Farbabb. 18, 36) ist etwa 2,5 qkm groß und hat seine höchste Erhebung bei 50 m ü. d. M. Angesichts der heute fast menschenleeren Insel mag es überraschen, daß ausgerechnet hier die reichhaltigsten Funde aus der Steinzeit gemacht worden sind. Aus der 4 m dicken Kulturschicht in *Stora förvar* (s. S. 11), einer der etwa 30 Grotten von Stora Karlsö, sind aber auch Besiedlungsspuren aus weit jüngeren Zeitepochen ans Tageslicht geholt worden. Die ergiebigen Fischgründe (die gleichzeitig Ursache des Vogelreichtums sind) zogen nämlich immer schon Menschen vom ›gotländischen Festland‹ hierhin, die später dann in Fischerbuden übernachteten. Noch zur Mitte des 19. Jh. waren etwa 300 Menschen auf Stora Karlsö mit Fischerei beschäftigt. Auch als Zufluchtsort für Seeräuber und als Schafsweide hatte die Insel Bedeutung. Vor einer irreparablen Landschaftszerstörung durch Viehverbiß (wie auf Lilla Karlsö) wollte schließlich der vom Privatmann Willy Wöhler zu Ende des 19. Jh. gegründete ›Karlsöklub‹ schützen und kaufte ab 1880 systematisch die Insel auf. Bereits nach sieben Jahren war der Verein im Besitz des größten Areals und ließ zunächst alle 300 Schafe von hier entfernen. Heute stellt Stora Karlsö ein einmaliges Naturreservat mit seltenen Pflanzen und zahlreichen Seevögeln dar. Ab Norderhamn, der Bootsanlegestelle, führen Ornithologen die Besucher auf einem kleinen Rundgang zum Museum und zu den wichtigsten Sehenswürdigkeiten einschließlich der Vogelfelsen und der Grotte Stora Förvar (alle anderen Teile sind nicht zugänglich!).

»Es ist ein herrliches Land hier«, läßt Selma Lagerlöf den kleinen Nils Holgersson sagen, als dieser nach Stora Karlsö kam. Von den Karlsinseln aus flog er nach Gotland, besuchte dort Visby und sah das verwunschene Vineta der Sage. Der heutige Besucher, nicht mit Wildgänsen, sondern mit der Personenfähre unterwegs, wird trotz veränderter Zeitumstände den Satz des Nils Holgersson bestätigen können. Und sicher wird er ihn nicht nur auf die Karlsinseln beziehen wollen, die er verläßt, sondern genauso auf Gotland, das vor ihm aus dem Meer steigt – so wie zu Anfang der Geschichte, als Thjelvar die verzauberte Insel zum erstenmal sah ...

Die gotländischen Landkirchen
(Übersichtskarte s. hintere Umschlagklappe)

Mittelalterliche Landkirchen und Kirchenruinen außerhalb Visbys

Akebäck
Roman. Kirche mit Turm, einschiff. Langhaus (flache Decke) und Apsischor, Kalkmalereien 13. Jh., got. Taufe

Ala
Kirche aus der Mitte des 13. Jh., Chor und einschiff. Langhaus gleich breit, Kalkmalereien 13./15. Jh., got. Taufe

Alskog
Sehr sehenswerte Kirche mit roman. Turm, zweischiff. Langhaus und got. Chor, schöne Südportale, Kalkmalereien 15. Jh., Glasmalereien von etwa 1300, roman. Taufe, Holzskulpturen, berühmtes roman. Triumphkreuz

Alva
Einschiff. roman. Kirche mit Apsischor und breitem Turmsockel, Kalkmalereien 16. Jh., Scheibenkreuz 13. Jh.

Anga
Zweischiff. roman. Kirche mit Apsischor und Turm über dem westl. Langhaus, sehr schöne Kalkmalereien 13./15. Jh., Altaraufsatz 14. Jh., got. Taufe

Ardre
Einschiff. Kirche mit Turm von etwa 1200, Glasmalereien Anfang 14. Jh., got. Altaraufsatz und Skulpturen, got. Taufe. Scheibenkreuz von etwa 1250, historisierende Ausmalung um 1900

Atlingbo
Turm mit Hagioskop, einschiff. Langhaus, roman. Apsischor, schönes Langhausportal mit Kapitellband, Altaraufsatz 17. Jh., oktogonale roman. Taufe

Bäl
Chor, einschiff. Langhaus und Turm 13. Jh., roman. und frühgot. Portale, Kalkmalereien 13./15. Jh., got. Taufe, Scheibenkreuz 13. Jh.

Bara
Ruine einer zweischiff. Kirche, Mitte 13. Jh.

Barlingbo
Sehr sehenswerte einsch. Kirche mit Turm und Apsischor, schöne Rosetten und Portale, Glasmalereien 13. Jh., Kalkmalereien 13./14. Jh., berühmte roman. Taufe, Scheibenkreuz 13. Jh.

Björke
Turmlose Kirche mit zweischiff. Langhaus (Dachreiter), Kalkmalereien um 1300, got. Taufe, Triumphkreuz von etwa 1200

Boge
Frühgot. Kirche mit zweischiff. Langhaus, nach Sturmschäden von 1857 abgestützt, schönes Südportal mit Blattornamentik, Kalkmalereien 15. Jh., got. Taufe

Bro
Sehr sehenswerte Wallfahrtskirche mit roman. Turm, Hagioskop, einschiff. Langhaus, Stigluckor (Farbabb. 29), schöne Portale mit figürlichen Kapitellbändern (Abb. 35), eingearbeitete Reliefsteine der Vorgängerkirche und eisenzeitl. Bildsteine, im Turm Baumstamm-Maueranker, Kalkmalereien 14./15./18. Jh., roman. Taufe mit Triumphkreuz (beide etwa 1200)

Bunge (Umschlagrückseite)
Sehr sehenswerte Kirche mit festungsartigem Turm, hochgot. Langhaus (zweischiff.) und Chor, Kirchhof mit vier Stigluckor und Verteidigungsmauer, schöner Portalschmuck, berühmte Kalkmalereien Anfang 15. Jh., weitere 16. Jh., got. Holzskulpturen und Taufe, Glasmalerei 14. Jh.

Burs
Sehr sehenswerte Kirche mit stattlichem Galerieturm, einschiff. roman. Langhaus und hohem got. Chor, schönes Chorportal mit u. a. Kapitellbändern, Holzmalereien von 1706 auf der Decke über dem Langhaus, got. Altaraufsatz, berühmte skulptierte Chorbank aus Kalkstein, Glasmalereien, Scheibenkreuz 13. Jh.

Buttle
Roman. Kirche mit Turm und einschiff. Langhaus, Chor vom 14. Jh., geschnitzter Altaraufsatz von etwa 1400, Kalkmalereien 15. Jh., got. Taufe, roman. Triumphkreuz

Dalhem (Abb. 44)
Sehr sehenswerte got. Kirche, hoher Galerieturm mit Fialen, Maßwerk und interess. Westportal (Abb. 45) dreischiff. Langhaus, Kalkmalereien 14. Jh., historisierende Ausmalung und Inneneinrichtung von 1899–1914, berühmte Glasmalereien 13. Jh., roman. Sakramentsnische und Grabsteine, got. Taufe

Eke
Frühgot. Kirche mit einschiff. Langhaus, schöne Kalkmalereien 13./15. Jh.

Ekeby
Sehr sehenswerte got. Kirche mit Galerieturm, einschiff. Langhaus, schöne Südportale (Abb. 46), vielseitige Kolorierung durch Kalkmalereien des 13./15./18./19. Jh., Glasmalereien 13. Jh., Holzmalerei in Chornische vom 13. Jh., roman. Taufe, Triumphkreuz vom 12. Jh.

Eksta
Roman.-got. Kirche mit einschiff. Langhaus, durch Umbau im 19. Jh. stark verändert, schöner barocker Altaraufsatz

Elinghem
Ruine einer einschiff. Kirche aus der Mitte 13. Jh.

Endre
Sehr sehenswerte Kirche mit zweischiff. Langhaus, darin integriert der roman. Turm, deshalb auch westl. Kapellen, Kalkmalereien 15. Jh., got. Glasmalereien, berühmte roman. Taufe mit Holzdeckel, Triumphkreuz von etwa 1200, geschnitzter Altaraufsatz

Eskelhem
Sehr sehenswerte Kirche mit gedrungenem Galerieturm, einschiff. Langhaus und gleichbreitem Chor, Reliefsteine der Vorgängerkirche, berühmte Gewölbemalereien vom 13. Jh. (Abb. 63), andere Kalkmalereien 13./15. Jh. (Abb. 62), Glasmalereien von etwa 1350, roman. Taufe, Scheibenkreuz von etwa 1250, got. ›Brautbank‹

Etelhem
Kirche mit roman. Turm, zweischiff. Langhaus und Chor von etwa 1300, Kalkmalereien 14./15. Jh., Glasmalereien 14. Jh., gut erhaltene roman. Taufe, Scheibenkreuz 14. Jh.

Fardhem
Einheitlich roman. Kirche mit Turm, einschiff. Langhaus und Apsischor, Rundbogenfries und skulpt. Chorportal, Kalkmalereien 14./18. Jh., roman. Taufe, Triumphkreuz (Kopie v. Träkumla)

Fårö
Im 18./19. Jh. stark veränderte Kirche mit einschiff., tonnengewölbtem Langhaus, Querschiff und östl. Sakristei, berühmte Votivbilder (›Kutatavlan‹) 17./18. Jh.

Fide
Sehenswerte Anlage mit Kirchhof (drei schöne Stigluckor, Abb. 70), roman. Turm (Laterne von 1826), einschiff. Langhaus und Chor, Kalkmalereien (u. a. der ›Schmerzensmann‹) 14./15. Jh., geschnitzter Altaraufsatz 15. Jh. (Abb. 72), großes Scheibenkreuz vom 13. Jh. (Abb. 71), Renaissancekanzel von 1587

Fleringe
Gut erhaltene Anlage mit Kirchenställen, Kirchhofsmauer und Stiglucka, Turm mit skulptiertem Portal, zweischiff. Langhaus und Chor 13. Jh., Kalkmalereien 15./16. Jh.

Fole
1280 eingeweihte Kirche mit roman. Turm, zweischiff. Langhaus und Chor, schönes Chorportal, hölzerner Altaraufsatz mit Malereien von 1654, got. Taufe mit Apostelbildern, Triumphkreuz 13. Jh. (1840 übermalt)

Follingbo
Kirche mit Turm und einschiff. Langhaus (schönes Portal) aus roman. sowie höherem Chor aus got. Zeit, got. Taufe, Holzmalereien des 17. Jh. auf der flachen Langhausdecke, Kanzel 17. Jh. aus der ehem. Visborg-Schloßkapelle

Fröjel (Farbabb. 20)
Sehr sehenswerte Gesamtanlage mit Kastal, Stigluckor, Trojaburg, einschiff. roman. Langhaus zwischen höherem got. Turm und Chor, Kalkmalereien 14. Jh. (Abb. 50), got. Nischeneinfassungen,

interess. roman.-got. Taufe, großes Scheibenkreuz von etwa 1300, bemalte Kanzel von 1600

Gammelgarn

Sehr sehenswerte Gesamtanlage mit Kastal, Stigluckor, roman. Turm, got. Chor und zweischiff. Langhaus, schöne Portale mit berühmten Kapitellbändern (Abb. 47), Kalkmalereien 15. Jh., geschnitzter Altaraufsatz 14. Jh., roman.-got. Taufe

Gann

Ruine einer zweischiff. Kirche mit mächtigem Turm aus dem 13. Jh.

Ganthem

Roman. Kirche mit Turm, zweischiff. Langhaus und Apsischor, Kalkmalereien 15. Jh., gut erhaltene roman. Taufe, Triumphkreuz von etwa 1200, Kopie des got. Altaraufsatzes

Garde

Sehr sehenswerte Gesamtanlage mit Kirchhofsmauer, vier z.T. sehr großen Stigluckor, hohem got. Turm und Chor, dazwischen kleines roman. Langhaus (einschiff.) mit erhaltenem Dachstuhl, berühmte russ.-byzant. Kalkmalereien von etwa 1200 (Abb. 51), gut erhaltene Taufe und Triumphkreuz aus roman. Zeit

Gerum

Kirche mit got. Turm und zweischiff. Langhaus, roman. Apsischor, skulptierte Portale, vielfältige Kolorierung durch Kalkmalereien 13./15./18. Jh., roman. Taufe, roman. Triumphkreuz und zwei weitere mittelalterl. Kruzifixe

Gothem

Sehr sehenswerte Gesamtanlage mit Kastal, Kirchhofsmauer mit Stigluckor, hoher Galerieturm, zweischiff. got. Langhaus, roman. Apsischor, berühmte Kalkmalereien Anfang 14. Jh., weitere Malerei 16. Jh., bemalte got. Chorbank

Grötlingbo

Sehr sehenswerte Kirche mit roman. Turm, dreischiff. Langhaus und Chor aus got. Zeit, Westportal und eingemauerte Reliefsteine (Abb. 65) der Vorgängerkirche, schöne Südportale mit got. Skulpturenschmuck, Kalk- und Glasmalereien 14. Jh., roman. Taufe (Abb. 64) und Triumphkreuz (Abb. 66), berühmte Renaissancekanzel von 1548, bemalte Kirchenbänke, 18. Jh.

Guldrupe

Kirche mit got. Chor und Turm, dazwischen niedriges roman. Langhaus (einschiff.), St. Olavs-Statue 13. Jh., roman. Taufe

Gunfjaun

Ruine einer einschiff. Kapelle mit Langhaus und Chor, 14. Jh.

Hablingbo

Sehr sehenswerte Kirche mit roman. Turm, got. Langhaus (zweischiff.) und Chor, im Norden berühmtes roman. Portal (Abb. 73) der Vorgängerkirche, im Süden schöne got. Portale mit u. a. Kapitellbändern, innen ein Bildstein mit Runeninschrift 11. Jh., got. Konsolen und Kapitelle, Kalkmalereien 15. Jh.

Hall

Schöne Kirchhofsanlage mit Mauer und Stigluckor, Kirche mit Turm, zweischiff. Langhaus und Chor vom 13. Jh., Kalkmalereien 13./14./17. Jh., got. Taufe, Epitaphien

Halla

Kirche mit roman. Langhaus (einschiff.) zwischen höherem got. Chor und Turm, schönes Chorportal, Kalkmalereien 15./16. Jh., gut erhaltene roman. Taufe, Scheibenkreuz vom 15. Jh., üppige Holzmalereien von 1697 auf flacher Langhausdecke

Hamra

Sehenswerte Kirche mit komplizierter Baugeschichte, unvollend. Turm über südwestl. Ecke des zweischiff. Langhauses, abgerissenes Querschiff und provisorische Mauern, schönes Südportal, Kalkmalereien 15./18. Jh., hochgot. Holzskulpturen, berühmtes Scheibenkreuz mit Assistenzfiguren, roman. Taufe und Grabsteine

Hangvar

Einheitl. Kirche vom 13. Jh., schönes Portal (Kapitellbänder) am zweischiff. Langhaus, got. Taufe

Havdhem (Abb. 59)

Kirche mit Galerieturm, einschiff. hohem Langhaus und Chor (beide tonnengewölbt), Apsis von etwa 1200 mit schönem Dekor, Kalkmalereien 17. Jh., Triumphkreuz 15. Jh.

Hejde

Sehr sehenswerte Kirche mit Galerieturm, hohem got. Chor, dazwischen niedriges roman. Langhaus (einschiff. mit Rippengewölbe), schönes Südportal, Kalk- und Gewölbemalereien 13./14. Jh., Glasmalerei, gut erhaltene roman. Taufe, Triumphkreuz 16. Jh.

Hejdeby
Roman. Kirche mit Apsischor, einschiff. Langhaus und frühgot. Turm, Kalkmalereien 13./15. Jh., got. Taufe, Triumphkreuz 13. Jh.

Hejnum
Kirche mit roman. Turm, got. Langhaus (einschiff.) und Chor, an Portalen und Mauern viele Spolien der Vorgängerkirche, schönes Chorportal, Kalkmalereien 13./15. Jh., got. Taufe, alter Grabstein mit Runeninschrift, Scheibenkreuz 13. Jh.

Hellvi
Kirche mit roman. Turm (nach 1534 verkürzt), frühgot. Langhaus (zweischiff.) und Chor, schönes Chor- und Langhausportal, Altaraufsatz von 1726, in der Skaristi ›Katechismustafel‹ von 1627

Hemse
Roman. Kirche mit Turm, einschiff. Langhaus (Abb. 58) und Apsischor, abwechslungsreiche Kolorierung durch Kalkmalereien vom 13./14./15. Jh., latein. und Runeninschriften, roman.-got. Taufe, roman. Triumphkreuz

Hörsne
Kleiner roman. Turm mit hohem, zweischiff. Langhaus und Chor, bedeutende Portale mit Kapitellbändern und Wimpergskulpturen, Kalkmalereien 14./15. Jh., Glasmalereien 14. Jh., barocker Altaraufsatz von 1701 mit got. Figuren vom 14. Jh., Triumphkreuz 15./17. Jh.

Hogrän
Kirche mit roman. Turm, got. Langhaus (einschiff.) und Chor, in der Fassade Spolien der Vorgängerkirche, schöne Portale und Fenster von etwa 1300, oktogonale Taufe und Triumphkreuz aus roman. Zeit

Källunge (Abb. 42)
Sehr sehenswerte Kirche mit kleinem roman. Turm und einschiff. Langhaus sowie mächtigem dreischiff. Chor, interess. Südportal (Kapitellbänder), russ.-byzant. Kalkmalereien um 1200, weitere aus dem 14./15. Jh., bedeutendes spätgot. Triptychon (Abb. 43), polychrome Sakramentsnische, Kopie des berühmten Wikinger-Wimpels, roman. Taufe

Klinte
Kirche mit hohem Turm (unterer Teil roman.), got. Langhaus (einschiff.) und Chor, schönes Chorportal, Kalk- und Glasmalereien von etwa 1300, Triumphkreuz 15. Jh.

Kräklingbo
Turmlose, got. Kirche mit Dachreiter aus dem 18. Jh., einschiff. Langhaus und in der Breite gestaffeltem Chor, schöne Südportale mit u. a. Kapitellbändern, bedeutende Kalkmalereien 13./14. Jh., spätgot. geschnitzter Altaraufsatz, mittelalterl. Chorbank, Triumphkreuz 13. Jh.

Lärbro (Abb. 38)
Sehr sehenswerte Anlage mit komplett erhaltenem Kastal, Kirche mit got., oktogonalen Turm, reichem Maßwerk und schönem Westportal (u. a. Kapitellbänder, Abb. 37), herrliche Turmkammer, zweischiff. Langhaus und Chor mit schönen Portalen, Altaraufsatz von etwa 1400, im Chor got. Grabsteine und Holzstuhl, interess. Sakramentsnischen, Kalkmalereien um 1300

Lau
Sehr sehenswerte turmlose Kirche mit got. Langhaus und Chor, beide gleichbreit und dreischiff., jeweils zwei schöne roman. und got. Portale, berühmte Akustik und Innenraum, Kalkmalereien 13. Jh. und von 1520, Glasmalerei von etwa 1300, geschnitzter Altaraufsatz vom 15. Jh., mittelalterl. Eisenleuchter, gut erhaltene roman. Taufe, großes Scheibenkreuz vom 13. Jh.

Levide (Abb. 55)
Sehr schöne Kirche mit frühgot. Turm, roman. Langhaus (dreischiff.) und Apsischor mit Rundbogenfries, skulptierte Portale, harmonischer Inneneindruck mit ungewöhnl. Pfeilern, Kalkmalereien 13./15./18. Jh., Prozessionskruzifix 14. Jh.

Linde
Sehr sehenswerte Anlage mit Stigluckor und roman. Kirche (Abb. 56), Turm, zweischiff. Langhaus und Apsischor, schöne Portale, berühmte Kalkmalereien 14./15. Jh., spätgot. geschnitztes Triptychon, zwei roman. Taufsteinbasen, Kopie des roman. Triumphkreuzes

Lojsta
Sehenswerte got. Kirche mit hohem Galerieturm, einschiff. Langhaus und Chor, Kalkmalereien 13./

14./15./16. Jh., bedeutende Glasmalereien 13. Jh., got. Altaraufsatz mit neuzeitl. Bemalung, schlecht erhaltene roman. Taufe, roman. Triumphkreuz

Lokrume
Gotische Kirche mit mächtigem, gedrungenem Galerieturm, einschiff. Langhaus und Chor, schönes Südportal, Kalkmalereien 13./15. Jh., roman. Taufe aus der Vorgängerkirche, roman.-got. Scheibenkreuz

Lummelunda (Abb. 29)
Kirche mit hohem, got. Chor, kleinerem, roman. Langhaus (einschiff.) und Turm, schönes Südportal (Kapitellbänder), hölzerne St. Antonius-Figur von etwa 1500, Kalkmalereien 13./14./15./17. Jh. (Abb. 30), got. Taufe, barocke Epitaphien und Grabsteine

Lye
Sehr sehenswerte Kirche mit Galerieturm, hohem, got. Chor und dazwischen kleinerem, roman. Langhaus (einschiff.), in die westl. Fassade eingemauerte roman. Reliquienkiste, schönes Chorportal (Abb. 48) mit u. a. Kapitellbändern, Kalkmalereien 14./15./16. Jh., berühmte Glasmalereien vom 14. Jh. (Farbabb. 22), geschnitzter Altaraufsatz von 1496 mit Seitengemälden und Predella, got. Taufe, spätgot. Triumphkreuz

Mästerby
Sehr sehenswerte Kirche vom Anfang des 13. Jh., kräftiger Turm, einschiff. Langhaus und Apsischor, Kalkmalereien 13.–17. Jh. (Farbabb. 24), u.a. roman. Apsismalereien, Glasmalerei 14. Jh., gut erhaltene roman. Taufe mit Holzdeckel 18. Jh., Triumphkreuz 13. Jh. (Abb. 60), barocker Altaraufsatz (Abb. 61)

Martebo
Sehr sehenswerte Kirche mit roman. Turm, Hagioskop, einschiff. got. Langhaus und Chor, drei got. Portale mit berühmten Kapitellbändern (Abb. 33, 34) und anderem Skulpturenschmuck, Kalkmalereien 14. Jh., got. Taufe (Abb. 32), Renaissancekanzel

När
Kirchhof mit Stigluckor und got. Grabsteinen, Kirche mit roman. (Verteidigungs)turm, got. Langhaus (zweischiff.) und Chor, schönen Südportalen, gut erhaltene roman. Taufe, kleines spätgot. Triumphkreuz

Näs
Kirche mit niedrigem Turm, einschiff. Langhaus und Chor, schöne Portale, Kopie des got. Triumphkreuzes

Norrlanda
Sehr sehenswerte Anlage mit prächtigen Stigluckor, roman. Turm, got. Langhaus (einschiff.) und Chor, berühmtes Langhausportal mit Kapitellbändern und Wimpergreliefs, Kalkmalereien 15. Jh., Taufe mit roman. Basis

Öja (Abb. 74)
Sehr sehenswerte got. Kirche mit hohem Galerieturm, dreischiff. Langhaus und rechteckigem Chor mit innerer Apsis, schöne Portale im Süden und im Norden (u. a. Kapitellbänder), Kalkmalereien 13./14./15. Jh., berühmtes Scheibenkreuz 13. Jh. und Kopie der ›Öja-Madonna‹ (Farbabb. 26)

Östergarn
Turmlose Kirche aus dem 13. Jh. mit einschiff. Langhaus (Dachreiter)

Othem
Frühgot. Kirche mit hohem Turm, zweischiff. Langhaus und Chor, schöne Portale, Kalkmalereien 13./14./15. Jh., roman. Taufe

Roma
Turmlose Kirche mit dreischiff. Langhaus (mit Dachreiter) und Chor, got. Maßwerk, schönes Nordportal, got. Taufe, Sakramentsschrank vom 13. Jh., Epitaphien; auf dem Kirchhof nachgebauter, hölzerner Glockenturm

Roma-Kloster (Abb. 54)
Sehenswerte *Ruine* der Basilika der Zisterzienserabtei von 1164, dreischiffig mit Querschiff

Rone
Sehr sehenswerte got. Kirche mit 60 m hohem Galerieturm, zweischiff. Langhaus und Chor, schöne skulptierte Portale, Kalkmalereien 14./15. Jh., roman. Glasmalereien der Vorgängerkirche (1915 ergänzt), Scheibenkreuz mit Assistenzfiguren von etwa 1400, reiches nachreformatorisches Interieur

Rute
Kirchhofsanlage mit Stigluckor, Galerieturm, zweischiff. Langhaus und Chor, Runensteine, Kalkmalereien 13./15. Jh., got. Taufe, got. Scheibenkreuz mit Drapierung des 18. Jh., Renaissance-Altaraufsatz

Sanda

Kirche mit Turm, zweischiff. Langhaus und Chor, in die Fassade vermauerte Spolien der Vorgängerkirche, interessante Kalkmalereien 13./14./15. Jh., roman. Taufe, Scheibenkreuz 13. Jh.

Silte

Kirche aus dem 13. Jh. mit Turm, einschiff. Langhaus und Chor, schöne Portale, ungewöhnl. Altaraufsatz mit geschnitzten Figuren des 13. Jh. (Farbabb. 25) und gemalten Seitenflügeln von etwa 1500 (Umschlagklappe vorn), Kalkmalereien 14./15. Jh., Glasmalereien des 13. Jh. (Farbabb. 21), gut erhaltene roman. Taufe

Sjonhem

Kirche mit niedrigem roman. Turm, einschiff. got. Langhaus und Chor, Kalkmalereien um 1300, Glasmalereien des 13. Jh., gut erhaltene roman. Taufe

Sproge

Kirche des 13. Jh. mit hohem Turm, einschiff. Langhaus und Apsischor, im 19. Jh. durch Umbauten stark verändert (u. a. Holzdecke), Triumphkreuz 14. Jh., got. Grabsteine, unter dem Turmbogen Bildstein mit Runeninschrift

Stånga

Sehr sehenswerte Kirche mit hohem Turm, zweischiff. Langhaus und Apsischor, berühmtes got. Langhausportal mit Kapitellbändern, altem Türblatt und Beschlägen sowie monumentaler Figurengruppe (Abb. 53), im Inneren Konsolen und Masken, gut erhaltene roman. Taufe, Scheibenkreuz (Abb. 52) des 13. Jh. auf rekonstruiertem Piedestal

Stenkumla

Kirche mit Galerieturm, zweischiff. Langhaus und Chor, schönes Langhausportal, ornamentale Glasmalereien, Putzritzungen, Kalkmalereien 15. Jh., Bildsteine mit Runeninschriften, berühmtes roman. Triumphkreuz: Christus mit Schuhen (Abb. 49)

Stenkyrka

Sehr sehenswerte Kirche mit mächtigem Galerieturm, zweischiff. Langhaus (Farbabb. 23) und geradem Chor mit innerer Apsis, romanische Portale, schöne Kalkmalereien 13./14./15. Jh., gut erhaltene roman. Taufe (Abb. 31), Triumphkreuz 14. Jh., Grabsteine (u. a. von 1200)

Sundre

Interessante Anlage mit rundem Kastal (Abb. 69) und Stiglucka, Kirche mit hohem Turm, einschiff. Langhaus und Chor, Marienskulptur 13. Jh., vier eingefaßte Chornischen, Kalkmalereien 13./15./16. Jh., got. Taufe, Scheibenkreuz 15. Jh., gemaltes Epitaphium von 1620

Tingstäde (Abb. 39)

Sehr sehenswerte Anlage mit Stigluckor, Treppengiebeltor und Kastalruine, Kirche mit mächtigem Galerieturm, zweischiff. Langhaus und Chor, schöne roman. Portale, Konsolen-, Portal- und Kapitellschmuck im Inneren, Kalkmalereien 13./14./18. Jh., roman. Taufe mit rekonstruiertem Holzdeckel, Triumphkreuz mit Piedestal 14. Jh.

Tofta (Abb. 57)

Kirche mit hohem Turm, zweischiff. Langhaus und Chor, Kalkmalereien 13./14. Jh., schöner geschnitzter Altaraufsatz, St. Olavs- und Marienfigur (alles 14. Jh.), got. ›Brautbank‹, gut erhaltene roman. Taufe, Grabstein von etwa 1200 mit Runeninschrift, naive Kirchenbankbemalung von 1731

Träkumla

1287 eingeweihte Kirche mit Turm über dem (westl. Teil des) einschiff. Langhaus und Chor, Kalkmalereien 15. Jh., geschnitzter Altaraufsatz vom 14. Jh., gut erhaltene roman. Taufe, spätmittelalterl. Triumphkreuz im roman. Stil

Vänge

Sehenswerte Kirche mit kleinem roman. Turm, hohem, einschiff. Langhaus und Chor, viele eingemauerte Spolien der Vorgängerkirche, Kalkmalereien 14. Jh., spätgot. Altaraufsatz (nachreformat. verändert), berühmte roman. Taufe des Hegvaldr, Triumphkreuz vom 13. Jh. mit roman. Corpus

Väskinde

Kirche mit gedrungenem Galerieturm, Hagioskop, einschiff. Langhaus und Chor, schöne Portale mit Skulpturenschmuck, Kalkmalereien 13./14./15./16. Jh., kunstvolle Nischeneinfassungen, drei Altäre, gut erhaltene roman. Taufe, Triumphkreuz vom 13. Jh. und Prozessionskreuz vom 14. Jh.

Västergarn

Turmloser, einschiff. Kirchenraum mit Dachreiter, keine anderen Gebäudeteile, schönes Zeltgewölbe, Inneneinrichtung des 17. Jh., in der Nähe runde Kastalruine

Västerhejde

Kirche mit stark verändertem Turm mit Treppengiebeln, einschiff. roman. Langhaus und Apsischor, nachreformatorische Inneneinrichtung

Väte

Sehr sehenswerte got. Kirche ohne Turm, aber mit Dachreiter über dreischiff. Langhaus und hohem Chor, viele roman. Reliefsteine im Mauerwerk, roman. Portal- und Fenstereinfassungen, schöne Portale, Kalkmalereien 14./15./16. Jh., roman. Taufe, roman. Triumphkreuz

Vall

Sehr sehenswerte roman. Kirche mit mächtigem Galerieturm, Hagioskop, zweischiff. Langhaus, Apsischor und roman. Portalen, Reste von Glasmalerei, P. Hardings Grabstein von 1288, roman. Taufe

Vallstena

Kirche mit Turm und westl. Langhaus (zweischiff.) aus roman. und östl. Langhaus und Chor aus got.

Zeit, Kalkmalereien 13./15. Jh., got. Taufe, geschnitzter Altaraufsatz von etwa 1300 (1907 neu bemalt) mit abnehmbarem Prozessionskruzifix

Vamlingbo

Sehr sehenswerte Kirche mit Turmstumpf (nach Blitzeinschlag 1817 mit Laterne und Stützmauern versehen), dreischiff. Langhaus und Chor, in der Südfassade Spolien der Vorgängerkirche, berühmte Kalkmalereien des 13. Jh. (Abb. 68), weitere Malereien 14./18. Jh., schöner geschnitzter Altaraufsatz vom 14. Jh., gut erhaltene roman. Taufe, viele Grabsteine und Epitaphien

Viklau

Frühgot. Kirche mit Turm, einschiff. Langhaus mit flacher Holzdecke und Chor, gut erhaltene roman. Taufe, Triumphkreuz von etwa 1200, Kopie der berühmten Viklau-Madonna, barocker Altaraufsatz mit Katechismustafel im Mittelteil

Erläuterung der Fachbegriffe
(Geschichte, Kunstgeschichte, Landeskunde)

Ädikula (lat.: kleines Haus) architektonische Einrahmung für Heiligenskulpturen oder -bilder

Ag Schilfgras (cladium mariscus)

Akanthus Mittelmeer-Distel mit großen, gezackten Blättern; skulptiertes oder gemaltes Ornament

al fresco s. Fresko

al secco Wandmalerei auf den trockenen Putz, Kalkmalerei

Alvar steppenartige Landschaft mit Wacholderbüschen auf dünner Humusschicht über dem Kalkstein

Ancylussee süßwasserhaltige Vorgängerin der Ostsee, etwa 7000–5000 v. Chr.

Apsis, apsidial (griech.: Rundung) halbrunder östlicher Ausbau des Kirchenchores

Architrav waagerechter Hauptbalken über Säulen, Pfeilern oder Bogenstellungen, der den oberen Teil eines Gebäudes trägt

Archivolte Bogenlauf im Gewände romanischer und gotischer Portale, z. T. mit Figuren besetzt

Arkaden (lat. arcus = Bogen) Reihe von Säulen oder Pfeilern mit spitz- oder rundbogigem Abschluß

Asylkirche Kirche mit 40tägiger Schutzfunktion für Verbrecher oder Verfolgte; auf Gotland die Kirchen von Atlingbo, Fardhem und Tingstäde

Attribut Gegenstand zur Charakterisierung eines Heiligen, meistens im Zusammenhang mit dem Märtyrertod

Baldachin dachartige, über Statuen, Altären, Kanzeln etc. angebrachte Schutz- oder Schmuckkonstruktion aus Holz oder Stein

Baltische Eissee Vorgängerin der Ostsee, ein aus Schmelzwasser der letzten Eiszeit gebildeter Süßwassersee, etwa 10 000–8000

Basilika mindestens dreischiffiges, längsgerichtetes Bauwerk, dessen Mittelraum breiter und höher als die Seitenschiffe ist und durch Fenster am oberen Mauerstreifen Licht erhält

Basis unterster, hervorgehobener Teil einer Säule oder eines Pfeilers, z. T. skulptiert

Bautastein meist aus der nordischen Eisenzeit stammender, aufgestellter Monolith ohne figürlichen oder ornamentalen Schmuck (= Menhir)

Biblia pauperum (lat. Armenbibel) mittelalterliche Bilderbibel mit alt- und neutestamentarischen Szenen

Bildstein zugehauener und bemalter Stein aus Völkerwanderungs-, Vendel- oder Wikingerzeit

Blendnische Nische zum Schmuck oder zur Auflockerung einer Mauerfläche

Bronzezeit Kulturepoche zwischen Neolithikum und Eisenzeit, auf Gotland etwa 1600–500 v. Chr.

Corpus mittlerer Teil eines Klappaltares

Cuppa oberer Teil (Schale) eines Taufsteins

C-14-Datierung (Radiokarbondatierung) Datierung organischen Fundmaterials anhand der Halbwertzeiten des radioaktiven Kohlenstoffisotops

Dachreiter turmähnlicher hölzerner Dachaufsatz

Deutscher Orden Ritterorden mit Sitz auf der Marienburg (ehem. Ostpreußen), von 1398–1408 im Besitz Gotlands

Domare Sippenvorstände mit Richterfunktion und Sitz im Gutnalthing

Domarring prähistorische Steinsetzung

Ecclesia weibliche Personifikation des neuen Testaments bzw. der Kirche, oft zusammen mit der Synagoge dargestellt

Einweihungskreuz (Konsekrationskreuz) Kalkmalerei eines Ringkreuzes über der vom Bischof bei der Kircheneinweihung angegebenen Stelle, oft zwölffach vertreten

Eisenzeit letzte, die Bronzezeit ablösende prähistorische Kulturstufe, auf Gotland von etwa 500 v. Chr. bis 600 n. Chr. reichend und durch die Zeitenwende in vorrömische und römische (Kaiserzeit) Eisenzeit unterteilt

Epitaphium Erinnerungsmal (Platte, Tafel) für einen Verstorbenen; auf Gotland auf Holz oder Wandputz gemalt oder in Sandstein skulptiert

Farmannabönder ›Fahrensmänner‹, bäuerliche Fernhändler und Kaufleute

Felszeichnung bronzezeitliche, in den Fels geritzte und bemalte Darstellung magisch-religiösen Inhalts

Fetalienbrüder (= Vitalienbrüder) Gemeinschaft von Seeräubern, ursprünglich mit Lebensmitteln (Viktualien) Stockholm versorgend

Fiale (altfrz.: ›Töchterchen‹) kleines, schlankes und feingliedriges Schmucktürmchen

Fiskeläge zu Bauernhöfen gehörendes, saisonal bewirtschaftetes Fischerdorf mit kleinen Wohneinheiten

Fresko von al fresco, ›frisch‹, Wandmalerei auf frischem, noch feuchten Putz

Freya Fruchtbarkeitsgöttin der nordischen Mythologie

Gebundenes System romanisches Bausystem, bei dem einem Gewölbefeld im Mittelschiff zwei in den Seitenschiffen entsprechen

Gewände Schräg oder gestuft geführte Mauerfläche um eine Tür- oder Fensteröffnung, oft durch Säulen oder Figuren gegliedert (Gewändeportal)

Gotlandium warme Periode der Erdgeschichte vor etwa 400 Millionen Jahren, deren reiche Fauna z. T. in Versteinerungen konserviert wurde

Graffito (Ritzzeichnung) in den Wandputz eingeritzte Zeichnung oder Inschrift

Gurtbogen Gewölbebogen, der die einzelnen Gewölbe voneinander trennt

Gutalag gotländisches Gesetz, im Mittelalter aufgeschrieben

Gutasaga Sage über die Entstehung und Frühzeit Gotlands

Gutnalthing Inselparlament der freien Bauern

Gutnisch alt-gotländische Sprache und Kultur

Hagioskop vom Kircheninnern abgetrennter Gebets- oder Büßerraum

Hallenkirche Kirche mit einem oder mehreren (ungefähr) gleich hohen Schiffen

Hällristnig s. Felszeichnung

heraldisch höfisch-ritterliche Darstellungskunst, etwa auf Wappenschildern

hieratisch älteres streng-formales Bildprogramm der griechisch-russischen Kirche ohne szenische Bilder, sondern nur mit der Darstellung Christi und Mariä oder Engel-, Propheten- und Heiligenfiguren

Hypocaustum Fußbodenheizung römischen Typs

ikonische Kirche Kernkirche mit vielen skulptierten und bemalten Steinen in der Außenfassade

Ikonographie Lehre von den Bildinhalten

Joch Gewölbefeld, -abschnitt

Kaiserzeit fundreiche Periode innerhalb der jüngeren Eisenzeit

Kalmarer Union 1397 erfolgter Zusammenschluß der Königreiche Dänemark, Norwegen u. Schweden

Kapitell (lat.: ›Köpfchen‹) oberster, dekorativ hervorgehobener Teil einer Säule oder eines Pfeilers

Kapitellband skulptierte Kapitellzone über mehreren Laibungen

Kastal runder oder rechteckiger Verteidigungsturm

Katechismustafel Altaraufsatz mit aufgemalten Texten, Bibelzitaten etc.

Kernkirche erstes Gotteshaus aus Stein, später verändert oder vollkommen umgebaut

Konsole vorspringendes Architekturelement mit tragender Funktion (z. B. eines Gurtbogens)

Kreuzgratgewölbe diagonal zu den Ecken eines Joches verlaufende Grate als Folge der Durchdringung zweier Tonnengewölbe

Kreuzrippengewölbe Kreuzgratgewölbe, dessen Grate zu Rippen verstärkt wurden

Labyrinth symmetrisches, nach komplizierten Verschlingungen sicher zu einem Zentrum führendes Gebilde; vorkommend als Architekturform, Mosaik, Gemälde, Anpflanzung in der Gartenkunst, Steinsetzung, Graffito usw.

Laibung senkrechte Schnittfläche in einer Tür- oder Fensteröffnung

Landshövding Inselgouverneur in schwedischer Zeit

Laterne auf Gotland: sekundärer Dachaufbau aus Holz, z. T. mit Lichtöffnung

Laubwiese altes, parkähnliches Wirtschaftsgelände mit Gras- und Baumbewuchs

Litorina-Meer sehr salzhaltige, direkte Vorgängerin der Ostsee, ab etwa 5000 v. Chr.

Majuskel Großbuchstabe

Mandorla ovale (mandelförmige) Aureole, die Christus als Weltenrichter umgibt

Mare Balticum Ostsee

Maßwerk geometrisch konstruiertes gotisches Bauelement zur Gliederung von Fenstern, später auch von Wandflächen

Mater dolorosa (lat.: schmerzhafte Mutter) Darstellung der Gottesmutter, die unter der Passion Christi leidet

Megalithkultur ›Großsteinkultur‹ des Neolithikums, in Südskandinavien mit Dolmen und Ganggräbern vertreten

Mesolithikum mittlere Steinzeit mit Fischer- und Jägerkultur, aber auch schon ersten Domestizierungen; auf Gotland bis etwa 2500 v. Chr.

Neogotik gotische Formen wiederbelebende Stilrichtung des 18. und 19. Jh.

Neolithikum jüngere Steinzeit, Übergang zum Ackerbau, auf Gotland etwa 2500–1600 v. Chr.

Odin Hauptfigur des nordischen Götterhimmels, Oberhaupt der Asen und Vater Thors; Attribute: Lanze, Raben und das Pferd Sleipnir

Oktogon achtseitiges Gebäude

Palmette skulptiertes oder gemaltes Ornament in Form einer Palmenkrone

Patriarchat vaterrechtlich strukturierte Gesellschaftsform

Piedestal (Postament) Sockel einer Statue oder eines Triumphkreuzes

Pilaster flacher, rechteckiger Wandpfeiler mit Basis und Kapitell

Piscine Ablauf für das Waschwasser aus den heiligen Gefäßen oder dem Taufbecken

Predella (bemalter) Sockel für den Altaraufsatz

Pultdach ein nur nach einer Seite abfallendes Schrägdach

Quader zugehauener, viereckiger Stein

Quadermalerei architektonische Wandmalerei in Quaderform

Rauk (pl.: raukar) erodierte Kalksteinformation

Ringmauer frei stehende Mauer um eine Stadt oder eine Burg

Röse (Rojr) prähistorisches Steinhügelgrab, z. T. über einer turmähnlichen früheren Konstruktion

Runen von got. ›runa‹ = Geheimnis, altnordische Schriftzeichen, auf Gotland bis in die Neuzeit verwendet

Runenstein mit Runen verzierter Grab- oder Gedenkstein

Schiffssetzung prähistorisches Grab als Steinsetzung in Schiffsform, in der jüngeren Bronzezeit und in der Wikingerzeit gebräuchlich

Schleifrinnen sorgfältig angebrachte Vertiefungen nicht bekannten Alters oder Funktion

Sleipnir achtbeiniges Pferd Odins

Sphinx Fabeltier mit Menschenkopf und Löwenkörper

Spitzbogen aus zwei sich in einem spitzen Winkel treffenden Kreisbögen gebildete Öffnung

Spolie wiederverwendetes Werkstück aus älteren Bauten

Stabkirche frühmittelalterliche norwegische (skandinavische) Holzkirche, oft reich geschmückt, deren konstruktives Gerüst aus senkrecht stehenden Holzpfosten (›Stäben‹; Stabwerk) besteht; auch ›Mastenkirche‹

staufische Kunst romanische Kunst unter den Hohenstaufen, in Deutschland etwa 1140–1260

Stiglucka (pl.: stigluckor) Kirchhofsportal

Strandritter (= Strandvogt) Zoll- und Kontrollbeamter der schwedischen Krone

Svear uppländischer Volksstamm, Träger des schwedischen Reiches (›svea riket‹)

Synagoge weibliche Personifikation des alten Testamentes bzw. des Judentums, oft zusammen mit der Ecclesia dargestellt

Taufstein (Taufe; Taufbecken) freistehendes steinernes Gefäß, aus Cuppa und Fuß bestehend

Thjelvar sagenhafter Stammvater der Gotländer

Thor kriegerischer und starker nordischer Gott, Sohn Odins, in der Wikingerzeit äußerst populär; Attribut: Hammer

Tonnengewölbe Gewölbe in Form eines Halbzylinders

Träsk seichter Binnensee

Triumphbogen Öffnung zwischen Chor und Langhaus einer Kirche

Triumphkruzifix im Triumphbogen hängendes (und oft von einem ›Triumphbalken‹ abgestütztes) Kreuz, in der romanischen Kunst Christus als König darstellend

Trojaburg nordisches, meist aus Steinen gesetztes Labyrinth ungeklärten Alters

Tympanon Bogenfeld über der Türöffnung

Vendelzeit nach einem Fundort bei Uppsala benannte kunstreiche Epoche, etwa 600–800 n. Chr.

Vierpaß (Vierklee) gotische Maßwerkfigur, aus vier Dreiviertelkreisen zusammengesetzt

Vitalienbrüder s. Fetalienbrüder

Völkerwanderungszeit umwälzende Epoche am Ausgang der jüngeren Eisenzeit

Wikingerzeit nordische Expansions- und Umbruchzeit, etwa 800–1060 n. Chr.

Wimperg Ziergiebel über Tür- oder Fensteröffnungen

Wirbelrad radial angeordnetes Ornament auf Bildsteinen, das den Eindruck einer Drehbewegung hervorruft

Yoldia-Meer die Baltische Eissee ablösendes Meer mit Verbindung zur Nordsee, etwa 8000–7000 v. Chr.

Zeltgewölbe von allen Seiten in einer Spitze zusammenlaufendes Gewölbe

Zentralbau Gebäude mit allseitig symmetrischem Grundriß

Zentaur mythologisches Wesen der Antike, mit Menschenkopf und -oberkörper auf Pferderumpf

Zwickel dreieckige Fläche der Seite eines Bogens, der Scheitelgeraden und der Vertikalen

Literatur (Auswahl)

Almgren, Oscar: Nordische Felszeichnungen als religiöse Urkunden. Frankfurt/M. 1934

Andersson, Aron: Die Glasgemälde auf Gotland; in: Corpus Vitrearum Medii Aevi. Stockholm 1964

Andersson, Ingvar: Schwedische Geschichte. Von den Anfängen bis zur Gegenwart. München 1950

Austrup, Gerhard: Schweden. München 1988

Baessler, Ruth u. Hans-Friedrich: Gotland. München 1990

Bergh, Lennart u. a.: 1288. Inbördeskrigets år på Gotland. Visby 1988

Bohn, Robert: Gotland-Handbuch. Kiel 1984

Bohn, Robert (Bearb.): Gotland. Tausend Jahre Kultur- und Wirtschaftsgeschichte im Ostseeraum. (Kieler Historische Studien Bd. 31) Sigmaringen 1988

Brunius, Carl G.: Gotlands konsthistoria 1–3. 3 Bde Lund 1854, 1865, 1866

Capelle, Torsten: Gotländische Bildsteine. Bemerkungen zu einer Neuerscheinung. In: Frühmittelalterliche Studien 12, 1978

Curman/Roosval/Tuulse/Westland (Hrsg.): Sveriges Kyrkor. Konsthistorisk Inventarium, Gotland Bd. I–VIII. Stockholm 1914–1983

Deus, Wolf-Herbert: Scheibenkreuze in Soest, auf Gotland und anderswo (Soester Beiträge Bd. 30). Soest 1967

Engelbrecht, Michael: Das Gotlandkochbuch. Ein kleiner Führer durch Gotlands Küche. Visby o. J.

Engström, Johan: Torsburgen. A Guide. Visby o. J.

Erlandsson, Anna: Das Bunge-Museum. Visby o. J.

Erlandsson, Anna u. a.: Strandridaregården, Kyllaj. Visby 1982

Fredriksson, Gunnar u. a.: Stora Karlsö. Visby 1981

Friedland, Klaus: Gotland. Handelszentrum – Hanseursprung; in: Kieler Histor. Studien 31

Gannholm, K. E.: Arkeoastronomiska fornlämningar på Gotland. Burs 1987

Gardell, Carl Johan: Gotlands historia i fickformat. Forntid, Medeltid, Nutid. 2. Aufl. Visby 1990

Giertz, Martin: Gåtfulla goter; Artikelserie in: Gotlands Allehanda, August 1990

Gotlands Kommun (Hrsg.): Gemensamma planeringsförutsättningar för Gotlands kommun 1991–1995. Statistiskt axplock 1990. Visby 1990

Gustavson, Herbert: Gutamålet. En historiskdeskriptiv översikt. 2 Bde Stockholm 1940, 1942

Halfar, Wolfgang: Gotland – Glück und Unglück einer Insel. Würzburg 1966

Hachmann, Rolf: Die Goten und Skandinavien. Berlin 1970

Hofmann, Dietrich: Gotlands alte Sprache und ihre Zeugnisse; in: Kieler Histor. Studien 31

Jansson, Sven B. F.: Gotlands runinskrifter; in: Boken om Gotland, Bd I, Stockholm 1945

Krause, Ernst: Die Trojaburgen Nordeuropas. Glogau 1893

Kreutzer, Gerd: Schiffe für Linkshänder und achtbeinige Pferde. Gotländische Bildsteine als kulturgeschichtliche Quelle; in: Kieler Histor. Studien 31

Kern, Hermann: Labyrinthe. München 2. Aufl. 1983

Kloth, Jens-Henrik/Lovén, Ulf: Gotlands Natur. Visby 1989

Koppmann, Karl: Hansische Wisbyfahrt. Hamburg/Leipzig 1882

Kraft, Johan: Gotlands Trojeborgar. In: Gotländskt Arkiv 1983

Lagerlöf, Erland/Svahnström, Gunnar: Gotlands Kyrkor – en vägledning. Visby 3. Aufl. 1984

Lagerlöf, Erland: Gotländsk stenskulptur från gotiken. Uddevalla 1975

Lagerlöf, Selma: Wunderbare Reise des kleinen Nils Holgersson mit den Wildgänsen. Dreieich o. J.

Larsson, Gustaf: Gedichte von der Insel Gotland. Visby 1982

Lemke, Uwe: Gotland. Ein geistlicher Quellenort. Stuttgart 1970

Lindblom, Andreas/Svahnström, Gunnar: Gotländska stenmästare. Malmö 1959

Lindqvist, Sune: Gotlands Bildsteine. Bd. I. und II., Stockholm 1941–42

Lindqvist, Sune: Gotländische Bildsteine. In: Sveagold und Wikingerschmuck. Römisch-Germanisches Zentralmuseum Mainz, Ausstellungskatalog 3, Mainz 1968

Lindqvist, Sven-Olof: Sextio marker silver vart år ...; in: Gotländskt Arkiv 1984

Linné, Carl v.: Reisen durch Oeland und Gotland im Jahre 1741. Halle 1764

Lundberg, Erik: Byggnadskonsten i Sverige under medeltiden, 1000–1400. Stockholm 1940

Nylén, Erik/Lamm Jan Peder: Bildsteine auf Gotland. Neumünster 1981

Nylén, Erik: Bildstenar i Gotlands Fornsal, Visby 1978

Ost, Heidrun: Mittelalterliches Kunstschaffen auf Gotland; in: Kieler Histor. Studien 31

Oxenstierna, Eric Graf: Die Wikinger. Stuttgart 1959

Pernler, Sven-Erik: Gotlands medeltida kyrkoliv. Visby 1977

Pernler, Sven-Erik: Sta. Maria kloster i Roma. Visby 1988

Pipping, Hugo: Gutalag och Gutasaga jämte ordbok. København 1905–1907 (Faks. 1945)

Ranke, Friedrich/Hofmann, Dietrich: Altnordisches Elementarbuch, 3. Aufl. Berlin 1967

Rieber, Ernst: Gotland in Geschichte und Kunst. Ludwigsburg 1979

Roosval, Johnny: Die Kirchen Gotlands. Ein Beitrag zur mittelalterlichen Kunstgeschichte Schwedens. Leipzig 1912

Roosval, Johnny: Medeltida skulptur i Gotlands Fornsal. Stockholm 1925

Roosval, Johnny: Die Steinmeister Gotlands. Eine Geschichte der führenden Taufsteinwerkstätten des schwedischen Mittelalters, ihre Voraussetzungen und Begleiterscheinungen. Stockholm 1918

Roosval, Johnny: Gotländsk Vitriarius. De medeltida gotländska glasmålningarnas bestånd och historia. Stockholm 1950

Sjöberg, Åke G.: Gotlands Handel im frühen 17. Jahrhundert; in: Kieler Histor. Studien 31

Sjöberg, Åke G.: Den gotländska kalkbränningens genombrott; in: Gotländskt Arkiv 1972

Sjöberg, Åke G.: Strelows krönika; in: Gotländska studier 1972

Söderberg, Bengt G: Gotländska Kalkmålningar 1200–1400. Visby 1971

Söderberg, Bengt G: Gotlands sällsamheter. Sagor och Sannsagor från Gutarnars ö. Visby 1975

Söderberg, Bengt G: Streifzüge durch die Geschichte Gotlands. Visby 1975

Söderberg, Bengt G: Visby – Eine Wanderung durch Jahrhunderte. Visby o. J.

Statens Historiska Museum (Hrsg.): Gutar och vikingar. Stockholm 1983

Stenberger, Mårten: Die Schatzfunde Gotlands der Wikingerzeit. Stockholm 1947

Stenström, Tore: Problem rörande Gotlands medeltida dopfuntar. Umeå 1975

Strelow, Hans Nielsson: Cronica Guthilandorum, Kiøbinghaffn 1633 (Faks. Visby 1978)

Svahnström, Gunnar: Reformationstidens kyrkoinventarier. Från Gotlands dansktid; in: Gotländskt arkiv 1935

Svahnström, Gunnar: Egypticusmålaren – Kommentar til några nyframkomna kalkmålningar; in: Imagines Medievales. Uppsala 1971

Svahnström, Gunnar: Nach der Blütezeit. Gotländische Malerei im 16. und 17. Jahrhundert; in: Kieler Histor. Studien 31

Thümmler, Hans: Vorstufen der zweischiffigen Hallenkirchen Gotlands; in: Acta Visbyensia III, Göteborg 1969

Trotzig, Gustaf: Gegensätze zwischen Heidentum und Christentum im archäologischen Material des 11. Jahrhunderts auf Gotland; in: Acta Visbyensia III, Göteborg 1969

Tuulse, Arnim: Scandinavia Romanica. Wien 1968

Uecker, Heiko: Germanische Heldensage. Stuttgart 1972

Wennerdahl, Maj: Sällsamheter på Gotland. Stockholm 1985

Wilson, David M. (Hrsg.): The Northern World. London 1980

Wolfram, Herwig: Geschichte der Goten. Von den Anfängen bis zur Mitte des sechsten Jahrhunderts. München 1979

Yrving, Hugo: Visby, Hansestad på Gotland. Stockholm 1986

Yrving, Hugo: Gotlands medeltid. Visby 1978

Abbildungsnachweis

Farb- und Schwarzweiß-Abbildungen

Eva-Maria Joeressen, Soest Umschlagvorerseite, Umschlagrückseite, Umschlagklappe vorn, Farbabb. 1–5, 8–14, 17, 19–35; Abb. 1–14, 16–30, 32, 34, 36–39, 41–52, 55, 57, 59–66, 68–74

Ulrich Quack, Mönchengladbach Farbabb. 16, 18, 36

Klas Winter, Meschede Farbabb. 6, 15, 37; Abb. 15, 31, 33, 35, 40, 53, 54, 56, 58, 67, 75

Abbildungen im Text

Archiv der Hansestadt Lübeck Abb. Seite 21, 23

G. Braun und F. Hogenberg, ›Civitates orbis terrarum‹, 1575–94 Abb. S. 25

Bunge Museum Abb. S. 179, 180

Gotlands Fornsal, Visby Abb. S. 44, 126 (Museumsführer), 159

K. E. Gannholm, Burs Abb. S. 49

Gotlands kyrkor mer än minnen, 1989 Hintere Umschlagklappe (Karte der Landkirchen)

Gutar och vikingar, Statens Historiska Museum, Stockholm 1983 Abb. S. 15 (Kungliga Biblioteket, Stockholm), 42, 85

Gutasagan, Hrsg. von Gun Westholm und Ulla Sjöswärd, o. J. Abb. S. 60

Gotland in Geschichte und Kunst. Die Karawane, Vierteljahreshefte der Gesellschaft für Länder- und Völkerkunde, Ludwigsburg 1979 Abb. S. 59

Eva-Maria Joeressen, Soest Abb. S. 10, 11, 27, 166, 175, 177, 201, 250

Kattlunds i Grötlingbo, Barry Press, Visby 1976 Abb. S. 83

John Kraft, Gotlands Trojaborgar. Gotländskt Arkiv 1983 Abb. S. 47 (S. Granlund), 77

Kunsthistorisches Institut der Universität Kiel Abb. S. 110

Lärbro kyrka, Barry Press, 1964 Abb. S. 91

Erik Nylén, Bildstenar i Gotlands Fornsal, Visby 1978 Abb. S. 61, 63

Erik Nylén, Gotländische Bodendenkmäler, o. J. Abb. S. 13

Erik Nylén und Jan Peder Lamm, Bildstenar, Värnamo 1987 Abb. Frontispiz S. 2, 16

Sven Erik Pernler, S:ta Maria Kloster i Roma, Visby 1988 Abb. S. 87, 216 (Jan Utas, Visby)

Ulrich Quack, Mönchengladbach Abb. S. 88

Bengt G. Söderberg, Streifzüge durch die Geschichte Gotlands, Visby 1975 Abb. S. 84, 230

Stahre & Grubb AB, Eskilstuna Abb. S. 82

Stenkumla kyrka, Barry Press, Visby 1973 Abb. S. 117

Gunnar Svahnström, Die Kirchen von Visby, Schwedische Kulturdenkmäler, Zentralamt für Denkmalpflege/Riksantikvarieämbetet och Statens Historiska Museer, Stockholm 1986 Abb. S. 154, 155, 156, 158, 160, 161

Sveriges Kyrkor. Konsthistoriskt Inventarium, Gotland, Band III, Stockholm 1942 Abb. S. 92, 97, 100, 203

Tofta kyrka Abb. S. 227

Träkumla kyrka, Visby 1973 Abb. S. 119

Klas Winter, Meschede Abb. S. 18, 33, 41, 81, 98, 104, 108, 109, 127, 219, 221, 224

Karten und Pläne: DuMont Buchverlag, Köln

Raum für Reisenotizen

Raum für Reisenotizen

Praktische Reiseinformationen

Vor Reiseantritt

Informationsstellen

Über Gotland informieren neben den Spezialreisebüros die schwedischen Fremdenverkehrsämter in der Bundesrepublik, Österreich und der Schweiz. Informationsstellen auf Gotland siehe bei den ›Kurzinformationen von A bis Z‹ unter ›Auskünfte‹.

Bundesrepublik Deutschland
Schwedisches Touristik-Amt
Burchardtstraße 22
D-2000 Hamburg 1
✆ 0 40–33 01 85/33 05 99
Fax 0 40–32 15 95

Schweiz
Schwedische Touristik-Information
Wiesenstraße 9
CH-8008 Zürich
✆ 01–3 83 41 30
Fax 01–3 83 46 32

Österreich
Repräsentanz für Österreich ÖAMTC-Reisen
Schubertring 1–3
A-1010 Wien
✆ 02 22–7 11 99
Fax 02 22–7 11 99 14 73

Kartenmaterial

Wegen der vorbildlichen Ausschilderung auf Gotland ist die Mitnahme einer Spezialkarte nicht unbedingt erforderlich. Die u. a. in den Touristenbüros verkaufte und relativ billige Inselkarte im Maßstab 1:200 000 (Gotlands Konst AB) kann jedoch bei der Suche nach Abkürzungen oder zur Planung von Tagesausflügen für Auto- und Fahrradfahrer gute Dienste leisten. Am ausführlichsten ist die ›Cykel & Turistkarta Gotland‹ im Maßstab 1:100 000 (Esselte Kartor AB), die nicht nur für Fahrradfahrer interessant ist und zusätzlich über Stadt- und Ortspläne verfügt. Für Abstecher auf der Hin- oder Rückreise sind besondere Autokarten erforderlich oder die praktikable Südskandinavien-Karte (Maßstab 1:800 000, Reise- und Verkehrsverlag GmbH), die Kilometerentfernungen, landschaftlich schöne Strecken oder kulturelle Sehenswürdigkeiten präzise angibt.

Diese und weitere Karten können z. T. im deutschen Buchhandel und natürlich vor Ort gekauft werden; zu bestellen u. a. bei:

NORDIS Buch- und Landkartenhandel,
Böttger Str. 9,
4019 Monheim, ✆ 0 21 73–5 66 65

Versandbuchhandlung Angelika Haardiek,
Postfach 5,
4553 Neuenkirchen
✆ 0 54 65–4 76

in Schweden bei:
Kartbutiken, Kungsgatan 74,
S-111 22 Stockholm
✆ 00 46–8–20 23 03

Für die Orientierung in Visby ist der vom Touristenbüro kostenlos verteilte Stadtplan vollkommen ausreichend.

Reisepapiere

Bei einem Aufenthalt bis zu drei Monaten genügt für Staatsbürger der Bundesrepublik, Österreichs und der Schweiz ein gültiger Personalausweis oder Reisepaß. Für Familienmitglieder unter 16 Jahren genügt ein Eintrag im Paß der Eltern oder ein Kinderausweis.

Kraftfahrzeugpapiere

Führerschein, Zulassung und Nationalitätenkennzeichen sind vorgeschrieben, empfohlen wird die Mitnahme der ›Grünen Versicherungskarte‹.

Diplomatische Vertretungen

Gotland wird durch die schwedischen Botschaften vertreten. Im deutschsprachigen Raum sind dies:

Bundesrepublik

Kgl. Schwedische Botschaft
An der Heussallee 2–10
D-5300 Bonn 1, ✆ 02 28–26 00 20

Österreich

Kgl. Schwedische Botschaft
Obere Donaustr. 49–51
A-1020 Wien, ✆ 02 22–33 45 45

Schweiz

Kgl. Schwedische Botschaft
Bundesgasse 26
CH-3001 Bern, ✆ 0 31–21 05 63

Reisezeit

Obwohl es einige ganzjährig geöffnete Hotels auf Gotland gibt, ist die eigentliche Saison doch recht kurz und reicht von *Juni bis August.* Wer dem touristischen Ansturm in dieser Zeit ausweichen möchte, sollte vor oder nach den schwedischen Industrieferien (Juli bis Anfang August) die Insel besuchen. Schöne Tage mit langen, hellen Nächten kann man auch Ende Mai erwarten, dazu eine geradezu explodierende Vegetation mit satten Farben (Orchideenblüte). Für einen *Badeurlaub* eignen sich noch der späte August und Anfang September, weil sich die Ostsee nur langsam erwärmt, dann aber länger als die Nordsee höhere Temperaturen aufweist. Rosen und blühende Heide sind im Herbst reizvoll. *Kultur- und Studienreisende* sollten bei der Wahl ihres Urlaubstermins beachten, daß die Landkirchen unregelmäßige Öffnungszeiten haben. Vor der zweiten Maiwoche und nach Mitte September bestehen jedoch nur minimale Aussichten, problemlos das Innere einer Kirche besichtigen zu können. Wer langwierige Versuche der Schlüsselbeschaffung vermeiden will, sollte seine Reise innerhalb des genannten Zeitraums planen. Dies auch deswegen, weil weitere touristische Leistungen auf der Insel oder bei der An- und Abreise oft nur innerhalb der Saison erbracht werden – dies betrifft z. B. Öffnungszeiten von Pensionen, Hotels, Campingplätzen, Restaurants, Geschäften etc., Fähren nach Stora und Lilla Karlsö, Gruppenführungen nach Fårö, direkte Flugverbindungen mit Deutschland u. v. m.

Gesundheitsvorsorge

Schweden oder die Insel Gotland bieten keine besonderen Gesundheitsrisiken. Starke

Medikamente, die als Drogen interpretiert werden können, dürfen für den persönlichen Bedarf für höchstens fünf Tage und nur bei Vorlage eines ärztlichen Attests eingeführt werden.

Devisenvorschriften

Die Einfuhr von Devisen ist unbegrenzt gestattet. Für die Ausfuhr liegen die Höchstbeträge bei SEK 6000,- pro Person, bei anderen Währungen bis zum Gegenwert von SEK 25 000,- pro Person.

Zollbestimmungen

Es gelten die Einreisebestimmungen für Schweden. Von Personen ab 16 Jahren dürfen zollfrei 200 Zigaretten/100 Zigarillos/ 50 Zigarren oder 250 g sonstiger Tabak eingeführt werden, von Personen ab 20 Jahren 1 Liter Spirituosen, 1 Liter Wein (2 Liter Wein, wenn keine Spirituosen) und 2 Liter Bier. Darüber hinaus bis zu 5 Liter Wein und/oder Spirituosen und 5 Liter Bier, für die Zoll zu zahlen ist (Spirituosen: SEK 200/l; Champagner, Sekt, Wein über 15 vol.%: SEK 62/l; Wein bis 7 (bis 15) vol.%: SEK 15 (30)/l; Bier SEK 13/l).

Lebensmittel dürfen pro Person ab 12 Jahren bis zu 15 kg und im Gesamtwert bis zu SEK 1000,- eingeführt werden, mit Ausnahme von: Kartoffeln, Bohnen, Erbsen, Milch, Sahne, Quark, Frischkäse, Eier, Frischfleisch. Die Einfuhr von Konserven ist erlaubt. Tiere unterliegen einer viermonatigen Quarantäne!

Die Einfuhr von Drogen und Waffen ist streng verboten. Als Waffen gelten auch Dolche mit Springklingen. Für Jagdwaffen gelten besondere Bestimmungen (s. unter Stichwort ›Jagd‹).

Anreise

Mit dem Auto

Die Anreise mit dem Wagen setzt die Benutzung von mindestens zwei Fähren voraus, da es keine direkte Seestrecke Deutschland – Gotland mehr gibt. Den Transport nach Schweden besorgt eine fast schon unüberschaubare Fülle von Fährgesellschaften. Tägliche Direktverbindungen aus Deutschland bestehen von Kiel aus nach Göteborg (Stena-Line), von Travemünde aus nach Trelleborg (TT-Linie) und von Saßnitz/Rügen aus nach Trelleborg (TS-Line). Etwa 10 verschiedene Verbindungen führen über Dänemark, entweder über die Vogelfluglinie (Puttgarden – Rödby, über vierzigmal täglich, und Helsingör – Helsingborg, über fünfzigmal täglich), über andere dänische Inseln oder auf dem Landweg über Jütland. Über die aktuellen Fährpläne, die je nach Saison stark variierenden Preise, zusätzliche Verbindungen ab/bis Norwegen oder Finnland und besondere Paketangebote informieren am besten die Reisebüros und das Schwedische Touristik-Amt.

Vom schwedischen Festland bestehen Fährverbindungen nach Gotland (Visby) ganzjährig ab Oscarshamn und Nynäshamn; dagegen gibt es die früheren Verbindungen von/nach Västervik und Öland (Grankullavik) nicht mehr! Es empfiehlt sich, bei Reisen in der Hauptsaison beide Fährverbindungen frühzeitig zu buchen.

Sowohl für die An- als auch die Weiterreise kann der individuelle Tourist zwischen vielen schönen Routen wählen, die auch inhaltlich mit dem Thema ›Gotland‹ verknüpft sind. Von etlichen gotländischen Taufsteinen in südskandinavischen Kirchen und ähnlichen frühgeschichtlichen Phänomenen etwa auf Bornholm und Öland abgesehen, ist *folgende Route thematisch besonders auf das Reiseziel Gotland abgestimmt:*

Nach Ankunft in Schweden (z.B. via Travemünde, Kopenhagen oder Helsingör) Besichtigung von *Lund* mit der schönsten romanischen Kathedrale des Nordens. Von der Dombauhütte in Lund gingen etliche Impulse nach Gotland. Anschließend Besuch der alten Steinkirche von *Dalby* mit ihrem romanischen Taufstein. Weiterfahrt über *Ystad* (sehenswertes Stadtbild, Marienkirche, Historisches Museum im ehemaligen Franziskanerkloster) zur Südküste, Besichtigung von *Ales Stenar* bei Kåseberga, der größten Schiffssetzung überhaupt. In der Nähe besitzt die umgebaute Rundkirche von *Valleberga* einen schönen gotländischen Taufstein. Eventueller Besuch der Mittelalterburg *Glimmingehus,* zurück an die Küste, dann in *Kivik* Besichtigung des stark restaurierten, aber eindrucksvollen bronzezeitlichen Königsgrabes. Ab *Kalmar* (Schloß, Domkirche) sind über die Ölandsbrücke problemlos Ausflüge zu Gotlands Nachbarinsel *Öland* möglich, wo neben Gräberfeldern, Runensteinen (besonders der ›Karlevisten‹) und Mühlen vor allem die Fliehburgen wie Ismanstorp oder die restaurierte Eketorp sehenswert sind. An der ›blauen Küste‹ entlang fährt man von Kalmar in gut einer Stunde bis zum Fährhafen *Oscarshamn.*

Wer das Landesinnere gegenüber der Küstenstrecke bevorzugt, sollte auf der Reichsstraße 23 hinter Växjö der kleinen Dorfkirche von *Dädesjö* einen Besuch abstatten. Ihre herrliche Holzdeckenbemalung, Kalkmalereien und Holzskulpturen weisen Ähnlichkeiten mit gotländischen Landkirchen auf. Im gesamten östlichen *Småland* übrigens lohnen nicht nur die zahlreichen Sakralgebäude

(romanische Dorfkirche von Vä, nördlichste Rundkirche bei Hagby) einen Besuch, sondern auch das sogenannte ›Glasreich‹ mit seinen berühmten Glasbläsereien.

Ein Besuch Gotlands ist natürlich auch mit weiteren skandinavischen Zielen kombinierbar, wegen der Fährverbindung mit Nynäshamn insbesondere mit *Stockholm.* Siehe dazu auch unter dem Stichwort ›Weiter- und Rückreise‹.

Mit der Bahn

Der Betrieb der gotländischen Eisenbahn ist in den sechziger Jahren eingestellt worden, der öffentliche Nahverkehr wird jedoch nach wie vor mit den Bussen der schwedischen Bahn (SJ) durchgeführt. Die Fährhäfen Oscarshamn (über Växjö, Hultsfred) und Nynäshamn (über Stockholm) sind an das innerschwedische Eisenbahnnetz angeschlossen. Die Anreise erfolgt über die Vogelfluglinie via Kopenhagen, wobei der Zug auf den Fährstrecken mitgeführt wird. Die Bahnpreise sind in Schweden niedriger als etwa in der Bundesrepublik und haben zusätzlich terminabhängige Spartarife.

Informationen gibt neben den Eisenbahngesellschaften und anderen Reisebüros die *SJ-Vertretung Reisebüro Norden,* Ost-West-Str. 70 D-2000 Hamburg 11 ✆ 0 40–36 00 14–0 oder Immermannstr. 54 D-4000 Düsseldorf 1 ✆ 02 11–36 09 66.

Mit dem Bus

Von 33 Orten in Deutschland kann man mehr als 1500 Ziele in Schweden mit GDG Continent-Bussen erreichen. Von der Schweiz und Österreich gibt es über München bzw. Frankfurt a. M. Zug-Bus-Kombinationen. Auskunft erteilt:

GDG Continent-Bus
Brockesstr. 1 (ZOB)
D-2000 Hamburg 1
✆ 0 40–2 80 11 51

GDG-Globus-Continent-Bus
Salierring 47–53
D-5000 Köln 1
✆ 02 21–20 79 30

In *Österreich* informiert:
Blaguß Travel, Wiedner Hauptstr. 15,
A-1040 Wien, ✆ 02 22–65 16 81
In der *Schweiz:*
Haman Reisen AG, Burgunderstr. 27,
CH-4003 Basel, ✆ 0 61–22 10 70.

Mit dem Flugzeug

Vom Visbyer Flughafen kann man über 30 andere schwedische Flughäfen erreichen und ist damit auch mit dem internationalen Netz verbunden, das von Deutschland, Österreich und der Schweiz aus u. a. nach Kopenhagen/ Malmö, Göteborg und Stockholm bedient wird (z. B. SAS, Lufthansa, Swissair, Austrian Air). Mit den innerschwedischen SAS/LINJE-FLYG und AVIA gibt es Direktverbindungen mit Stockholm, Kalmar und Norrköping. Die Preise sind im Verhältnis zu Deutschland sehr niedrig, vor allem, wenn man die zahlreichen Sondertarife ausschöpft. Beim Besuch mehrerer Reiseziele wie z. B. Stockholm, Visby, Göteborg und Malmö ist Fliegen plus eventuell Mietwagen eine durchaus preiswerte Alternative zur weiten Reise mit dem eigenen PKW! Auskünfte geben die Reisebüros oder die SAS-Büros Berlin, Düsseldorf, Frankfurt, Hamburg, Hannover, München, Stuttgart, Wien, Zürich und Genf.

1990 wurde außerdem von der SAS in den Sommermonaten (23. 6.–25. 8.) eine Nonstop-Verbindung Hamburg–Visby eingerichtet, die einmal wöchentlich (samstags) geflogen wird.

Mit dem Schiff

Die meisten Besucher kommen wohl mit den großen Autofähren MS GRAIP oder MS NORD GOTLANDIA von Oscarshamn oder Nynäshamn auf die Insel. Für die Zukunft sind auch schnelle Katamaran-Verbindungen mit Stockholm geplant. Daneben wird Gotland (in Slite oder Visby) zwischen Mai und Oktober von etlichen Kreuzfahrtschiffen angelaufen, die allerdings wegen ungünstiger Hafenbedingungen z. T. vor Anker gehen und ausbooten lassen müssen. Allgemein gilt, daß vom einfachen bis zum luxuriösen Kreuzfahrtschiff eine Seereise auf der Ostsee immer auch Gotland mit einschließt. Wer mit dem eigenen Segelboot bzw. der eigenen Yacht unterwegs ist, findet außer in Visby noch etwa 15 andere hervorragende Yachthäfen mit ausreichender Wassertiefe und Serviceeinrichtungen.

Weiter- und Rückreise

Nach dem Besuch der Ostseeinsel bleiben für die Weiter- und Rückreise viele Wege offen, abhängig natürlich auch vom gewählten Verkehrsmittel. Für unabhängige Reisende ist durch die Fähr- und Flugverbindung Visby – Nynäshamn bzw. Visby – Stockholm ein Besuch der schwedischen Hauptstadt eine überaus reizvolle Alternative. Zweifellos ist *Stockholm* eine der schönsten Städte Europas, darüber hinaus hat sie u. a. durch die Exponate im Historischen Museum (z. B. Bildsteine, Stabkirchenplanke von Hemse, Viklau-Madonna) inhaltlich viel mit dem Reiseziel ›Gotland‹ zu tun. Für Flugreisende ist wegen der günstigen innerschwedischen Flugpreise sogar ein ›Kurzurlaub im Urlaub‹ nach Stockholm vorstellbar. Autotouristen sollten von hier aus wenigstens einen Abstecher zu den herausragenden Sehenswürdigkeiten *Upplands,* der Keimzelle des schwedischen Reiches, einplanen. Stockholm wäre auch ein Sprungbrett für weitere Exkursionen, z. B. zum Archipel der *Åland-Inseln* oder zum *finnischen Festland.*

Über die Europastraßen 3, 4, 18 und 66 (bzw. parallel geführte kleinere Straßen) könnte die Rückfahrt als südskandinavische Erlebnisreise gestaltet werden, z. B. mit Besuch *Oslos* und des *norwegisch-schwedischen Grenzgebietes,* der Hafenstadt *Göteborg,* der *schwedischen Seenplatte* und der *Provinzen Halland, Blekinge, Småland* (einschließlich Gotlands Nachbarinsel *Öland*) und *Schonen.*

Kurzinformationen von A bis Z

Auskünfte

Offizielle Touristenbüros, über die allgemeine Informationen, u. a. zu Festspielen oder Angelurlaub, aber auch Ferienhäuser, andere Unterkünfte, Mietwagen und Ausflugspakete (z. B. nach Fårö) zu bekommen sind:

Gotlands Turistförening
Färjeleden 3
Box 2081
S-621 02 Visby
✆ 04 98–4 70 10
(ganzjährig geöffnet)

Gotlands Turistbyrån
Burmeisterska Huset
Strandgatan 9
S-621 02 Visby
✆ 04 98–1 09 66/4 70 60
(nur Mai–Sept. geöffnet)

Kommerzielle Reisebüros, die Ausflüge, Mietwagen, Flüge, Ferienhäuser und andere Unterkünfte, Fährpassagen usw. vermitteln:

Gotlands Turist-Center
Korsgatan 2
S-621 57 Visby
✆ 04 98–7 90 95

Gotlands Turistservice
Österväg 1
S-6 21 45 Visby
✆ 04 98–4 90 50

Gotlands Resor AB
Färjeleden 3, Box 2081
S-621 02 Visby
✆ 04 98–1 90 10

Verwaltung der Provinz Gotlands Län, die statistische und politische Auskünfte, aber auch Literatur über Gotland herausgibt:

Länsstyrelsen i Gotlands Län
Strandgatan 1
S-621 85 Visby
℘ 04 98–9 21 00

Alphabet

In den skandinavischen Sprachen stehen die Buchstaben Å, Ä und Ö (in Dänemark und Norwegen Æ, Ø und Å) am Ende des Alphabets. In diesem Reiseführer sind sie den deutschen Lesegewohnheiten angepaßt (Å = A).

Angeln

An den Küstengewässern Gotlands gibt es mit die besten Angelreviere in der Ostsee, wo u. a. Aal, Barsch, Dorsch, Hecht, Hering, Lachs, Meerforelle und Scholle in z. T. dichten Beständen vorkommen. Das Sportfischen an der 600 km langen Angelküste ist insgesamt kostenlos und angelscheinfrei (Ausnahmen: jeweils ein kleines Revier um Slite und Kovik; hier muß man über das Touristenbüro oder über örtliche Agenten einen Angelschein (*fiskekort*) erwerben!). Von Ausländern ist aber innerhalb der 300 m-Strandzone eine behördliche Genehmigung einzuholen, die das Touristenbüro vermittelt. Auf den Binnengewässern benötigt man ebenfalls einen Angelschein. Zu beachten sind außerdem Mindestmaße der gefangenen Fische sowie die Schutzzeiten, die für Hecht, Lachs und Forelle gelten. Die Angelbedingungen sind insgesamt im Frühjahr am besten, bevor sich das Ostseewasser aufgewärmt hat. Über das

Touristenbüro ist die Broschüre ›Sport Fiske Guide Gotland‹ erhältlich, die – auch in deutscher Sprache – Angeltips und -bestimmungen, die besten Fischgewässer, Schonzeiten und Mindestlängen sowie Fahrtbeschreibungen zu den einzelnen Fischerhäfen angibt.

Über die schwedischen Fremdenverkehrsämter (s. ›Informationsstellen‹) können zudem besondere ›Angelpakete‹ gebucht werden, die neben Fährpassagen und Unterkunft auf Gotland auch die Miete von Motorbooten und vor Ort Informationen durch einen einheimischen Angelführer beinhalten. Außerdem kann man in der Saison auch an organisierten Fischereitouren teilnehmen, z. B. ab *Herrvik* (℘ 04 98–5 22 31), *Djauvik* (Djupvik) (zwischen Anfang Juni und Mitte August täglich außer sa 18–21 Uhr, ℘: 04 98–4 11 11) oder *Kappelshamn* (täglich außer sa 9–11.30 Uhr und 16.30–19 Uhr, ℘ 04 98–27 62).

Nähere Auskünfte zum Angeln auf Gotland gibt
Gotlands Turist-Center
Korsgatan 2 (am Hafen)
S-621 54 Visby
℘ 04 98–7 90 95.

Apotheken

Apotheken befinden sich in **Visby** auf dem Österväg 7 (℘ 04 98–7 18 41, mo–fr 9–20 Uhr, sa 9–14 Uhr, so und feiertags 10–14 Uhr) und auf der Hästgatan 3 (℘ 04 98–1 00 04, mo–fr 9–18 Uhr). Weitere Apotheken in **Hemse** (Hemse Vårdcentrum), **Klintehamn** (Donnersgatan 21) und **Slite** (Tullhagsplan 2 A) sind mo–fr 9–18 Uhr und sa 9–13 Uhr geöffnet.

Ärztliche Versorgung

In akuten Fällen steht der diensthabende Distriktarzt *(jourhavande distriktläkare)* unter der Notrufnummer 9 00 00 oder ✆ 04 98–6 80 09 rund um die Uhr zur Verfügung. Sprechzeiten von Ärzten (schwed. *läkare)* und Zahnärzten (schwed. *tandläkare)* sind über die in den Telefonbüchern angegebenen Rufnummern oder über folgende Telefonnummern zu ermitteln: 04 98–6 80 00 (Visby), 04 98–4 00 45 (Klintehamn), 04 98–2 15 00 (Fårösund), 04 98–2 05 61 (Slite), 04 98–5 02 35 (Roma), 04 97–8 42 00 (Hemse, Ljugarn, Burgsvik). In akuten Fällen wenden Sie sich unter der Notrufnummer an die Distriktklinik in Visby. Das Krankenhaus (schwed. *sjukhus, lasarett)* befindet sich in Visby auf der Lasarettgatan 1, ✆ 04 98–6 80 00.

Das Behandlungsabkommen zwischen Schweden, der Bundesrepublik Deutschland und Österreich sieht für eine ambulante Behandlung eine pauschale Gebühr von SEK 60,– vor. Ärzte und Zahnärzte werden bar bezahlt, die Sätze liegen deutlich unter bundesdeutschem Niveau. Bei allen Ärzten und dem medizinischen Personal kann man sehr gute Englischkenntnisse, oft auch Deutschkenntnisse voraussetzen.

Autofahren

Die gotländischen *Straßen* sind zum größten Teil gut ausgebaut und selbst in der Hochsaison nicht überlastet. Nur im Inselinnern und auf Fårö gibt es vereinzelt noch unasphaltierte und sehr kurvige Abschnitte. Nach Niederschlägen, aber auch bei trockenem Wetter, ist die Behinderung durch den feinen Kalkstaub nicht zu unterschätzen; meist verlangt der Wagen bereits nach einer Tagesexkursion nach einer Vollwäsche. Auf allen gotländischen Straßen sind Beeinträchtigungen durch landwirtschaftliche und militärische Fahrzeuge möglich.

Die zulässige *Höchstgeschwindigkeit* beträgt innerhalb geschlossener Ortschaften 50 km/h, auf Landstraßen 70 bzw. 90 km/h. Es ist gesetzliche Vorschrift, auch am Tage mit Abblendlicht zu fahren. Es besteht *Anschnallpflicht,* auch für die Rücksitze, sofern Gurte vorhanden sind. Die Übertretung der Verkehrsregeln sowie die Teilnahme am Straßenverkehr mit mehr als 0,2 Promille Alkohol wird in jedem Fall hart bestraft (empfindliche Geldbußen, Gefängnis, Führerscheinentzug – auch für Ausländer!).

Das *Tankstellennetz* ist flächendeckend. Benzin ist z. T. erheblich teurer als in Deutschland (ausgenommen Diesel und Autogas) und wird bleifrei (schwed. *blyfri)* mit 95 Oktan oder verbleit als Medium (96) bzw. Superbenzin (98) verkauft. Nach 18 Uhr sind viele Tankstellen geschlossen oder stehen nur per Geldschein- *(sedel)* oder Kreditkartenautomat *(konto)* zur Verfügung; die Geldscheinautomaten nehmen gewöhnlich 10- und 100-Kronen-Scheine an.

Bei *Pannen* kann der ›larmtjänst‹ (unterschiedliche Telefonnummern; deshalb im Telefonbuch nachschauen!) verständigt werden, bei Notfällen jeder Art ist die in ganz Schweden gültige Rufnummer 90 000 zu wählen.

Für größere Dieselfahrzeuge muß eine besondere Gebühr bezahlt werden. Betroffen davon sind neben großen Bussen auch Transporter über 3,5 t, Wohnmobile über 3,5 t und Wohnmobile mit Platz für mehr als 8 Personen. Hier ist bei der Einreise nach Schweden eine Einfuhrerklärung auszufüllen, wobei der Kilometerstand angegeben werden muß. Bei der Ausreise erfolgt dann die Berechnung der gefahrenen Kilometer.

Für den Autoverkehr in Visby ist zu beachten, daß in der Hauptsaison innerhalb der Stadtmauern nur Anliegerverkehr erlaubt ist; gleiches gilt außerhalb der Saison für die Zeit zwischen 22–6 Uhr. Direkt außerhalb der Stadtmauer, z. B. am Söder- und Österport, stehen ausreichend Parkplätze zur Verfügung. Für zeitbegrenzte und gebührenpflichtige *(tidsbegränsad, avgiftsbelagd)* Parkplätze ist an Tankstellen, Kiosken, Supermärkten etc. ein Parkschein *(parkeringskort)* zu erstehen, der mit eingetragenem Datum und Uhrzeit sichtbar hinter der Windschutzscheibe angebracht werden muß.

Autovermietung

Wer nicht mit dem eigenen Wagen angereist ist, kann auf das umfangreiche Angebot an Mietwagen zurückgreifen, um zu den manchmal versteckt liegenden und mit öffentlichen Verkehrsmitteln nur schwer zu erreichenden Sehenswürdigkeiten zu gelangen. Die Autoverleihfirmen konzentrieren sich in Visby und führen meist schwedische, deutsche und japanische Modelle – vom Kleinwagen bis zum Minibus oder Wohnmobil. Die Preise variieren z. T. erheblich je nach Firma, beabsichtigter Mietdauer und Saison, so daß sich ein Preisvergleich lohnt; in der Regel liegen sie über dem deutschen Durchschnitt. Bei Vorabbuchung mehrerer touristischer Leistungen (Pauschal- und Paketreisen zusammen mit

Flug und/oder Übernachtung) kann der Mietwagenpreis deutlich gesenkt werden. Mietwagen vermitteln auch die örtlichen Reiseagenturen und das Touristenbüro.

Banken

Die größten Banken (›Föreningsbanken‹, ›Handelsbanken‹, ›PK Banken‹ und ›Sparbanken Alfa‹) sind außer an mehreren Stellen in Visby u. a. auch in Burgsvik, Fårösund, Hemse, Klintehamn, Ljugarn, Roma, Slite und Stånga vertreten. Öffnungszeiten sind allgemein mo–fr 9.30–15 Uhr, di oder do z. T. länger, in kleinen Filialen häufig aber auch verkürzte Öffnungszeiten; am Tag vor Feiertagen meistens nur bis 13 Uhr geöffnet. Der Höchstbetrag für die Ausstellung eines Eurocheques liegt bei SEK 1400,–.

Behinderte

In kaum einem Land wird so auf die Wünsche und Bedürfnisse behinderter Mitbürger (schwed. *handikappade*) geachtet wie in Schweden. Dies betrifft auch die Möglichkeiten, in Urlaub zu fahren. Auf den Fähren und im Flughafen Visby, an Tankstellen sowie in Freizeitparks, Museen und öffentlichen Toilettenanlagen wird z. B. auf die besonderen Bedingungen von Rollstuhlfahrern Rücksicht genommen oder werden zusammenklappbare Rollstühle zur Verfügung gestellt. Auch in vielen Hotels/Pensionen bietet man behindertenfreundliche Zimmer *(›handikappvän-*

liga rum‹) an. Das Schwedische Touristik-Amt hat eine Broschüre zum Thema ›Behindertenurlaub‹ zusammengestellt.

Bootsverleih

Über die örtlichen Reisebüros (s. ›Auskünfte‹) oder das Schwedische Touristik-Amt können Kunststoffboote mit 5-PS-Außenbordmotor an vielen Stellen der Küste angemietet werden. Die Preise liegen bei DM 60,– pro Tag oder DM 240,– pro Woche.

Busse

Von Fårö im Norden bis Hoburgen im Süden reicht das Netz des öffentlichen Nahverkehrs mit Bussen. In der Inselhauptstadt verkehren die Stadtbusse *(stadstrafik)* zwischen Kneippbyn/Högklint und Norderstrand/Snäckgärdsbaden, die Haupthaltestelle liegt direkt außerhalb der Mauer am Österport. Der Überlandverkehr wird durch die Busse des *Kollektiv Trafiken* durchgeführt, deren Haupthaltestelle in Visby zwischen Österport und Söderport liegt. Es gibt Tickets für einfache und mehrere Fahrten, daneben Monatskarten für den Stadtverkehr oder die ganze Insel. Mit der ›Gotlandskarte‹ *(Gotlandskortet)*, die auch sonst viele Vergünstigungen bietet und in den Touristenbüros sowie der Busstation zu bekommen ist, hat man auf allen Strecken ›freie Fahrt‹.

Fahrpläne und eine Linienübersicht erhält man bei den Touristen- und Reisebüros, telefonische Auskünfte mo–fr 8–17 Uhr unter ✆ 04 98–1 41 12.

Camping

Die gotländischen Campingplätze sind mit mehr als 40% an den Touristen-Übernachtungen beteiligt. Mit anderen Worten: in der Hochsaison, insbesondere im Juli, kann es gedrängt voll sein und fast südländisch laut zugehen! Eine Konzentration des touristischen Lebens ist naturgemäß an den Sandstränden, d. h. bei Tofta (südwestlich von Visby), auf Fårö und an der Ostküste zu erwarten. Die Campingplätze haben sämtlich einen hohen Standard und verfügen über Küchen, Duschen mit warmem Wasser, Kioske, oft auch Sauna, Swimmingpool, Minigolfbahn, Tennisplatz o. ä. Auf fast allen Plätzen wird ein Campingausweis verlangt, den man auf dem ersten Campingplatz für ca. SEK 25,– kaufen kann. Die Klassifizierung von * bis *** gibt das Niveau der technischen Einrichtungen an, sagt aber nichts über eine besonders naturschöne Lage oder Größe der Stellplätze aus. Gerade einige der Dreisterne-Plätze (z. B. Tofta) gehören zu den populärsten und können in der Hochsaison keine Ruhe garantieren. Beliebt sind ferner die Campingplätze im Norden, insbesondere ›Sudersand‹, ›Solhaga‹ und ›Bungeviken‹, die aber wegen des militärischen Sperrgebiets für Ausländer nicht zugänglich sind. Deshalb sind im folgenden auch nur die Plätze außerhalb dieser Zonen aufgeführt:

In Visby und Umgebung

Snäcks Campingplats *

Ca. 6 km nördlich von Visby, schöner Sandstrand, Sauna, Windsurfingschule, Bootsverleih, alle Einrichtungen für Wohnwagen, ganzjährig geöffnet, ✆ 04 98–1 17 50, 6 90 00

Norderstrands Husvagns- och Familjecamping ***

Ca. 2 km nördlich von Visby, Ufernähe, alle Einrichtungen für Wohnwagen, geöffnet Mitte Juni bis Mitte August,
✆ 04 98–1 21 57, 6 90 00.

AB Tofta Camping ***

Ca. 20 km südwestlich von Visby, kilometerlanger Sandstrand, Shops, Restaurants, Minigolf etc., alle Einrichtungen für Wohnwagen (200 E-Anschlüsse), geöffnet Juni bis Anfang September, ✆ 04 98–6 50 76, 6 50 55.

GWS Camping **

Ebenfalls am Tofta Strand gelegen, alle Einrichtungen für Wohnwagen, Windsurfingschule, Geschäfte etc., geöffnet Mitte Mai bis Ende August, ✆ 04 98–6 56 56.

Kneippbyn ***

Ca. 4 km südlich von Visby in einem Freizeitpark mit Wasserrutschbahn, Spielplätzen und Pippi Langstrumpfs ›Villa Kunterbunt‹ *(Villa Villekulla)* gelegen, in der Hochsaison Jahrmarktatmosphäre, Pendelbus-Service nach Visby, alle Einrichtungen für Wohnwagen, vom 1. Mai bis Ende September geöffnet, ✆ 04 98–6 41 23, 6 43 65.

Mittelgotland

Slite Camping ***

Geöffnet Mitte Juni bis Mitte August,
✆ 04 98–2 08 10, 2 03 15.

Varvsholms Campingplats *

In Klintehamn an der Westküste gelegen, geöffnet Mitte Mai bis Mitte August,
✆ 04 98–4 00 10.

Ljugarns Campingplats **

Ca. 50 km südöstlich von Visby am Sandstrand von Ljugarn gelegen, alle Einrichtungen für Wohnwagen, geöffnet Mitte Juni bis Mitte August, ✆ 04 97–9 32 01, 9 34 52.

Åminne Campingplats ***

Ca. 40 km östlich von Visby bei Gothem an schönem Sandstrand gelegene Freizeitanlage, alle Einrichtungen für Wohnwagen, geöffnet Anfang Mai bis Ende Oktober,
✆ 04 98–3 40 11.

Südgotland

Fidenäs Camping **

70 km südlich von Visby am Ende der Bucht von Burgsvik gelegen, flacher Sandstrand, Kanu-, Fahrrad- und Surfbrettverleih, Einrichtungen für Wohnwagen, günstige Preise, geöffnet Anfang Mai bis Ende August,
✆ 04 97–8 39 10.

Daneben gibt es kleinere, z. T. private und unklassifizierte, z. T. auch als ›lägerplatser‹ bezeichnete, recht einfache Plätze, die vorzugsweise von Jugendlichen ohne große Ansprüche genutzt werden. Anlagen dieser Art finden sich in **Klintehamn** *(Björkhaga Camping)*, **Fröjel** *(Sandhamns Camping)*, **Väskinde** *(Brissunds Camping)*, **Sandviken** *(Östergarns Camping)*, **Ronehamn** *(Ronehamns Camping)* und **Burs** *(Herta Camping)*.

Über die Touristenbüros können besondere ›Paketreisen‹ (Fahrradpaket; Wohnwagenpaket) gebucht werden, die neben An- und Abreise auch Übernachtungen mit Wohnmobil auf bestimmten Campingplätzen bzw. die Fahrradmiete mit einschließen.

Diplomatische Vertretung

Die Bundesrepublik Deutschland ist in Visby konsularisch vertreten durch Herrn Åke G. Sjöberg, Strandgatan 18, ☎ 0498–17798. Österreich und die Schweiz haben keine eigene Vertretung auf der Insel. Die Adressen der *Botschaften* der deutschsprachigen Länder sind in Schweden:

Deutsche Botschaft
Skarpögatan 9
S-115 27 Stockholm
☎ 08–6 63 13 80

Österreichische Botschaft
Kommendörsgatan 35
S-114 58 Stockholm
☎ 08–23 34 90

Schweizerische Botschaft
Birger Jarlsgatan 64
S-111 30 Stockholm
☎ 08–23 15 50

Einkäufe und Souvenirs

In Schweden gibt es keine festen Geschäftszeiten; in der Saison sind aber die meisten Geschäfte zwischen 9.30–18 Uhr, Supermärkte manchmal bis 20 Uhr, geöffnet. In Visby ist innerhalb der Stadtmauern die Adelsgatan die Hauptgeschäftsstraße *(›Affärsgatan‹)*, die im Sommer zur Fußgängerzone erklärt wird. Für Lebensmittel, Getränke, aber auch Campingzubehör usw. empfiehlt sich ein Besuch eines der großen Kaufhäuser wie *Domus, Åhléns* u. a. direkt außerhalb des östlichen Stadtores (Österväg).

Da das Preisniveau erheblich über dem mitteleuropäischen Standard liegt, ist beim Einkauf von Souvenirs das ›Tax-free Shopping‹ eine interessante Möglichkeit, Geld zu sparen. Dazu zeigt man beim Einkauf der Ware in einem Geschäft mit ›Tax-free‹-Signet seinen Ausweis, aus dem hervorgeht, daß sich der Wohnsitz nicht in einem skandinavischen Land befindet. Die Ware wird daraufhin versiegelt und darf erst beim Verlassen des Landes geöffnet bzw. benutzt werden. Der Kunde erhält einen Scheck über einen Teil (etwa ⅔) des schwedischen Mehrwertsteuer-Betrages von 23%, den er bei der Ausreise (Fährstation, Flughafen oder Grenzübergang) in bar ausgezahlt bekommt. Die Gültigkeitsdauer des Schecks beträgt einen Monat. Die Broschüre ›Shopping in Sweden‹ (auch auf deutsch) informiert über alle schwedischen ›Tax-free‹-Läden, von denen es z. B. allein in Visby mehr als 15 gibt.

Welche Produkte lohnen den Einkauf oder können als typisch für Gotland gelten? Zunächst einmal alle Waren, die auf die beiden Grundlagen des insularen Handwerks zurückgehen: Wolle und Stein. In etlichen Spezialgeschäften und Boutiquen (nicht nur in Visby!) sind traditionelle oder auch elegant-moderne Kreationen aus der schwarz-grauen Schafswolle *(›lammskinn‹)* zu erstehen. Aber auch die Gotlandwolle selbst – gefärbt oder ungefärbt – eignet sich als Mitbringsel. Die Herstellung von Schleifsteinen, über Jahrhunderte ein Exportartikel der Insel, wird genauso weiterbetrieben wie künstlerische Reliefs oder Statuen, die über Galerien vertrieben werden. Daneben ist die Keramik auf Gotland verwurzelt – die Vielzahl anerkannter und produktiver Töpfereien spricht für sich. In Näs und Hablingbo haben sich auch Glasbläsereien etabliert.

Kunsthandwerkliche Produkte geben unter dem Begriff *Gotlands läns hemslöjd* zugleich immer auch eine Qualitätsgarantie. Etliche Galerien verkaufen Grafiken, Aquarelle oder Ölgemälde in- und ausländischer Künstler, vorzugsweise mit Landschafts- oder Visby-Motiven. Da die schwedische Literatur über Gotland (einschließlich hervorragender Bildbände) äußerst reichhaltig ist, lohnt es sich immer, das Angebot der Buchläden oder des Fornsal-Museums und des Touristenbüros zu sondieren. Manchmal stößt man dabei auch auf schöne und illustrierte antiquarische Ausgaben älterer Reisebeschreibungen. Repliken alt-gotländischer Kunstgegenstände, Bildstein-motive, Wikingerschmuck etc. können im Shop des *Fornsal* oder bei Gold- und Silberschmieden wie z. B. in der Alten Apotheke gekauft werden.

Weiter bieten sich Naturprodukte wie Honig, Konfitüre, geräucherter Fisch (besonders Flunder), gotländischer Senf, Kräuter o. ä. als Mitbringsel an, oder auch Versteinerungen, die man unschwer etwa am Strand von Lickershamn finden kann. Es sei allerdings davor gewarnt, die begehrten Fossilien mit dem Hammer aus Strandwällen o. ä. herauszuschlagen. Dies ist nicht nur verboten, sondern verträgt sich auch nicht mit dem Selbstverständnis eines behutsamen und bewahrenden Tourismus!

Elektrizität

Die Stromspannung in Schweden beträgt 220 Volt, die Steckdosen entsprechen denen in Deutschland, Österreich und der Schweiz.

Entfernungen

Von Hoburgen im Süden bis Fårösund im Norden sind es 176 Straßenkilometer. Die maximale Breite der Insel beträgt auf der Höhe von Västergarn/Östergarn 50 km, auf der Höhe von Fide nur etwa 2 km. Die Beschilderung auf Gotland ist gut, die Kilometerangaben präzise. Im Gespräch werden jedoch manchmal noch die alten Meilen angegeben, wobei eine schwedische Meile *(mil)* zehn Kilometern entspricht!

Essen und Trinken

Dem Ausländer, der auf Gotland zum erstenmal auch schwedischen oder gar skandinavischen Boden betritt, mögen hinsichtlich der Essenszeiten Dinge auffallen, die er für typisch gotländisch hält, die aber im Norden allgemein üblich sind. Dazu gehört die Bezeichnung ›*middag*‹ für das Abendessen, das allerdings sehr früh (gegen 17/18 Uhr) eingenommen wird. Das Mittagessen im kontinentalen Sinn heißt ›*lunch*‹ und besteht aus einem kleinen, meist kalten Gericht. Außer diesen Mahlzeiten und dem reichhaltigen Frühstück wird oft noch später am Abend ein Imbiß eingenommen.

Wie das Mutterland, so hat auch Gotland nicht nur kulturelle und landschaftliche, sondern genauso kulinarische Höhepunkte zu bieten. Allerdings ist der Restaurantbesuch kein billiges Vergnügen – aber auch Selbstversorger haben mit den hohen Preisen zu kämpfen, sofern sie nicht nur auf die mitgebrachten Konserven zurückgreifen wollen ... Relativ preiswert ist der Besuch einer Fischräucherei oder der Kauf von frischgefangenem Fisch im Hafen. In Katthammarsvik oder Visby (Skeppsbron) haben Sie z. B. Gelegenheit, geräucherte Flunder oder Ostseelachs zu kaufen.

Fisch in jeder Form ist auch Bestandteil eines Buffets mit gotländischen Spezialitäten, das einige Hotels anbieten. Solch ein ›smörgåsbord‹, das im nordischen Understatement nichts anderes als ›Butterbrottisch‹ bedeutet, hält die erlesenen Fischgerichte für den ersten Gang (Vorspeise) bereit – sei es nun der *strömming* (Ostseehering), der vorzugsweise in süßsaurer oder Senfsoße präsentiert wird, oder sei es *gravad lax* oder Aal, Krabben, Flunder usw. Ebenfalls gehört natürlich Lammfleisch (als Braten oder gegrillt) dazu, mit Minze, Thymian und anderen Inselkräutern zubereitet. Auch Safranpfannkuchen gilt als gotländische Spezialität.

Die meisten Restaurants bieten zwischen 11 und 14 Uhr ›*dagens rätt*‹, das Tagesgericht einschließlich eines Getränks, zu einem für schwedische Verhältnisse sehr günstigen Preis (etwa SEK 50,–) an. Wer darüber hinaus die gute und originale gotländische Küche kennenlernen möchte, sollte wenigstens einmal zu einem Spezialitätenessen gehen. Nach meiner Erfahrung hat man u. a. in folgenden Restaurants eine Garantie für exquisite Küche: ›Wärdshuset Guldkaggen‹ (Burgsvik), ›Hemse Restaurang‹ (Hemse), ›Toftagården‹ (Tofta), ›Katthamra Gård‹ (Katthammarsvik), ›Gutekällaren‹ (Visby).

Was trinkt man zum Essen? Beliebt und relativ billig ist in ganz Schweden die (subventionierte) Milch, wobei erfahrungsgemäß Mitteleuropäer der sauren Milch (›*filmjölk*‹) und sauren Sahne (›*gräddfil*‹) nicht so zusprechen. Der Kaffee ist gut und wird allgemein

sogar mehr getrunken als in Mitteleuropa. Das schwedische Mineralwasser (z. B. ›*Ramlösa*‹) hat einen ausgezeichneten Ruf. Bei alkoholischen Getränken hält man sich jedoch gezwungenermaßen oft zurück, da diese eher in den Bereich der Luxusgüter als in den der Gastronomie fallen. Durch das staatliche Monopol auf den Verkauf von Wein, Exportbier oder Schnaps können die genannten Getränke auch nicht problemlos im Supermarkt, sondern nur im ›*systembolaget*‹ gekauft werden (Mindestalter 20 Jahre). In Visby befinden sich diese Verkaufsstellen am Stora Torget und am Österväg. Einfacher zu bekommen und weitaus billiger ist das schwedische Leichtbier *(lättöl)*, das gekühlt durchaus annehmbar schmeckt.

Während der touristischen Saison hat man auf Gotland zudem die Möglichkeit, sich kulinarisch in die Vergangenheit versetzen zu lassen. Das Fornsal-Museum veranstaltet in Zusammenarbeit mit dem Touristenbüro ›Mittelalter-Dinner‹, wobei unter schönen hanseatischen Gewölben mit Musikbegleitung und entsprechender Kostümierung nach mittelalterlichen Rezepten zubereitete Speisen serviert werden. Im eisenzeitlichen Hof Gervide bei Sjonhem kann man sogar an einem vorgeschichtlichen Mahl (Lamm am Spieß mit Met) teilnehmen, zu dem die Hofleute ebenfalls in zeitgemäßer Tracht auftreten. Gegessen wird, da die Gabel in der Eisenzeit noch nicht erfunden war, mit den Fingern ...

Für Selbstversorger am Ort oder zur kulinarischen Nachlese ein *Buchtip,* beziehbar über das Fornsal-Museum in Visby:
Michael Engelbrecht: Das Gotlandkochbuch. Ein kleiner Führer durch Gotlands Küche, Visby 1986.

Fahrradfahren und -verleih

Kaum eine schwedische Provinz ist für Fahrradfahrer so ideal wie Gotland: Das Gelände ist relativ eben; die Straßenverhältnisse sind gut; das Gebiet ist groß genug, aber immer noch überschaubar; Campingplätze, Jugendherbergen oder andere Unterkunftsmöglichkeiten sind genauso reichhaltig vorhanden wie Lebensmittelläden o. ä. Der ›Gotlandsleden‹, eine um die ganze Insel herumführende Route, ist etwa 350 km lang und wurde eigens für Fahrradfahrer auf sonst wenig befahrenen Landstraßen oder richtigen Fahrradwegen angelegt. Sein Symbol ist ein weißes Fahrrad auf blauem Grund.

Von diesen idealen Möglichkeiten angelockt, ist der Fahrradurlaub eine der üblichsten Reiseformen auf der Insel. Verleihfirmen für Tourenräder, Tandems, Anhänger usw. findet man allenthalben, besonders natürlich in der Nähe des Fährterminals im Visbyer Hafen. Auch Fahrradreparatur-Werkstätten haben sich in Visby etabliert (z. B. Östervåg 31). Darüber hinaus bieten die größeren Hotels ihren Gästen Mietfahrräder an. Wer nicht in Eigenregie mit dem Drahtesel nach Gotland kommen will, kann beim Schwedischen Touristik-Amt oder den Reisebüros ein ›Fahrradpaket‹ buchen.

Man kann natürlich auch sein Fahrrad von zu Hause mitbringen, sei es als Luftfracht, sei es als Bahngepäck oder auf dem Autodach. Auf schwedischen Inlandflügen kostet der Radtransport ca. SEK 150,–. Die Fahrräder müssen der nationalen Verkehrsordnung entsprechen; vorgeschrieben sind normale Beleuchtung, zusätzlich vorne weiße, hinten rote und an den Speichen gelb-orange Reflektoren; erlaubt sind höchstens 50 kg Gepäck.

Feiertage und Feste

Auf Gotland gibt es im Sommer einige Veranstaltungen, die mit großem Aufwand begangen werden, ohne aber Feiertage im eigentlichen Sinn zu sein (s. ›Veranstaltungen‹). Die arbeitsfreien Feiertage sind mit denen in Schweden identisch, und diese stimmen wiederum größtenteils mit den deutschen überein: Neujahrstag, Karfreitag, Ostersonntag, Ostermontag, Christi Himmelfahrt, Mittsommerabend, Allerheiligen, Weihnachten, Silvester.

Wie in ganz Skandinavien ist auch auf Gotland der Mittsommerabend ein Höhepunkt des alljährlichen Festgeschehens – begangen wird das Fest im arbeitnehmerfreundlichen Schweden stets an jenem Freitag, der dem 23. Juni am nächsten liegt. Volksmusik und Tanz rund um das große Feuer, gutes Essen und – mehr noch – viele Getränke, das ist der übliche Ablauf in der kürzesten Nacht des Jahres. Eine gute Möglichkeit, den Mittsommerabend mitzuerleben, bietet z. B. die Festwiese an der eisenzeitlichen Halle von Lojsta (nördlich von Hemse).

Flugverbindungen und -gesellschaften

Durch die SAS bzw. die Tochtergesellschaft ›Linjeflyg‹ ist Visby mit Stockholm (Arlanda) und ab dort mit mehr als 30 anderen schwedischen Flughäfen verbunden, im Sommer auch direkt mit Hamburg. Wer sich für weitere Flugmöglichkeiten (z. B. direkt nach Norrköping und Kalmar, ›Flightseeing‹ über die Insel) interessiert, sei an die Gesellschaft

›Avia AB‹ verwiesen, Freunde der Segelfliege-rei an: ›Gotlands Flygklubb‹ (✆ 04 98–1 87 77, 1 23 19).

Linjeflyg AB/SAS
Flygplatsen
Visby
✆ 04 98–6 30 00

Avia AB
Hamngatan 1, Box 2003
Visby
✆ 04 98–6 06 00

Geld und Geldwechsel

Auf Gotland gilt die schwedische Krone, die aus 100 Öre besteht. Scheine gibt es für 1000, 500, 100, 50 und 10 SEK, Münzen als 5 und 1 Krone sowie 50 und 10 Öre. Der Wechsel-kurs ist den üblichen Schwankungen unter-worfen, Auskünfte über die Tageskurse geben die Banken. Beim Umtausch in Schweden hat man, wenn auch minimale, Vorteile gegen-über einem Umtausch bereits in Deutschland. Das Zahlen mit Kreditkarten hat sich in Schweden weitgehend durchgesetzt.

In diesem Buch wird für die Schweden-krone die internationale Abkürzung *SEK* (anstelle von skr.) benutzt.

Golf

Nachdem Golf in Schweden zum Volkssport geworden ist, kann man natürlich auch auf Gotland gute Plätze erwarten. Neben den Anlagen von *Visby (Hästnäs)*, *Slite*, *När* (im Osten) und *Gumbalde* bei Stånga (jeweils moderne und naturschöne Plätze, 9 Löcher bzw. Ausbau zu 12- oder 18-Loch-Anlagen, Clubhaus, Restaurant, Shop usw.) hat der direkt an der Westküste liegende 18-Loch-Course von *Kronholmen* einen über Got-lands Grenzen hinaus bekannten Namen. Der Platz ist von Mai bis November geöff-net. In der Hochsaison (Juni–August) sollte man Termine telefonisch reservieren las-sen (✆ 04 98–4 50 58), die Greenfee beträgt dann SEK 120,– am Tag, in der Nebensaison SEK 90,–.

Über die Touristen- und Reisebüros ist der Golfurlaub als Paket einschließlich Unter-kunft und Flug oder Fähre buchbar, in der Hochsaison werden außerdem auch Golf-kurse angeboten.

Hobbykurse

Die Insel bietet verschiedene Möglichkeiten nicht nur für einen Aktiv-, sondern auch Kreativurlaub. Neben Windsurfing-, Golf- oder Reitkursen, neben Wander-, Angel-, Fahrrad- und Badeferien ist die Teilnahme an Hobbykursen möglich. Hier können Sie die Techniken des alten Handwerks (u. a. Webe-rei, Töpferei, Glasbläserei) erlernen oder auch in Mal- oder Volkstanzkursen aktiv werden. Solche Veranstaltungen werden über das ört-liche Touristenbüro angeboten, finden z.T. in schönen historischen Gebäuden (Katthamra Gård) statt, allerdings nur in der touristischen Saison. Die Unterrichtssprache ist schwe-disch.

Jugendherbergen

Auf Gotland gibt es acht offizielle Jugendherbergen *(vandrarhem)* des Verbandes STF: *Vandrarhem Fårö* (nicht für Ausländer), *Vandrarhem Garda, Vandrarhem Klintehamn, Vandrarhem Ljugarn, Vandrarhem Lärbro, Vandrarhem Näs, Vandrarhem Sproge* und *Vandrarhem Visby.*

Daneben gibt es noch sieben private ›Wanderherbergen‹ in *Tingstäde, Bunge, Lärbro, Stenkyrka, Katthammarsvik, Lummelunda* und *Västerhejde.*

Gemeinsam ist allen ein hoher Standard der Schlafräume, Sanitäranlagen und Küchen. Es gibt weder eine Altersbegrenzung noch stark reglementierte Schließzeiten. Gegen Vorlage des Jugendherbergsausweises bieten die STF-Herbergen günstigere Preise. Bettwäsche ist mitzubringen oder vor Ort zu leihen (nicht immer möglich), die Übernachtung in Schlafsäcken ist nicht erlaubt. Die Jugendherbergen sind in der Regel zwischen Mai und August, teilweise auch länger geöffnet – das *STF Vandrarhem Garda* und *Bosses Vandrarhem* in Tingstäde sogar ganzjährig.

Für die Zeit der schwedischen Sommerferien ist eine Vorausbuchung z. B. über das Touristenbüro ratsam (gemeinsame Telefonnummer aller STF-Herbergen: 04 97–9 12 20).

Ein *Herbergsverzeichnis* aller ca. 280 schwedischen Jugendherbergen der STF ist über das Reisebüro Norden oder direkt bei STF *(Svenska Turist Föreningen),* S-101 20 Stockholm, Vasagatan 48, ✆ 04 68–7 90 31 00, zu bekommen.

Kinder

Mit seinen flachen Sandstränden, dem turbulenten Geschehen während der Mittelalterwoche, Ponyreiten und Pippi Langstrumpfs ›Villa Kunterbunt‹ bietet Gotland auch den kleinen Gästen viel. Mit Spielräumen z. B. auf den Fähren, Kindermenüs und -stühlen in vielen Restaurants, aber auch didaktisch aufbereiteten Sonderausstellungen im Museum usw. hat man sich auf diese Besucher eingestellt. Natürlich werden auch Preisnachlässe gegeben, insbesondere bei den innerschwedischen Flugreisen.

Kleidung

Vom Frühjahr bis zum Herbst sind außerordentlich schöne und sogar richtiggehend heiße Tage zu erwarten, aber immer wieder auch kühlere Perioden. Neben Badekleidung sollten Sie deshalb auch an Pullover und Regenumhang denken, insbesondere, wenn Sie Fahrradtouren unternehmen möchten.

Militärisches Sperrgebiet

Ein großer Teil Nordgotlands ist militärisches Sperrgebiet (s. Karte vordere Umschlagkarte), für dessen Betreten Ausländer eine besondere Erlaubnis benötigen. Dies betrifft das Gebiet nordöstlich der Linie Slite–Bläse, also auch die Raukarküste des Nordostens mit ihren vielen vorgelagerten Inseln sowie die gesamte Insel

Fårö (und damit eine der schönsten gotländischen Landschaften mit Alvar, Raukar und breiten Dünenstränden). Das Befahren der Reichsstraße 148 ist jedoch bis Fårösund erlaubt und damit auch der Besuch des Freilichtmuseums von Bunge ohne spezielle Genehmigung gestattet. Die höchstzulässige Aufenthaltsdauer beträgt auf dieser Strecke für Ausländer 72 Stunden. Im Sommer können Ausländer Fårö besuchen, indem sie an offiziellen, von örtlichen Guides geführten Tagesausflügen teilnehmen. Eine frühzeitige Information bzw. Anmeldung dazu bei ›Gotlands Turistförening‹ (s. ›Auskünfte‹) ist sinnvoll. Außerdem können einige Gebiete des übrigen Gotlands für in- und ausländische Touristen bei Manövern gesperrt werden oder unterliegen wegen militärischer Schießübungen (z. B. an der Westküste zwischen Tofta und Högklint) Zugangsbeschränkungen.

Vor dem Hintergrund der Veränderungen in Osteuropa wird z.Z. eine Aufhebung dieser Ausländerregelung diskutiert, so daß in Zukunft die ungehinderte Besuchsmöglichkeit auf der gesamten Insel erwartet werden darf. Nähere Auskünfte zu den Sperrgebieten erteilen die Polizei in Visby (✆ 04 98–9 35 00) oder Gotlands Militärkommando (✆ 04 98–9 50 00).

Museen

Der interessierte Reisende wird bei einem Besuch Gotlands nicht auf die Kunstschätze des berühmten *Fornsal-Museums* in Visby verzichten wollen. Neben dieser Institution und dem ebenfalls im Reisekapitel ausführlicher beschriebenen *Bungemuseum* hat die Insel aber in etlichen anderen Museen teils Kurioses oder Provinzielles, teils kulturhistorisch Wichtiges anzubieten. Die interessantesten der gotländischen Museen sind folgende:

Visby
Gotlands Fornsal
Tägl. von 11–18 Uhr; in der Zeit zwischen 1. 9.–14. 5. von di–so 12–16 Uhr

Naturmuseum
Hästgatan 1, am Donnersplats ganz in der Nähe des Fornsals gelegen.
Sehenswerte Ausstellungen über die 400 Millionen Jahre Naturgeschichte der Insel.
Tägl. von 11–18 Uhr; in der Wintersaison nur so 12–16 Uhr

Konstmuseum
St. Hansgatan 21, innerhalb der Stadtmauer gelegen.
Zeichnungen und Malereien gotländischer Künstler aus den letzten hundert Jahren.
Tägl. von 11–18 Uhr, vom 1. 9.–14. 5. di–so 12–16 Uhr

Visby Bilmuseum
5 km nördlich des Zentrums auf dem Broväg (Landstraße 148) gelegen.
Autos und Motorräder, Cafeteria und Bibliothek.
Vom 10. 6.–12. 8. tägl. 10–19 Uhr

Außerhalb Visbys

Bläse
Kalkbruksmuseum
Fotodokumente, rekonstruierte Wohnungen und nachgestellte Arbeitsbedingungen eines Kalkbergwerks in der ersten Hälfte unseres Jahrhunderts.

Mo–fr 10–17 Uhr, sa, so 12–17 Uhr (das Museum liegt im militärischen Sperrbezirk und ist für Ausländer nur mit Sondergenehmigung zu besichtigen!)

Brissund
Krusmyntagården
Etwa 10 km nördlich von Visby gelegener Kräutergarten mit 200 Gewürz-, Arznei- und Branntweinkräutern; Restaurant mit gotländischen Spezialitäten.
Vom 4. 6.–27. 8. tägl. 9–18 Uhr; Juli 9–20 Uhr

Bunge
Bungemuseum
Kulturhistorisches Freilichtmuseum. Vom 1. 6.–13. 8. tägl. 10–18 Uhr

Bunge Skolmuseum
Dem Bungemuseum angeschlossen, komplette Schuleinrichtung von der Jahrhundertwende.
Vom 15. 6.–12. 8. tägl. 11.30–18 Uhr

Dalhem
Gotlands Hesselby Jernvägar
Erinnerungen an die gotländischen ›Eisenbahnzeit‹ von 1878 bis 1963; Fahrten mit der Dampflok etc.
Vom 10. 6.–12. 8. tägl. 11–18 Uhr

Fröjel
Gannarve Lantbruksmuseum
Bauernhof mit landwirtschaftlichen Ausstellungsstücken, u. a. viele Wagen und Schlitten; Möglichkeit zum Reiten.
Vom 15. 5.–31. 8.; Anmeldung in der Pension

Hablingbo
Petes Gård
Zum Fornsal gehörender Bauernhof aus der Mitte des 18. Jh. mit landwirtschaftlichen

Exponaten; herrliche Lage und Sicht auf das Meer. Vom 6. 6.–31. 8. tägl. 12–18 Uhr

Havdhem
Gotlands Lantbruksmuseum
Landwirtschaftsmuseum, das die Entwicklung zum motorisierten Bauernhof ab dem Anfang des 20. Jh. zeigt.
In der Saison tägl. 10–17 Uhr

Kneippbyn
Gutaland
Oldtimermuseum mit Autos, Motorrädern, Fahrrädern, Traktoren etc.
Vom 11. 6.–3. 8. tägl. 10–20 Uhr; bis 12. 8. tägl. 10–18 Uhr

Kovik
Fiskerimuseum
Altes ›fiskeläge‹ an der Westküste mit originalen Katen, Leuchtfeuern, Booten, Netzen und einer Kapelle.
Tägl. geöffnet

Kyllaj
Strandridaregården
Schön im Raukfeld am Hafen gelegener Hof des ›Strandvogtes‹ und Kalkpatrons Ahlbom vom Anfang des 18. Jh.
Vom 15. 6.–12. 8. tägl. 13–17 Uhr

Ljugarn
Strandridaregården
Um 1720 errichteter Hof eines ›Strandvogtes‹ (Zoll- und Steuereintreiber) mit ›Gotlands Zollmuseum‹ und einer kleinen geologischen Sammlung im ehemaligen Brauhaus.
Vom 22. 6.–15. 8. tägl. 14.30–17 Uhr

Lummelunda
Kvarnhjulet
Rekonstruiertes Mühlenrad (mit einem Durchmesser von 10 m das größte Skandina-

viens!) aus der Zeit der Eisenindustrie von Lummelunda; in der Nähe der Tropfsteinhöhlen gelegen.
Vom 1.5.–9.9. tägl. 9–18 Uhr

Näs

Vindkraftverket
Ausstellung mit Videofilm über die Nutzung der Windenergie durch die zwei modernen Windmühlen.
Vom 15.6.–15.8. tägl. 10–17 Uhr.

Norrlanda

Norrlanda Fornstuga
Kleines Gehöft vom Anfang des 18. Jh. mit Scheune, Schmiede, Sauna, Wohn- und Gästehaus usw.
Tägl. 8–19 Uhr

Östergarn

Albatrossmuseum
Erinnerungsstücke, Fotos und Dokumente der Beschießung des deutschen Minenlegers ›Albatross‹ am 2. Juli 1915.
Vom 24.6.–15.8. sa, so 15–17 Uhr; mo, do 18–20 Uhr

Vamlingbo

Bottarvegården
Typischer südgotländischer Bauernhof aus dem 17. Jh., mit Kalksteinfliesen und Riedgras gedeckt; authentische Einrichtung.
Vom 1.5.–15.9. tägl. 9–18 Uhr

Notfälle

Der **Notruf** (aus Telefonzellen gebührenfrei) ist **für ganz Gotland 9 00 00**, wobei man mit der Ambulanz *(ambulans)* oder der Polizei *(polisalarm)* vermittelt werden kann.

Post

Das *Hauptpostamt* in *Visby* (Geldabheben per Postsparbuch; Sonderbriefmarken u. a.) liegt in der Nähe von Almedalen am Donnersplats 1, seine Öffnungszeiten sind mo–fr 9–18 Uhr, sa 10–12 Uhr. Die anderen Postämter Visbys liegen in den Ortsteilen *Norden* (Hansegatan 2) *Vibble* und *Gråbo Centrum* und haben die gleichen Öffnungszeiten.

Daneben gibt es Postämter in folgenden Orten (Öffnungszeiten weichen voneinander ab, zwischen 12–14 Uhr oft Mittagspause; außerhalb der Saison z. T. eingeschränkte Öffnungszeiten): *Burgsvik, Dalhem, Fårösund, Havdhem, Hemse, Klintehamn, Ljugarn, Lärbro, Romakloster, Slite, Stånga* und *Tingstäde.*

Preisniveau

Allgemein ist das Preisniveau deutlich höher als in Mitteleuropa. Dies betrifft alle Waren, in noch stärkerem Maße aber ›Luxusgüter‹ wie Alkoholika, Zigaretten usw. Auch Obst und Früchte, die nicht im Norden wachsen, können astronomisch teuer sein. Die Mehrwertsteuer beträgt in Schweden 23%! Ausländische Camping- oder Ferienhaus-Urlauber versuchen deshalb, soviel wie möglich an Lebensmitteln mitzubringen.

Radio und Fernsehen

Die zwei Kanäle des schwedischen Fernsehens sind überall zu empfangen. Sie werden in vielen Hotels und zunehmend auch in den privaten Haushalten durch die internationalen Sender des Satellitenfernsehens (z. B. Sat 1) komplettiert. Ausländische Filme werden nie in synchronisierter Fassung, sondern stets mit Untertiteln gesendet.

Auf der Insel bringt ›Radio Gotland‹ auf 100,2 MHz jede volle Stunde Nachrichten, Touristeninformationen, aktuelle Veranstaltungshinweise etc., Nachrichten in englischer und deutscher Sprache täglich um 15.45 Uhr.

Reiten

Pferdezucht und Pferdesport haben auf Gotland eine weit zurückreichende Tradition, und dem Besucher werden sofort die vielen Gestüte auffallen. Aber nicht nur die hochgezüchteten Rennpferde, die hohe Preise erzielen und ein wichtiger Exportartikel der Insel sind, sondern auch die stämmigen Inselpferde aus Island oder aus Gotland selbst (›Russ‹) sind für das Reiseziel charakteristisch.

Wer selbst reiten möchte, hat dazu mehrfach Gelegenheit. Auf vielen Bauernhöfen gehört z. B. der Pferdesport zum selbstverständlichen Angebot. Daneben können bei folgenden Reitställen für Kinder und Erwachsene Pferde/Ponies gemietet oder Reitunterricht genommen werden:

Gervide Gård
Sjonhem
✆ 04 98–5 90 98

Hallvide Islandshästgård
Silte
✆ 04 97–8 50 32

Stall Dalhem
Dalhem
✆ 04 98–3 81 51

Sport

Gotland ist für einen sportlichen Urlaub ideal, weil erstens die natürlichen Voraussetzungen gegeben sind und zweitens auch die dementsprechende Infrastruktur. Beispiel: Die Landschaft bietet sich zum Fahrradfahren an, und es gibt Fahrradwege, Fahrradverleih usw. Ähnliches gilt für viele andere Sportarten, von denen die wichtigsten *Angeln, Baden, Gokart, Golf, Minigolf, Paragliding, Reiten, Segelfliegen, Segeln, Tennis* und *Wandern* sind. Als Ausgleich zu einem kulturellen Besichtigungsprogramm kann man sich z. B. auf Trimm-Dich-Pfaden *(›motionsspår‹, ›motionsslingor‹)* erholen.

Bei schlechtem Wetter oder außerhalb der Badesaison stehen Besuchern die Hallenschwimmbäder von Visby (*Solbergabadet,* Skolportsgatan 4), Hemse *(Hemsebadet)* und Romakloster *(Romabadet)* zur Verfügung. *Windsurfing-Zentren* mit Schulung, Shops, Geräteverleih usw. gibt es in Burgsvik am Hotel Guldkaggen (✆ 04 97–9 73 09) und in Tofta-Strand (✆ 04 98–6 56 56). *Minigolfanlagen* sind an vielen Campingplätzen und bei Strandbädern wie Tofta anzutreffen, in größeren Hotels und Freizeitanlagen auch Billard, Swimmingpools usw. *Tennisplätze* gibt es in Visby (Botairlunden, Hotel Snäck), Fårösund, Ljugarn, När, Hemse, Klintehamn,

Västergarn, Tofta, Gnisvärd und Slite, eine *Squash-Halle* in Visby auf dem Langes väg. Zu den Sportarten Golf, Fahrradfahren, Wandern, Reiten und Angeln sind weitere Informationen unter dem jeweiligen Stichwort angegeben.

Achtung: Wind- und Wasserströmungen können eine nicht unerhebliche *Gefahr für Windsurfer, Schwimmer und Taucher* darstellen. Es ist daher notwendig, die Wasseroberfläche genau zu beobachten und als Schwimmer die tieferen Gewässer zu meiden. Aktuelle Wettervorhersagen *Sjöräddning Gotland* während der Saison unter der Nummer 04 98–4 85 70.

Sprache

In der Vergangenheit hatten die Gotländer ihre eigene Sprache, das *Gutnische,* das sich von den Sprachen der Nachbarn z. T. erheblich unterschied. Eine sehr enge Verwandtschaft zwischen dem alten *Gutnischen* und dem *Gotischen* ist nachgewiesen. Mit dem Verlust der wirtschaftlichen und politischen Autonomie im späten Mittelalter ging allerdings auch die Bedeutung des Gutnischen zurück, das heute allenfalls als Dialekt bezeichnet werden kann. Viele Gotländer beherrschen jedoch selbst diesen Dialekt nicht mehr, sondern sprechen Schwedisch.

Fremdsprachenkenntnisse sind auf Gotland wie überhaupt in Schweden ausgezeichnet. Fast alle verstehen und sprechen sehr gut Englisch. Daneben sind oft auch Deutsch-, seltener Französisch-Kenntnisse anzutreffen.

Strände

Badegelegenheiten gibt es so gut wie überall an der gotländischen Küste. Die schönsten Sandstrände befinden sich auf der unter Naturschutz stehenden Insel *Gotska Sandön* (35 km nördlich von Gotland) und auf *Fårö (Sudersand),* das aber als militärische Sperrzone von Ausländern nur mit Sondergenehmigung besucht werden darf.

Feinsandige Küstenabschnitte mit allen Möglichkeiten zum Baden und Wassersport oder Kieselstrände gibt es ansonsten an der *Westküste* (von Nord nach Süd): Kappelshamn, Irevik, Lickershamn, Brissund, Visby (Snäckgärdsbaden, Norderstrand, Visby Havsbad), Kneippbyn, Gnisvärd, Tofta, Västergarn, Björkhaga, Varvsholm, Sandhamn, Nisseviken, Fide und Björklunda. An der *Ostküste* (von Süd nach Nord): Holmhällar, Ronehamn, När, Ljugarn, Sjauster, Sandviken, Katthammarsvik, Tjälders, Aminne, Slite badstrand und Kyllaj.

Schöne Strände an *Binnenseen* befinden sich u. a. in Tingstäde *(Tingstädebadet)* und in Etelhem *(Sigvaldebadet).*

Taxi

Taxen sind in *Visby* am ehesten am Fährterminal und am Hafen oder am Österport anzutreffen. Der Taxiruf der Gesellschaft ›Taxi Gotland AB‹ ist: 1 54 00. Zwei weitere Unternehmen sind:
›Visby Taxi‹, Furulundsgatan 2 A, Visby, ✆ 04 98–473 00;
›Wisby Limousine‹; ✆ 04 98–3 30 01, 6 30 20.

Telefonieren

Das Telefonnetz wird in Schweden von der Gesellschaft ›Televerket‹ bzw. ›Telebutiken‹ betrieben, d. h. daß von Postämtern Telefongespräche nicht vermittelt werden. Die *Telebutik* verfügt über alle Kommunikationsmöglichkeiten, außer Telefon also auch Telex, Telefax, Telegramme usw.

Telebutiken
Visby, Bredgatan 4
☎ 04 98–1 90 20; Fax 04 98–1 23 45
Mo–fr 9.30–18 Uhr.

Telefonische Telegrammaufgabe: 0021
Fernsprechauskunft für Schweden: 0 79 75;
für das außerskandinavische Ausland: 0019.

Natürlich ist das Ausland auch im Selbstwähldienst von einer *Telefonzelle* aus erreichbar. Dafür braucht man mindestens zwei 1-Kronen-Stücke (besser eine Reihe von 5-Kronen-Stücken), obwohl das Telefonieren in Schweden ausgesprochen billig ist. Bei einem Auslandsgespräch wählt man zunächst Auslands- und Ländercode:

Deutschland	0 09 49
Österreich	0 09 43
Schweiz	0 09 41

Nach dieser Vorwahl wartet man den Signalton ab und wählt dann die Ortskennzahl *ohne* 0.

Im umgekehrten Fall wählt man von Mitteleuropa aus nach Visby zunächst den Code für Schweden (00 46), dann die Vorwahl ohne 0, also: 00 46 4 98–.

Trinkgeld

In den skandinavischen Ländern sind Trinkgelder nicht üblich, was nicht heißen soll, daß man sich über Aufrundungen nicht freuen würde. In den Endpreisen aller Dienstleistungen jedoch sind Mehrwertsteuer und Bedienung bereits enthalten. Taxifahrer erwarten ca. 10%, weil sie Mehreinnahmen in dieser Höhe pauschal beim Finanzamt versteuern müssen.

Unterkunft

Mit dem wachsenden touristischen Interesse an Gotland hat die Kapazität der unterschiedlichen Unterkunftsmöglichkeiten Schritt gehalten, die analog zu den Präferenzen der Urlauber ausgebaut wurden: 1989 übernachteten 42% der Gotlandbesucher auf Campingplätzen, 35% in Hotels oder Pensionen, 19% in Ferienwohnungen und -häusern und 4% in Jugendherbergen.

Eine der urtümlichsten Arten, Ferien zu erleben, ist dabei die Unterkunft in einem alten ›Fiskeläge‹ (= Fischerlager, -dorf). Die kleinen Katen der Holzhaussiedlungen haben selten mehr als 30 qm Wohnfläche und sind nicht gerade üppig ausgestattet, vermitteln aber nostalgischen Charme und das Gefühl, eine kulturhistorisch wichtige und typisch gotländische Unterkunft zu haben. Urlaub im Fiskeläge (z. B. in Lickershamn, Gnisvärd, Djauvik u. a.) vermitteln die Reisebüros.

Komfortabler geht es in *Hotels und Pensionen* zu, von denen einige das ganze Jahr über geöffnet haben. Es ist sympathisch, daß die einfallslose Betonarchitektur auf der Insel kaum Einzug gefunden hat und statt dessen viele alte und schöne Anwesen zu Hotels umgebaut wurden.

In der Hauptsaison kann eine Unterkunft innerhalb der Visbyer Mauern manchmal ungemütlich laut sein, deswegen sind die Herbergen auf dem Land (möglichst in Strandnähe) vorzuziehen. Besonders in Tofta, Ljugarn, Katthammarsvik und Burgsvik gibt es einige dieser komfortablen und charmanten Hotels, die auch über eine beachtenswerte Küche verfügen.

Preiswerter, aber auch nicht billig, sind *Ferienwohnungen oder -häuschen,* die in Visby und auf der Insel zuhauf angeboten werden. Allein der Ferienhauskatalog *(›Stugkatalog‹)* der Agenturen ›Gotlands Turist-Center‹ und ›Gotlands Turistservice‹ (s. ›Auskünfte‹, zu beziehen auch über das Schwedische Touristik-Amt) weist etwa 400 detailliert beschriebene Ferienhäuser außerhalb Visbys auf. Auf einigen ›Freizeitanlagen‹ (z. B. in Åminne) oder Feriendörfern (*›semesterby‹,* z. B. in Lickershamn) sind innerhalb eines Terrains Ferienhäuser *(›stugor‹),* Campingplatz, Lebensmittelladen u. ä. zusammengefaßt. In der Innenstadt von Visby stehen Ferienwohnungen in normalen Stadthäusern oder eigens zu diesem Zweck erbaute ›Wohnungshotels‹ *(lägenhetshotell)* zur Verfügung.

Am wenigsten wird der Geldbeutel natürlich durch einen *Campingurlaub* oder Unterkünfte in *Jugendherbergen* strapaziert (s. auch ›Camping‹, ›Jugendherbergen‹).

Für jede Unterkunftsart haben die örtlichen Touristenbüros oder das Schwedische Touristik-Amt Vorschläge oder ›Paketangebote‹.

Veranstaltungen

In jüngster Zeit trägt man den steigenden Besucherzahlen auf Gotland mit zusätzlichen kulturellen Veranstaltungen Rechnung, die z. T. ausgezeichnete Musiker und Schauspieler auf die Ostseeinsel bringen. Andere Veranstaltungen sind, wie das Ruinenfestspiel *›Petrus de Dacia‹* von 1929, etwas älter, wieder andere, wie die *Stångaspiele,* gehen sogar auf die Wikingerzeit zurück. Allen Anlässen gemeinsam ist, daß sie in der touristisch interessanten Zeit zwischen Juni und August stattfinden. Neben den unten aufgeführten Veranstaltungen sind bei den jugendlichen Gotländern Speedwayrennen populär, die es dementsprechend auch außerhalb der Saison gibt. Außerdem locken Rock-Festivals, Pferde- und Viehprämierungen, Orientierungs- und andere Volksläufe, die traditionellen Märkte mit Kirmes-Betrieb, Windsurf- und Segelwettbewerbe usw. viele Zuschauer an. Hinweise zu solchen Veranstaltungen geben die Tagespresse, das Touristenbüro oder der jährlich erscheinende kostenlose ›Gotlands Guiden‹.

Festspel i Visby Domkyrkan
(erste Juliwoche)
Abendliche Kirchenkonzerte (Orgel, Flöte, Klavier, Gesang) in der Marienkirche, 1990 u. a. mit internationalen Künstlern aus Moskau und London.

Stångaspelen
(zweites Wochenende im Juli)
Die ›olympischen Spiele Gotlands‹ finden auf der großen Rasenfläche (›Stångamalmen‹) bei Stånga, ca. 50 km südlich von Visby, statt. Etwa 2000 Mitspieler kämpfen innerhalb von drei Tagen vor Tausenden von Zuschauern in

ur-gutnischen Disziplinen wie z. B. ›stajn-varpa‹ (= ›Steinwerfen‹). Das Stemmen und Werfen von Baumstämmen oder Steinkugeln sowie Ball- und andere Mannschaftssportarten gehen auf das spielerische Kräftemessen in der Wikingerzeit zurück und können z. B. mit dem schottischen ›Tossing the caber‹ vergli-chen werden (tatsächlich nehmen manchmal schottische Athleten und Musikanten an den Stångaspielen teil!). Durch Reinhold Dahl-gren (1886–1968) zur Institution gemacht, von Traditionsvereinen wie den ›Badenden Freunden‹ (D. B. W. – De Badande Wännerna, seit 1814) unterstützt, stellen heute die Stånga-spiele einen Höhepunkt innerhalb des Ver-anstaltungskalenders dar.

Wer nicht zum Zeitpunkt des Ereignisses auf der Insel ist, hat die Möglichkeit, Ende Mai am ›Stånga Maj Torgdag‹ in Stånga oder während der Mittelalterwoche in Visby (›Stora Guta Wåget‹ auf dem Almedalen) Kostproben der gutnischen Sportarten zu sehen.

Spelmansstämma
(Ende Juli)
Der gotländische Verband der Volksmusiker (›Gotlands Spelmans Förbund‹) lädt für drei Tage Tänzer und Musiker der Insel und vom Festland in den Herrenhof Katthamra Gård (Katthammarsvik) ein. Publikum ist willkom-men, und Gäste können bei gleicher Gelegen-heit einen Volkshochschulkurs in gotländi-schem Volkstanz belegen. Nähere Informa-tionen von Jan Ekedahl, ✆ 04 97–8 36 29.

Roma Sommar Theater
(Ende Juni bis Anfang August)
Vor der eindrucksvollen Kulisse der Kirchen-ruine des Roma-Klosters wurden 1990 die Theaterspiele mit Shakespeares ›Mittsommer-

nachtstraum‹ und mit einer sehr guten Beset-zung eröffnet. Nähere Informationen beim Touristenbüro oder dem ›Teaterensemblen‹, ✆ 04 98–4 72 30/08–45 97 58.

Ruinspelen ›Petrus de Dacia‹
(Mitte Juli bis Mitte August)
Das ›schwedische Oberammergau‹ geht auf den Deutschen Friedrich Mehler zurück, der ab 1924 zusammen mit Josef Lundahl an einem Musikschauspiel über den Dominika-nermönch Petrus de Dacia arbeitete. Seit der Premiere am 4. August 1929 ist das Drama mit Ausnahme von 1931, 1933 und den Kriegs-jahren jährlich in der Kirchenruine St. Nicolai in Visby aufgeführt worden.

Petrus de Dacia (ca. 1235–89) war Prior in St. Nicolai, und sein Grab befindet sich wahrscheinlich im Chor der Kirche. Geschil-dert wird die Beziehung des Gotländers zur Mystikerin und Beginennonne Christina von Stommeln, deren Biographie Petrus de Dacia schrieb. Die drei Akte des musikalischen Dra-mas, dessen Schauplätze sowohl in Deutsch-land als auch in Visby liegen, nutzen in thea-tralischer Weise den Rahmen der Kirchen-ruine mit der untergehenden Sonne im West-fenster. Vorführungen sind meist montags, mittwochs und freitags, Eintrittskarten und Informationen beim Touristenbüro oder unter ✆ 04 98–1 10 68.

Gotlands Jazz Dagar
(zweite Juliwoche)
Das große Jazz-Ereignis der Insel vereinigt bekannte in- und ausländische Musiker, die mit ihren eigenen Gruppen oder zusammen mit der ›Visby Storband‹ aufspielen. Veranstal-tungsorte des dreitägigen Festivals sind Open-Air-Plätze wie Almedalen in Visby, Land-kirchen auf der ganzen Insel, die St. Karins-

Ruine oder die Domkirche. Informationen über das aktuelle Programm: ℘ 04 98–6 44 50.

Gotland Kammermusikveckan

(zweite Augustwoche)

Das Kammermusik-Festival *(Gotland Chamber Music Festival)*, das seit 1985 in jedem Jahr durchgeführt wurde, hat sich mit seinem qualitätvollen Programm durchgesetzt und zieht immer mehr Musikliebhaber aus aller Welt an. Die Konzerte finden in der Marienkirche in Visby sowie in den Festhallen zweier Schulen statt. Den Abschluß der Veranstaltung bildet ein Galaabend in Stockholm. Informationen und Kartenreservierung: ℘ 04 98–1 01 58.

Medeltidsveckan

(zweite Augustwoche)

Populäre Festwoche mit etwa hundert verschiedenen Veranstaltungen, an deren Realisierung die Visbyer Bevölkerung tatkräftig mitwirkt. Während der ›Mittelalterwoche‹, die die Verhältnisse um das Jahr 1361 wiederbeleben will, werden mittelalterliche Festessen, Ritterturniere, Mysterienspiele, Umzüge, Gottesdienste und anderes mehr veranstaltet. Balladensänger, Feuerschlucker, Fürsten im Festornat und Ritter in Rüstungen, Narren und Scharfrichter, Pferde in Schabracken und Schweine und Schafe auf dem Mittelaltermarkt – an Fotomotiven ist während dieser Zeit sicher kein Mangel!

Das Schwedische Touristik-Amt in Hamburg bietet Paketreisen zur Mittelalterwoche an, die neben den Fähren bzw. dem Flug auch Unterkunft in Visby beinhalten. Die Statisten der Veranstaltung sind die verkleideten Einwohner und die Besucher, ihre Bühne ist ganz Visby innerhalb der Mauern. Das genaue Programm erfahren Sie im Touristenbüro oder unter ℘ 04 98–1 93 70.

Verhalten im Alltag

Man wird auf Gotland keine Schwierigkeiten haben, sich dem dortigen Alltagsleben anzupassen, da sich dieses vom mitteleuropäischen nur unwesentlich unterscheidet. Dem Autofahrer wird jedoch schon bei der Anreise angenehm aufgefallen sein, daß die Schweden weniger hektisch, dafür aber disziplinierter und auch rücksichtsvoller fahren. Eine ähnliche Disziplin kann der Ausländer im alltäglichen Verhalten beobachten, sei es beim Warten auf einen Bus oder sei es beim Einkauf, wo in vielen Geschäften, Apotheken, Informationsstellen usw. das ›Nummernzettel-System‹ eingeführt ist: Beim Eintritt zieht man eine Nummer aus dem Automaten und wartet dann, bis diese Nummer aufgerufen wird.

Ein besonderes Verhältnis haben die Schweden zur Natur. Sie waren mit die ersten, die strenge Schutzgesetze erließen und bemühen sich spürbar um eine Reduzierung bzw. Wiederverwertung des anfallenden Abfalls. Der Tourist ist gut beraten, sich hier dem Standard anzupassen, Vorschriften zum Schutz der Tiere (etwa beim Angeln oder beim Besuch der Vogelinsel Stora Karlsö) zu befolgen oder das ausgeklügelte Recycling-Angebot zu nutzen. Z. B. liegt auf fast allen Flaschen und Dosen ein Pfand; in Lebensmittelläden bekommen Sie am jeweiligen Rückgabeautomaten einen Bon, der an den Kassen ausgezahlt wird.

Das sogenannte ›Jedermannsrecht‹ regelt den freien Zugang zur Natur, aber auch die damit zusammenhängenden Pflichten. Es bedeutet z. B., daß man das Zelt in der freien Natur aufschlagen darf. Die Feuerbestimmungen sind streng; im trockenen gotländischen Sommer ist ein offenes Feuer praktisch nirgendwo erlaubt.

Die gängigen Klischees über ›die Schweden‹ stimmen natürlich genausowenig wie alle Klischees. Weder ist der schwedische Mann ein schweigsamer und blonder Hüne noch die schwedische Frau besonders freizügig. Wahr ist, daß die Nordeuropäer nicht zu extremen Gefühlsausbrüchen neigen, daß sie von einer reservierten, aber freundlichen Lebensart sind, daß ihnen schließlich jede Servilität dem Touristen gegenüber abgeht.

Wandern

Auf längeren oder kürzeren Wanderungen läßt sich die gotländische Natur am schönsten erleben, aber auch die kulturellen Sehenswürdigkeiten können erwandert und dadurch in ihrer Wirkung gesteigert werden. Es empfiehlt sich z. B., auf einzelne der Landkirchen einmal zuzugehen, um die Proportionen in aller Ruhe auf sich einwirken zu lassen. Auch vorgeschichtliche Denkmäler wie die Thorsburg, Lojsta Slott, Trullhalsar, Uggårde rojr usw. sind in ihren Dimensionen nur zu Fuß wirklich zu erfassen. Auf den Karlsinseln darf man sich sowieso nur per pedes fortbewegen. Die schönsten Küstenabschnitte, etwa bei Lickershamn im Norden oder bei Hoburgen im Süden, reizen zu längeren Wanderungen. Schließlich gibt es in Gustafsvik, Slite, Roma, Tofta, Klintehamn und Hemse auch abgesteckte Trimm-Dich-Pfade (›motionsslingor‹), die Wanderern genauso zur Verfügung stehen wie Joggern. Nähere Auskünfte zu Wanderwegen gibt das Freizeitamt (fritidskontoret), ☎ 04 98–6 90 00.

Wasser

Das Leitungswasser auf Gotland ist gut und kann überall bedenkenlos getrunken werden.

Wetter

Gotland liegt im Bereich eines stabilen, kontinentalen Klimas mit warmen Sommern, die trotz der hohen nördlichen Breite sogar Kastanien, Maulbeeren und Pfirsiche gedeihen lassen. Die Niederschläge sind relativ gering und liegen durchschnittlich unter 1000 mm pro Jahr. Im Winter kann es sehr kalt werden und vorkommen, daß die Ostsee zufriert.

Folgende meteorologische Daten gelten für Visby:

April	Mai	Juni	Juli	Aug.	Sept.
Durchschnittstemperatur °C:					
7,9	13,5	18,2	20,4	20,0	15,8
durchschnittliche Sonnenstunden:					
208	292	317	302	255	186

Zeit und Datumschreibweise

Auf Gotland gilt die *mitteleuropäische Zeit* (MEZ), modifiziert, wie in Deutschland, durch die Sommerzeit. Der östlichen Länge und nördlichen Breite entsprechend weist die Insel im Sommer weitaus längere Tage und kaum Dunkelheit, im Winter dagegen weniger helle Stunden als in Mitteleuropa auf.

Die Mitternachtssonne ist freilich auf der Insel Gotland ebensowenig zu sehen wie in Stockholm oder anderen Gebieten südlich des Polarkreises.

Für das *Datum* hat man übrigens in Schweden eine abweichende Schreibweise, bei der die Reihenfolge *Jahr, Monat, Tag* eingehalten wird. Demnach wird z. B. der 23. Juni 1991 schriftlich so ausgedrückt: *91–06–23* oder sogar *910623*.

Zeitungen, Zeitschriften

Deutschsprachige Zeitungen und Zeitschriften waren bisher nur an wenigen Verkaufsstellen in Visby, außerhalb der Saison überhaupt nicht zu bekommen. Die größten Chancen hat man an den Kiosken am Hafen, am Österport und in der Medienabteilung der Supermärkte (z. B. ICA Atterdag). Die *Länsbibliotek* in Visby (Hästgatan 24, ✆ 04 98–6 90 00; mo–do 11–20 Uhr, fr 11–19 Uhr, sa 10–15 Uhr) verfügt über ein kleines Angebot ausländischer Presse.

Besucher, die des Schwedischen mächtig sind, sollten auf der Insel nicht die überregionalen, sondern eine der beiden lokalen Zeitungen lesen, die sich u. a. durch gute kulturhistorische Beiträge und wertvolle Informationen zu aktuellen Veranstaltungen auszeichnen: ›Gotlands Allehanda‹ (Broväg 21, ✆ 04 98–1 90 80) und ›Gotlands Tidningar‹ (Broväg 10, ✆ 04 98–1 52 30).

Register

Personen

Adam von Bremen 62
Ägypter · 41
›Ägypticus-Meister‹ 91, 96, 102, 103, 104, 108, 207, 209, 212, 215, 222, 223, 229, 252, 254
Ahlbom, Johan 178
Albert von Riga, Bischof 156
Albrecht von Mecklenburg, schwed. König 28
Angelsachsen 17
Anna, hl. 161
›Apostelmeister‹ 107
Araber 17, 20
Augustinus 158

Bartsch, Johan (Johan Målare) 111, 124, 155
Bartsch, Rasmus 111
Bartsch d. J., Johan 111
Bergman, Ingmar 182
Birger Magnusson, schwed. König 22, 128
Birgitta, hl. 224
Bodisco, russ. Admiral 33
Bonde, Fam. 158
Botair von Akebäck 85, 86, 161
Briten 181
Burmeister, Hans 124
›Byzantios-Meister‹ 95, **97**, 100, 204, 214, 217, 218, 225, 228, 249

›Calcarius-Meister‹ 99, 174, 175
Carl Gustav, schwed. König 32

Christian II., dän. König 30
Christian IV., dän. König 105
Christina, schwed. Königin 32
Christina von Stommelen 159

Dalman, Inselgouverneur 164, 165
Dänen 24, 26, 27, 28, 29, 31, 120, 166
Deus, W.-H. 113
Deutsche 31, 120
Deutscher Orden **29**, 30, 109, 179
›Deutschordensmeister‹ 109
Dietrich von Bern (Didrek) 103, 218
Dionysius, hl. 103
Dominikaner 94, 158
Donner, Fam. 124, 212, 225

Erich von Pommern, Unionskönig **30**, 167, 173
Erik der Heilige, schwed. König 224
Erlandsson 180
Eugénie, schwed. Prinzessin, Tochter Oscar I. 34, 213, 228

›Fabulator-Meister‹ 96, 102
Ferdinand I., deutsch. Kaiser 118
Franken 17
Franziskaner 24, 94, 153
Franzosen 181
Freya 62
Friesen 17

Gannholm, K. E. 49
Georg, hl. 128, 164

301

Orte

305

DuMont Kunst-Reiseführer

Alle Titel in dieser Reihe:

Alle Bände mit vielen, zum Teil farbigen Abbildungen; dazu Zeichnungen, Karten, Grundrisse, praktische Reisehinweise.

»Richtig reisen«

- Ägypten
  - Kairo
  - Sinai und Rotes Meer
- Algerische Sahara
- Arabische Halbinsel
- Bahamas
- Belgien
  - Belgien mit dem Rad
- Bundesrepublik Deutschland
  - Berlin
  - München
- China
- Cuba
- Dänemark
  - Bornholm
- Ferner Osten
- Finnland
- Frankreich
  - »Richtig wandern«: Bretagne
  - »Richtig wandern«: Burgund
  - Elsaß
  - Korsika
  - Paris
- Griechenland
  - Kreta
  - »Richtig wandern«: Kykladen
  - »Richtig wandern«: Nordgriechenland
  - »Richtig wandern«: Rhodos
- Großbritannien
  - London
  - »Richtig wandern«: Nord-England
  - »Richtig wandern«: Schottland
- Guadeloupe – Martinique
- Holland
  - Amsterdam
- Hongkong mit Macau und Kanton
- Indien
  - Nord-Indien
  - Süd-Indien
- Indonesien
  - Von Bangkok nach Bali
- Irland
- Italien
  - Friaul – Triest – Venetien
  - Neapel
  - Oberitalien
  - Rom
  - Sizilien
  - Süditalien
  - »Richtig wandern«: Südtirol
  - Toscana
  - »Richtig wandern«: Toscana und Latium
  - Venedig
- Jamaica

- Kanada und Alaska
  - Ost-Kanada
  - West-Kanada und Alaska
- Luxemburg
  - Belgien und Luxemburg
- Madagaskar – Komoren
- Malediven
- Marokko
- Mauritius
- Mexiko
- Nepal
- Neuseeland
- Norwegen
- Österreich
  - Graz und die Steiermark
  - Wien
- Ostafrika
- Philippinen
- Portugal
- Réunion
- Schweden
- Die Schweiz und ihre Städte
- Seychellen
- Sowjetunion
  - Moskau
- Spanien
  - Andalusien
  - Gran Canaria
  - Ibiza/Formentera
  - Lanzarote
  - Madrid und Kastilien
  - »Richtig wandern«: Mallorca
  - Teneriffa
- Südamerika
  - Argentinien – Chile – Paraguay – Uruguay
  - Peru und Bolivien
  - Venezuela, Kolumbien und Ecuador
- Thailand
  - Von Bangkok nach Bali
- Türkei
  - Istanbul
- Tunesien
- USA
  - Florida
  - Hawaii und Südsee
  - Kalifornien
  - Los Angeles
  - Neu-England
  - New Orleans und die Südstaaten
  - New York
  - Texas
  - Südwesten – USA
- Zentralamerika
- Zypern